本书是国家社会科学基金项目"农村文化建设与农民全面发展研究"（项目号：17BKS005）的阶段性成果，并得到浙江省哲学社会科学重点研究基地浙江省农民发展研究中心的资助。

千村故事

劝农劝学卷

浙江省农业和农村工作办公室
浙江农林大学中国农民发展研究中心
浙江省农民发展研究中心
中国名村变迁与农民发展协同创新中心

本卷主编　高君　荆晶

中国社会科学出版社

图书在版编目(CIP)数据

千村故事·劝农劝学卷 / 高君,荆晶主编 . —北京:中国社会科学出版社,2017.9

ISBN 978-7-5203-1066-6

Ⅰ.①千… Ⅱ.①高…②荆… Ⅲ.①村落文化-介绍-中国 Ⅳ.①K928.5

中国版本图书馆CIP数据核字(2017)第231921号

出 版 人	赵剑英
责任编辑	宫京蕾
特约编辑	乔继堂
责任校对	李 莉
责任印制	李寡寡
出 版	中国社会科学出版社
社 址	北京鼓楼西大街甲158号
邮 编	100720
网 址	http://www.csspw.cn
发 行 部	010-84083685
门 市 部	010-84029450
经 销	新华书店及其他书店
印刷装订	北京君升印刷有限公司
版 次	2017年9月第1版
印 次	2017年9月第1次印刷
开 本	710×1000 1/16
印 张	22.25
插 页	2
字 数	380千字
定 价	95.00元

凡购买中国社会科学出版社图书,如有质量问题请与本社营销中心联系调换
电话:010-84083683
版权所有　侵权必究

浙江省历史文化村落《千村故事》丛书编委会

编委会主任

王辉忠　黄旭明

编委会副主任

章文彪　张才方　蒋珍贵　宣　勇　周国模
严　杰　金佩华　王景新

编委会成员

王长金　王旭烽　王思明　车裕斌　包志毅
沈月琴　陈华文　何秀荣　宋洪远　余振波
张梦新　李勇华　李建斌　邵晨曲　郑有贵
林爱梅　赵兴泉　顾益康　葛永明　温　锐
樊志民

编辑室

胥　亮　李琳琳　吴一鸣　朱　强

前　　言
"千村故事"书写中国美丽乡村建设浙江新篇章

一　缘起

寻乡愁，
祖宗兴村族规修。
劝农劝学基业定，
礼仪道德孝中求。
生态人居子孙旺，
民风民俗村史留。

寻乡愁，
千村故事话风流。
清廉大义万古传，
名人名流胜封侯。
手技手艺代际承，
特产特品我村优。

寻乡愁，
美丽乡村历史悠。
民族振兴中国梦，
村域发展是重头。
自在安然农民心，
共同富裕写春秋。

一首婉转悠扬的"千村故事"之"一碟影像"主题歌，唱出了浙江人民保护历史文化村落、寻访传统故事、定格乡土印象、回味乡愁记忆的诗意情怀，抒发了浙江人民践行自由平等、建设美丽乡村、奔向共同富裕的壮志豪情。

"《千村故事》'五个一'行动计划"（以下简称"千村故事"）缘起于浙江历史文化村落保护利用工作。"做好历史文化村落的保护利用工作，是彰显美丽乡村地方特色的需要"（李强，2012）①。浙江历史文化村落保护利用工作的启动，标志着浙江以"千村示范、万村整治"为载体的美丽乡村建设跃升到新阶段。这一阶段，是浙江社会主义新农村建设的"美丽成果"转化为农村经济社会发展"资源优势"的重要阶段，是"生产发展、生活宽裕、乡风文明、村容整洁、管理民主"的社会主义新农村建设目标的实现阶段，也是浙江"推动信息化和工业化深度融合、工业化和城镇化良性互动、城镇化和农业现代化相互协调，促进工业化、信息化、城镇化、农业现代化同步发展"和"城乡一体化发展"大融合阶段。

浙江美丽乡村建设始于2003年。是年6月，时任浙江省委书记习近平启动了浙江"千村示范、万村整治"工程，揭开了中国美丽乡村建设的时代篇章。2005年10月，中国共产党十六届五中全会提出了"建设社会主义新农村"的重大历史任务，将浙江"千村示范、万村整治"融入中国社会主义新农村建设大潮。至2007年，浙江省完成了10303个建制村的初步整治，其中1181个建制村建成"全面小康建设示范村"。2008年，浙江省安吉县提出"中国美丽乡村"计划。2009年9月，一批国内古建筑和文物保护专家聚集浙江省建德市新叶村，发表了《新叶共识》，希望政府"把遗产保护和民生工程建设结合起来……倡导全社会关注抢救正在日渐消失的中国乡土建筑"。2010年，浙江省制订了《美丽乡村建设行动计划（2011—2015年）》，同时，浙江省农业和农村工作办公室（以下简称"浙江省农办"）、财政厅、住建厅、文化厅、林业厅、省文物局六部门联合开展历史文化村落普查。2012年4月，浙江省贯彻习近平总书记关于"优秀传统文化是一个国家、一个民族传承和发展的根本，如果丢掉了，就割断了历史命脉"的讲话精神，出台了《关于加强历史文化村落保护利用的若干意见》，把修复、保护、传承和永续利用历史文化村落作为美丽乡村建设的重要内容。2012年11月，党的十八大报告提

---

① 李强（时任浙江省人民政府省长）：《在全省历史文化村落保护利用工作现场推进会上的讲话一》（2012年5月9日）。

出了"努力建设美丽中国，实现中华民族永续发展"的要求。习近平总书记指出："中国要强，农业必须强；中国要美，农村必须美；中国要富，农民必须富。"建设美丽中国，重点和难点都在农村，美丽乡村建设理所当然地成为当今中国的时代潮流。

"千村故事"在浙江美丽乡村建设跃升阶段应运而生。2014年5月20日，浙江省委副书记王辉忠、副秘书长张才方等一行到浙江农林大学调研，在听取了中国农民发展研究中心关于"中国名村变迁与农民发展协同创新中心"的工作汇报后，表示要支持协同创新中心开展历史文化村落保护、利用研究，浙江农林大学随即向省委办公厅呈送了书面报告，王辉忠副书记做了批示。2014年11月，浙江省美丽乡村建设现场会和2015年1月浙江省农村工作会议，先后做出了"挖掘和传承好古村落古民居背后的故事"的部署。2015年3月2日，浙江省农业和农村工作办公室根据上述两次会议部署和省领导的指示精神，委派相关负责人到中国农民发展研究中心，共同商讨、制订了"千村故事"行动计划，并于3月24日呈送浙江省委、省政府。夏宝龙书记、李强省长、王辉忠副书记、黄旭明副省长分别对此做了重要指示：要把这件大事办好，全力创作"精品"。

浙江省委、省政府四位领导批示后，省农办相关负责人多次到浙江农林大学指导、对接和协调，讨论"千村故事"实施方案，部署和推进这项工作。浙江农林大学主要领导要求举全校之力抓好《千村故事》"五个一"行动计划，金佩华和王景新作为总负责和总主编。浙江农林大学中国农民发展研究中心按照上述要求，联络"中国名村变迁与农民发展协同创新中心"及省内外专家，成立了"千村故事"专家委员会，组建了"千村故事"研究团队和工作室，启动了"五个一"行动计划。

二 任务

浙江省提出的"历史文化村落"概念，涵盖了浙江省域内的中国历史文化名村、中国传统村落和古建筑村落、自然生态村落与民俗风情村落。中国历史文化名村是指保存文物特别丰富且具有重大历史价值或纪念意义的，能较完整地反映一些历史时期传统风貌和地方民族特色的村，由住建部和国家文物局共同组织评选。2003年10月至2014年3月，分六批公布了276个历史文化名村，其中浙江28个，占总数的10.1%。中国传统村落过去称"古村落",2012年,住建部、文化部、国家文物局、财政部,联合组成了"传统村落保护和发展专家委员会",此后用"传统村落"替代了"古村落"概念。传统村落是指1911年辛亥革命以前建村,保留了较多传统建筑环境、建筑风貌,村落选址未有大的变动,具有独特民俗民风,虽经历久远年代,但至今仍为人们服务的村落。2012年至2014年12月,该委员会分三批公布了"中国传统村落"2555个,浙江入选176个,占总数的6.9%。2012年,浙委办〔2012〕38号文件界定:"历史文化村落包括古建筑村落、自然生态村落和民俗风情村落等。"这份文件把现存古建筑等历史文化实物和非物质文化遗产比较丰富的村落,村落建筑与自然生态相和谐、历史建筑保护较好的村落,传统民俗风情等非物质文化遗产丰富、民俗文化延续至今、活动频繁的村落,都纳入了"历史文化村落"范畴。

"千村故事"主要针对纳入《浙江省历史文化村落保有数量和名单库》(以下简称"库内村")的1237个村,开展"寻访传统故事——编撰一套丛书,触摸历史脉搏——形成一个成果,定格乡土印象——摄制一碟影像,回味乡愁记忆——推出一馆展示,构建精神家园——培育一批基地"。

"编撰一套丛书",共9卷,其中,《千村概览卷》是为"库内村"立档。《千村故事:礼仪道德卷》收集和编撰"库内村"在仁义、慈爱、孝道、勤俭、和睦、善行、清白、诚信、情谊(包括兄弟邻里情谊及民族和谐等)方面的典故。《千村故事:清廉大义卷》收集和编撰"库内村"宗族督导其入仕子孙为官清正廉洁、热爱国家、坚守民族大义的典故。《千村故事:生态人居卷》收集和编撰"库内村"经典的堪舆布局,合理的聚落结构,巧妙的给排水系统,精致的建筑园林,优美的自然景观及其传承、保护等方面的故事。《千村故事·劝农劝学卷》收集和编撰"库内村"戒子戒规、劝农劝学、耕读传家的那人、那事、那典范,弘扬勤奋苦读、乐于农耕,崇勤倡简、勤俭持家,以及自强不息、勤勉坚韧、艰苦奋斗的乡土文化。《千村故事:名人名流卷》收集和编撰"库内村"学而优则仕、则商,学而不优则耕读传家等名仕、名商、名师、名学、名绅的故事,弘扬干一行、爱一行,行行出状元,造福乡梓的优秀文化。《千村故事:民风民俗卷》收集和编撰"库内村"祭祀、婚嫁、丧葬、节庆、季节与农耕、族规乡约、邻里互助等方面的经典故事,弘扬村落民风、民俗、民习，以及村落秩序与基层治理的优秀文化。《千村故事：手技手艺卷》收集和编撰"库内村"独特的工匠技术，石雕、砖雕、木雕、竹雕、竹编、绘画、书法、剪纸、刺绣、女红、戏曲、民歌、武术等乡土非物质文化遗产及其传人的故事，传承乡土手艺、技术和民间艺术。《千村故事：特产特品卷》收集和编撰"库内村"著名农产品、林果蔬产品、畜产品、"老字号"手工产品和特产、名吃及其背后的故事。

"形成一个成果"，就是利用"编撰一套丛书"的调查资料和数据，研究和总结江南历史文化村落变迁（兴衰更替或持续发展）的历史脉络、发展条件、阶段性特征和一般规律，以及文化遗产保护、传承、利用的浙江特色、中国经验。出版《浙江历史文化村落社会经济变迁研究》（专著），提出"浙江历史文化村落保护利用现状和持续发展调研报告"及其"政策建议"，编制"浙江省2016—2020年历史文化村落保护利用规划"。

"摄制一碟影像"，其目的在于用影像手段记忆乡愁，记录"库内村"保护利用现状，收集和保存"库内村"原有影像资料，宣传千村故事。任务包括：一是收集、整理"库内村"以往的纪录片、宣传片、新闻片，储备"千村故事"之"一馆展示"的馆藏影像资料；二是拍摄"库内村"的人居环境，记录"库内村"民居、宗祠、廊桥等历史建筑修复、保护、利用现状，复活"库内村"民风民俗、手技手艺等非物质文化遗产；三是按照"千村故事"一套丛书的8卷分类，挑选经典、精彩的故事，组织亲历者、传承人和典型代表人物讲述本村、本家和自己的故事，编辑成8集宣传性故事片。

"推出一馆展示"，是以浙江农林大学"浙江名村博物馆"建设为载体，设立浙江历史文化村落变迁展示馆。展示内容包括：一是农耕生产工具、手工业器具、传统生活用具、民间艺术作品等方面的实物；二是历史文化村落的村史、村志、名士、名人、名流传记和作品，档案及散落民间的契约文书等文献资料；三是村庄布局及其变迁的历史图片、碑刻拓片和影像资料；四是农村发展的对比材料，如村落景观变化对比、村域自然环境变化对比、农民居住条件对比、农户经济收入对比、生活质量和公共服务水平提升对比等，采集历史文化村落有记载的历史数据、图片、统计年报、记账农户资料、老照片、村集体经济组织所受的表彰及荣誉称号证书等数据、资料和图片。最终形成浙江历史文化村落数据库。

"培育一批基地"，是结合"库内村"保护利用重点村项目的实施，分"乡土历史文化保护传承示范村""时代印记文化保护传承示范村"两种类型,培育"看得见山、望得见水、记得住乡愁"的示范基地。

上述任务是一个整体,其中,编撰一套丛书既是形成一个成果的资料源泉、摄制一碟影像的脚本、推出一馆展示的脉络和线条,又是培育一批基地的重要依据。一套丛书、一个成果、一碟影像、一馆展示和一批基地相互支撑,共同托起浙江历史文化村落物质和非物质文化遗存保护利用的历史殿堂。

三 价值

"千村故事"是浙江省在历史文化村落物质文化遗存修复、保护和利用的基础上,对非物质文化遗产抢救性挖掘、整理、记忆和传承的乡土文化建设的重大任务。"千村故事"将为千秋万代留下一份诗意情怀的传统村落变迁史料,将为现代农业中如何继承中华传统农业精华发挥启迪作用,将为世界留下一份悠扬的,具有人文底蕴的中国江南鱼米之乡的乡愁记忆。

中国农村变迁发展以村庄为载体。农村变迁史本质上是村庄变迁史。历史文化村落是中国乡土文化遗产的博物馆,是乡愁记忆的百科全书,也是中国国学的思想宝库。历史文化村落镌刻着古代中国农业、农村和农民发展的历史印记,承载着近现代中国共产党领导新民主主义革命、社会主义革命和建设、改革开放和社会主义现代化建设的伟大功勋,展示着中国农业、农村和农民现代化的巨大业绩,凝结着无数农民精英的历史贡献。我们从历史文化村落走过,仿佛走进了中国农耕文明、乡土文化及国学精髓的博物馆,走进了中国共产党领导农民革命和社会主义建设的纪念馆,走进了农业、农村和农民现代化的业绩馆,走进了祖宗先辈、农民精英和名人名流的传记馆。但是,"快速发展的工业文明正在疯狂地吞噬着农耕文明,乡村社会正在成片地急剧消失,作为整个人类摇篮的、绵延了数千年的带有中古韵味的原始村落正一个个地被五光十色的现代建筑群所取代"[①]。中国历史文化村落保护时不我待,中国历史文化村落社会经济变迁研究时不我待,中国历史文化村落影像资料摄制和农耕文明博物馆建设时不我待!

---

① 王先明:《从东方杂志看近代乡村社会变迁——近代中国乡村史研究的视角及其他》,《史学研究》2004年第12期。

浙江省历来高度重视历史文化村落的保护、利用工作，一直将其作为农村经济社会发展的重要支撑，作为美丽乡村建设的重要内容。2003年浙江省启动"千村示范、万村整治"工程时，时任省委书记习近平就强调："要正确处理保护历史文化与村庄建设的关系，对有价值的古村落、古民居和山水风光进行保护、整治和科学合理的开发利用。"[①] 2012年，浙江省开全国传统村落保护、利用之先河，在一个省级区域内，有组织、有计划、大规模展开历史文化村落保护、利用。自2012年始，浙江省委、省政府每年召开一次"全省历史文化村落保护利用工作推进会"，每年投入近10亿元资金[②]，连续三年（三批）对全省历史文化村落"库内村"中的130个重点村、649个一般村开展了修缮和保护工作。浙江省各级党委、政府做了许许多多的好事、善事，提供了许许多多的新做法、新经验，功在当代，惠及子孙，得到了浙江农村干部和广大农民的肯定、赞扬和积极响应。而今浙委办［2012］38号文件提出的关于"……到2015年，全省历史文化村落保有集中县规划全覆盖，历史文化村落得到基本修复和保护……的总目标"已经基本实现。

四　方法

"千村故事"是浙江省"政、学、研、民"合作、大规模调研、大团队协同调研的有益尝试。按照上级要求，"千村故事"由浙江省农办组织协调，省财政厅保障相关经费，浙江农林大学联合"中国名村变迁与农民发展协同创新中心"的力量组织实施。

浙江省农办与浙江农林大学研究团队密切合作，将"千村故事"的研究对象、故事收集撰写方法、要求与范本、工作进度等，通过省农办文件形式传达到各地。2015年，省农办为"千村故事"发文、发函就有《关于组织开展"〈千村故事〉'五个一'行动计划"的通知》（浙村整建办［2015］11号）、《关于核对和完善"千村故事"千个历史文化村落名单的通知》（浙村整建办［2015］14号）、《关于组织开展〈千村故事〉

---

① 转引自吴坚《箫鼓牵情古风淳——浙江历史文化村落保护利用工作纪实》，《今日浙江》2014年第16期。

② 2013年，浙江省、市、县三级共投入资金9.29亿元，其中省级下拨2.3亿元。参见王辉忠（浙江省委副书记）《在全省历史文化村落保护利用工作现场会上的讲话》（2014年7月1日）。

丛书基础材料收集、整理编撰工作的通知》（浙村整建办［2015］18号）等。这些文件成为协同各方的重要依据。省农办要求：历史文化村落保有量大、入选"库内村"数量多的县（市、区）也要成立相应的指导委员会。要从县（市、区）文化局（文化馆）、方志办和档案馆等单位抽调专业人员，组成专门工作班子，负责有关乡镇（街道）、村的组织协调以及基础材料、经典故事、影像图片等的收集、整理、撰写、审读、修改和报送等工作。

定点定村是"千村故事"研究和编撰工作展开的基础。省农办以2012年六部门联合普查确定的历史文化村落"库内村"（971村）为基础，按照"有价值、有形态、有文脉、有故事、有人脉"的标准，对各地历史文化村落的保有数量和名单进行核实、退出或补充。截至2015年年末，全省普查纳入历史文化村落"库内村"1237个①。

浙江农林大学研究团队于2015年4月上旬召开"千村故事"培训会，统一研究思路、方法，随即组织农村经济、建筑、规划、历史、文化、旅游、民俗等方面的专家，两次深入"库内村"开展预调研。其目的：一是通过预调研拟定"一套丛书"总框架，以及《千村概览》和8卷故事的章、节和故事范本，方便基层参与者在收集、整理、编撰千村故事基础材料时参照；二是摸索"政、学、研、民"合作联动的方法，以及研究团队联合攻关机制。至2015年6月下旬，上述目标全部达成，并形成了关于"千村故事"一套丛书编撰总要求、体例和方法等方面的共识。

第一，编撰总要求。一套丛书编撰要按照省政府领导批准的"千村故事"行动计划所列框架破题，展现历史文化村落"那村、那人、那故事"，最终形成一部故事与史志结合的系列编著。一套丛书编撰要坚持三性并重原则：故事挖掘、整理和编撰要具有史实性，是历史文化村落里事实存在、广为流传的故事；要体现知识性，可读、可藏、可传；要发挥教育性，弘扬和传承历史文化村落的优秀文化。

第二，编撰对象。"千村故事"研究和编撰对象为浙江历史文化村落"库内村"，非"库内村"的但若确有经典故事，亦可选编，但数量要严格控制。凡以人物为中心的故事，必须遵循"生不立传，顺应时代与表现

---

① 浙江历史文化村落"库内村"数量不断调整，三个阶段的数据分别为971个、1123个和1237个，因此，在"千村故事"研究过程中，不同时段撰写的研究成果中，其"库内村"数量不同，特予说明。

'正能量'，大人物写小事、小人物写大事"等基本原则，如果几个村落撰写同一个人物的故事，要合并为一个故事，但要体现这个人物在多个村庄的活动印记。以人物为中心的故事，不能异化为个人传记而见人不见村。

2015年6月25日，省农办根据上述共识，下发《关于组织开展〈千村故事〉基础材料收集、整理编撰工作的通知》，要求各县（市、区）农办要会同文化、广电、史志、档案等部门，抽调相关专业人员，组成专门工作班子，按照上述要求扎实做好基础材料、影像图片等的收集、整理、编撰、审读、上报工作，于2015年8月1日前，分别上报省农办社会发展处与浙江农林大学"千村故事"工作室。

7月8日，浙江省农办社会发展处牵头，项目研究团队协助，召开了省、市、县农办分管领导和"千村故事"基础材料编撰业务骨干培训会（400余人参加）。一套丛书各卷主编，以及一个成果、一碟影像、一馆展示的主持人，分别宣讲各卷和各项目的主旨、框架、要求、范本、方法及注意事项，省农办分管领导、浙江农林大学分管副校长先后提出要求。省培训会议后，各地用不同方式逐级传达落实。一时间，"千村故事"讲述、编撰、求证等，在浙江历史文化村落里蔚成风气，家喻户晓。

2015年暑假期间，浙江农林大学研究团队组织11个联络组带领百名大学生分赴浙江省11个地级市"寻访千村故事"[①]、调查研究和巡回指导。其具体任务包括：一是选择典型村落，配合各地开展调查研究，寻访历史故事；二是接受邀请，为收集、编撰故事有困难的特别需要帮助的村落提供援助；三是在编撰一套丛书的同时，收集一个成果、一碟影像、一馆展示和一批基地的资料和实物。

截至2015年8月25日，"千村故事"工作室共收到"历史文化村落信息采集表"1244份，其中有效信息1158个村；故事基础材料1227篇，其中《礼仪道德卷》136篇，《清廉大义卷》130篇，《生态人居卷》287篇，《劝农劝学卷》84篇，《名人名流卷》228篇，《民风民俗卷》179篇，《手技手艺卷》99篇，《特产特品卷》84篇。8月26日，浙江农林大学研究团队举行了"千村故事"暑期调研汇报交流会，进一步讨论了历史文化村落保护、利用现状及对策，部署各组统计分析历史文化村落本底

---

① 浙江农林大学"寻访千村故事"暑期社会实践团，获中宣部、中央文明办、教育部、共青团中央、全国学联组织开展的"2015年全国大中专学生志愿者暑期'三下乡'社会实践活动优秀团队"荣誉称号。

数据，阅读筛选故事基础材料并提出修改意见。

"千村故事"研究团队调研和巡回指导村落，覆盖全省11个地级市、57个县（市、区）、163个村落，协助各（地）市修改或重写的故事259篇。2015年年末和2016年年初，8卷故事初稿基本完成。2016年春节（寒假）前后，浙江农林大学研究团队再次进村入户调研，进一步修改、补充和完善历史文化村落的历史故事。2016年4月8—10日，浙江农林大学研究团队在湖州市南浔区荻港村召开了"千村故事"统稿会，"千村故事"专家委员会部分成员，中国社会科学出版社领导和相关编辑人员，以及"千村故事"一套丛书各卷主编和其他"四个一"的项目负责人齐聚一堂，审读一套丛书初稿，统一编撰要求，按照"表述精准、真正达到了史实性、知识性和教育性的作品，同时突出重点村，反映浙江区域特色"的原则，遴选《〈千村故事〉精选》（卷一、卷二、卷三）三卷样稿。至此"千村故事"一套丛书调研和编撰工作基本完成。接下来，"一套丛书"交由中国社会科学出版社进入辛苦而繁复的出版程序。

五 梗概

《千村概览卷》厘清了浙江历史文化村落物质文明遗存及其保护利用现状。据历史文化村落基础信息有效采集的1158个村统计数据显示，浙江历史文化村落主要集中在浙西、浙南、浙中的山区、丘陵地区，而杭嘉湖平原、宁绍平原地区、海岛地区相对较少，其中丽水市228个村、台州市170个村、衢州市159个村、温州市150个村。浙江传统村落历史悠久，唐代及以前始建的村落160个，占13.82%，其中舟山市定海区马岙村被誉为"海上河姆渡"[①]、"海岛第一村"，嘉兴平湖市曹桥街办马厩村至迟在春秋齐景公时期（前547—前489）便有村落；嵊州市华堂村金庭王氏始迁祖王羲之东晋永和十一年（355）三月称病弃官，"携子操之由无锡徙居金庭"[②]；宋代始建的村落居多，共有367个村，占总数的31.69%，元代始建的103个村，占8.89%，明代始建的297个村，占25.65%，清代始建的149个村，占12.87%。民国及以后始建的82个村，占7.08%。村落中所有古建筑等物质文化遗存中，有文物保护级别的共

---

① 1973年，发现于浙江余姚河姆渡。它主要分布在杭州湾南岸的宁绍平原及舟山岛，经测定，它的年代为公元前5000—前3300年，是新石器时代母系氏族公社时期的氏族村落遗址。

② 参见华堂村《金庭王氏族谱》。

有4357处，其中国家级文物有375处，省级文物有699处，市级文物有400处，县级文物有2877处，216个村文物保护单位是古建筑群。各类古建筑数量主要统计各村的古民宅、古祠堂、古戏台、古牌坊、古桥、古道、古渠、古堰坝、古井泉、古街巷、古城墙、古塔、古寺庙、古墓十四类信息，汇总其数量达3.6万多处，其中最多的是古民宅，共23071处，古祠堂1624处，古城墙91处，古塔69处。有1022个村保存族谱，占"库内村"总数的82.15%，一村多部族谱也是常见现象，本次调查统计大约有4505部族谱。有295个村落保存有古书、名人手稿、字画等文物资源。906个村有古树名木，占村总数的73%，有的村拥有古树名木群。据不完全统计，这些村落中1000年以上的古树有135棵，如丽水莲都区路湾村有1600年的香樟，建德石泉村有1400多年的樟树7棵，建德乌祥村有1500多年树龄的古香榧，余杭山沟沟村汤坑汤氏宗祠前有1200多年树龄的红豆杉和银杏，景宁畲族自治县大漈乡西一村有1500多年树龄的柳杉王……在村落的非物质文化遗产中，国家级有89个，省级有187个，市级有172个，县级有237个。浙江省重视历史文化村落保护和利用，2012年至今，先后三期批准历史文化村落保护、利用重点建设村和一般村达到779个，占"库内村"总数的62.6%。

《礼仪道德卷》述说浙江历史文化村落的价值追求。浙江历史文化村落里的人们，对礼仪道德的重视主要展现在三个方面：第一，有形载体众多，农村礼仪道德故事并不仅仅停留在村民的口耳相传之中，往往化身为物质载体，承载着村民的共同记忆。第二，注重传承，许多农村礼仪道德故事对于村民而言并不仅仅是一个传说，而是化身为族规家训，通过教育在子孙后代中传承。第三，影响深远，农村礼仪道德故事对于村民而言并非是遥远的往事，而是真实地存在于村民的生活之中，影响着其中的每一个人。浙江历史文化村落礼仪道德故事中，以下几个方面显得尤为丰富：一是慈爱孝悌。浙江历史文化村落有大量父慈子孝的故事，许多村庄将"孝"作为立村之本。慈孝故事可分为严父慈母的故事、寸草春晖的故事、慈孝传家的故事、节孝流芳的故事四类。慈孝故事在传统农村社会最为丰富，影响也最为深远，对民风的端正起到了极大的作用。二是贵和尚中。浙江历史文化村落里的和谐故事大致可分三类：第一类为家和事兴；第二类为乌鹊通巢；第三类为民族和睦。三是见利思义。浙江历史文化村落的见利思义的故事也可分三类：第一类为勤俭诚信的故事；第二类为公而忘私的故事；第三类为积善得报的故事。四是乐善好施。乐善好施是浙江历史文化村落美德故事的重大主题，总体可分为三类：第一类为回报桑梓的故事；第二类为扶危济困的故事；第三类为造福一方的故事。中国传统农村社会典型地体现了对礼仪道德的注重，这些传统美德与农村社会生活密切相连，它们是农民创造的宝贵精神财富，是农村社会持续发展的不竭精神动力。

《清廉大义卷》传颂浙江"忠义廉正、光昭史策"的如林贤哲。忠诚爱国，廉洁奉公，心系天下是他们为官从政的基本价值取向，也是他们为官做宰的基本要求。他们在其位谋其政，勤于政事，为民请命，爱民如子，以民众和国家利益为先；他们志行修洁，清廉刚正，讲求以身任天下，把个人的安身立命与天下兴亡、百姓福祉联系在一起，得志时则兼善天下，不得志时则独善其身。在一乡则有益于一乡，在一邑则有益于一邑，在天下则有益于天下。每当国家兴盛时，士大夫多以廉洁自重，刻意砥砺德行；每当社稷衰颓之时，正是"义夫愤叹之日，烈士忘身之秋"（《晋书·慕容德载记》），竭忠效命、临难捐躯者指不胜屈。这充分显示："腐败"乃是贯穿历史败亡的一条基线。故事主人公们在道德实践上主要依靠内省、自律去克制欲望，抵制诱惑，诉诸的是主体向内用力的道德自觉，而不完全依靠外在他律的规范和约束，养廉多于治廉。他们的政治实践则主要体现在：责君之过，以正君臣；律己之行，以严公私；爱民如子，以和官民；进思尽忠，退思补过；先忧后乐，用舍皆行；等等。他们的政治诉求则是一个"天—君—民"三位一体的政治架构，在这个传统的政治架构中，臣民可忠于君主，也可忠于社稷天下。忠于君主者，以君主利益为第一位，唯君主马首是瞻；忠于社稷天下者，以民众和国家利益为先。在官与民、权与理、君与国的矛盾前面，站在民、理、国这方面，"苟利国家生死以，岂因祸福趋避之"。而伴随着近代"国家""民族"概念的传入，政统与道统、君主与国家区分更为明显。杀身成仁，舍生取义，近代以来，浙江无数的仁人志士为了革命理想信仰、为了救亡图存、为了至高无上的道义精神，他们大义凛然，慷慨就义。

《生态人居卷》集萃浙江先民人居环境建设的智慧。"人居环境的灵魂即在于它能够调动人们的心灵"，各村落因地形地貌、水土植被、经济发展程度的不同，形成富具地域特色的个性。浙江历史文化村落大多数是有着宗族体系的血缘村落，宗族伦理观念强烈地影响着村落的空间布局和建筑形态，村落布局形态讲究道德伦理关系，重视等级制度和长幼之分。出现了以宗祠为核心，以主要商业街、道路或河流为发展轴，根据地形因地制宜的布局模式。浙中地区特别讲究形成山水环抱、聚气藏风的"风水"格局，甚至不惜人力、物力改造风水，比较典型的如武义郭洞村。浙江历史文化村落的历史建筑营造匠心独具，除建筑艺术精美之外，还体现了浓郁的人文理念。建筑群体组合往往有着严谨的秩序，祠堂大多设置在传统村落的中心位置，而亭、廊、桥等风景建筑则体现"天人合一"与"文以载道"的思想观念，巧妙结合地形地貌，承载伦理道德和美好的愿望。浙江水系众多，形成了清新、淡雅、古朴的历史文化村落风貌，村落中合理科学的水系规划，不仅调节了小气候，满足了日常饮用、灌溉、排污、消防等功能，同时又形成了优美的人居环境。浙江历史文化村落大多是望得见山、看得见水的"山水田园村落"，植根于周围山水自然环境，因地制宜进行家园建设，并辅以恰当的人文景观，形成质朴自然而又如诗如画的乡村风景园林。浙江自古以来人文鼎盛，历史文化村落中多有诗词歌咏、楹联题刻、文化典故等人文景观。在这些人文景观中，有的记录村落发展的重要历史事件，有的记录传说故事或歌颂风景名胜，彰显着村落的人文内涵之美。

《劝农劝学卷》夯实浙江历史文化村落兴村根基。耕读传统是浙江历史文化的重要传统之一，它的产生是与古代中国"劝农劝学"观念的内在要求和政策制度相契合的。浙江耕读传统产生于农本经济（物质基础）、科举入仕（制度保障）、兴家旺族（直接动力）、隐逸文化（思想渊源）、人口迁徙（促成因素）五大基石，其中农本经济、科举入仕和兴家旺族是浙江耕读传统产生的一般要素，隐逸文化和人口迁徙则是浙江耕读传统产生的特殊要素。在中国农业社会的历史长河中，耕读并重作为农民的生活模式，是一种可保进退自如的持家方略，二者相辅相成、相得益彰。源于此，"耕读传家"作为宗法制的历史文化村落根深蒂固的生活理想，是宗族（家庭）事务的头等大事，每个宗族都期望自己的族人可以中举进士，入朝为官，光耀门楣。因此，族规家训都极为强调耕读之首要性；士绅乡贤则扮演着文化教育的继承者和推动者的双重角色；而庙祠牌坊既是族人对其丰功伟绩的一种铭记，也是对族中后人的一种鞭策；兴教办学则是文脉传承背后的助推力。耕读传统使得浙江地区人才辈出，尤显家族代传性特征。如温州瑞安曹村自南宋高宗绍兴二十七年（1157）至明成祖永乐二年（1404），200多年一共出了82名进士，是全国闻名的"中华进士第一村"；永嘉屿北村的"一门三进士，父子两尚书"；江山广渡村的"四代十登科，六子七进士"；绍兴州山村的"父子两尚书""祖孙四进士""十八进士"等。近代以来，则有"状元村"之美誉的宁海梅枝田村和"博士村"之美誉的缙云姓潘村。劝农劝学观念的化身则是耕读传统在中国农耕社会中形成、发展和行将消亡的思想轨迹，鲜明地揭示了封建社会中富裕农家和仕宦之家对于家族（家庭）文化教育前景的企求实态，它表明，耕读传家观念不仅源远流长，而且深远地影响了农业中国的乡村社会。

《名人名流卷》镶嵌浙江历史文化村落一颗颗璀璨明珠。浙江历史文化村落名人故事丰富多彩，所述人物故事涉及名儒名臣、名贾名商、诗画艺人、乡贤民硕、侠客义士等。名人故事都寄托了村民的情感，反映了时代心理，有一定史料研究意义。浙江历史文化村落的名人名流，明代到近现代的居多。这与浙江省历史文化名村形成的历史相适应。从时代变迁看，中国文化经济重心不断南移，与浙江名人辈出是顺向同步的。浙江由于地处东南，战争较少，经济和文化得到长足发展。南宋定都临安，给浙江带来前所未有的发展机遇，从而使浙江成为全国举足轻重的经济和文化重镇，造就了一批批优秀儿女，其中不乏这些历史文化村落走出的。地理对文化、对名人名流分布的影响显著。从地理类型上看，浙江历史文化村落名人名流的分布大致代表了西南山地文化、浙北平原文化、海洋文化三种类型。山区名人名流的特点是崇文尚武、武术医家、义士将军等；平原地区多半为鱼米之乡，交通发达，文化基础本身较好，多出巧匠、商人、科学家、文艺人士等；沿海名人名流具有开放冒险、抵御外侮、漂洋经商的生活经历。浙江人祖先多半是中原移民，经过几次大规模南迁运动，很多北方家族南下，到浙江重新聚居，形成历史文化村落。新移民将北方的文明与本地特色结合，将优秀的中原文化传统延续下来，而传统意义上的吴越土著文化实际上自秦灭越之后特点不突出，浙江文化与中原汉文化实现了自然接轨。如朱熹与郭村、包山书院，陆羽与余杭、吴兴、长兴等，赵孟頫与下昂村等，他们的活动丰富了历史文化内涵。

《民风民俗卷》延续浙江历史文化村落鲜活历史。浙江历史文化村落保留的民俗不仅多种多样，而且具有深厚的人文底蕴和独特的地域色彩。比如，素有"鱼米之乡"、"丝绸之府"之称的杭嘉湖地区，流传于该地区的蚕桑文化民俗即与将民间喜闻乐见的范蠡与西施的传说亦融合在内，使原本是单纯的生产习俗增加了浓郁的人文色彩。浙江地域面积不大，但依山濒海，江河纵流，自然环境复杂，地形地貌丰富。因此坐落于不同地区村落的村民，生产、生活习俗也各个不一，又都与其所生活的区域自然环境息息相关。浙西多山，山地村落流行的生产、生活风俗，即与村民千百年所依赖的山地环境关系密切，如流传于衢州洋坑村的"喝山节"——喝山祈福习俗即为典型一例。浙北多平原水乡，流行的民俗不少即与水上活动有关，如嘉兴地区民主村的水上庙会习俗。浙东南濒海、多岛屿，因之生活在滨海地区和离岛上的村落居民，其民俗就带有浓厚的海洋气息，如浙南洞头县东沙村祭祀妈祖（海神）习俗。浙江是畲族的主要聚居地区，景宁是中国第一个也是唯一一个畲族自治县，有"中国畲乡"之称，在景宁及周边的几个畲族分布的县域村落内，流传着畲族独有的生产、生活风俗，成为浙江历史文化村落民俗中极具鲜明地域风格的代表。浙江历史文化村落的民俗大体归为：一是传统的岁时节令类；二是人生历程中的婚嫁、生育、寿庆、丧葬类；三是反映家族文化的祭祖、修谱、族规类；四是农事生产类；五是乡村美食与风物特产（指手工制作的，与自然生产的不同）类。此外，还有一些涉及居住建筑、传统体育、游戏娱乐和口头文学等。民俗是过去生活的记忆与缩影，也是村落民落在千百年的生产、生活中积淀的文化遗产，随着社会经济的高速发展和城镇化的快速推进，不少良风美俗也都面临着湮没之危。我们希望"千村故事"能够让这些乡村记忆传之久远。

《手技手艺卷》展示浙江历史文化村落里百姓与"这方水土"相互厮守的故事。浙江省历史文化村落手技手艺体现于生产、生活的方方面面，比如，将传统的绘画与雕刻工艺应用于传统建筑与装潢，竹编或草编则在保持手工艺品基本特征的基础上，使其成为乡村旅游的一个品牌；剪纸、陶艺依然维系着一方水土的温馨记忆。浙江省的手技手艺是"一方水土"的百姓与这片山、这片水相互厮守的故事。从远古走来的浙江人民世世代代与这片土地同呼吸、共命运，并由此衍生了具有浓厚区域色彩的手技、手艺，这些手技、手艺曾经是普通百姓的重要经济手段，尤其是在农耕社会时期，生产力水平不发达，交通闭塞，对一个家庭乃至一个家族而言，一门手艺的掌握将给他们带来相对稳定的收入，由此贴补家用，贴补再生产，当然也贴补愿望。由于区域的相通性，即使有多达上千的历史文化村落，手技、手艺在许多村落间都是共通的，同时也展现出地域乡土性。传统技艺存在于生活之中，只要有适宜的环境，手工艺就会得到传承。比如，木作、雕琢、烧造、冶炼、纺织、印染、编织、彩扎、装潢、造纸、制笔、烹饪、酿造、印刷等，在当代社会的现实生活中仍然有着广阔的生存空间。费孝通先生曾说过，非物质文化遗产"之所以传下来就因为它们能满足当前人们的生活需要。既然能满足当前人的生活需要，它们也就是当前生活的一部分，它们就还是活着。这也等于说一个器物一种行为方式，之所以成为今日文化中的传统，是在它还发生'功能'，能满足当前的人们的需要"。

《特产特品卷》印制浙江历史文化村落亮丽的名片。浙江历史文化村落的特产特品文化深厚，各地的每一种特产，都不是简单的自然馈赠品，而是各地居民在千百年的生产、生活中积淀下来的文化遗产，每一种产品都有其独特的种养、加工技巧和工艺流程，许多产品还有一套与其生产过程相配套的地方习俗和文化故事。浙江历史文化村落农特产品具有鲜明的地域差异性。比如，浙北杭嘉湖平原地区是种、养、加特产集中区，农特产品主要以种植产品、淡水养殖品及加工制品为主，传统种植产品以蚕桑种植最具特色，现代种植产品则主要以瓜果蔬菜为特色，如槜李、湖菱、大头菜、莼菜、雪藕等特色果蔬在区域内均有一定的分布；浙中金衢盆地地区是瓜果、药材、粮油肉加工产品集中区，如兰溪杨梅和枇杷、常山胡柚，磐安元胡、玄参和白芍等，金华火腿、金华两头乌猪、龙游乌猪、衢江三元猪，金华酥饼、龙游发糕、江山铜锣糕、常山山茶油等；浙西丘陵山地地区则是茶叶、竹木产品集中区……；浙南山地地区是林木、山石产品集中区……；浙东丘陵地区是特产多样性地区……；浙东沿海平原地区则是蔬果、海产集中区……；东南滨海岛屿地区则是海洋捕捞产品集中区，陆地特产相对较为贫乏。浙江历史文化村落的特产特品注入了深刻的文化印记，其中许多农特产品从一个村落发源，经过历代村民精心呵护与反复打磨，已经走出村落、走向世界，成为历史文化村落的名片。

（执笔：王景新，浙江农林大学中国农民发展研究中心暨浙江省农民发展研究中心常务副主任，中国名村变迁与农民发展协同创新中心首席专家；文中"梗概"由各卷主编撰写。）

目　录

绪论　耕读传统
　　——浙江历史文化村落的文化印记 …………………（1）

第一篇　尚耕劝农 ……………………………………（16）
　临安下许村：昌北下许新样板 …………………………（16）
　德清燎原村：榛莽之间听弦歌 …………………………（19）
　台州黄岩沙滩村：沙滩黄氏劝农劝学 …………………（23）
　遂昌淤溪村：班春劝农思显祖 …………………………（26）

第二篇　崇学重教 ……………………………………（30）
　杭州富阳上村：上村培秀养心田 …………………………（30）
　余姚棠溪村：东宫伴读源棠溪 …………………………（33）
　奉化明溪村：晦溪明理念朱熹 …………………………（36）
　象山儒雅洋村：书声琅琅儒雅洋 …………………………（40）
　象山黄埠村：黄埠村的流风遗躅 …………………………（43）
　瑞安曹村：中华进士第一村 …………………………（47）
　泰顺西溪村：九代崇学汇西溪 …………………………（50）
　泰顺阳山村：阳山刘氏传薪火 …………………………（54）
　泰顺洲滨村：大山里的兴教先贤 …………………………（57）
　新昌斑竹村：斑竹一枝赋雕章 …………………………（61）
　新昌雅庄村：两脚台门师娘恩 …………………………（64）
　兰溪桐山后金村：理学文化孝风传扬 …………………（67）
　浦江新光村：重才育英灵岩公 …………………………（71）
　磐安东里村：崇学重教传东里 …………………………（74）
　衢州衢江破石村：牡丹仙子点破石 …………………（77）
　衢州衢江鱼山村：鱼山墨香汝梅来 …………………（80）
　龙游荻塘金村：书香古村荻塘金 …………………（84）
　龙游鸿陆夏村：仁礼书香鸿陆夏 …………………（88）

江山广渡村：广渡毛氏承学统 ……………………………………… (91)
江山大陈村：崇学重教在大陈 ……………………………………… (94)
天台岭头周村：商人崇学之典范 …………………………………… (96)
仙居广度村：烽火弦歌广度村 ……………………………………… (99)
丽水莲都古井村：儒林模范沈国琛 ………………………………… (102)
丽水莲都西坑村：徐望璋主教莲城 ………………………………… (106)
龙泉大舍村：大舍连元民为本 ……………………………………… (109)
龙泉盖竹村：布衣硕儒王毅 ………………………………………… (112)
龙泉芳野村：风雨芳野追鹿洞 ……………………………………… (116)
云和金山下村：走马楼里的故事 …………………………………… (120)
缙云姓潘村：杏花村里博士多 ……………………………………… (123)
遂昌柳村：上官一族播美名 ………………………………………… (126)

第三篇　耕读传家 …………………………………………………… (129)

余姚柿林村：丹山赤水育仕林 ……………………………………… (129)
奉化林家村：翰墨飘香入林家 ……………………………………… (133)
宁海梅枝田村：文风徜徉梅枝田 …………………………………… (135)
永嘉屿北村：状元归隐居屿北 ……………………………………… (139)
文成毛坑村：笔耕经锄在毛坑 ……………………………………… (142)
泰顺库村：库村无言自风雅 ………………………………………… (145)
安吉鹤鹿溪村：鹤鹿有灵溪自流 …………………………………… (149)
绍兴柯桥州山村：一脉文华贯州山 ………………………………… (153)
新昌真诏村：人文真诏系私塾 ……………………………………… (157)
义乌雅端村：勤谨和缓享名长 ……………………………………… (161)
武义华塘村：华塘兴学续文教 ……………………………………… (165)
龙游西何村：长庚文跃孕西何 ……………………………………… (167)
江山耕读村：化名耕读书新篇 ……………………………………… (170)
临海孔圩村：耕读传家话仁心 ……………………………………… (173)
三门任家村：德才兼备任大冶 ……………………………………… (177)
龙泉上田村：墟里古风沐上田 ……………………………………… (181)
龙泉宝更村：耕读传宝德为鉴 ……………………………………… (184)
景宁大均村：大均三杆延人文 ……………………………………… (188)
松阳南州村：朱子文脉传南州 ……………………………………… (193)

第四篇　崇勤倡俭 ……………………………………………………（196）

宁波鄞州勤勇村：惟勤惟勇铸新生 ………………………………（196）
泰顺桥西村：勤俭典范胡维基 ……………………………………（200）
德清张陆湾村：改天换地靠勤劳 …………………………………（204）
德清东沈村：沈约之减油灭灯 ……………………………………（207）
桐乡海华村：钮氏勤俭创家业 ……………………………………（210）
绍兴越城上旺村：八把山锄创业记 ………………………………（213）
新昌南山村：南山善人鹅鸭脚 ……………………………………（216）
衢州柯城外宅村：节俭持家勤致富 ………………………………（220）
仙居白岩下村：监察御史卢明章 …………………………………（223）
龙泉锦安村：哥弟分家勿忘义 ……………………………………（227）

第五篇　遗存印记 ……………………………………………………（231）

余姚天华村：先祖义举泽天华 ……………………………………（231）
宁海力洋孔村：孔门传承力洋孔 …………………………………（235）
宁海岭口村：文豪故里的流风余韵 ………………………………（239）
温州龙湾瑶溪村：瑶溪张璁伴贞义 ………………………………（243）
文成下石庄村：崇农重武下石庄 …………………………………（246）
诸暨十四都村：藏绿周氏独爱莲 …………………………………（249）
绍兴上虞通明村：文心通明照珍斋 ………………………………（253）
新昌方泉村：优秀乡贤若方泉 ……………………………………（256）
嵊州坎一村：崇学尚义的坎流学堂 ………………………………（259）
嵊州北街村：两尊活菩萨 …………………………………………（262）
磐安梓誉村：桑梓誉重归名宗 ……………………………………（265）
衢州柯城余东村：田园间的现代毕加索 …………………………（268）
衢州柯城新东村：梅花坞的书院情缘 ……………………………（272）
常山樊村：樊氏大宗祠之钩沉 ……………………………………（276）
岱山石马岙村：於氏秀才石马岙 …………………………………（279）
台州椒江横河陈村："陈真人"与陈梦赉 …………………………（283）
临海呈岐村：望重儒林呈岐村 ……………………………………（287）
临海汾西村：耘书楼里诵书声 ……………………………………（290）
玉环东西村：东西陈酿醉书香 ……………………………………（294）
玉环上青塘村：丰山书院昭文采 …………………………………（297）

天台街一村：蓝洲书院聆遗风 …………………………………（301）
天台欢西村：文昌阁上览馀滋 …………………………………（304）
仙居大路村：百年沧桑话育人 …………………………………（307）
仙居溪头村：千年望族翰林里 …………………………………（312）
仙居埠头村：长子出生展花灯 …………………………………（315）
仙居东门村：凤凰涅槃文明楼 …………………………………（318）
云和北溪坑村：拾纸炉里有春秋 ………………………………（321）
景宁高演村：诗礼书香润高演 …………………………………（325）
松阳界首村：意存教养化界首 …………………………………（329）

绪论 耕读传统
——浙江历史文化村落的文化印记

本书为浙江省"千村故事"丛书中的《劝农劝学篇》，收集和编撰历史文化村落诫子规孙、劝学劝农、耕读传家的那人、那事、那典范，弘扬勤奋苦读、乐于农耕，崇勤倡简、勤俭持家，以及自强不息、勤勉坚韧、艰苦奋斗的乡土文化。

在编者看来，"劝农劝学"观念与耕读文化二者是内在一致的。"劝农劝学"观念——其化身则是耕读文化——在中国农耕社会中形成、发展和行将消亡的思想轨迹，鲜明地揭示了封建社会中富裕农家和仕宦之家对于家族（家庭）文化教育前景的企求实态；它表明"耕读传家"观念不仅源远流长，而且曾经深远地影响了农业中国的乡村社会。

因此，"劝农劝学"是浙江乡村思想史所不能忽视的民间观念，对"亦耕亦读"生活图景的向往和追求则是浙江乡村文化史应予以关注的重要传统之一，对于浙江现代文明社会中精神家园的人文重构具有重要的启迪意义。

接下来，编者将以耕读文化为中心线索，对浙江历史文化村落劝农劝学故事产生的历史背景加以论述，并在此基础上，阐明浙江历史文化村落劝农劝学故事的现实意义。

一 劝农劝学故事产生的历史背景

考古学家曾断定，100万年前就有人类在浙江大地上繁衍生息。浙江作为中国古代文明的发祥地之一，地理环境得天独厚，历史悠久，人文荟萃，文化底蕴十分深厚，素有"水秀山明常出仁智，地灵人杰永传声名"（永嘉溪口村戴氏大宗祠门联）之美誉。浙江境内山陵绵延起伏，平原墨线勾勒，江河纵横交错，海岛星罗云布。遍布着西湖、千岛湖、普陀山、莫干山、嵊泗列岛、雁荡山、楠溪江、双龙洞等风景名胜，自然风光与人文景观交相辉映，堪称风流。

浙江境内居民因血缘和地缘之关系，大多聚族而居，形成了最初的自然村落。正如曹锦清先生所说的那样:"按照马克思的观点,只有这些封闭而自足的村落才是理解东方社会的秘密之所在"①。这些村落,作为古代农耕文明的自然载体,由于受制于它们各自所处的自然生态环境,村落内部的生存方式具有非常稳定的持续性。因此,尽管这些村落由于所处的自然生态各不相同,历史传统和风俗习惯也不尽相同,当然也不可避免地受到了自然灾害、人口迁徙以及战争动乱的影响,但是在浙江境内,特别是在浙南山区,历史文化和传统习俗却大致上得到了较为完好的传承,这一点也尤其体现在耕读文化上。

中国的耕读文化可谓是源远流长,其奠基于中国古代的农业文明和农耕文化。从时间上看,它滥觞于春秋时期,如孔子在《论语·卫灵公篇》中所述"耕也,馁在其中矣;学也,禄在其中矣",可以被视为耕读传统的源头,后成熟于汉魏时期,鼎盛于唐宋时期,一直影响于后世。

耕者,可事稼穑,丰五谷,养家致富,安身立命,乃是生存之本;读者,可知诗书,达礼义,修身养性,立德入仕,乃是升迁之路。耕读并重的生活模式,可以说是中国古代传统农业社会中重要的生存形态之一。

耕读文化,作为古代中国传统农业社会的小康农家所努力追求的一种生活理想的表达,既是中国传统儒家文化的构成基因之一,又是我国农耕文化的具现化身之一,其本身则是与古代中国封建社会"劝农劝学"的内在要求和政策制度相契合的。

耕读文化,作为一种人文意识,与中国传统儒家文化之间的亲缘关系亦十分深厚,其影响十分深远。可以说,它直接反映了中国传统文化的价值追求和人文关怀,寄托着古人"关于家庭建设和社会风气建设的理想,具有深刻的伦理文化意蕴"②。

追溯耕读文化的起源和发展,我们就可以把握浙江历史文化村落劝农劝学故事产生的历史背景。

(一) 农本经济(物质基础)

农业,作为生存生活之本,同时也作为建邦立国之本,直接关系着国家的存亡和社会的稳定,故而历代的王朝和政府都极为重视农业的生产和

---

① 曹锦清、张乐天、陈中亚:《当代浙北乡村的社会文化变迁》,上海远东出版社2001年版,第18页。

② 邓子纲:《儒家耕读传家思想的现代意义》,《湖南第一师范学报》2007年第3期。

发展，一向视农业为天下之根本。与此同时，由于中国古代封建社会的经济基础是由男耕女织的小农经济所构成的，这种以家庭为基本单位的生产方式虽然可以在较大程度上实现自给自足，却由于其封闭性、落后性和分散性，一方面，其生产能力有着较大的局限性，加上苛捐杂税，导致其产出极为有限；另一方面，其在天灾人祸方面显得无能为力，抵御风险的能力不足，具有较大的脆弱性。因此，劝农成为中国历朝历代一贯的政策，同时也是王朝和各级官吏的主要任务之一。

而土地作为大多数农民栖息和生活的唯一来源，是他们生于斯、长于斯、终老于斯的地方，也被农民寄托了生活和发展的全部希望。需要注意的是，能够以耕读为生的多是经济收入较为稳定和富裕的农民，如上农、上中农和富农，他们经济条件较好，既有读书受教育的机会，又有从事农业生产劳动的机会。而租耕土地的农民，如佃农，一般生活贫苦，全家经年劳动所得，在风调雨顺之年也仅仅是略有盈余而已，故而耕读文化大抵是与这一阶层无缘的。

当然，这也并非是绝对的，正如黄仁宇先生所指出的那样："一个农民家庭如果企图生活稳定并且获得社会声望，惟一的道路是读书做官。然而这条路漫漫修远，很难只由一个人或一代人的努力就能达到目的。通常的方式是一家之内创业的祖先不断地劳作，自奉俭约，积铢累寸，……由此而逐步上升为地主。这一过程常常需要几代人的时间。经济条件初步具备，子孙就得到了受教育的机会。……所以表面看来，考场内的笔墨，可以使一代清贫立即成为显达，其实幕后的惨淡经营则历时已久。"[①] 简单地说，农民家庭如果要想入仕为官，必须几代人为之努力才能实现。

（二）科举入仕（制度保障）

我国是世界上最早采用考试的方法来选拔官员的国家。早在周代就有"乡举里选"的方式。秦汉时期，我国就出现了以举荐为主、考试为辅的察举制度，这可以认为是科举制度的源头。到了东汉末年，察举征辟制已被门阀士族所操纵和垄断。尽管在曹魏政权建立之后所实行"九品中正制"的选官方法，将品评选官的权力收归中央之手，但是"九品中正制"依旧不可避免地造成了"上品无寒门，下品无势族"的局面。

---

① 黄仁宇：《万历十五年》（增订纪念本），中华书局2006年版，第181—182页。

相比于之前的世袭制、察举制征辟和九品中正制，隋唐时期所确立的通过考试选拔人才的科举制可算是政治制度上的一个重大进步，它从制度上保障了一种公平、公正、公开的人才选拔机制，可以说是在当时的社会条件下所能达到的最合理的选拔制度。科举制度的特点在于：①"投牒自应"，读书人不论其出身、地位、财产如何，均可自行报名参加考试，不必由官吏举荐；②考试定期举行，不必等候皇帝下达诏令；③考试严格，录取与否完全决定于考试文章优劣。①

在科举制度确立之前，中国封建社会的等级制度是极为森严的，贵族、官僚和庶民之间的鸿沟几乎是无法逾越的。但是，科举制度的出现——不论门第出身，只要考试高中，即可为官——破除了世家大族对官场的垄断，打破了各社会阶层之间的壁垒，几乎成为农家子弟入仕为官的唯一途径，宋代高明（今浙江瑞安人）所撰《琵琶记》："朝为田舍郎，暮登天子堂。将相本无种，男儿当自强。"即是农家子弟改变人生轨迹的真实写照。

由此，科举制度的确立直接促成了普遍持久的读书风尚，并将官学和私学都纳入这种选拔考试，引导着读书人对于"学而优则仕"的人生追求，有益于崇学重教风气的形成。事实上，劝学也是与历代统治者稳定民心、维护社会统治秩序的内在动机密切联系在一起的，因此，历代当政者无一不重视对广大民众的开明教化。

尤其值得一提的，是北宋仁宗（1023—1063）时所颁布的一项影响深远的劝农劝学政策。胡念望先生在《读可荣身 耕以致富：耕读文化》一书中明确指出："到了宋代，耕读文化由于科举制度的演进而得到改造与加强。北宋仁宗皇帝的几条科举政策有力地推动了耕读文化的发展：一是规定士子必须在本乡读书应试，使各地普设各类学校；二是在各科进士榜的人数上，给南方各省规定了优惠的最低配额；三是规定工商业者和他们的子弟都不得参加科举考试，只准许士、农子弟参加。这大大地激发了普通人家对科举入仕的兴趣，连农家子弟也看到了读书入仕、光耀门楣的希望……"② 自此，"朝为田舍郎"的乡土背景与"暮登天子堂"的科举前景终于紧密地联系在了一起。

---

① 金诤：《科举制度与中国文化》，上海人民出版社1990年版，第48页。
② 胡念望：《芙蓉坡以及楠溪江畔的其他村落》，浙江摄影出版社2002年版，第30页。

当然，入仕为官或学有所成之人，也会对农业生产和发展产生反哺作用。历朝历代的政府官员或学者中，不少人有耕读生活经历，为官治学的同时仍十分关心农业生产。

科举制度的确立和奉行，使浙江地区的居民历来重视科举，历代科举高中者多不胜数。尤为可贵的是，一个家族中几代人先后金榜题名。如景宁大均村李氏家族有"一门三进士"之故事，同样的，永嘉屿北村也有"一门三进士，父子两尚书"的传家史，仙居溪头村有"一村四进士"之美名，诸暨十四都村亦有"状元村"之美誉。又如江山广渡村记载着毛氏家族"四代十登科，六子七进士"的盛事。更有甚者，绍兴州山村吴氏家族在明、清两朝，出过许多高官显宦，相传有"父子两尚书""祖孙四进士""十八进士"等。近代以来，则有"状元村"之美誉的宁海梅枝田村和"博士村"之美誉的缙云姓潘村。

此外，值得一提的是，浙江地区教育的发展除了科举制度的刺激外，也与一方郡守努力教化百姓，崇文重教有关。

总之，科举制度在中国长期的封建社会发展过程中已形成一个庞大体系，其大致有下面几个层次：童试、院试、乡试、会试、殿试，可以说，各个层次的录取者，都是科举制度的幸运儿，都会受到人们的普遍尊敬和羡慕。"学而优则仕"，知识阶层是社会的文化精英，如果说农耕是为了生存，那么读书就是为了应举为官，继而光宗耀祖、兴家旺族。

（三）兴家旺族（直接动力）

中国古代社会重视家庭社会、希望家族兴旺的思想是直接与科举入仕相链接的。古代中国社会是典型的宗法血缘社会，个人与家庭、家族之间是一荣共荣、一损俱损的关系。个人想要光宗耀祖，家族想要提升社会声望，而达成兴家旺族这一目标的最重要的途径就是科举入仕。当然，个人读书及参加科举考试也离不开家族先辈、乡亲士绅的经济支持，因此，个人与家庭、家族之间是相辅相成的。浙江居民之所以劝农劝学，大抵也是出于这种考虑：

之所以劝农，是因为为工、为商虽也是致富发家之路，但是免不了离家奔波，始终不如在家务农，一则可以赡养父母，再则可以照顾妻子，并且家业也后继有人，可保家业得守。

之所以劝学，一方面是因为古代中国社会，从官方到民间，都极力倡导应以读书应举为要务，把能否中举入仕视为实现人生价值的重要标志，故而鼓励学子求学应试，期盼着有朝一日金榜题名，可以光宗耀祖；另一方面则是因为自古以来，中华民族就有尊学重教的传统，视读书求学为辨人禽、修身养性、知书达理、辨是非、明善恶之门径，乃是无用之用。正如南宋时期进士袁采（今浙江信安人）在其著家训《袁氏世范》中所说："子弟不可废学。大抵富贵之家，教子弟读书，固欲其取科第，及深究圣贤言行之精微。然命有穷达，性有昏明，不可责其必到，尤不可因其不到而使之废学。盖子弟知书，自有所谓无用之用者存焉。"[1]

将劝农、劝学二者结合起来之成果典范，便是耕读传统了。耕读传统在保障生存和生活的前提下，一方面，满足了家族子弟读书识字的教育需要，有利于宣扬孝悌仁义，以维护家族和社会的和谐稳定；另一方面，则是满足了家族子弟科举应试的需要，即达到入仕为官、兴家旺族之目的。也正因为如此，耕读并重的传统往往能够在乡土社会中得到足够的尊崇和重视，成为农家世代为之奋斗的内在精神动力，同时，一个成功的耕读之家往往也能够成为乡里亲邻的表率，激励着乡亲们以各自的方式默默为之奋斗[2]。

在中国农业社会的历史长河中，耕读并重是最普遍的生活模式。在很多家庭的门楣，会经常出现"耕读传家""耕读人家"和"晴耕雨读"等这样的匾额。如奉化林家村村民有日耕夜读的良好习惯，家中"犁锹锄耙"与"文房四宝"并列，故有"白天扶犁锄禾，晚上舞文弄墨"之美誉。耕是衣食来源，是持家立足之本；读是入仕之阶，是修身、齐家、治国、平天下的必经之路。耕与读的结合，是一种可保进退自如的持家方略，二者是相辅相成、相得益彰的。

对此，陈志华先生深有体会："看到古村落的义塾和书院，看到那巍然高耸的文昌阁和文峰塔，看到宗祠前为举人、进士树立的旗杆和村口的牌楼，看到住宅扇窗上精细的'琴棋书画'或者'渔樵耕读'的雕刻，你才能真正理解农村的'耕读文化'，理解'朝为田舍郎，暮登天子堂'的科举之梦在农村的重大意义。"[3] 的确，耕读并非仅是超然物外的田园牧歌，而是维系个人荣辱和家族兴衰的头等大事，是人们日常生活的重心之所在。

---

[1] 袁采：《袁氏世范》，中华书局1985年版，第5—6页。
[2] 徐燕：《"耕读传家"：一种经典观念的民间传统》，《江海学刊》2003年第2期。
[3] 转引自刘经富《从耕读之家到文化世家》，《读书》2005年第2期。

耕读传统，一方面使文化传统得到了顺利的传承和延续，扮演着潜移默化的濡化角色；另一方面其本身也是一个开明教育的过程，发挥着导劝教化的涵化作用。因此，耕读传家"作为一种民间教育习俗和文化定势，它与乡民的日常生活融为一体，并重在为子孙后代营造尊师重教、崇文慕学的文化环境，从而实现地域文化、家族文化的传承"。①

因此，耕读文化，或劝农劝学的观念，才会深深地烙在族规家训、士绅乡贤、庙祠碑坊和书院学堂之上。

1. 族规家训

在封建社会，虽然名义上有郡、县、乡等各级行政机构来管辖地方，但是实际上，在很多地方，多数时候，宗族才是中国基层社会的真正管理机构，几乎每个血缘村落都有宗族祠堂和宗族运作管理体制。"耕读传家"作为宗法制的历史文化村落根深蒂固的生活理想，宗族教育可以说是宗族事务的头等大事，每个宗族都期望自己的族人可以中举进士，入朝为官，光耀门楣。因此，族规家训都极为强调耕读之首要性。而浙江居民也的确大多极力提倡读书，当地文风蔚然，正如陈志华在《乡土中国——楠溪江中游古村落》一书中所指出的那样："楠溪江中游的任何一个村落，都决不怠慢读书。"② 这一点尤其体现在当地村落家族、宗族的"宗谱、族规、家规、家训"等之中。

如新昌斑竹村章氏望族祖先制定了"孝悌立身之本，勤俭广业之资，积善传家之宝，读书发迹之基"的家训。舟山群岛历史上一个典型的"秀才村"——石马岙，其《萧山於氏宗谱》岱山支谱共18册，第2册第48页中就记载着美公处士："常言，子弟不可不读书，不能尽读书，至十七八岁，升沉已定，平庸者力谋生，始免无赖读书，虚名不可务也。"《於氏宗谱》所记载的这种耕读文化传统，影响了一代代的於氏后人。

台州东西村《陈氏家训》则立着如此家规："吾家世业儒，今将二十世矣"，"读书之外，止务稼穑"，"工商百技既不可为"，"子孙当世守家训"，"有悖逆非为贻玷家声者……不许入祠，以俟悛改；仍旧习者，众以大义灭之，姑息者非孝也"，措辞可谓是相当严厉。

以临安通明村《钱氏宗谱》为例，宗谱中也明确列出"不入学者不

---

① 文江涛：《耕读传家与文化濡化》，《桂海论丛》2006年3月。
② 转引自邱国珍《耕读文化与人居环境的互动关系——以楠溪江流域古村落为例》，《温州师范学院学报》（哲学社会科学版）2001年第10期。

准入族。女子入学，免学费"的条款。

临海呈岐村何氏宗族同样订下六条家规，奉为族裔的行为准则：①崇祀以敦孝思；②孝悌以肃家风；③睦族以念同宗；④耕读以务本业；⑤赈济以活贫穷；⑥婚聚以选良家。这与临海汾西村李姓先祖所倡导的"以农为本，耕则安居乐业；以读为进，学以教化优则仕"的耕读观念是一样的。

更有甚者，江山贺村镇岗头村在本村所出的第一个秀才的提议下，欣然改村名为"耕读"。奉化明溪村则是村名始称汇溪，朱熹（晦翁）过访汇溪单钦，遂改村名为"晦溪"，以纪念晦翁。

此外，族规家训还明确规定了资助家境贫寒子弟读书入学的条例，如芙蓉村宗族规定：要厚待老师，要资助学子。又如丽水西坑村的徐氏先祖留下了"学堂田"，规定徐姓子孙读书的所有费用，都由"学堂田"所出。

2. 士绅乡贤

在一个村落中，宗族组织相当于村落自治机构，无论是本村的重大事务，如村落选址、规划、建设、管理等，还是本村的日常公共事务，如公共水利、道路、桥梁、安全、抚恤、纠纷调解等，一般是由宗族组织所承担的。

族长一般"按照族规和习惯行使各种权力，其中包括：一、主持一年两度（春秋）的祭祀祖先的活动，共同的祭祀活动不仅强化了宗族血缘共同体的意识，合族的祭宴且可化解族人平时所积累的矛盾怨怼。二、替各家在婚姻、立嗣、析产过程中进行'公证'，调解家长无法调解的家内矛盾以及各家庭之间的冲突。三、惩罚违反祖训、族规的本族子弟。四、保卫本族不受外族的侵犯"[①]。

族长以下的日常事务管理则一般都是由士绅乡贤来担任的。构成士绅乡贤这一群体的一般都是读书人，他们拥有一定的社会政治地位和经济实力，在当地以及宗族中享有较高的威望。他们由于都受到过良好的文化教育，所以普遍关心村落的公益建设和环境保护，乐善好施，热心致力于公益事业。

如衢州大陈村作为首富的汪氏具有崇德尚文、诗礼传家、崇学重教的

---

① 曹锦清、张乐天、陈中亚：《当代浙北乡村的社会文化变迁》，上海远东出版社2001年版，第491—492页。

传统,其中代表:汪乃恕一生积德行善,铺路修桥、建凉亭、施药医,尤其重视后代教育,创办了萃文义塾和萃文(基金)会。浦江新光村的灵岩公朱可宾重才育英,捐资修建了浦江学宫、浦阳书院。龙游西何村的《西河何氏宗谱》中也记载着何氏秋河公建祠堂办私塾的故事。武义华塘村《陈氏宗谱》(1941年修)中"教育"一文同样记载着:"吾族迁宜之华塘以来,耕读传家,弦歌之声世代不替。至贡生菊溪公讲学于芸香草堂,一邑俊彦多出其门。廪生鹤书作新民塾,继之倡导维新,树立全县革新之初基。廪生丹书东瀛游学归,首创树人小学于宗祠(光绪三十四年,即1908年),邑中之有小学自此始。民国九年(1920)育仁设庚申学社,旧学新知均所研习,青年子弟造就良多。溯自清季以来,吾族不仅人文蔚起,才为国用,抑且握一邑文教之枢纽焉。"

当然,村落的日常事务管理离不开经济支持,而这一点也是由宗族组织来保障的,其经济来源多是公田(祠田)、祭田、学田、义田之类的稳定收入。这些收入多是用以宗族的族谱编修、春秋祭礼和宴庆活动,以及补助同族贫苦子孙之学费及抚恤本族的鳏寡孤独。当然,宗族也会鼓励族人有钱出钱、有力出力,用于兴修水利、修护祠堂、建桥铺路、开办学堂、保护环境等。

3. 庙祠碑坊

宗祠是宗族的象征。一个宗族通常要分为几个房派,房派之下又有支派,因此,全宗族的最高宗祠称"大宗",只有一个房派的宗祠称为"小宗"或"厅",一个村里往往有几个乃至十几个宗祠,一些纪念性或旌表性建筑,如碑、牌坊、牌楼、文昌阁、藏书楼等,大都造在宗祠附近,共同形成村落的礼制中心。① 为宗师先贤立庙,为有功于家国的名人高官立祠、立碑、立牌坊和牌楼,既是族人对其丰功伟绩的一种铭记,也是对族中后人的一种鞭策。

宗祠的匾额和楹联一般记载下来他们的举业和仕途,以颂扬他们的成就和功绩,同时也意在激励族中后人博取功名,光耀门楣。当然,有的楹联也包含先人对家族后人的训示,如龙游西何村的何氏宗祠中有曾国藩所撰写的门联:"奉祖宗一炷清香,必诚必敬;教子孙两条正路,宜耕

---

① 邱国珍:《耕读文化与人居环境的互动关系——以楠溪江流域古村落为例》,《温州师范学院学报》(哲学社会科学版)2001年10月。

宜读。"

历代以来，浙江地区凡家族子弟考取功名者，一律载入宗谱，在宗族的各种庆典仪式上也可享受特殊的荣耀。如果族中子弟取得较高的功名，当了较大的官，那么就有资格造牌坊或牌楼，及至死后入祠庙内受后人供奉，这几乎可以视为整个宗族的荣耀。如龙泉大舍村的牌楼式门面的"元公祠"就是为了纪念连元的丰功伟绩。更为常见的则是孔庙，如仙居东门村的文明楼。

4. 兴教办学

浙江地区文教之盛，究其原因，除了根深蒂固的"耕读文化"的浸染外，私塾、书院和私家藏书等文教机构是其背后的助推力[①]。宋元明清时期，府学（包括县学）、书院、蒙学构成了浙江地区的较为完备的教育网络。无论是为启蒙和教化村中子弟而设的私塾（包括义塾），还是为进修学问、应考科举而设立的书院等，都是读书子弟读书教育、科举应试之所在，与此相配套的藏书楼则是开拓学生视野、深化知识涵养的绝佳之地。

浙江地区书院众多，如衢州新东村的柯山书院、温州瑶溪村的贞义书院等都是宋明时代的高级书院。清代景宁大均村的明德书斋、嵊州市坎一村的坎流学堂、舟山石马岱村的於氏义学堂、天台街一村的蓝洲书院、余姚天华村的养正书院和玉环上青塘村的丰山书院等亦是名声在外。又如民国元年泰顺洲滨村人范俊人以重教兴邦的理念创建了洲滨简易识字学堂（洲岭小学前身）。

一座书院，自然离不开教书先生。有的村落家族历代读书出仕，本族就具备优良的教师队伍可资教化子弟。不仅如此，他们还利用多年积累的官场人际关系，延请知名人士前来庭训授业，族中子弟借此扩大了视野，增进了见识。据新昌真诏村族谱记载，本村仅生于道光、咸丰、同治、光绪年间的太学生、贡生的教书先生居然有近百人之众，这些教书先生传儒道、兴文教，教导人们礼义廉耻四维、仁义礼智信五常。由此，村落的文脉才能稳定地得到传承。

江浙居民多重读书、喜藏书，因而藏书风气极盛，藏书文化蔚为兴荣。临海汾西村的"耘书楼"即是其中代表。

[①] 朱琳：《既耕亦已种 时还读我书——江浙"耕读传家"风尚之由来及其文化余韵》，《图书情报研究》2012年第4期。

(四) 隐逸文化（思想渊源）

耕读文化的产生和发展，同样也与中国古代士人的隐逸风气与山林文化密切相关。隐士，即隐居不仕之士，他们有文化而不愿或不能做官，或在乡为农，或大隐于市，或居于山林，等等。正如胡念望先生所指出的那样："耕读生活早期作为文人的一种理想，起源于隐逸，是儒家'穷则独善其身'和道家'复归返自然'的人格结构。"① 汉魏两晋南北朝以至隋唐以来，不少士人秉承"得志，泽加于民；不得志，修身见于世。达则兼济天下，穷则独善其身"（《孟子·尽心上》）的人生宗旨，走上了躬耕田亩、隐逸山林和胜境讲学的道路，他们结庐胜景、寄情山水、且耕且读、半耕半教，在优美宁静的田园山水中修身养性。可以说，古人修身养性的传统是耕读生活产生的重要文化背景。

迁居浙江的中原士族的耕作读书，总是依赖于一定的自然地理环境，而浙江地理素有"七山一水二分田"之说。正如徐复观先生所说："在世界古代各文化系统中，没有任何系统的文化，人与自然，曾发生过像中国古代样的亲和关系。"② 虽然中原士族大多是为了躲避战乱而南迁浙江，但是其中也不乏因为向往浙江山水之秀美来此定居的。他们中有人或者历经官场的腐败黑暗，郁郁不得志，毅然辞官归田，躬耕畎亩阡陌之间，隐居山林，过着逍遥自在、与世无争的生活；又或者天性超凡脱俗、淡泊名利，游历山川，寄情山水。如山水诗的鼻祖，时任永嘉太守的谢灵运（今浙江绍兴人）留下了"乡村绝闻见，樵苏限风霄。微戎无远览，总笄羡升乔。灵域久韬隐，如与心赏交"（《石室山》）的诗句。可以说，浙江独特的地理美景构成其耕读文化产生的自然环境。

耕读文化的发展，同样也离不开良好的家园环境的构建，这一点尤其体现在村落的建筑风格上和建筑形式上。人们在村落的规划与建设中，极力将人工美、艺术美与自然美精妙地融合在一起，使村落的设计和布局显示出深厚的文化底蕴。

如人们在村落选址时，在村子的东南方最好要有圆锥形的山峰，称为"文笔峰"或"笔架山"，取山上立文笔，主一方文运之意，如衢江破石

---

① 胡念望：《楠溪江古村落文化》，文化艺术出版社1999年版，第28页。
② 徐复观：《中国艺术精神》，华东师范大学出版社2001年版，第134页。

村等都有文笔峰（笔架山）。又如永嘉苍坡村的设计和布局，生动具体地体现出"文房四宝"的意蕴。

这种人文环境对村落居民，尤其是幼童，产生了潜移默化的作用，培养和促进了当地崇农重农、崇学重教的风气，发挥着启心智、开教化的重要影响。此外，当地村落多是以宗族为核心，聚族而居，故村落居民内部尤其重视营造良好的亲戚邻里关系，只有这样，才能保障家庭宗族的兴旺繁荣。

（五）人口迁徙（促成因素）

古代中国人口迁徙之原因，不外乎环境恶化、自然灾害、战乱频发和生活贫困等，尤其是在朝代更替之时，战乱频繁，人口迁徙的规模更为庞大。以晋宋时期为例，由于国家战乱、社会动荡等原因，历史上发生了两次人口大迁徙，第一次是西晋末年的"永嘉之乱（永嘉五年之乱），衣冠南渡"，第二次是北宋末年的"靖康之变，迁都临安"，两次迁徙使北方大量士族随迁至浙江境内。

例如磐安东里村《厉氏家谱》就记载着，东晋永嘉之乱（311）时，姜太公第40世孙厉公雷甫一支南迁到婺州（今浙江金华）洞下之历史。

又如龙泉宝鉴村陈氏祖先就是源于河南颍川，属名门望族，北宋末年战乱频繁，靖康二年，国都汴梁沦陷，陈家不愿做亡国之奴，便随高宗南渡，在杭州安家，后迁至龙泉定居。

再如据安吉鹤鹿溪村《诸氏宗谱》记载，诸氏世居淮阴，宋靖康年间，尚书公诸尚三子诸季奉父命迁徙安吉，次年吴昌硕的祖先吴谨也迁徙安吉，与诸氏同村而居，当时称"诸吴村"。到了元代，诸氏从诸吴村迁出，先后住过梅溪、昆铜等地，直至明代迁到鹤鹿溪定居。

正如盛爱萍先生在其《从瓯语语汇看浙南耕读文化》中所指出的那样，北方移民由于原居住地遭到破坏，为了避乱而从黄河流域一带迁往江浙地区，江浙地区逐步得到开发，及至南宋建都杭州，农业中心和文化中心亦随之南移，可以说，两次人口南迁给江浙地区的政治、经济和文化带来了深远的影响[①]。不可否认的是，这些最终造就了江浙地区的经济基础和人文基础，亦终使耕读文化走向成熟。

---

① 盛爱萍：《从瓯语语汇看浙南耕读文化》，《宁夏大学学报》（人文社会科学版）2011年3月。

二　劝农劝学故事的现实意义

劝农劝学故事或耕读文化，首先，向我们树立了人与自然和谐相处的典范，为日益恶化的人类居住环境和生态环境带来诸多启示；其次，则是对教化开明的一种亘古不变的重视，对提倡终生阅读、提升人们涵养、传承历史文化和建设精神文明的反复强调，为中国思想的发展提供了前进动力；再次，对勤勉坚韧，艰苦奋斗、勤俭节约、自强不息、刚健有为等精神品质的一贯推崇，为现代人格的塑造提供了精神资源；最后，耕读文化中所体现的那种成就功业之后反哺家族、宗族、整个村落乃至国家的意识，为树立"义利统一"的价值观提供了理论来源。由此可见，劝农劝学故事或耕读文化具有十分重要的现实意义。

但是，摆在我们面前的一个极为迫切的问题是，耕读文化及其载体——历史文化村落正在渐渐消逝。正如我们所看到的那样，伴随着我国新农村和城镇化建设的愈演愈烈，诸多历史文化村落被卷进这一浩荡的历史洪流之中。这一进程的代价之一就是历史文化村落日益衰败，仅有老弱病残者还在留守，越来越多的历史文化村落成为了空壳，湮没于岁月之中，最终只留下荒草杂树和残垣断壁，历史文化村落的生机和活力已然不复存在。在此进程中，历史文化村落的传统和文化逐渐被丢弃，历史文化村落的历史渐渐被人遗忘。然而，不可否认的是，历史文化村落作为中国文明和精神的载体，具有独特的时代特征、文化内涵和历史底蕴，它承载着时代演变的气息，印刻着鲜活的历史记忆。

其实，历史永远是现实的。换句话说，历史规定着现在和未来。历史文化村落作为历史的结晶，连接的是过去，指向的却是未来。正如曹锦清先生在《黄河边的中国》中所指出的那样："传统从来就是一种现实的力量，它既记录在历代典籍之中，也活在人们的观念、习俗与行为方式之中，并直接影响着各项制度的实际运作过程，不管这些制度是用什么样的现代名称。……中国现代化的目标、实现途径及速率，归根到底是受中国农民、农业与农村现代化的目标、途径与速度所制约的。"[①] 这恰好对我

[①] 曹锦清：《黄河边的中国——一个学者对乡村社会的观察与思考》，上海文艺出版社2001年版，第2页。

们如何来面对历史文化村落的消亡,以及如何处理历史文化村落与现代化建设之间的关系有所启发。

答案几乎是现成的,即精心地保护、理性地开发和合理地利用历史文化村落。这意味着我们必须在与传统文化的断裂带之间重新架起桥梁,其中包含了对历史的包容和接纳,对古人智慧的尊重和汲取,对传统文化的认同和传承。更为重要的是,深入研究和思考如何让历史文化村落焕发出新的活力。以中国的耕读文化为例,伴随着现代农业生产方式的发展、商品经济的冲击以及生活方式的变化,耕读传统走进了耕者不读、读者不耕的困境,耕读文化面临着难以为继的危机。尽管我们尚未能给这一诊断提供一个标本兼治的良方,只是一再地以各种方式提出这个问题,但是提问的方式就已经决定了回答问题的方式,决定了构建整个探究的方式。

可喜的是,浙江人民确实在这一方面作出了诸多有益的尝试,如建设农村文化礼堂、组织耕人书会和打造耕读文化生态园,等等。当然,答案并不是唯一的,问题的解决仍然有待多方的努力,而这些成果、经验甚至教训,都将是我们继承和发扬耕读传统、保护历史文化村落的宝贵财富。而我们所做的一切努力之根本目的则在于,让历史文化村落获得新生命,让耕读传统焕发新生机,让背负传统的我们在前行路上走得更远。

本书就是这样一种努力,用优美的文字记录下一个个可读可颂的劝农劝学的故事,记录下历史文化村落的历史积淀和文化记忆,记录下祖宗先辈的精气灵魂和文化品位,以飨读者。

参考文献

[1] 曹锦清:《黄河边的中国——一个学者对乡村社会的观察与思考》,上海文艺出版社 2001 年版。

[2] 曹锦清、张乐天、陈中亚:《当代浙北乡村的社会文化变迁》,上海远东出版社 2001 年版。

[3] 陈志华:《乡土中国——楠溪江中游古村落》,生活·读书·新知三联书店 1999 年版。

[4] 费孝通:《乡土中国》,北京出版社 2004 年版。

[5] 胡跃中:《楠溪江导游词》,中国旅游出版社 2002 年版。

[6] 邱国珍:《耕读文化与人居环境的互动关系——以楠溪江流域古村落为例,温州师范学院学报》(哲学社会科学版)2001 年第 10 期。

[7] 盛爱萍:《从瓯语语汇看浙南耕读文化》,《宁夏大学学报》(人文社会科学

版）2011年第3期。

[8] 王维、耿欣：《耕读文化与古村落空间意象的功能表达》，《山东社会科学》2013年第7期。

[9] 王小明、沈智毅：《永嘉耕读文化的发展脉络与积淀内涵》，《浙江工贸职业技术学园学报》2011年9月。

[10] 徐燕：《"耕读传家"：一种经典观念的民间传统》，《江海学刊》2003年第2期。

[11] 赵国权：《南宋时期社会教化的路径及价值》，《河北师范大学学报》（教育科学版）2010年第9期。

[12] 朱晓明：《耕读与传统村落》，《同济大学学报》（社会科学版）1998年第9期。

[13] 邹德秀：《中国的"耕读文化"》，《中国农史》1996年第4期。

第一篇 尚耕劝农

临安下许村

昌北下许新样板

下许村隶属于杭州市临安市岛石镇,坐落于临安的西部山区,浙江02省道支线倒上线穿村而过,距临安市区约100公里,地处浙皖交界,四面环山,西连安徽歙县,北接安徽宁国,位于浙西大峡谷上游,钱塘江一级支流昌化江的源头,历史上一直就是浙西昌北地区的革命老区。

《昌化县志》载有"许家"地名,北区图载有"下许"。下许村当时地名称为"河露",自许氏宗族从安徽歙县迁徙而来之后,村多许姓,渐得名许家,又因地处下游,故称下许。南宋咸淳年间属玉山乡;元代仍之;明、清均属玉山乡十二都;清雍正七年(1729),称许家庄;之后历经更改,在1984年确定为新桥乡下许村,辖5个自然村——下许、毛坦、阮家畈、堰头和竹坞,是临安市文化特色村。

下许村挟昌化溪源头后溪分南、北两岸,溪水绕村而过,是一个枕山挽水的人间仙境。下许村民风淳朴,村民勤劳善良,尊孔推儒,耕读之风世代相传。

相传,明末抗倭名将胡宗宪的母亲许氏乃下许人氏,时任兵部尚书的胡宗宪(1512—1565)经过下许顺道探望外公、外婆。他的外公、外婆非常高兴,外公拿出亲手种的最好茶叶泡给他喝,外婆则拖出案板做白面面条来招待外孙。当他们看到胡宗宪吃得意犹未尽,就又去鸡舍拿出土鸡蛋烧了满满一大碗给他。胡宗宪吃饱后大加赞赏,这便是下许村地道的"三遍茶"的雏形。

之后,外公领着外孙四处看看,当他看到田间的作物一片生机时频频点头,听到学堂里朗朗的读书声更是深感欣慰。当时正值下许村修缮"一本堂",胡宗宪便为一本堂留下了几份厚礼,包括麻石擂鼓、上马石、下马石、拴马桩等，至今仍完好保存于祠堂外。

胡宗宪离别时，外公、外婆邀其到祠堂坐堂，胡婉言推辞，但其外公、外婆执意相邀。见推辞不了，他便上堂一声呼喝，霎时间一本堂瓦片乱飞，地面开裂，胡宗宪见状马上退堂。祖辈说这是感动上苍，顺应天意，让胡宗宪在下许村留下永恒的脚印。从此下许村家家户户地面均开裂，直至今时今日。

也许是巧合，胡宗宪到来的那一年风调雨顺，农作物获得了大丰收，于是村民在祠堂修缮完工后举行了大规模的祭祀活动，之后大年三十的祭祖活动便一直延续至今。除夕夜全村老少齐聚祠堂，庆祝丰收，感恩上祖，祈求来年风调雨顺有更好的收成，祈福百姓身体健康、安居乐业。辛勤劳作的村民们在劳作的同时也注重文明和孝道，儿孙孝顺，邻里和睦，今天80%以上的家庭被评为"五好文明家庭"。优美的环境，良好的氛围，孔儒思想的熏陶以及现代文明的影响，下许村成了一位位寿星颐养天年的理想之处。

自古以来，下许村祖辈们都懂得尊重自然规律。据《许氏宗谱》记载："农为食所自出，桑为衣所从来。吾地不宜树桑，大约务种田者多，栽桑者少，然麻苎亦桑类也，有地不空即为农桑之本务，此者力耕作，勤耘粪，齐收获，谨盖藏。盖一岁之中，上事父母，下蓄妻孥，并官粮，以及吉凶庆吊事件，皆仰给于此中，稍有不勤，便致无年，何可不以之为本务？"

据此可见，在历史上下许村的村民通过辛勤劳作不但可以自给自足，甚至还有结余，红白喜事所用的物品都是自产的，同时也教育子孙要认真耕作，以农为本，耕读并重。在社会主义建设时期，村民的劳作热情更是空前高涨，涌现了许多的土专家、种植能手。他们带领村民开山造田，兴修水利，根据土质的不同播种不同的作物以确保收成，成为劳动模范的典型。

此外，下许村还秉承着一个理念：再苦再累也要让孩子上学堂，不能做目不识丁的睁眼瞎，即使是最不济的家庭也都要想办法让家中的男丁到学堂跟教书先生识几个字。位于下许自然村中部的许氏宗祠"一本堂"，便是村民们最初的文化交流场所，有点文化的老人教孩童识文断字，其乐融融。

许氏宗祠为明代建筑，修建于1512年，占地面积500平方米，由前、中、后三进组成。明间开正门，牌科式砖雕门楼，石库门框，门外两侧有麻石抱箍石，两侧次间外有八字墙，上有精美砖雕。许氏宗祠是每年祭祖活动的主场地，也是传承家训、教育子孙耕读并重的重要场地。

清朝初期，坐落于阮家畈自然村的太子庙是当时下许村的中高级学堂。太子庙的先生是位远方云游至此的高人，学富五车，书法造诣更非一般。先生到了下许村，被这里的环境、民风所吸引，便决定在此盖庙定居，开办学堂，将自己的一身学问毫无保留地传授给这里的学童。凡村中家庭条件稍好的，都将资质较好的孩子送到庙里来聆听他的教诲，学习为人处世之道。据说，在这位高人的言传身教之下，曾有一名学子高中进士，但因本性刚正，在外地为官时被奸臣陷害，客死他乡。而太子庙作为最初的学堂，同时也为了纪念这位先生，被保存至今。

近代以来，秉承村中先辈崇学之遗风，村民的崇学热情日甚一日。或年少求学并投身于革命事业，或不畏生活艰苦，在辛勤劳作的同时坚持学习，悬壶济世，或攻读名校博士，或远赴他国留学，文脉生生不息。

下许村的子孙在先祖耕种文化的影响下，传承族谱、家训，崇文向善，耕读并重，使下许村不仅成为一个充满书香的地方，更是一片人间乐土。

（文：吕海波）

德清燎原村

榛莽之间听弦歌

  这是一个在地图上很难找到的地方，但她正如一颗古老的明珠，既有历史的神韵，又有今朝的灿烂。这个地方叫燎原村。在1400多年前的南北朝时期，这里是地荒人稀的无名山村，是樵夫进出山林的小憩之地。梁元帝萧绎在位期间（552—554），有"鸿名重誉，独步江南"之誉的文学家庾肩吾受封为武康侯，他来到此地，见此处风景秀丽、山青水清，便建屋定居。庾肩吾病逝之后，儿子庾信世袭父职。正所谓青出于蓝而胜于蓝，庾信的诗文功底也同样了得，杜甫评价"庾信文章老更成，凌云健笔意纵横"，"庾信平生最萧瑟，暮年诗赋动江关"。后来，人们为纪念庾氏父子，就把他们的居住地叫作庾村，后改名为燎原村，寓意星星之火可以燎原。然而，当地人还是习惯叫庾村。

  燎原村，位于德清县境内国家级风景区莫干山下，它历经千年的风雨洗礼，如今已经演变成一个具有民国风情的小镇。庾姓后裔现已很难寻觅，只有在山脚水旁、树荫竹林之中才能探寻庾姓家族的些许遗迹，但这并不能证明庾村的"败落"。自西洋人在清朝末期开发莫干山后，又经民国时期的发展，山上的"外来文化"就很自然地影响了山下的它，包括建筑风格、人们的生活习惯、方式、市场意识等。在燎原村，游客不仅会被充溢民国风情的建筑所吸引，同时也会感悟到街道两旁苍老、硕大的梧桐树所显现的历史纵深感。然而这一切都绕不开一个被历史封存了半个多世纪的人物，他的名字叫黄郛。

  黄郛（1880—1936），原名绍麟，字膺白，号昭甫，浙江上虞人。早年留学日本，追随孙中山革命，加入同盟会；北洋政府时期，先后任外交总长、教育总长等职。1924年和冯玉祥一起策划"北京政变"。1928年5月"济南惨案"后，因"委屈"不了政治舞台的风雨变幻，辞职来到莫干山，过上了隐居生活，想在山林之中寻求心境的平和。但作为一名政治家，在"九一八"国难来临以后，他就无论如何也找不到这份平和的心境了。于是，黄郛凭借自己的能力，开始了在政治之外实现生命意义的义举。

20世纪30年代初，现燎原村区域方圆十里，有前村、后村、中村、汪家、南路、莫干坞等六个自然村，分布在莫干山两翼的环抱中，计120余户490余人。他们之中，只有一个人读过"四书五经"，三个人会描花押，八九个人会写名字。全村只有一个理发匠、一个铜匠，千余亩耕地，大多属于佃农，200元以下的年收入要维持五口之家的日子，生活过得十分清苦。因此，黄郛的义举是按照"以学校为中心，谋农村之改进"的设想来开展的各项改良活动。

1932年6月1日，由黄郛自筹资金、亲自选址、操办的私立莫干小学借用汪家村的民房正式开班。同一天，校舍奠基。半年后，迁入新校舍，学生超过百人。从此，这个幽静秀丽的山坳里响起了欢快、明亮的童声："莫干之灵，钟我诸生。勤俭忠箴，我校之慎。耕不废读，读不废耕。生聚教训，利国福民。"

学校从第一天开始，就坚持"耕读"并重原则，在传授知识的同时，更多地注重当地实际，教授农村实用种养技术。比如，学校引进新型包心菜、西红柿等品种，在学校农场教会学生如何种植、如何管理，待成功后，让学生把种子带回家，教家长种植推广，这是黄郛在莫干农村改良过程中推广科技的"绝招"。学校规定，凡四年级以上的学生，设有农事、劳作等课。男学生到农场耕耘种菜，所收获蔬菜，属寄宿生部分，折价供应食堂；属走读生部分可以各自带回家用。学校还设有竹工场，聘请竹工技师，教授编制花篮、行箧，卖给来莫干山的游客。女学生学习缝纫、做鞋，学校设有"女红实习室"。对家庭贫困的学生，学校实施半工半读，计工付酬，免费读书。对初级部学生不收学费，并且供给书籍用具。对表现优秀的学生，实施奖励。成绩优良的毕业生，由学校保送深造，升学后，在校成绩列第一、第二、第三名者，仍发给奖学金，继续资助他们深造，造就人才。

黄郛创办莫干小学是为了培养人才，而培养人才则是为了更好地推进农村的改进工作。所以，在学校开学后不久，黄郛立即成立"莫干农村改进会"，开设民众夜校，围绕"相友相助相扶持，自治自卫自教养"的要求来展开。

首先，开办成人教育，设有农民夜校、农民教育馆、健身场等，经常举行卫生展览会、儿童健康比赛及改良风俗的化装演讲与通俗演讲等。

其次，开展生产技术改良、金融市场流通和灾荒救济。具体工作有：①推广改良蚕种。当时，全国蚕丝价格大跌，蚕业受到沉重打击，许多桑田被迫改为麦田。改进会在此时开始大力推广改良新蚕种，并经黄郛授意，特许村民以土种改良新种，村民如因新种遭受损失，即照土种预计收成赔偿。村民试用改良蚕种后，收入大增，这大大地提高了村民对改良蚕种的信任度。后来，自制天竺牌蚕种成为浙江第二品牌。②采用先试种，再推广的方法，改良麦种。③提倡造林和种植油桐。④成立庾村信用兼营合作社，办理放款、储蓄及购买等合作事业。所需资金全部由黄郛负责筹措。⑤开设公共仓库。以前，庾村的山民每年新谷登场，立即全部贱价出售，以偿还旧账，不留余粮。待到第二年青黄不接之时，又不得不用高价购入。鉴此现象，改进会以市价收进押库，第二年村民需要粮食时，即以收进价格购买，中间只收取极低的手续管理费。这样既盘活了村民对现金的需求，同时也大大地减轻了村民的负担。⑥修建水利交通，用"以工代赈"的办法，开挖白云池等多处小型水库。⑦学校购置安哥拉兔、美利奴羊、莱格杭鸡等优质种禽，一方面教儿童于知识、饲养技能，另一方面指导村民，发给优良种源，提高村民的收入。

最后，就是订立山林公约、调解纠纷、改良风俗，设立消防队、办医诊室，等等。

黄郛所做的一切，都是个人筹资的义举。他于1936年12月去世，并葬于莫干小学的山旁。此后，他的夫人毅然挑起了夫君留下的重担并坚持到新中国成立初期，前后艰苦实践18年，使原本落后的燎原村有了很大的变化。用他夫人沈亦云的话说："只要见到六七岁以上二十一二岁以下的儿童和青年，没有一个不是莫干小学的学生，毕业生中有从军而殉国的，有养成专门知识服务社会的。至于在附近各县从事地方教育与乡镇工作的，所在皆是。一般村民，对于风俗与习惯的改进，对于社会及生产的观念，也同样产生了较大的影响。"

如笔者去莫干小学走访的时候，在新校区东侧的山坡旁见到一位老农，想先跟他套个近乎，便递上一支烟，然后再打听关于莫干小学的往事。令人没有想到的是，老农开口说："我不抽烟，这是老师教我们的。"笔者一惊，问道："你是哪个学校毕业的？""莫干小学。几十年了，老师当时就说，香烟不是好东西，对身体有影响。这些话我一直记着，所以也一直没有学会抽烟。"

到目前为止,庾村一带的几条山沟里已经有来自南非、法国、英国、比利时、丹麦等国友人开办的"洋家乐"35家,当地山民也通过学习借鉴"老外"的低碳休闲理念,办起了休闲农业,新农村建设如火如荼,黄郛当年的愿景得到实现,还初步形成了异域风情休闲区。在这里,游客完全可以放下一切,把自己交给大自然,过一种简单的山野生活,爬山、漫步、骑车、钓鱼,静听树林的鸟鸣与清泉的叮咚,细看竹海的轻盈摇曳与云雾的升腾变幻,享受那份人与自然交相融合的感受。

(文:罗永昌)

台州黄岩沙滩村

沙滩黄氏劝农劝学

沙滩村位于黄岩区屿头乡东南角。屿头乡古名柔极乡，位于黄岩区西部长潭水库西岸，东与北洋镇相连，南与宁溪镇毗邻，西接仙居县，北界临海市。沙滩村以黄姓居多，名人辈出，其中有南宋黄原泰劝农和黄超然劝学的故事。

黄原泰劝农

宋淳熙九年（1182）七月，浙东常平使朱熹巡行台州。时浙东连遭水旱之灾，饥民遍野，朱熹多方措置救灾，接连上疏数十道奏议，向朝廷提出建议。朱熹到黄岩县视察时，士民童蒙正、诸葛蒸硕等面见朱熹，要求"请使民自结义役"，互相接济，解决农田劳力不足，鼓励农业生产。朱熹上奏，朝廷旨准。黄岩知县王华甫于城内设立社仓。社仓设立必须发动全民投入农业生产，才有余粮入库，王华甫带领县衙一干人员行走全县乡里视之。

柔极乡沙滩村有黄原泰，家境殷富，属于一等户，任乡里正。南宋里正类似乡长，由田产较多的富裕户担任，按规定任职时间每户一年，各富户轮流担任，任期内必须按定额完成本乡上缴田赋，否则受到重责。柔极乡处于山区，富户少，无人出面任里正，黄原泰一当就是20年，用自己家庭资产垫付全乡不足的田赋和各种徭役。他为此劝说全乡重视农业耕种。南宋朝廷规定种麦可以减免田赋，黄原泰便鼓励乡民在贫瘠山区创造出财富。

乡民对黄原泰多年为贫民代缴田赋十分感动，听其劝农之言，全力投入农耕劳动。当地名士车若水诗："十亩山田手自耕，括囊安分是平生。"知县王华甫下乡督查时，乡民反映黄原泰"其乡义庄少而役重，独立代役二十年；以己田代一都全役"。王华甫当即表彰黄原泰并委任负责义庄事务。此外，黄原泰还做了许多好事，如兄弟为争财产而诉讼，原泰出资平息讼争；有人卖田给原泰，钱被人偷窃逃去，原泰再捐钱给卖家。

凡此种种善行，为乡里所称颂。车若水为之写墓志，《万历黄岩县志》为之立传。

黄超然劝学

黄超然（1236—1287），号寿云，柔极人。初受业于蔡梦说，又学于车瑾，两人是黄岩名师，教授濂洛之学。宋景定三年（1262），著名理学家王柏任教台州上蔡书院，黄超然是其门人，受到正统理学教育，成为朱熹第四代弟子，后回乡办柔川义塾。

黄超然对学生严格规定，每日清早鸡鸣起床盥栉（洗漱梳头），进入书斋读书，上午不得会见宾客及议论家事，必待午后方许。故而培育了许多人才。

宋亡后他不仕元朝。50岁将书院交付其子黄中玉，另筑西清道院著书。黄超然著有《周易通义》20卷，《会要历》《诗话》《笔谈》《西清文集》《地理撮要》各10卷，还有各种理学著作共13卷。

元代著名学者张翥为柔川书院撰《记》说，在宋元之际社会动乱，人无居定之时，官吏不重视民生，不知学生之饥寒，开办书院何其难也。而黄超然对远道慕名而来的学生，教育诲之不倦，其人道德高尚学术渊博，使民间一些悍猾之辈，见到先生风格不敢放肆，礼尚有加，"闻先生之风者，咸起慕焉"，对于改变乡风民俗起到表率作用。张翥《记》又说，地方官员"能明先王化民成俗之方，恢宏学校"，黄氏柔川书院是极好的榜样，被列为黄岩县五大书院之一。

元至元二十三年（1286），集贤学士程钜夫奉旨下江南为朝廷征求贤士，地方官将黄超然道德学术和教育渐化乡里事迹上报。次年，黄超然卒。中书省和礼部议请朝廷赐予谥号"康敏"。黄超然以布衣身份得到官谥，这在历史上很少。

明中叶，台州谢铎（官国子祭酒）为黄超然撰《寿云黄先生赞》："诗礼名家，学贯六经。安居恬静，不以贫穷动其心；性识高明，不以功名易其志。以博达之才，道德之化，渐于乡里也。"

一位黄岩县山区义塾教师，却得到元明两朝全国最高学府国子监祭酒张翥、谢铎的称赞，又受到朝廷集贤学士程钜夫推荐朝廷赐谥。南宋著名理学家黄幹私谥其为文肃，称为"南宋台州十大儒"，偶像入祀黄岩乡贤祠。

黄超然门人众多，其中盛象翁师从车若水与黄超然，传承两师理学，后任平阳学正、汀州教授，有"儒官得以其所学教"之称，深感培养人才不易，"一时矜拔之文，平生不过数篇；一代超卓之士，百年不过数人"。盛象翁门人陈德永，被程钜夫推荐任江浙行省和靖书院山长，历官江浙儒学提举，为一省教育主官。

附：《谥议》：故寿云先生黄超然，以文肃华胄诗礼名家，学贯六经，尤邃于《易》。安居恬静，不以贫窭动其心，不以功名易其志，以博达之才，道德之化，渐于乡里也远；渊源之学，仁义之教，被于后人也深。故既没而名益彰。所著《周易通义》等书，皆能羽翼程朱、开明后进，而宜于设教之所，赐以书院之号。礼所谓乡先生没而可祭于社者，公实有焉。定议易名，国有令典，谨按谥法：寿考且宁曰"康"，好古不怠曰"敏"。请谥康敏。

（文：严振非）

遂昌淤溪村

班春劝农思显祖

淤溪村位于遂昌县石练镇南部，农村产业以水稻、茶叶为主。水蕴山涵，云蒸霞蔚，稻秀茶香，这是淤溪村的自然与人文风貌之体现。自然方面，淤溪村有着独特的生态环境，90%以上的森林覆盖率为其提供生态屏障和灌溉水源，外来游客形容这里是"连牲畜和庄稼都是喝着'农夫山泉'长大的"。精神生活方面，无论时代风云如何变化，淤溪人始终坚守着自己固有的人文追求不动摇。"班春劝农""昆曲十番""七月庙会"是村里传承了几百年仍然经久不衰的民俗文化形式。其中的昆曲十番演奏、班春劝农典礼不仅被村民所热爱，还引起了政府的重视，分别于2008年和2011年成功入选国家级非遗名录。

葱茏古樟迎瑞纳祥，图腾华表对接乾坤。淤溪村文化广场人头攒动，服饰、道具、布景，一事一物均以五图、五色、五位之要素体现着中国传统文化五行、五谷之气息，昭示着风调雨顺、五谷丰登之愿景。这是正在举行的遂昌县"汤显祖文化节·班春劝农"活动，这场规模宏大，特色鲜明的班春劝农典礼引来了全县民众、长三角城市嘉宾以及央视等全国各级媒体的关注。祭春、鞭春、插花、赏酒、开春犁田……400年前的明代劝农景象在这里得到复原，盛况空前。

所谓"班春劝农"，就是地方官府在新春时节颁布春令，实为劝农耕作。事实上，许多地方都有迎春、鞭春牛的习俗。遂昌县地处仙霞岭边，为深山一隅，山水阻隔，交通不便；土地贫瘠，物力维艰。要想在这样的环境中做点政绩出来，劝农战略尤为重要。

淤溪村这一民俗文化的发端与传承得益于一位世界级的中国文化名人——汤显祖。

明万历二十一年（1593），著名政治家、戏剧家汤显祖从广东徐闻贬谪之地"量移"遂昌任知县，任期五年。其间创作出了名著《牡丹亭》，从而使昆曲传到山城遂昌，继而在全县形成了爱好昆曲的时尚。当然，这只是汤显祖饭后茶余的雅兴而已,汤显祖在遂昌任职期间更重要的是劝农务本。

汤显祖是一位有着尚古、务本思想的儒士,当他经天纬地之理想破灭而被量移到遂昌后,便开始了兴农富民的实验。为了实现这一治县理想,汤显祖在韬略上全面规划,在推进上步步为营。其措施一是修建启明楼,在楼顶悬挂一口大钟,每天准时报晓,催人晨兴作业;二是开张相圃学堂,教学农耕农艺;三是春天时节亲临现场,力行班春劝农。

时光穿越到 400 年前的明代。江南三月,春雨绵绵,正是农耕好时节。汤显祖通过下乡走访,在开春前就选定了具有定型意义的产粮田畈,制备花酒、春鞭、耒耜,精选壮牛,派衙役让各乡里组织人员,在班春劝农这天到现场参加观礼。

三月十四日,桃红柳绿,布谷声声,地点在县城瑞牛山下,或者烟雨东郊;有时在东乡湖边,有时在北乡金竹。有汤显祖专题诗为证:

> 杏花轻浅讼庭闲,零雨疏风一往还。
> 今日班春向谁手,许卿耕破瑞牛山。

又:

> 今日班春也不迟,瑞牛山色雨晴时。
> 迎门竞带春鞭去,更与春花插几枝。

濂溪春水荡漾,南亩春风纳祥。班春劝农广场旗幡招展,鼓乐震天。祭坛正中神农巍然矗立,供祭香烟袅袅。代表各乡里的方阵在祭台前一一就位,祭春、鞭春、开春三部曲循序渐进。

祭春。身穿明代服装的迎春队伍高擎"班春劝农""风调雨顺""五谷丰登"的旗帜;主祭"汤显祖"、司仪、春牛、供品在鼓乐、旗幡、舞蹈、茶灯、花酒等礼仪方阵的簇拥下入场。在司仪的主持下,人们向神农献上供品。"汤显祖"率领参祭的乡里代表向春神和神农行三跪九叩之礼。县长在礼仪侍者的协助下点燃高香,诵读祭文,文曰:"……三月十四,籍地石练。县长某某,率吾邑人行劝农赠鞭之仪……仙霞透迤,胜境平昌……风调雨顺,百业宏昌……伏惟尚飨。"

鞭春。惟妙惟肖的春牛道具绕场一周，在祭坛前恭敬止步。待"汤显祖"和县长为乡亲插花、赏酒，赠春鞭后，司仪颁发春令：

　　一鞭辛勤耕种，农时不忘；
　　二鞭风调雨顺，土肥禾壮；
　　三鞭五谷丰登，六畜兴旺。

在亢奋的春令声中，人们举起春鞭，鞭向春牛，只见春牛肚皮绽开，五谷源源不断地溢出，众人欢呼、舞蹈，争先恐后地抢抓五谷，以为吉祥之春种。

开春。祭坛一侧的水田里，犁耙具备，犟牛待命；一头身披红绸，套着春犁的耕牛在农夫声声吆喝下发力耕荒。鞭春过后，县委、县政府领导鱼贯下地，亲手扶犁、鞭牛、耕田。农妇则欢欣喜悦地奉送新茶、春饼、菜肴到田边，分发给众人食用，意为"咬春"。

男女老少观礼者均是欣喜若狂。其情其景，借着汤显祖自己的生花妙笔记录下来，定格在《遂昌县志》里："琴歌积雪讼庭闲，五见阳春凤历班。岁入火鸡催种早，插花鞭起睡牛山。"更多的收集在《玉茗堂集》中："家家官里给春鞭，要尔鞭牛学种田。盛与花枝各留赏，迎头喜胜在新年。"有的还化作《牡丹亭》和《南柯记》的人物语言，流传到市井里巷、山乡角落："时节，时节，过了春三二月。乍晴膏雨烟浓，太守春深劝农。农重，农重，缓理征徭词讼。"又："焚香列鼎奉君王，馔玉炊金饱即妨。直到饥时闻饭过，龙涎不及粪渣香……"汤显祖的班春劝农，推进了农业生产的发展，乡村呈现出一派和谐欢乐的景象：山也清，水也清，农歌三两声；官也清，吏也清，村民无事到公廷。

自汤显祖首次在遂昌举行班春劝农活动后，这种制度就被一代代地传承下来，成为官民同乐的农耕礼仪，以具有中国传统特色的文化要素载入史册。

新中国成立以后，由于百废待兴，人们忙于恢复生产和建设，曾经一度把班春劝农活动给淡忘了。直到2010年，人们在挖掘汤显祖文化素材时才发现曾经在遂昌县传承了400多年，被全县人们所称道的宝贵文化典故。经过调研、挖掘、整理、恢复、完善其形制和活动，逐级申报为各级"非物质遗产"，固定为"汤显祖文化节·班春劝农"，并将活动场面从原来的田头改变为专门广场,将典礼地点固定在山水秀丽、民风古朴、文化底蕴厚重的古村落——淤溪村,成为促进和谐、劝励农耕、全县瞩目的典型民俗文化项目。当然,它也就成了名不见经传的淤溪村的一个响当当的文化符号。

(文:楼晓峰)

第二篇　崇学重教

杭州富阳上村

上村培秀养心田

富阳场口镇的上村，清代名为"让村"，因音讹为上村。上村的主要姓氏有曹、孙、徐、姜、王。曹氏于明万历元年，从安徽歙县雄村迁徙过来，是三国曹魏陈思王曹植后裔；孙氏于宋朝回迁王洲，再于明朝中叶迁到上村，为孙权后裔；姜姓于明初从灵桥里山迁徙过来。目前上村人口最多的当属曹姓，村里留存的众多历史遗存也多属曹家后人。

在村里行走，悠长的古巷，古老的青石板路，房屋里精美的木雕，抬头赏古迹，低头品文化。现在设为文化礼堂的曹氏宗祠，更是一个好去处。它是曹氏后裔定居上村后用来安放灵魂的场所，有了它，曹氏后人在这一方土地上才算是真正扎下了根。

宗祠建于明代，祠堂里的72根方石柱用各种字体镌刻着楹联，讲述了曹氏家族不凡的渊源。"祀奉黄端家传孝友，节高青岱世笃忠贞"；"一门显秩树唐代勋劳，三世侍中定汉廷义礼"；"上溯陈思才超邺郡，再传节度望重晋阳"……一句句读来，上村曹氏的历史与文脉，已浸润在子孙后代的血液里。

这样一个家族，对教育的重视已经成为一种习惯，绵延至今。在定居上村的四百多年里，人才辈出，而奖掖教育的故事，也时时可从家谱中翻阅出来。清康熙、乾隆年间上村人曹胤昌继妻倪氏之事，便是其中一个令人感动的故事。

康熙二十年（1681），上村乡绅曹胤昌迎娶了一生中的第三位妻子倪氏。新嫁娘倪氏生于顺治十八年，时年21岁。曹家是大户人家，家境虽好，但一嫁过来就成了三个男孩及两个已出嫁的、也许年龄比自己还要大的女儿的继母，对未来的生活，倪氏惴惴不安。

曹胤昌第一位妻子汪氏嫁入曹家不到两年就去世了，没有留下子嗣。随后，他续娶了第二位妻子，生下二女、三子共五个孩子，可惜第二位妻子去世也早，除出嫁的两个女儿外，家里三个儿子都还未成年。三个儿子的教养，偌大的家业都需要一个女主人料理，在这样的情形下，倪氏嫁了过来。当时，曹胤昌的三个儿子，老大初毓十三岁、老二仲毓十岁，老三季毓才五岁。

年轻的倪氏进了家门，开始充当一个母亲的角色。操持家务，主持中馈，新嫁娘倪氏话语不多，待人和气，虽然年龄不大，处理家务却是井井有条，对待三个孩子也是视如己出，在教导孩子学习上更是有熊丸教子的风范，渐渐得到了孩子们的喜爱。

几年时间，倪氏真正融入了这个家庭。可惜好景不长，倪氏所生女儿仅一周岁时，曹胤昌病重。他自知不起后，留下遗嘱，对年仅27岁的妻子以及孩子们交代了身后事。在遗嘱里，曹胤昌特意叮嘱三个儿子，要顶门立户，孝顺继母，善待年幼的妹妹，和睦亲长。

丈夫去世后，倪氏没有再嫁，只是专心操持家务，抚养幼女，教导已逐渐成年的三个继子。曹胤昌在遗嘱里要求三个儿子在他去世20年后方可分家。这样，随着几个儿子相继成家立业、娶妻生子，倪氏作为长辈还要继续操劳。

乾隆二年（1737）七月，倪氏已经是97岁高龄的老人了。不久卧病在床，她自知不起，就在病中立下遗嘱，将自己的陪嫁田五亩六分三厘定为家族奖励子侄后辈读书进学用的公田，并命名为"培秀户"。家谱说："户而曰培秀者，培养心田也。"又说："祖母诱掖奖励，欲成人有德，而小子有造也。"

据家谱记载，培秀户的奖励制度是这样的：学童首次入学行"入泮礼"（开蒙礼）时，每人赠送衣服帽子一套；学子去县城参加考试时，补贴路费开支；考中秀才及举人再行奖励。

这个奖励制度，连同培秀户的管理，曹家世世代代相传，据倪氏的孙子曹楹在《培秀户引》里记载，他的祖母倪氏将培秀户奖励的规矩告诉儿子辈及孙子辈，希望后代子孙能读书上进，不要辜负了她设立培秀户的一片心意。

据家谱记载，到了嘉庆年间，因后代子孙繁衍，原用来培植子孙上进作考费之资的培秀户，有人心生占种之意。家族长老想到这件事如迁延日久，则必起争端，如此一来，倪氏用来培养读书人的举措反而有可能带累了读书人。于是，长老们就邀请了村里长者及秀才、士人等，大家坐在一起讨论处理方案。这次讨论确定，培秀户的五亩六分三厘田，由获得奖励的秀才等人各出资本，合力种植，不得私自买卖或者出租，以避免日后纠纷；再次强调了倪氏设立培秀户是为了培养后人读书成才的志向。通过这次讨论，曹家后人还对可以得到培秀户出产谷子奖励的几种情况作了具体的说明，对奖励的数量也作了规定。这以后，培秀户的出产用来奖励曹氏子孙考取秀才、贡生、举人的做法，一直延续到新中国成立后土改分田才停止。

倪氏设立培秀户，既激励了家族后人，同时也对整个上村的教育起了很大的促进作用，为表达对倪氏的敬重，奖励仪式每年都在祠堂举行，而上村曹氏本为一宗，奖励范围也因此扩大为上村的曹氏后人。在这样的氛围下，上村人读书重教的家风更加发扬光大，读书上进成为每一个孩子从小受到的教育。明清时期，上村考中秀才以及中举的学子很多，奖励场景一度成为家族盛典。直到现在，上村人也一直延续了重视教育的风气。新中国成立以来，在这个村庄里，研究生以上学历的人就有30多个，大学生更是不计其数。

倪氏，作为一名普通的乡村妇女，在当时的社会背景下，她连名字都没有留下，家谱里对她是否读书习字也没有记载，但是她的识见、她的胸襟远远超过了同辈的许多女子，甚至很多男子也难以望其项背。她以继母的身份，将慈母之爱倾注到三个继子身上，她的丈夫赞扬她"治家项项有规，中馈条条有序"，赞扬她对孩子们"视同己出"，且教养三个孩子读书求学有"熊丸教子之风"。而培秀户的设立，更是将一位母亲对孩子的爱升华为一种对家族子侄辈的"大爱"。这份爱值得所有曹氏后人珍之、重之，这位胸怀大爱的女子也值得后人永远记住。

（文：柴惠琴）

余姚棠溪村

东宫伴读源棠溪

棠溪村位于余姚市四明山镇西端，东连平莲村，南接杨湖村，西靠芦田村，北与大山村相接，距余姚市71公里，离镇11公里。村东有狮子和白象把守，南有长寿神龟和神马把守，西有凤凰和倒挂龙把守，北有窜天大鲤精把守，环村自然山貌颇具神话象征性。村内有东溪和南溪，两溪水向西流入上虞曹娥江，因村形貌如"海棠一朵"而得名棠溪。

据《唐氏宗谱》云："惟显隆公主簿才长，隐居土块，三子在旁。冢嗣相公迁此高岗，慕如伯舍，厥溪名堂，斯干筑室。"考唐氏始祖崇相公自嵊县北庄土块迁居棠溪以来，已历700余年，传40余代，当时已有棠溪之名。棠即甘棠之下，后人爱其树而不忍剪伐，因有棠荫之义。光绪丙申张应奎寿《唐香山太翁七十荣庆》诗中尚有"七秩筵开棠荫村"之句。

棠溪村，古宅错落，小弄纵横，碧水绕宅转，疏窗映奇墅，这是一处人文深厚的历史古村落。千余年来，棠溪村古有东宫伴读、判官、武英殿大学士等26人。家规则是"勤于耕读"。因此，人才辈出，薪火相传至今。

据《棠溪宗羲》记载，一世祖始崇相公，自邑土地移居而来。北宋1127年建村，经宋、元、明、清、中华民国，至今已有近千年历史。早从北宋居住起，全村以唐姓为主共有18姓。棠溪为剡溪唐氏世居地，唐氏先世显隆公，官主簿，后隐居于剡县（今嵊县）北漳镇土块村，其裔孙崇相公南宋时期从土块村迁至棠溪，遂为棠溪第一始祖。村中的棠溪唐氏宗祠已修复一新，据村中老人说，唐氏祖先曾官至显位，祠中有"东宫伴读"牌匾一块。

据说"东宫伴读"一匾的由来与唐津有关。唐津，字要夫，居棠溪，永乐十八年（1420）庚子科举人，官袁州府学教授，升伴读。原文故事如下：

太子陪读福津公——

赞（传记结尾的评论性文字）说："禀性敏捷而且谨慎，学习优秀而且出众，名字登上科举金榜，名扬天下，拔萃超群。他为人和善不虚情假意，更在于与君主为友做伴，最终辞去显赫荣耀（仕宦），回归老家。"

侍读学士福津公传——

（福津）公名讳福津，单名津，字要夫，号直庵，（福津公）父名讳林十八（公），至诚而不虚浮，坚持不懈地奉行节俭，纯厚品行闻于乡里，世代居住在棠溪，距崇相公已经13代了。（福津公父）生福津公兄弟五人，（福津）公年纪算小的，侍奉兄长恭敬顺从而且严肃庄重，兄长疼爱他、重视他。平日里曾经说过："我们尽力耕田，使我们弟弟专心读书，（他）以后必定使双亲显耀，使自己扬名，成为家乡的荣耀。"（福津）公继承父亲的志向，于是就勤奋于学业，寒暑不停，与高凤笃学流麦和顾欢燃糠夜读相比都不为过。（福津公）涉猎经史书卷，从无一天停止，擅长写文章，犹如成诵于心，借书于手。到了庚子年，在本省乡试中，与同县蠹连、韩俊、王仲宾、江宗显同时乡试中举，这是在（明成祖）永乐十八年（1420）的事。乡亲们眉飞色舞地嬉说他："槐黄时节马蹄忙，多少人来选佛场。唯有五人登蕊榜，街头艳说姓名香。"一时间名声显赫传到了京都，他对此十分沉着淡定。（福津公）后来很快被提拔出任袁州府学教授，以诗书来教授士子，其劝学规章与江西的朱熹和陆九渊"鹅湖之会"的鹅湖书院、朱熹讲学的白鹿洞书院一起流传百世，门下士子几乎没有一日不拿着礼物（来见）。（福津公）说经声音洪亮，听受者心服口服，甚至于连鲁国孔子的弟子听了也会如沐春风。中书掌判认为（福津）公有政绩，说他大力奖掖士人、教化开导愚昧无知之民，遂向朝廷举荐，蒙受优待的圣旨召为太子伴读，在宫内以清贵的官班办事，与萧瑀、王溥一样承受不同寻常的恩泽受宠。若不是秉性待人谦逊温和，德行端庄诚实，怎能到这种境界？

棠溪有一处古宅，称垂裕堂，据考系唐梦桂居宅。唐梦桂，字德馨，号香山，系清乾隆、同治年间人，墓在棠溪隔山，1958年"大跃进"时被平整。垂裕堂西行50步，有一门第，称旗杆墙门，坐北朝南，为一正两厢式楼房，正楼大厅名号树德堂。据采访年已80多岁的老太太王玉老（系民国初年法政学堂毕业生唐志南媳妇）得知，20余年前，树德堂牌匾尚在，现已无处可寻。此宅为香山太公之子唐景星居宅。唐景星，廪贡生，号禹甸，又号彩亭，选授德清教谕。唐元念之孙唐杏春，北洋政府时期曾任海宁州正巡长、平湖警察署署长、财政厅厅长等职。

民国才子胡兰成也曾到棠溪村深山苦读。

"数风流人物，还看今朝。"古村棠溪近代又出三名博士、八名硕士，有179人大学毕业。

附录：

东宫伴读福津公——

赞曰："性敏而慎，学优而裕，名登金榜，宇宙皆知，拔萃超群，其善不虚，更在九重为友伴，终辞显荣归故里。"

侍读学士福津公传——

公讳福津，一名津，字要夫，号直庵。父讳林十八公，恫幅无华，以廉俭自持，笃行著于乡里，世居棠溪，去崇相公已十三世矣。生福津公昆季五人，公齿居幼，事兄敬谨而不苟，兄爱之重之。平居尝曰："吾辈竭力耕田，使吾弟专心就学，异日必显亲扬名，为闾里荣公。"承父志，遂勤于学，寒暑不辍，比之高凤溧麦、顾欢燃糠，当不为过。渔猎经史，卷未尝一日废，善属文，如记诵在心、借书于手。越庚子岁，膺秋闱试，与同邑蟹连、韩俊、王仲宾、江宗显俱登贤书，时永乐十有八年也。里中人戏瞻之曰："槐黄时节马蹄忙，多少人来选佛场。唯有五人登蕊榜，街头艳说姓名香。"一时声称藉甚，闻于都下，公喜乐不形于色。旋擢袁州教授，以诗书课士，其观学要规，与鹅湖、鹿洞并垂不朽，门下士执贽无虚日。说经铿铿，听受者如顽石点头，几于春风坐遍鲁诸生。中书掌判以公有政绩，谓其宏奖士类，化导愚民，荐于朝，蒙优旨，召为东宫伴读。清班从事，鋈掖承恩，宠异之隆等于萧瑀、王溥。要非秉德谦冲，制行端悫，奚能至是？昔孔奂论江总，云："有潘陆之华，而无园绮之实，恐无以辅储。"二以视夫福津公，则有不可同日而语者焉。公起家寒素，严君一唯以显扬为心，卒至登桂籍、列文苑，俾祖考得受荣封，公固人杰也。伏念唐氏，僻处山陬，人文罕觏，公由孝廉科出身，升侍读……

（文：黄琼辉）

奉化明溪村

晦溪明理念朱熹

明溪村隶属于奉化市溪口镇，自南宋开始素称晦溪，2004年才改为明溪，下辖以晦溪村为主的四个自然村。它地处溪口镇西部山区，与奉化、余姚、嵊州三地交界。村内单、应、邹、徐、周、赵为大姓，宋朝时期单姓家族由东阳迁于此处发族。从"浙东明珠"亭下湖沿湖公路向西驰行，一路上白墙黑瓦的村落散落山间；过尽库区，山随路转，蜿蜒曲折，沿途风光无限；那条清粼粼的38公里之长的西晦溪之水，一路伴随。明溪村就处在奉化江主源西晦溪的源头一带，离源头仅数里之遥，为"西晦溪九曲"之二曲，乃西晦溪流域最大的村落。

溪边的村落，处于群山环抱之中，地势北高南低，依山面水，是藏风纳水的理想之所。溪流潺潺向东，村庄临溪依山而筑，层层叠进，形成了独特的人文与自然互为呼应的极佳环境。村内多见清一色白色马头墙和墙面，屋顶则是统一的黑色，这黑白分明的深山村落，让人觉得似乎走进了人间仙境，陶醉于这世外桃源之中。

明溪村给外来人的第一印象就是古色古香。村头高高的金山亭与金山廊桥相连，已有100多年的历史，始建于清末，由当地先民集资而建，曾是出入外界的必经之路。廊桥横跨于西晦溪之上，为双孔石木结构，全长28米，桥面宽4.5米，桥墩为条石叠砌。上建单檐廊屋，十一开间。桥面铺设木板，两侧设置全木封闭式护栏，安有长条木椅，是行人憩息休闲、躲风避雨之所。

另外，明溪村所保存的一座古代碉堡建筑，具有相当高的实用价值以及在整个江南地区都相当少见的建筑特色。碉堡地处明溪村的制高点，是数百年前村民为防范土匪、强盗扰民而建。碉堡呈六角形，分三层，总高约10米，顶部还有瞭望孔和枪眼。

村外的明溪古道，曾为"浙东唐诗之路"东支线的一个中转地，是唐代诗人们访探四明山腹地诸景的主干道之一。青年时期的蒋介石也曾为逃避袁世凯的通缉，从附近的葛竹村娘舅家出发，经此古道前往四明山深处的杖锡四窗岩等地避难。

相传，宋代自东阳迁来的明溪村始祖是一位饱学处士，故而在劝学子孙时带有处士情结："富贵功名半由人力，半由天定；读书者首要为明理修身，真者乡居守节，贤者远游报国。"

朱晦翁过访而改名

宋代单氏在此发族后，村名始称汇溪。南宋时，村里有一位叫单钦的德才兼备的老处士，素与大理学家朱熹友善。朱熹，字元晦，又字仲晦，号晦庵，晚年号晦翁，一辈子虽改字号，却保留了少年时期老师刘子翚赠与他的一个"晦"字——木晦于根而旺，为人也要独善潜修，低调行事。而晚年的单钦，也自号"东隐"，寓韬晦之意。

那一年，朱熹前来奉化县城的龙津学馆讲学，之后特赶到晦溪村与好友单钦相见。末了，朱夫子还赠诗与单钦："东隐人兮何处寻，看来只在白云深。围棋心事卑商岭，报瓮情怀尚汉阴。晓日三竿安稳睡，春风两屦短长吟。红尘世路休相问，管取陶风酒独斟。"小山村来了全国出名的大学者，这是了不得的大事。于是在单钦提议、乡人附和下，村名由汇溪改为晦溪。清光绪《奉化县志》对此也有载："朱晦翁过访汇溪单钦，遂改村名为晦溪，以纪念晦翁。"

南宋儒学处士单庚金

晦溪村有一处地名叫"著书坞"。在这偏远山村中，何以会有如此风雅的地名呢？村民们说，古时候村子里曾出了个专心写书的"曹雪芹"，大名叫单庚金。他当年搭茅棚著书的地方，代代称作著书坞，一直沿袭至今。

据清代奉化《剡源乡志》记载：宋末元初，单钦有个儿子叫单庚金，字君范，少承家学，克自勉励。奉化籍南宋进士、元初"东南文章大家"戴表元，他这么评说："明经之学者单氏，讳庚金，字君范。君范初与余俱以辞赋行州里间，有微名。"后来，比单庚金年轻六岁的戴表元中了进士，而单庚却一再不得志于科举，于是弃学而他游。宋亡后，他绝意仕进，深居晦溪山中30年，日夜攻读古圣贤的经传遗言，最终成为一位颇有名气的《春秋》和《论语》的研究学者。

他著有《春秋三传集说分纪》50卷（后世学人们所称的《春秋分纪集说》），纂历代诸家之异同定于一书，为学儒后人们提供了有力的依据。他又解《春秋》正经，撰《春秋传说集略》12卷。他还研读《论语》，并取舍历代各儒本，撰写了《论语增集说约》若干卷。《新元史》和《浙江通志》对他的生平和儒学著述均有记载。

他在主攻儒家经典之余，又重拾年少时的爱好——五七言诗、拟古乐府的创作，是一位饮誉明州的诗人。作品编成《晦溪处士馀力稿》，《全宋诗》收有他的诗作。那时，单庚金与辞官归里的前辈剡源乡里人陈著，心气相同，时有唱和。陈著是宋理宗宝祐年间的进士，做过白鹭书院山长、太学博士，又是南宋一位知名的诗人，宋亡后隐居雪窦山中。陈著对单庚金这位家乡晚辈十分钦佩，给予他许多慰藉与鼓励。陈著在《送别单君范》中的诗句"送到溪头重回首，东风吹不住垂柳"，被许多后人视为古代送别诗之佳句。

单庚金死后，作为当时颇有影响的官方文人戴表元，为当年的这位师兄作了一首挽诗："竟抱遗经死，斯人亦可哀。传家一夔足，涉世万牛回。白屋身空脱，青山手自开。樵苏且莫近，玉树炯泉台。"戴又为他撰写了墓志铭，表达了对墓主的无限敬意，开句便是："大山嶙嶙，长流沄沄，是为晦溪明经处士之坟，百世之下宁无智者勿躏其石！"

建议明州改名的朱元璋侍从单仲友

当今的宁波，从唐朝起便是一级地方行政区，直到北宋年间一直都被称作明州。到了南宋宁宗时，因为宁宗赵扩作太子时，曾在那里建有宫殿，居住过一段时期，即位后就把自己的年号"庆元"赐给明州，明州就改名为庆元。之后的元朝也沿用了这个名称。但到了明朝初年，又恢复了明州的旧称。

明洪武十四年（1381），有个叫单仲友的皇帝侍从献策，认为明州的名称与国号相同，此为大不敬，建议改名，以示国号的神圣。朱元璋觉得有理，决定采纳。于是问单仲友改什么名字为好，单仲友原先只想建议改名，至于改什么名称，他却没有考虑，所以一时答不上来。朱元璋却说，你们明州不是有个靠海的属县叫定海吗（明代定海即今宁波镇海县），明州临海，海定则波宁，宜改名宁波。圣旨下达，明州从此改称宁波。

单仲友何地人氏？一些宁波地方志误记他为宁波鄞县人，其实他老家就在奉化晦溪。《晦溪单氏宗谱》中也记载了这个改名的事情，还记有他的小传。单仲友，名佑，仲友是他的字。他对六经及理学均有研究，且旁通占卜、风水等阴阳五行。他所写的文章气势奔放，纵横驰骋。数百字的文稿可不用起草，援笔立就，在乡里负有盛名。明洪武六年考进明经科，得以进入仕途。他不时向朝廷上奏书疏，提出自己的政见和主张。由于他的建议多合时宜，切实可行，朱元璋很器重他，准备召至宫廷，以备随时顾问。但就在这个时候，单仲友患了心疾，于是只能回到奉化晦溪乡间疗疾。

明洪武十三年（1380），单仲友又得到朱元璋的征召而入朝。建议明州改名之事就发生在他第二次入朝为官，做朱元璋身边的侍从之时。后来他又出任国家的最高学府——国子监助教，最后被外放，赴云南大理府做了府学教授，最终逝于任上。

（文：裘国松）

象山儒雅洋村

书声琅琅儒雅洋

儒雅洋村位于象山县西周镇，相传原名树下洋，后雅化为儒雅洋，按照何姓族谱记载，清乾隆五十二年（1787）已有儒雅洋之名，祈愿"耕读传家，儒生雅士辈出"。儒雅洋村是象山县西部纯山区村，地处翠竹葱茏的蒙顶山脚下，有"天然氧吧"之称。村落平均海拔约50米，坐落在丘陵山区一小盆地内。

村之选址与屋之选基、营造讲究传统风水与辟邪。儒雅洋村现保有的古建筑群有10余处，建筑面积约50000平方米。根据考古证实，儒雅洋村在唐朝中期已有人生活，清中期鼎盛，以何姓为主，合王、赖、叶、郑等姓聚居。村社的发展，与何姓关系最大，何氏家族发展成为象山望族，尤其是何恭房，名声最大。

光听儒雅洋这个村名，便觉得这是不流于凡俗的地方。的确，村如其名，这里是儒雅之士辈出的地方，民间有云：东乡萧家，西乡何家。可见何家在象山的地位。传说从明洪武末年，何氏族长仁六公相中群山环抱、翠竹围绕的儒雅洋，举家从象山墙头下沙迁至儒雅洋，至清乾隆年间，以耕读传家的何氏家族，人才辈出，富甲一方。

何家主要分为何恭房和何友房，取义"兄友弟恭"。相比而言，何恭房更为著名，何恭房是深宅大院，屋连屋，门套门，每一个四合院关起门来自成天地。院落之间又有游廊相连，尽管有青山做屏障，但院内依然植树栽花，叠石造景。奢华不难，难得的是奢华中透着清新典雅。

房子是载体，房子里的人是一切的灵魂。在如今修葺一新的何家祠堂名人堂中有何氏家族的历代人物的介绍。岁月沧桑，带走了风流人物，留下的是一张张挂在墙面上的清秀脸庞，以及一段段动人的故事。

何恭房里最著名的人物当属何涵。何涵是儒雅洋何氏第12世后裔，清同治二年（1863）在乡试中获选为副贡，出任桐庐县教授（相当于现在的教育局局长）。民国初年，何涵因不满官场黑暗而回到家乡。他完全可以守着家业，闲吟诗醉饮酒，做一个闲适的乡绅，但是他并没有这样做，而是希望通过自己的努力，为家乡这块土地培育出自由之精神、智慧之人才。

于是他想到兴教，而且是兴办女校，何涵创办的学校名叫"广志女子完全小学"。创办于1913年的这所小学不但摒弃了"女子无才便是德"的陋俗，号召女子入学，而且所有入学学生均免费就读。挑战世俗，无私奉献，何涵此举绝非一般人所能为，足见其过人的胆魄与见识。

学校主管人是何涵的小妾，大名何涤尘，人称"宁波婆"。宁波婆粗通诗文，为人爽朗，和女学生们沟通起来非常愉快。何涵办女校一开始也是受自己家族的影响：在他们这个大家族里，有许多积极向上渴望知识的姑娘，她们活泼聪颖，不希望每天都在绣花望月中虚度，希望能和男子一样接受教育。因此，何涵和"宁波婆"商量后达成共识，开办女子学校，让她们通过学习，明圣贤之理，行圣贤之行，成为"涤尘"般出俗的人物。

学校设有书法、音乐、美术、体育等课，还开设了缝纫课，并且购置了两台英国产的缝纫机。学校学生最多时达50余人。当时女校的女学生们可以穿着裙子去上学，开风气之先。然而个别女生回到家被父亲看见，守旧的父亲把裙子剪碎的事也屡有发生。每闻此事，何涵都会亲自上门，不厌其烦地做思想工作，让女生们能够再次穿着裙子来上学。

四年后，因受到土匪干扰，学校停办。也许是苍天奖励何涵办学之功德，在何涵71岁那年得一贵子，为之取名何敏求。晚年得子，自然是爱若珍宝，何涵希望何敏求成为一个读书明理的君子，穷究事理，躬身力行。

何敏求不负父望，他的身上有着父亲的慧根，更传承了父亲教育兴国的理念。1945年，何敏求出任象山县立初级中学（象山中学前身）校长，不久，为避时局动荡，他把学校从宁海和平岙暂时迁至儒雅洋，以何恭房祠堂为校舍。因此可以说，儒雅洋是象山中学的发源地。

何恭房祠堂又称"承志堂"，是何家独立建造的家祠，曾内设藏书楼和书房，是何家子孙读书启蒙的地方。在这样一个充满书香的地方读书，真是三生修来的福气。为了让学生有个更好的就读环境，何敏求拿出所有积蓄装修校舍。他总是说，儒雅洋环境清幽，不但有助于学业，更有助于灵魂的净化。青山隐隐，翠竹纤纤，人在其中就有了清雅。

一年后，学校因为种种原因又搬回丹城，但是儒雅洋的办学历史并没有因此而中断，象山第三初级中学、儒雅洋初级中学都曾办在何恭房祠堂中。其中儒雅洋初级中学一直办到2002年才搬迁。如今学校已成危房，谁能想象这残砖败瓦中曾书声琅琅？

"我和何敏求先生是忘年交，老先生真是个儒雅之士，尽管他后来受到迫害，甚至在儒雅洋都没有立锥之地，但是他从来不怨天尤人。在他身上真正可以体会到什么是奉献和宽容，他就是一本厚重的书，值得我们后辈一辈子去品读。"为笔者讲述这段历史的蔡柏村说。蔡柏村是儒雅洋人，年届六十，是桂花大户，他在儒雅洋种了近五千棵的桂花树，让整个儒雅洋沉浸在幽香里。

蔡柏村是儒雅洋初级中学第六届毕业生，对这块乡土充满了深厚的感情。他坐在祠堂入口处的石凳上向我讲述这段远去的历史，神情坦然，声音洪亮，不远处，青山云雾袅袅，仿佛有故人在云端。蔡柏村说，1993年他和何敏求老先生建立忘年交，此后他每一个月都会去丹城拜访何老先生，直至老先生过世。何老先生和他所言的都是国家大道，让后辈一定要传承儒家文化，要有道德风范。而今在何家祠堂里修建了儒家学堂，堂中央一个巨大的孔子木雕出自蔡柏村儿子之手。历年来，村里走出的文人雅士不在少数，乡风淳朴，儒雅之道代代相传。

何敏求老先生人生最后的归宿是丹城一套不到60平方米的小居室。他于2006年过世，享年91岁。但是终其一生，他魂牵梦萦的地方始终是儒雅洋，这里长眠着他的父亲，这里是他的故土，是他的根，是他奉献了青春才华，奉献出万贯家财创校教学的家乡。

（文：应红鹃）

象山黄埠村

黄埠村的流风遗躅

"市十大文明古村"之一的黄埠村坐落于晓塘乡双峰山南麓，原临海峡，沿岸海棠花风姿潇洒，花朵如锦。《潘氏家谱》称"海棠花盛开，乃绮丽绝胜之地"，遂名村为"海棠花"。后来人们在此建造船埠，横渡海峡两岸，又称横埠。清道光年间，才改为黄埠村。黄埠村明代属归仁乡3都，清代属归仁乡21都，宣统年间属昌石镇。民国，分属鳌溪乡、华溪乡、月华乡、华塘乡，新中国成立后，分属华溪乡、晓月乡、定山公社、后岭乡、晓塘乡。村庄地处交通要道，和石浦仅隔黄埠岭，是晓塘、大塘和宁海县岳井、长街等往来石浦的必经之路。

据《潘氏宗谱》记载，元末明初，朱元璋攻破福州城，潘氏祖先均耀为避开战乱，携弟驾舟北上，在半边山洋面，遇到龙卷风，船毁，两兄弟抱着木板，浮至昌国后洋。潘均耀遍游山水，见这里，北有鳌峰耸峙，东岭松林繁茂，南涂膏腴肥美，于是始居后岭，后迁黄埠。

潘姓移居黄埠后，曾以晒盐为业，后围黄埠塘，种棉花和水稻。村民耕读传家，名人辈出。据《潘氏家谱》记载，明清两朝曾有38人在朝为官，有进士2人、贡生17人、举人15人、秀才24人、国学生56人、郡邑生60人。举人潘必铇，官名健山，著有《龙溪草堂集》。乾隆四十二年（1777）丁酉科，潘健山中举后，甘守清贫，从教36年，桃李遍天下，留诗文近百篇。举人潘定业，官名晋三，著有《海外嫁衣裳集》。潘定业受象山县令之请，曾主任缨溪书院讲习。据传他进京赴试，仅用一贴中药，使病危的皇后娘娘转危为安，获"潘一帖"美誉。《象山县志》载"精内科，延充之治疾，应手全愈，不受酬谢"。嘉庆年间赐其长兄孙定策为七品进士，拨款建"进士楼"，赐黄马褂。新中国成立后，潘仁云为浙大化工系教授。

如此偏远的小村，能够取得如此成就，探究其原因在于百姓淳朴、读书重教之风世代相传。

父传子承。潘均耀是福建省兴化府的偏将，武艺高强。其子潘叔瑜身材魁梧，长九尺，武艺得自父亲真传，其练武的石锁一个重350斤，另一个重200斤，使用36斤重双刀。潘叔瑜曾从军，在严州与陈友谅的军队作战。至明永乐年间，潘其钊（鹤洋）秉承祖先武略，总习张三丰、王宗诸拳，兼习少林诸法。其五个儿子都为武举人，获赠"五凤齐鸣"匾额。

盛行应试。应试是封建时代读书人的唯一出路。在黄埠村，很多人把青春年华抛在科举里。有的人参加考试，中举做官，如明崇祯六年（1633），潘世奇中进士，七品军籍；清嘉庆年间，潘必金中举，六品府按察知政。有的人终生奋斗，却没有入泮，引以为憾，如潘其绳、潘其潮等。阅读《潘氏宗谱》，里面保存的190篇传赞，议论最多的话题就是读书应试。至今，村庄老屋往往还保留着旧时代的各种捷报。于中举者来说，这是一种荣耀；于学子来说，这是一种激励。

创办学校。明嘉靖年间，潘良爵取得功名，不愿意做官，而是在双峰山上建造石鼓庵。因石鼓庵后面，双峰山耸峙，石鼓庵又称双峰斋。庵虽然由僧人管理，但是实际上是书斋，是潘氏学校。学校或是由潘氏杰出之士任教，明清两代，从教者比较有名的有定枢、显煦等百人；或是延请饱学之士，如乾隆年间黄埠村聘请的东溪励芳三。双峰斋是黄埠早期学校，培养了无数的读书人。乾隆四十二年（1777）丁酉科举人潘必铏，例授县职，辞不赴任，"馆居三十六年，生徒不下数百，凡往来谈笑，欢若亲朋。呈以文艺，则严加评论，无少贷。课余，手不释卷，每有所属，则咏歌以明志。"

1924年，村人以潘氏宗祠为校舍，创办华西小学，此为晓塘乡第一所正规小学。新中国成立后成为后岭小学所在地。

实物教育。汉字的意义非常丰富，如"三"：从品质要求上，可以解释为"三省"，所以黄埠村百姓名字多三，如省三、肖三、勇三等；从科举角度，可以解释为"三甲"，即"殿试"中榜（进士）的三个等级。明清两朝，殿试中榜，一甲取三名，二甲和三甲各取若干名。一甲第一名叫状元，第二名叫榜眼，第三名叫探花。所以黄埠村百姓名字多三，如晋三、捷三、耀三等。国学生按察知政潘必金不信释道，建造的堂宅称为三戒堂，即"戒僧、戒尼、戒道"。其媳妇奚氏不忘公公家训，更要求子孙后代三立，即"立德、立功、立言"。其子更把自己当年建造的房子，称为"三三堂",家训教育以房屋作为实物,历久不忘。

三戒堂建于清乾隆二十一年(1756),占地2000平方米,房子坐北朝南,大门朝东,意在迎旭东升。大厅栋梁的梁架上,雕刻着36只大小不一的鹿,神态轻盈活泼。梁架底部雕刻着鱼鳃纹,穿过天井,梁柱上有精巧的鹿,梁架上的百鸟图,如闻嘤嘤之声,木窗雕刻着"凤采牡丹"。

"三三堂"也是雕梁画栋,富丽堂皇。建筑的各个部位,如斗拱、雀替、博风板、拦额、门楣、窗棂、影壁、匾额等,上面雕刻着的鸟兽等动物栩栩如生,物体玲珑精巧,花草清新鲜艳,就连柱础、阶石和小门墩,都装饰得美观大方。

这些实物影响着儿童的思维,培养着孩子的人格,训练知觉,激发想象,唤起好奇心,对培养孩子的认知、观察、想象等各种能力,都起着潜移默化的作用。

圆峰庙前的禁赌碑立于清光绪二年(1876),石碑二块,长三尺,刻有"奉示承禁赌博"。这不仅是对孩子的教育,更是对成人的一种警示。

言传身教。清乾隆十四年(1749),大饥荒,潘必琮打开自家粟仓,救济灾民,救活村民近千人。母亲卧病七年,夫妻亲自料理汤药,寒暑不离,其孝义的行为已经成为儿女榜样。其临终遗训:"奉侍父母,只有歉处……有容量乃大,吃亏处即是便宜。"必琮去世以后,长子其缵把《遗训》抄录裱衬后,悬挂于中堂,用来警示后人。

潘定楷在江西宦游30余年,严守祖父遗训,为官清廉,不贪污行贿,所得俸禄不够生活开支,常常回家取银钱。年到60岁,才任江西宜春县代理县令。因心力交瘁,告老还乡,各界名流依依不舍,赠"清静廉明"匾额。去世后,吊者道塞。

潘必金的儿媳奚氏,守寡30年,抚育儿子定榆成才,朝廷表彰他们的德行,建造"劲节扶纲"牌坊。潘必金的孙子定案的妻子钱氏,守寡28年,上敬公婆,下抚养两个幼子。显焜、显煊都成才,朝廷表彰他们的德行,建造"海石盟心"牌坊。

前人的美好品质,必然是后人的榜样。前人的教诲,对于后人,有很强的说服力。

故事传说。圆峰庙,歇山翘角,有神殿,有左右厢楼,前有戏台。戏台藻井如四面额枋中心的"井",额曰"熙春台",出场口书写"吐角",进场门书写"含商"。戏台的月梁和童柱施雕上彩,檐下撑拱牛腿刻有蝠蝠、寿桃等浮雕。戏台表演各种故事传说，在村民中实行简单的教育。

村落里的院子堂名包含特定的含义或故事，如三戒堂是"戒僧、戒尼、戒道"，高柴门因潘定业为皇后治病，获得"潘一贴"美誉，皇上褒赐华屋；小柴门的"长工龙"传说，影响深远，不仅小柴门被称为"长工屋"，甚至海港因此被定名为"九龙港"。村中广为流传的故事也影响着村民的思维定势。

总之，黄埠村尊儒重教，兴教办学、崇文向善。各代子孙，常有满腹经纶者，堪称簪缨之家。如今，黄埠村列为文化名村，也是名副其实。

（文：赖赛飞）

> 瑞安曹村

中华进士第一村

曹村隶属于温州瑞安曹村镇，已有1000余年历史，村域面积8.76平方公里，全村约8900人。该村山清水秀，人杰地灵，是远近闻名的"中华进士第一村"。追本溯源，可知曹氏第11世祖曹霭、曹雩、曹昌裔三兄弟为避闽乱，于后晋年间（公元936—947），从福建长溪迁居许峰。此后，曹氏家族经过200多年的繁衍，发展成为"温郡世家大族"。于是，许峰遂改名为曹村。

南宋绍兴二十七年（1157），第十八世曹逢时（字梦良）首登王十朋榜进士，由此开启了瑞安曹氏之显赫家史。自此之后，曹村文教之风日渐兴盛，200多年间进士辈出。尤为值得一提的是，曹叔远、曹豳、曹觱、曹元发和曹良朋分别官至礼部侍郎、工部侍郎、刑部侍郎、户部侍郎等，并称"曹氏五侍郎"。其中，曹豳所作绝句《春暮》："门外无人问落花，绿阴冉冉遍天涯。林莺啼到无声处，青草池塘独听蛙。"后被收录在《千家诗》之中，堪称绝响。

曹村之所以出了这么多的进士，是与其崇耕尚读之传统分不开的。如曹氏家族设立学田以赡学的制度，稳定地保证了曹村兴办学堂、延请教师和资助本村学子参加科举之资金来源。另据史料记载，曹绛曾于1163年创办了凤岗书塾，曹豳则于1209年创建了虎丘书院，这两大书院对曹村学风之发展也发挥了巨大的推动作用。正是缘自于此，曹氏家族之文脉才得以源远流长。

曹村被称为"中华进士第一村"，自然是指其所出进士人数第一。对此，卢良秋先生曾在《温州瑞安曹村进士数考证》一书中，对曹村的进士人数作了详尽的梳理和考证。

根据明嘉靖《瑞安县志》，明万历《温州府志》，清乾隆《温州府志》，清嘉庆《瑞安县志》和《瑞安市志》的记载，曹村共有甲科进士26人：（南宋）绍兴丁丑王十朋榜曹逢时，淳熙辛丑黄由榜曹易，淳熙甲辰卫泾榜曹杭，绍熙庚戌余复榜曹叔远，嘉泰壬戌傅行简榜曹幽，嘉定戊辰郑自成榜曹鬐，嘉定辛未赵建大榜曹泳，嘉定丁丑吴潜榜曹靖，嘉定庚辰刘渭榜曹黼，嘉定庚辰刘渭榜曹子辰，绍定壬辰徐元杰榜曹邰，瑞平乙未吴叔吉榜曹良平，嘉熙戊戌周坦榜曹愉老，淳祐辛丑徐俨夫榜曹良度，淳祐甲辰留梦炎榜曹元发，淳祐丁未张渊微榜曹良朋，淳祐庚戌方逢辰榜曹茂冲，淳祐庚戌方逢辰榜曹沂孙，宝祐癸丑姚勉榜曹翁馀，宝祐癸丑姚勉榜曹应甫，宝祐丙辰文天祥榜曹宏善，咸淳乙丑阮登炳榜曹元凯，咸淳戊辰陈文龙榜曹煜，咸淳戊辰陈文龙榜曹经，咸淳甲戌王龙泽榜曹穰孙，（明）永乐甲申曾启榜曹睦。

曹村的武进士有3人：嘉定辛未曹豹变，嘉定丁丑曹伯虎，咸淳乙丑曹可道。曹村的特奏名进士有23人：（南宋）曹汝闻、曹宣、曹庚、曹湜、曹重光、曹沂、曹大同、曹粟、曹廓、曹友龙、曹春龙、曹良显、曹良济、曹良素、曹良宪、曹元弼、曹良臣、曹均、曹国尚、曹鄞、曹绛、曹直，（元）曹文基。

另据明万历《温州府志》、清乾隆《瑞安县志》和《曹氏族谱》记载，南宋曹村有20人参加荐举考试，而且都做了官。内有国子荐曹应时、曹子展，大理司直曹郓，淮西安抚司曹镇；乡荐有宁海教授曹礼；荐举有兵马司曹仁贵，大理寺丞曹怡老，泉州司户曹元直；荐辟有兴化安抚司曹澄孙，江西榷茶都转运副使曹昌孙，翰林院直学士曹良瑞，散骑员外郎曹犀孙，淮东帅干曹穴，潮州治中曹弥昌，宫讲曹良弼，校书郎曹晏，绍统曹琼孙，巡检曹它，琼州司户曹仁杰，潼州路提刑曹舜清。按照唐朝以来的规定，九品知县以上的官吏由进士担任（恩荫、军功、捐纳买官除外），他们都是朝廷中央和地方的命官，进士中举毋庸置疑。

此外，卢良秋先生还指明，《曹氏族谱》（现藏平阳县西戈村）还记有10名进士。其中7人是："（曹良驷）绍定戊子领国举特科出身，调□子县主簿。族之同举者上房茂华、槿、良器、愿，汲下茂俊，溪边良知，凡七人。"这里讲的特科就是宋代的特奏名科。特奏名即恩科，是皇帝照顾年老屡经礼部殿试落第举子的考试，一般多能考上。还有3人则是：曹莘老，族谱说其"由学舍取巍科登第归里，文恭公（曹幽）作诗以勉之"；曹澜孙，"咸淳庚午胄请"，"授将侍郎，绍兴路新昌县尹"；曹穆孙，"请江东漕举，铨中，调寿春府下蔡县尉"。

综上所述，卢良秋先生得出的结论是：曹村自南宋绍兴二十七年

（1157）至明永乐二年（1404），240多年一共出了82名进士。其中甲科进士26人，武进士3人，特奏名进士30人，荐举进士20人，太学（上舍释褐）进士1人，胄贡进士1人，漕贡进士1人；按朝代划分，南宋进士80人，元代1人，明代1人。四世甲科蝉联：曹逢时，曹叔远，曹鬐，曹邰。父子连科8对：曹豳、曹愉老，曹鬐、曹邰，曹绛、曹沂，曹良平、曹犀孙，曹大同、曹元发，曹元直、曹穰孙，曹舜清、曹穴、曹弥昌、曹文基。同年登科：曹鱐、曹子辰、曹茂冲、曹沂孙、曹翁馀、曹应甫，曹煜、曹经。五个侍郎：曹叔远、曹豳、曹鬐、曹元发、曹良朋。

古时曹村，科第蝉联、簪缨蔚起，获得"中华进士第一村"的美誉，闪耀着曹村人崇耕尚读的智慧光芒；当今曹村，仍然英才辈出，沿袭着曹村人崇耕尚读的文化根脉。

（文：高君）

泰顺西溪村

九代崇学汇西溪

西溪村地处泗溪镇东、南、西、北四条溪流中的西部溪流，故称此地为西溪村（以往也有称泗溪头、西溪头村等名）。村中有周、林两姓，周姓于明万历年间（1573—1620）从庆元县后溪周氏宗祠名下迁居于此，而林姓约于南宋年间从泗溪下桥分支迁居此地。虽然迁居时间一前一后，但目前所属地盘、人口、习俗等基本相同，一居上游周姓上垟自然村，另一居下游林姓南阳自然村。

西溪村的上游有半路、李洋、夏炉等十多个村的溪水汇流直下，自然地形构成了多处雄伟壮观的瀑布，瀑布以下渐趋平坦的河谷，狭长的两岸有农田、民居、桑竹之属，构成了山水秀丽、风光旖旎的西溪村。村中除了村头的四折瀑布和村尾的"鲤鱼上滩"等自然景观外，尚有国家级保护古树十余株，更有古寺三处、古祠三座、古民居二十多座、矴步两条等等，保持着古色古香的原始状态。在这个风光秀美的小山庄里历代出过进士、武举人、贡生、文武秀才，直到如今的教授、博士生导师等，真可谓钟灵毓秀、人才辈出。

当然，人才出自教育，根据西溪村周氏宗谱记载，现周氏家族人口有600人左右，新中国成立前接受高等教育的有15人，新中国成立后接受高等教育的有59人，可见学风较盛。据宗谱记载，该宗族中有九代连续"崇学重教"的故事。（如下图所示）

重视教育的周太清

周太清系进士全钰公之孙，生于乾隆四十八年（1783），卒于咸丰七年（1857）六月，他先学文、后学武，嘉庆二十二年（1817）丁丑岁学政李宗昉取中武学右庠生第七名。据其传记载："其人孝道有佳，仪容风雅，形态超群，睦乡睦族，无忤无争，排难解纷，论断服人，恤困怜贫，敬老尊贤，成人美，助义举，实乃乡党中完人也。"他尤为重视后辈

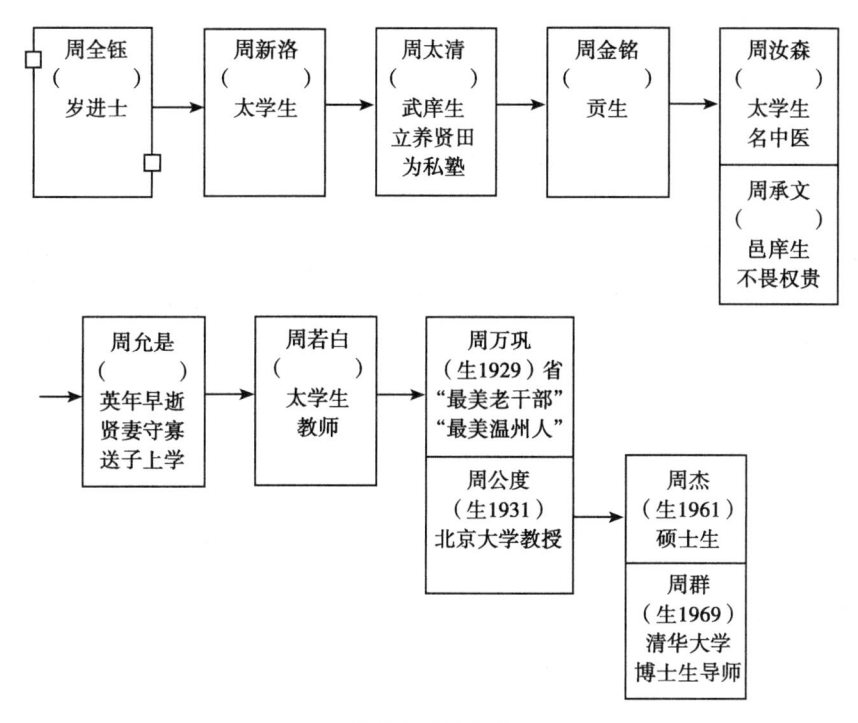

```
┌──────────┐   ┌──────┐   ┌──────┐   ┌──────┐   ┌──────┐
│ 周全钰    │   │ 周新洛 │   │ 周太清 │   │ 周金铭 │   │ 周汝森 │
│ (  )     │──▶│ (  ) │──▶│ (  ) │──▶│ (  ) │──▶│ (  ) │
│ 岁进士    │   │ 太学生 │   │ 武庠生 │   │ 贡生   │   │ 太学生 │
│          │   │       │   │ 立养贤田│  │       │   │ 名中医 │
│          │   │       │   │ 为私塾 │   │       │   └──────┘
└──────────┘   └──────┘   └──────┘   └──────┘   ┌──────┐
                                                  │ 周承文 │
                                                  │ (  ) │
                                                  │ 邑庠生 │
                                                  │ 不畏权贵│
                                                  └──────┘

┌──────────┐   ┌──────┐   ┌──────────┐
│ 周允是    │   │ 周若白 │   │ 周万巩    │
│ (  )     │──▶│ (  ) │──▶│ (生1929)省 │
│ 英年早逝  │   │ 太学生 │   │ "最美老干部"│
│ 贤妻守寡  │   │ 教师   │   │ "最美温州人"│
│ 送子上学  │   │       │   └──────────┘
└──────────┘   └──────┘   ┌──────────┐   ┌──────────┐
                           │ 周公度    │   │ 周杰      │
                           │ (生1931) │──▶│ (生1961)  │
                           │ 北京大学教授│  │ 硕士生    │
                           └──────────┘   └──────────┘
                                           ┌──────────┐
                                           │ 周群      │
                                           │ (生1969)  │
                                           │ 清华大学  │
                                           │ 博士生导师│
                                           └──────────┘
```

周氏九代崇学谱

之教育，当子辈分家之时，特划出良田十担租息取名为"养贤田"，专供后代作奖学基金之用。同时他创办私塾，将之设立在印山寺内，聘请贤师教学，招募邻邨学子免费入学。此举延续了好几代人，至清末民初私塾改名为"养正小学"，迁办于周氏宗祠之内。直到笔者入"养正小学"读书时，仍然可享受"养贤田"的优惠待遇。当时凡属他自己名下之子孙入学者，不分男女一律平等享受此待遇，故而他们上几代称姑婆、姑母一辈女人都具有一定文化基础。听说有个姑婆还会写诉状，当律师，出庭应诉呢！要不是"养贤田"优惠举措培养了后代子孙，哪能有此等人才出现，此乃老祖宗重视教育之良策也。

名中医太学生周汝森

周汝森，字荣一，号师伯，生于清咸丰八年（1858），卒于民国九年（1920）。据周氏家谱号跋称："荣一先生，风雅士也。资质明敏，直道而行，平日行善，为人解难排纷，尤诸于医术，著手成春，活人无数。范文正云：士大夫，不为良相，当为良医。吾邑医生，《灵枢》《素问》，多未寓目，而兄所阅医书与人较多，而济人亦不少，以师伯自号，盖自命医师之良欤。"寥寥数语，概括了他生平真诚正直之为人。

师伯先生生平的一些故事至今还在民间流传着，因为师伯先生的母亲原出自筱村镇徐岙底村的一个名医世家，自幼耳闻目睹，"宰相门下无白丁"，自然也懂得很多医理。每当外村有人来求他儿子出诊之时，他母亲也在一旁听着，对求医人的诉说病情，听得一清二楚，心中有数，所以当她儿子出诊之前，必对该病人的阴阳、寒热、表里、虚实做一番分析性指点，供儿子处方时参考。不但如此，她还会严肃地吩咐一句："你不管到哪里去，都要把病人当作自己亲人一样看待……"母亲的诚实吩咐，给他树立了终生难忘的高尚医德，同时也是对后辈道德品质的深刻教育。

不畏权贵的周承文

周承文，乳名重伦，字一升，生于清同治元年（1862），卒于民国五年（1916），出身文秀才（邑庠生）。他虽然逝世多年，但留下了一手苍劲有力的柳体书法，令人羡慕不已，同时还留下了一段不畏权贵的真实故事。

某年，泗溪的南溪村，一个专横跋扈、财大气粗的包姓大户人家，靠他儿子在衙门当差的势力，妄图霸占王家一号建房地基。他用陈旧的毛边纸写了一张王家出卖地基的假契约。此假契约做得如同真品，无人识破，连县衙官吏们也说是真的，唯有当事双方心知肚明。争执不下，双方决定在白粉墙村的戏台立下香案，请来当地几位绅士公判。轮到周承文发言了，他先是轻声讲了一句："此契约似有怀疑之处。"这句话却被对方听到了，对方当事人立即大声地说："周先生你如果讲我此契有假，连你自己都没有好下场。"周承文经再三分析后，沉默了一会儿，就用力在案桌上重重放下一拳，据说这一拳连"香案斗灯"都被震倒了，并大声吼道：此契"纸毁字新"完全是假造契约，我的判断如有错或出人命，你们把死人背我家来。有识之士见广识多，脑子精灵，看破了"纸毁字新"的破绽所在，结果包家败诉，第二天承文先生披红挂彩，载誉而归。

勤俭持家的寡妇送子上学

所言之寡妇，姓蔡，娘家在东溪乡蔡宅底村，结婚后，独生一子，丈夫 30 岁就英年早逝了，其时才 27 岁的她与 8 岁的儿子相依为命，贞节守寡。当儿子 11 岁时，明智的蔡氏夫人在这个书香门第的影响下，考虑到儿子的前途，毅然将之远送到罗阳城里高等学堂去读书。在当时的封建社会里，此举旁人难以理解，而他母子二人却自觉应当。

据说，她当年与其小叔分家时，分得田地近七亩，她去东溪请来一位长工耕作，自己虽是三寸金莲却还酿酒、喂猪，里里外外参加劳作。遇上村里红白喜事，她让长工去吃酒，自己番薯丝一碗泡上开水就是一餐。妯娌纠纷，她出面调停；当家理事，她帮助别人。为人勤俭贞节，堪称完美女人。

（文：周万巩）

泰顺阳山村

阳山刘氏传薪火

阳山村原是泰顺县洪口乡的一个行政村，位于洪口花品坪之间（洪口到阳山约5华里）。阳山虽是小山村，但历史悠久，人才辈出，人文资源丰富。据传该村村头有寺院，村尾有尼姑庵，其遗址被现代人称为佛堂底。此外，村中的徐家垟、叶坑底等地还有古人住过留下的老地名。

该村曾有数棵千年古树，其中有一株樟树比一间房屋还大，可谓是全国之最，可惜1958年被县里化工厂砍去炼樟树油了。村口宫里现在还留有一株大树，见证了该村的千年历史。因此瑞安书法家孙诒铎先生于民国十三年（1924）在村口墙上题写了"阳山古镇"四个大字冠名该村。

百丈、司前一带有这样一则顺口溜："林岙财主为口债，司前财主为公界，阳山财主为顶戴。"其意为林岙财主重在吃，吃到肚子里，别人拿不走；司前财主省吃俭用，一心一意为了建大桥，财主陶化龙一家三代的全部财产都献给了大桥的建设；阳山财主一心一意"读书、读书、再读书，读出秀才戴上顶。"

因此，小小的阳山村在科举时代先后考取监生、秀才、贡生、举人、国学生达36人之多，其中有考中举人并当上县长的刘秉彝；有取得四品封典、千总衔的刘崇涵；有研究天文的科学家刘舜峰（记入泰顺县分疆录）；有民国时期天津北洋法政大学毕业，历任中央外交部参事、参议院秘书，为民国起草第一份法规的刘钟藻；有民国时期中央水利部主任秘书、治淮老专家刘毓藻。他为保管我国水利资料做出卓越贡献30年，新中国成立后仍在中央水利部工作，并亲自于淮河前线指导工作，为新中国的水利事业又操劳了10年。

阳山村在清代和民国期间曾出了刘崇涵、刘秉彝、刘钟藻、刘鹏源、刘立壮五位县长。新中国成立后，阳山更是人才辈出，有温州市委书记陈一新，江阴五洲国际广场董事长、常州市浙江商会副会长林昌仁等，还有数十位青年当上了中小学教师，在国家机关任职者比比皆是。

阳山村居住的各姓，在村党支部的领导下，和谐相处，共建美丽乡村，特别是普及小学、初中、高中教育的现代，大学毕业生已达到30多人，占总人口的10%。其中有一户就出了7位大学生，并都走上了工作岗位；刘齐光家有二位局长、三位博士，为阳山百姓赢得了荣誉。

阳山部分有志之士走出大山，奔赴温州、上海、南京、重庆等大城市安家创业，有的在祖国的宝岛台湾创业成家，有的远涉重洋，取得美国、奥地利的国籍，有的荣获美国博士学位，有的荣获国内著名大学博士学位等。阳山村一代又一代的晚辈具有敬老孝老的优良传统，他们听从长辈的教诲，代代爱读书、辈辈求真知、家家出人才，所以说阳山村是远近闻名的千年文化村，人人赞扬，名不虚传。

阳山村"刘氏故居"自清代以来，有七位人物，为国为民做出了很大的贡献。今将祖上人物的情况整理出来，供子孙后代学习。

一，刘舜峰，字禹川，原名崇濬，清道光十四年（1834）考取温州府学庠生第三名，邑庠生，清赠征仕郎。他博学多能，沈潜简默，敏悟绝伦，通星历之学，尝自制浑天仪，能准确预报气象，白日能测星度，并以五星断论人寿夭贵贱，特为奇闻。天文、地理、图算、医学无不研精，学习韵律，靡不得其体，晚受琴于林鹗，十日能旁通自制。我们特制匾"博学多能"以纪之。（其事迹已刊入《泰顺分疆录》《中华刘氏通鉴》）

二，刘秉彝，字渠川，号观察，幼从贡生张紫庭为师，后入太学，经张紫庭与瑞安学士上孙锵鸣两先生的极力推荐，到北京与光绪皇帝一起读书。在张之洞的教授下，他于清同治六年（1867）考取甲子科举人，覃恩晋教授荣禄大夫，二品顶戴花翎三品衔，历任湖北省云梦、罗田、孝感、武昌、钟祥、江陵、天门等七县知县，湖北省候补道。所到之处兴利除弊，爱民如子，政绩斐然。在湖北处理一起杀人惨案时，被恶人诬告，儿子刘绍裘代父入狱，病死于狱中。后案情查清后，皇上为他平反雪冤，赐以"金头"赔偿。他拍卖了"金头"，创办义成、义育两个小学，不收学费办学43年，培养了1000多人。

三，刘晓峰，丹名乙照，高中庚辰岁温州府学第一名，郡付贡生加中书科衔，清赠征仕郎，我们制匾"天赋聪明"纪念他。晓峰公一生做了不少好事，事迹已列入《刘氏家谱》及《中华刘氏通鉴》。

四，刘钟藻，字次豪，号景山，别号觉非子，清庠生，天津北洋法政大学毕业，历任浙江嘉善县县长、民国中央外交部参事、参议院秘书，为创建民国荣获五等嘉禾章。他是孙中山先生的亲密战友,孙中山先生指定他执笔撰写民国第一份法规,这是我县值得纪念的文化遗产。我们制匾"为国献策"纪念他。(事迹刊入《刘氏家谱》《中华刘氏通鉴》)

五,刘毓藻,字季豪,浙江第十中学毕业,历任越军书记官、国民中央水利部技术厅荐任科员、主任秘书。新中国成立后在南京水利、电力、交通部,南京水利科学研究所、导淮委员会工作,为保管我国的水利图纸资料做出了重大贡献。抗日战争时期迁往重庆,他把水利资料带到重庆,抗日战争胜利后还都南京时,他自己的行李可以全部丢光,可是水利资料却从重庆带回南京。1949年正当人民解放军横渡长江解放南京时,蒋介石命令水利部将水利资料搬向台湾,他毅然决定留下全部水利资料,采用调包计,把一袋袋的旧书运往台湾。全国解放后,他把这些宝贵的水利资料献给人民政府,得到党和国家的嘉奖。1955年毛主席发出"一定要把淮河修好"的号召,他自告奋勇第一个报名奔赴淮河前线,亲自主持治理淮河工作,得到人民政府的嘉奖。我们制匾"献身水利"纪念他。(事迹已列入《刘氏家谱》《中华刘氏通鉴》)

六,刘铭,又名立锐,黄埔军校毕业,在抗日的紧要关头,他在校坐不住了,主动请缨上前线杀敌。经校长蒋介石批准,全班提前毕业奔赴抗日前线,他任京城保卫战大队长,与日本侵略者浴血奋战,光荣牺牲。我们制匾"抗日功臣"纪念他。(事迹已列入《刘氏家谱》《中华刘氏通鉴》)

七,刘玉钗,幼入阳山义育小学,后于罗阳义成小学毕业,泰顺师范肄业,历任义成小学教师。1946年与其丈夫吴光宇赴台湾谋职。她一生省吃俭用,1980年捐给南京河海大学立刘毓藻奖学金10万元,给泰顺一中刘铭(她二哥)立奖学金10万元,给吴藻江(她丈夫)立奖学金10万元,给温州水利局水利基金8万元,给长江三峡工程、南京教堂、泰顺南外教堂等12万元,共计50多万元。我们制匾"爱国同胞"纪念她。(事迹已刊入《中华刘氏通鉴》)

(文:刘曾荫)

泰顺洲滨村

大山里的兴教先贤

罗阳镇洲滨村地处泰顺县西南边陲，村周围群山环绕，翠竹茂盛，溪流穿村而过，山清水绿天蓝，素有钟灵毓秀之美称。据清朝泰顺县志《分疆录》记载，唐朝后期周兴二自福建宁德周墩入迁肇创洲滨村（当时称周边），至今已有1300多年的历史。

洲滨村民风淳朴，文化积淀丰厚，重教兴学氛围浓厚，历代不乏解囊兴学、造福桑梓之先贤，如民国时期的教育先贤范俊人、吴立程等，他们的善举至今仍被洲滨人尤其是洲滨教育人铭记于心，念念不忘。

范俊人（1884—1944），原名范延庲，榜名范耀琨，洲滨村人。自幼禀性聪颖，慎行好学，少年时就读于本乡下舟洋村私塾，光绪三十年（1904）以第七名的成绩考入泰顺县学，光绪三十三年（1907）被选入浙江私立法政学堂进行深造，宣统二年（1910）毕业于浙江私立法政学堂，宣统三年（1911）任归仁镇（现三魁镇）名誉董事兼浙江省议员。其时，曾忠言告喻乡里贤达"兴邦必先兴教"的立邦理念。

民国元年（1912）范俊人以重教兴邦的理念创建了洲滨简易识字学堂（洲岭小学前身），他白手起家，集校长、校务、教师于一身。当时办学经费、教学设备、校舍等皆是一张白纸。他自掏资金购置办学设备，招聘教师，并腾出自家房子数间置室上课，接纳洲滨村内洋尾、洋深、周湾三所私塾的学生入校就读，亲自执教，对学生无论男女、贫富一律平等相待。他向社会多方筹措办学经费，并每年拿出自己一定的资金资助办学。他连续主持校务五年之久，直至受聘外出谋事。

民国六年（1917）他受聘赴任福建省政府秘书处主任科员，一干就是12年，在榕谋事期间，以清廉从政著称。民国十八年（1929）经同僚举荐调任陕西省西安市虢镇特税局局长，继任白河镇特税局稽查长，平凉专署主任科员。他在外谋事20年仍关心桑梓教育，民国二十四年（1935）在平凉任职期间向同僚筹集了一定数额的资金，寄回家乡支持办学，同时协助乡绅筹措办学资费，并嘱托家人按年交付贴补办学资金。民国二十五年（1936）"西安事变"爆发之后，他为避战乱而辞职举家返迁故里，回乡后仍以重教兴邦为己任，民国二十六年（1937）二度出任洲滨小学校长。

在他的承办下，洲滨小学增设了高级部，易名洲滨县立完全小学。抗战期间，国难当头，办学艰难程度不言而喻，范先生仍坚持创校时重教兴邦的理念，召集乡绅贤达募筹办学经费。尽管困难重重，但在他的坚持下，洲滨完小在八年抗战期间不但没有停办，学校的管理机构反而越来越完善，并明确提出，学生须德、智、体并举兼优的教育目标，在教学质量上也有很大的提升。由于洲滨完全小学负有盛名，再则洲滨地处偏隅，在兵荒马乱时期相对安全，相邻区域的学生都慕名前来就读，随着学生逐年增多，学校的规模也随之扩大，学校的层级也不断上升。

范俊人前、后两届出任校长分别是在洲滨小学肇创和转折时期，不管社会环境有多恶劣，也始终没能改变他矢志兴学振邦的理念。正因为有他的不懈坚持，洲滨小学才有后来的持续发展。范俊人不但热心桑梓教育，爱国思想也非常坚定，在八年抗战中，虽身居故里却四处奔波，呼吁同胞坚决抗日，爱国行动高昂奋进，其秉性品行至今仍为乡人交口赞誉。

范俊人先生肇创的洲滨小学至今已有100余年，百年来这所学校几经沿革，历经风风雨雨，有过坎坷，也有过辉煌。它虽历尽沧桑，几度荣衰，但始终沿着"授业、解惑、育人"的正道前行，培育出了一辈辈洲滨学子。

在民国时期，由于社会变革的原因，学校曾两度短暂停办，但在范校长的兴学思想感召下，洲滨人前赴后继，代代接力秉承范先生的教育理念，推动洲滨小学不断向前发展。洲滨完小培育的几代学子，在不同的社会时代，或励志求学、潜心科研，或从军卫国，或从教育人，或救死扶伤，或垦丁务农，或经商创业，服务于不同的社会领域，惠及百姓民生者绵延不穷，这正是范俊人先生创建洲滨小学时的初衷和夙愿。

范先生离世已有70多年，几代洲滨教育人不断地践行范先生的办学理念，也不断地实现他的兴学夙愿，若范老校长泉下有知，一定会感到无比欣慰。

民国时期，继范俊人先生之后，另一位兴教先贤是吴立程先生。吴立程（1911—1944），字雪人，他的故居是洲滨村周湾底吴氏大厝，这座古民居无论是建筑面积还是占地面积都居洲滨村首位。村里人俗称的周湾底大厝，是四合院式的民居建筑，最鼎盛时期曾住着180多人，均属吴姓。院内砻、磨、扇、碓等谷米加工器具齐全，是标准的农耕时代居家大院。

吴立程幼年时虽生活在农家大院，但天赋颖慧，英俊洒脱，超出一般学童，虽年少却颇有志向。民国八年（1919），他随亲戚就读于本县雅阳小学，民国十四年（1925）雅阳小学毕业后，考入温州第十中学，在校励志求学，刻苦勤奋，学业成绩优秀，颇得师长赏识。民国十七年（1928）他毕业于温州十中，返乡后于洲滨任职。

民国二十一年（1932），洲滨小学创办20年之际，校舍由借用民房迁移到吴氏宗祠，校名改为洲滨广育国民小学。在这20年间，尽管受到办学条件等诸多方面的制约，学校曾经有过短暂的停办，但是洲滨教育人士仍坚持不懈的办学，学校的规模还是缓慢地向前发展。而此时社会环境的日趋恶化，再一次给洲滨小学的生存增加了无可估量的困难，办学经费、教学设备、师资等办学的各个基本条件都面临着无法运转的困境，学校再一次面临停办的困局。正在这危急关头，吴立程受全村人推荐接任洲滨广育国民小学校长，他临危受命直面担当，从筹集办学经费着手展开工作。

当时洲滨贩盐生意非常兴隆，已有好几年的历史，洲滨洋深街也借助盐生意的兴隆而闻名遐迩，吴校长认准这是筹集经费的很好途径，便将实情呈报泰顺县政府。经过批准，在洲滨设立盐捐征收站，增征盐捐扩充办学经费，再则召集乡绅贤达协助，首先捐出自己的部分家产，再按田租、坟田、富商和家产殷富者摊派等途径筹集经费。凭他特有的人脉关系到处求贤，聘请名师执教，整改学校机构职能，并首次设置教导处和训导处，分别管理教学和督导工作，学校在他任职的当年改名为洲滨初级小学。

吴校长秉承洲滨小学初建时"重教兴邦"的教育理念，在他的感召下乡绅贤达、商贾富户都予以支持，学校逐步脱离困局且趋向发展，校务、教学工作逐步进入正常轨道，次年学校管理机构按新学制要求设置，校内管理职能走上制度化。学校的知名度也越来越高，在全县范围内颇具影响力，吸引了雅阳、仕阳、麻竹园等相邻乡村的诸多学生慕名前来就读，教师、学生逐年增加，教学评级县有名次。在吴校长兴学精神感召下，洲滨村里形成了求学崇学的氛围，许多学生读书心切，读完初小上高小，小学毕业后纷纷前往毗邻的福建省寿宁县上中学（那时泰顺尚无中学）。

洲滨人励志求学的积极性更加激励了吴校长"重教兴邦"的信心,他曾经构想,动员全社会力量并掏出自己的家产准备用以升级小学,建设新校舍,让洲滨的教育有专用场所,后因社会环境日趋恶化,这个设想在任内未能如愿以偿。

到民国二十六年(1937),吴校长另谋高就才卸任校长之职,并亲自聘请洲滨小学肇创人范俊人先生(自西安辞职赋闲于家)二度出任校长。当年洲滨初级小学增设高级部,改名洲滨县立完全小学,实现了吴立程校长在任时的一大愿望。吴校长任职五年把一所濒临停办窘境的学校起死回生,并推动它不断地向前发展,这在当时的历史条件下是非常可贵的。时至今日,凡知情者无不称赞吴立程,他也被洲滨人誉作不可多得的兴教先贤。

洲滨小学和中华民国同龄,至1949年中华人民共和国成立时,已经走过了38年的历程,在民国时期洲滨小学唯有范、吴二位校长任内知名度最高,被誉作洲滨兴学的鼎盛时期。他们所首创的"重教兴邦"理念,在兴学路上不屈不挠、敢于担当的精神,以及他们留下的校产等教育资源,是很值得我们珍惜和传承的精神遗产。这份精神遗产为新中国成立后洲滨村的教育发展奠定了基础。

(文:周金陆)

新昌斑竹村

斑竹一枝赋雕章

出新昌县城东门40里，地处天姥山麓、惆怅溪畔，有一个四面青山环抱、一衣带水的秀丽村庄，这就是斑竹古村。

斑竹古村中有一条2里长由溪中鹅卵石镶嵌铺成而通往杭温的古驿道，驿道两边林立着驿馆和店铺，这里距天台、嵊州各80里，对于古时行走者来说，必是歇足和住宿之地。到了明清时期，文人墨客、商贾士绅南来北往，熙熙攘攘，十分繁华。久而久之，这里积淀了深厚的文化底蕴。历史上流传着南朝谢灵运伐木凿山开道时，对山水仙境和人文风情的赞叹；唐代司马承祯出天台山入京时，曾在落马桥上下马的悔意万千；尤其是唐代大诗人李白的千古绝唱《梦游天姥吟留别》，更是给斑竹古村增添了浓墨重彩的一笔。

深厚的文化底蕴依赖于知识的积淀，知识的积淀又以求学为前提。斑竹村历来有着崇学重教的好传统。章氏是斑竹村的望族，据民国县志记载，生于元朝至元年间（1335）而后入住斑竹村的第一代太公章曜，名冠之，乃好学重教者。他性情慈顺，尤笃于孝友，被元代朝廷封为万户，统领一方乡兵。自己富裕不算啥，全村致富最为先，于是他萌发了创办学堂、造福子孙后代的强烈愿望。有一天，他与诸子商议，近观诸山之胜莫如斑竹：天姥峙其东，泉当其面，石涧绕其间，桃源处其右，吾择而居之，风水宝地也，后世子孙必有昌盛者。遂揭家而居焉，因以花墙之旧居，建为义塾，名为育才小阁。聘赤城王好古先生为师，聚郡邑中远近子弟而封焉，其师会友对云："门对燕窠化出凤凰羽翼，地邻赤土培成桃李芬芳。"

章曜创办的育才小阁（后改名为承德小学）教诲本族、外族、邻村子弟，不论贫穷富贵均可入学，开启了章氏望族祖先尊师重教的先河。他们制定了"孝悌立身之本，勤俭广业之资，积善传家之宝，读书发迹之基"的家训，把读书作为成才之基础，勉励子孙后代好学向善。创办的学堂注重品德教育，学知先立人，入学弟子必须要文明礼貌，尊敬师长；虚心好学，戒骄戒躁；诚实有信，开拓创新。这就奠定了斑竹村村民子孙后代重德好学的基础，至今传诵不忘。

自此之后，章氏虽居山中，而门前为通衢。俗尚诗书，延师开塾，青衿济济，书声相闻，小学之教，盖甚重也。虽甚贫者，亦能操笔作字，若能为举子业者，即入城中就外傅矣。以故书香不绝，而衣冠相接踵也。如章氏后裔章坚、章景床、章甫等接受祖训，诗书养性，勤学举业，成为具有书生意气风度的处士中的代表人物。

章鋆（1820—1875），章氏第23世孙，在"明学圣贤，朝忠世立，登高必显，发祥惟益。远绍建安，承先德积。大振家声，克昌永吉"辈分排行第次中为"世"字辈。他的祖父克勤克俭，以诗书裕后，培植起优良的家风；他的父亲以所学课教子孙，诲人不倦。清咸丰二年（1852），章鋆29岁之时，考中恩科进士，钦点第一甲第一名即状元，这是斑竹村章氏家族光宗耀祖、显赫门楣的一件盛事。之后他仕途一帆风顺，官至提督福建广东学政、上书房行走、国子监祭酒，加四级，诰封资政大夫。历充日讲起居注官、实录馆纂修、国史馆协修纂修总修、文渊阁校理等。1855年任四川乡试正考官，1861年任考试试差阅卷大臣，1862年任恩科广西乡试正考官。

每到一地，章鋆都倡导重教兴学之风，帮助当地新建或扩建学校，广纳学子。他不忘祖先，追本溯源，特地赶到斑竹村承德堂，祭祀列宗列祖，并在承德堂前竖立旗杆，以示旌表。章鋆后积劳成疾，英年早逝，1875年卒于广东学政官任上，清末淮军名将刘秉璋（1826—1905）为其撰写墓志铭，曰："惟公之少，敏而能文。对策殿上，独弁其群。惟孝友于，公之禀性，道继紫阳。"

民国七年（1918），承德堂毁于火灾，章文华、章桂荣等章氏后裔深明"合斯族、联斯宗，非建有祠不可"之大义，迁址重建承德堂，即如今的章氏宗祠。承德堂是新昌县一座保存较为完整的古建筑，正厅面阔三间，两侧各三间看楼，连接戏台前廊。正厅明间台梁式，次间穿斗式，七柱落地。檐柱牛腿为狮子捧绣球透雕，边檐柱牛腿为和合二仙及刘海钓金蟾，戏台藻井精细，顶心正中为狮子捧绣球浮雕，四周围以七层卷浪纹花拱木雕片，逐层缩小，共42组。四台柱均有牛腿，后台柱牛腿为左文右武透雕人像，前台柱为狮子捧绣球及骑马武将，极其精细而完美，属新昌县内罕见，为来往行人赞叹不已。章氏宗祠（新中国成立后改为斑竹完小）一直是村民子弟读书的场所，琅琅的书声响彻庭院，不少孩子在这里接受启蒙教育之后，进入高一级学校深造，然后走出天姥山麓，跨过惆怅溪，走向外面的精彩世界。

斑竹村人崇学重教的光荣传统薪火相传，历来享有"会读书，读好书，出人才"的美誉。不知是沾了历代文人墨客的灵气，还是一方山水孕育一方人才，斑竹村里出生的孩子从小天资聪颖且勤奋好学，远乡近村享有盛名。不论在乡镇中学还是县城中学，求学者中总有不少斑竹学生出类拔萃，独占鳌头。古时，人们把斑竹村称为商埠客家，有容乃大，这里还云集着王、张、盛、蔡、吕、石、桂等二十来个姓氏人家，不但章氏望族的后裔会读书，其他姓氏人家的子弟也会读书。20世纪60年代，村里曾流传着这样的故事：某一天，憨厚朴实的蔡老兄与盛老弟相遇，闲聊中说，我们辛辛苦苦挣来的钱花在哪里，不是花在建造舒适楼房和娶上体面媳妇方面，而是毫不吝惜地花在给孩子求学读书上面，这就是"会算育人才，勿算看眼前"。一旦孩子功成名就之后，什么造房娶媳问题都迎刃而解了。

崇学重教已成为斑竹村民的共识，挣钱求学，学成立业，为国奉献，因此各个时代都有不少读书人供职于官场商界之中。远的不说，民国时期，该村张桂铨考取黄埔军校第四期，毕业后步步晋升，官至国民革命军少将师长。1978年全国恢复高考制度，斑竹村仅有3名考生参加考试，3名全被大专院校录取，以后每年都有学生跨进高等学府。2010年，斑竹村考生高考成绩喜人，多名学生被国内知名大学所录取。在斑竹村里，全家兄弟姐妹都是大学生的、表兄妹都是大学生的情况比比皆是。

正因为有了良好的读书氛围、强烈的求学欲望，才有了如今具有深厚文化底蕴的斑竹村，崇学重教的好传统才能被一代又一代的后人所传承并发扬光大！

（文：盛忠仁、章必武）

新昌雅庄村

两脚台门师娘恩

"十九峰头云作巾,峰峰都是玉嶙峋。半天高插万余丈,一洞可容千余人。入去自门斜漏日,看来天物不生奇。晋疑刘阮逢仙处,袖拂烟华香满身。"这是明代诗人张汝威,赞美新昌穿岩十九峰秀美的真实写照。在离新昌县城西南16公里,背倚穿岩十九峰的镜岭镇雅庄村,村境内绿树成荫,茶桑成片,秀水萦月,枫杨垂柳,春来繁花似锦,秋至漫山红叶,景色绚丽,有"江南小桂林"之誉。

站在雅庄村,遥望穿岩十九峰排列如画,峰峰相连,绵亘数里,山色凝秀,气象万千,而最奇特的要数挂在壁间的"穿岩洞"。相传在这悬崖绝壁的穿岩洞口,古时候曾建造过一个殿阁,还流传着一个"师娘教徒出高招"的故事。

旧时,雅庄村称木匠为"作头"。"作头"又分有大、中、细之分,大作头——削皮、取材、锯板;中作头——建房造屋、立柱上梁;细作头——做精致家具如眠床、橱柜、箱笼。村中"作头"多为父子传承,或在亲眷间学艺,也通过介绍人担保出门拜师。一般拜师要订立"师徒合同"。在学艺做徒期间,没有工钱,只管食宿,如发生意外伤亡事故,师傅不负责任。当地俗谚:"三年徒弟,四年(也有二年)半作",半作期间工资只拿师傅半数,工作要服师傅安排,随父兄学艺的,为了技艺精通,博采众长,还要去拜能工巧匠为师,称为"过堂"。每当"小作头"干了蹩脚活,旁人就会讥嘲说:"是师娘教出来的。"教作头学技术是师傅的事,师娘多是外行,不能给小作头传授技术。而雅庄村的"作头"在建穿岩洞殿阁时,师娘却确实帮了小作头的大忙,传为佳谈。

"穿岩洞"下临千丈绝壁,游人站在洞门口俯视,往往目眩神摇,不觉连连后退,古时为在悬崖上建殿阁,就为了追求一个"险"字,设计工匠设计了洞口立柱,飞檐高悬洞外。自然景观之美,有时往往与"奇险"相联系,"穿岩洞"的悬崖壁险峰,洞穴、飞檐,它们的景色都与

"险"的意境相当。

建造"穿岩洞"殿阁，由雅庄村和邻近村有名的"作头"师傅包工，当地的"作头"崇尚义气，同行之间互相不拆台，一个作场只有一个"把作师傅"，其他"作头"去做，须经"把作师傅"同意或邀请，否则不能插手，被邀请参加承作的"作头"，无论其手艺多高、资格多老，都必须服从"把作师傅"的统一调度和安排。也有"把作师傅"将较大的工序按要种再作若干包给"小包头"的，若一个工序和作场工程量大，东家请两个以上"把作师傅"同场作业的，则两套人马互不干涉，却暗中较强。

当穿岩洞殿阁将要完工时，外口飞檐已勉强架出了桁架，可许多作头师傅已尝透了提心吊胆的味道，到了马上可以订椽盖瓦之时，许多作头都纷纷退让，这个说有病，那个说家中有事，总之谁也不愿干这个吃力不讨好还要枉送性命的活。

但是殿阁建造工程不能半途而停，包头师傅自己也不敢去冒这个风险，他日思夜想，想出了一个办法："重赏之下，必有勇夫"，便召集众徒，当场宣布凡檐阁口盖瓦一椽，赏银一钱。众徒心中一盘算，六七十根椽盖下来，就有六七两银子，相当于几个月工钱，这自然是可观的赏格。为保住自己的体面，包头师傅还说这也是一种技术考试，如干得好，以后可加工钱。

包头师傅的一位姓张的大徒弟听了师傅的宣告，心想：师父给大家考验，自己必有办法。俗话说："拳经靠偷"，要是这次能偷得"拳经"，不但有可观的收入，还能脸上贴金有光彩！于是他便处处留意师父的行动。休工后，三口二扒吃下饭就"潜伏"在师父的房间内，躲在床背后窥听。

且说师父虽然当众开了赏格，但心仍觉不踏实，如不能按时完工，岂非半世英名毁于一旦？回家后，便长吁短叹，闷闷不乐，连饭也不想吃了。师母见状便问道："啥事体叫侬变得介愁肠百结了？"于是师父讲到穿岩洞檐阁盖瓦遇困难之事，讲到了重赏还无人敢接招，也慨叹后继无人……师母听后说："你带头做给他们看，不怕他们不跟上来！"师父一听此话便又烦心了，又不好说自己也惧怕洞口之险要，便喝道："妇道人家懂什么？"师母见他平时讲话大言不惭好自负，这次却如此没主见，于是也替他出起主意来："日里怕，夜里做好来！看了慌，就不看了来！"师父一听更烦，大声呵斥说："哪个要你管！"这番话当即被躲在床后的大徒弟听到了。哈哈，要诀原来如此！便立即照着师母的话去做。待到众师兄进入梦乡后，找来一位师弟做帮手，拿来一盏灯笼掖在腰间，悄悄地爬上阁顶。那天晚上恰好没有月亮，四周一片墨黑。一盏灯笼只能照见眼前几尺方圆，白天里看到的深谷巉岩全融进夜色之中。爬在檐阁上钉椽盖瓦与平时农家盖瓦房操作毫无两样。两人越想越高兴，越干越有劲，只花了半夜工夫就把要盖的瓦全盖好了。

师父一夜睡不着觉，第二天天刚蒙蒙亮就起来看工场，一看，不觉傻了眼，檐阁上的瓦已端端正正盖上了。急忙问大家："是谁干的事？是谁教的办法？"这位大徒弟因连夜盖瓦，上床睡觉不久，梦中被师父大声追问所惊醒，惺忪着眼，慌了神，不觉冲口而出："是师娘教的！"

这位张姓大徒弟盖好檐阁之事，一时在雅庄村传为美谈，大徒弟出足了风头，领到了赏银。为报答师母授技艺之恩，于是在雅庄村建了一座"思恩之所"，俗称"两脚台门"，其遗址今仍在，可见当年恢宏规模。

（文：黄志益）

兰溪桐山后金村

理学文化孝风传扬

据兰溪市黄店镇桐山后金村《桐阳金氏宗谱》载,五代时,金天原迁居三衢西安之桐山峡口;五代后梁龙德二年(922),金陈由衢州桐山峡口迁居兰溪鸡鸣山下。金展(金陈第四世孙),北宋天圣十年(1032)由鸡鸣山下迁居桐山之阳,即今桐山后金村。

在宋代,桐山后金村曾出过一位有名的孝子金景文(金景文是金履祥的从曾祖父)。金景文,与陈孝子、董孝子是同乡,也是望云乡(后纯孝乡)人。他从小立下高大志向,努力求学,但不图虚名。他与妻子真诚孝奉父祖。祖父生病了,金孝子马上求医治愈。父亲得病了,以身代诊,父亲的病也很快治好了。守孝母坟时,夜有天光灿烂,大家以为孝心感天。后来守孝父坟,暴风雨来了,也没有损破茅舍。有一年天大旱,人们请金孝子求雨。金公选准气候变化之机,叫大家做好抗旱接龙水准备,恰巧天降甘霖,这场雨就被叫作"孝子雨"。

宋淳熙四年(1177),金华郡守李椿给予表彰,嘉奖金孝子全家。宋淳熙六年(1179),朝廷号召征兵服役,金孝子带头将自己儿子送上,起了表率作用,不到一月便完成征役任务。金华郡守韩元吉,以望云乡三孝子之事迹报请朝廷表彰乡里,敕匾额为"纯孝格天",以"孝、友、睦、姻、任、恤、忠、和"八行诏恤其家。因此望云乡被皇帝敕封为纯孝乡。宋咸淳四年(1268),兰溪知县沈应龙,以金景文及陈天隐、董少舒三孝子的孝名,请朝廷批准,建祠厅合在一起祭祀供奉,名叫"三贤堂",并立八行碑以教育后代人人孝敬父母、孝敬老人。

之后,宋元之际,桐山后金村出了一位著名的理学家金履祥。金履祥(1232—1303),字吉父,号次农,自号桐阳叔子,为浙东学派、金华学派的中坚,"北山四先生"之一,学者尊称为仁山先生。

金履祥自幼好学,凡天文、地形、礼乐、田乘、兵谋、阴阳、律历之书,无不精研。初受学于王柏,后受学于何基,何基为朱熹二传弟子,造诣益深。时值南宋末年，政治动荡，金履祥虽绝意仕进，但未忘忧国。元兵围攻襄阳，金履祥献策朝廷，建议以重兵由海道直趋燕蓟，且备叙海舶所经地形，历历可据以行，然未被采纳。宋德祐初年，朝廷以迪功郎、史馆编校等职召任，坚辞不受。寻应严州知州聘，主讲钓台书院。

宋亡入元，不仕，专意著述，晚年筑室隐居金华仁山下，讲学于丽泽书院，以淑后进，许谦、柳贯皆出其门。元大德七年（1303）卒，元至正年间谥文安。一生著有《通鉴前编》《大学章句疏义》《尚书表注》《论语集注考证》《孟子集注考证》《举要》《仁山文集》等，编有《濂洛风雅》。

在近代，桐山后金村又出了个著名的图书馆学家金步瀛。金步瀛（1898—1966），即金天游，原名步瀛，字仙裁，号孤鸿子。1922年毕业于浙江省立甲种蚕业学校（今绍兴市农业学校），进浙江图书馆任掌书，后任编纂、编目主任。在浙江图书馆期间，他与章箴、杨立诚、张实、毛春翔、陈训慈、夏定域等一批饱学之士共事，热忱工作，潜心研究。抗日战争期间，先后在浙江大学龙泉分校图书馆、英士大学图书馆工作。1941年，回浙江省立图书馆任采编部主任。新中国成立后，曾任浙江省政协委员，1961年被选为浙江省政协文史资料研究委员会委员。1966年患阑尾炎住院，因医疗事故不幸逝世，终年68岁。

金步瀛本性沉静，寡交游，毕生从事图书馆工作，擘划精勤，颇多贡献。今浙江图书馆古籍部仍然沿用他创制的图书分类法。他擅长作诗填词，金石、古琴、摄影亦有相当造诣。其著《中国藏书家考略》，收录自秦汉至清末的藏书家共计741人，是研究我国藏书文化的重要著作。其他著作有《古今合纂植桑法》《汉译西文书目索引》《丛书子目索引》《增订丛书子目索引》《二十五史人名索引》《古今图书分类法》《图书之分类》《图书馆档案分类法》《图书馆基本工作简本》等十余种。1954年所撰《普通图书馆图书分类表》被学界誉为最佳分类法。

如今，"八行""纯孝格天"的牌匾都挂在村中的仁山书院。村中的百年古樟、青石牌楼、宗祠矗立，都孕育了古老的孝道文化。仁山书院就是当年金履祥隐居仁山下著书讲学的场所，占地面积为600平方米，历经沧桑，现存建筑为清代风格，结构宏伟、布局得当、保存完整。

走进仁山书院，院里的大梁上牌匾尤其多。在书院中第二进的大梁上，挂着一块书有"仁山书院"四字的牌匾，落款为"中翰林慈溪王斯来书",但未注明时间。

书院里原有许多牌匾,大多在"文革"时被毁了,像后厅的一些牌匾,是后来重新恢复的,但"仁山书院"这块四字牌匾,是原模原样地被"救"了下来的。"当时的村干部用红纸把它包裹起来,在上面写上'大会堂'三个字,才有幸躲过一劫。"金遇良说。为了保护先辈们遗留下来的精神财富,当时的村民可谓斗智斗勇。除了"仁山书院"的牌匾,在后厅所看见的金氏牌位,也是村人将它们塞进木质结构的屋顶才得以幸存下来的。"仁山书院""东宫学官""八行""纯孝格天"……一块块幸存下来或后来复制的牌匾,为仁山书院抹上了一笔又一笔的历史记忆。

而桐山后金村的村民对于仁山书院还有一番别样的感情。现在村中30岁以上的村民大多在书院里习文识字,读完小学的功课。大概在民国初年,村中的小学便设在了这里,直到1983年左右,书院才不再作为教室。

近年来,桐山后金村充分发挥本村孝道、理学文化典型的作用,开设了仁山书院纪念馆,积极开展以青少年"四好教育"为主的公民道德教育,以继承弘扬贤孝美德。如今,村里百年古樟、青石牌楼、宗祠矗立,尊老敬老成风,邻里纠纷、赡养老人纠纷等从未发生过。

桐山后金村居住着1000多名金姓村民,他们都是金履祥的后裔。书院的文风滋养了村中的金氏后人。在金履祥死后的700年间,桐山后金村的德仁文风浩气长存,才子辈出,科举得中200余人。如今村中有教师、教授等30多人,被人们誉为"才子之村""教师之村"。

2003年投资30多万元建设1.2公里通村公路;2004—2005年投资35万元进行村庄整治;2006年投资12万余元进行村庄整治提升;2009年投资38万余元拆除通村公路上的一座危桥并建设新桥;2012年投资38万余元进行农村饮用水改造;2012—2013年投资180余万元新建两个休闲广场,拓宽250米村道,进行绿化和公厕改造及污水处理。2014年,办起了居家养老照料中心;投资70余万元,修缮了孝贤堂、正和堂,并在仁山书院里,做起了文化礼堂,开展理学文化的展示与宣传。2015年投资建设村文化大楼。

这些资金,有的是村民自筹的,有的是向上争取的,有的是村里在外创业的热心老板捐助的。总之,桐山后金村在举全村之力建设美丽桐山后金村。

在建设过程中，村里一直围绕金履祥的理学文化做文章，哪怕是一个小品、一处绿化的营造，都要体现这一文化灵魂。

对于美丽乡村建设带来的变化，城里人都在跳广场舞，村里的妇女只有羡慕的份，因为既没有这样的文化氛围，也没有较好的跳舞场地。2013年，村里修建了两个宽敞漂亮的休闲广场，留守在家的妇女们的跳舞健身热情，一下子被释放了出来。只要天气好，老人们三五成群聚集在村口的休闲广场上聊天，小孩子则在草坪和空地上尽情地玩耍，场面很是热闹。

在村口的居家养老照料中心，老人们一边吃着可口的饭菜，一边露出了幸福的笑容。虽然由于上了年纪很难沟通，但对于"村子美不美，生活幸不幸福"这个"老土"的话题，他们听了连声说好，还竖起大拇指。

目前，全村有十六七名老人，在居家养老照料中心享用中餐和晚餐。

在桐山后金村，过年过节或家里有喜事，村民们首先想到的是先祖金履祥。大年三十、正月初六，家里有结婚、建房、乔迁等喜事时，村民们都会到孝贤堂、正和堂、仁山书院去祭拜。在传统文化的影响下，村里打架事情少，偷盗事情少，尊老爱幼多，好人好事多。

（文：刘鑫）

浦江新光村

重才育英灵岩公

浦江县虞宅乡新光村，俗称廿五都朱宅新屋，位于县城西北部，距县城18公里，沿村210省道是浦江至杭州的主要通道之一，村东为浦江最著名的朱宅水口，村南为中华山、笔架山和瞿岩岭古道，灵秀茜溪由西向北再向东环绕该村，美轮美奂。新光村现为浙江省历史文化名村，首批中国传统村落。

浦阳朱氏始祖朱照，祖籍江西婺源，与朱熹、朱元璋祖出同门。朱照于北宋年间从婺州通判退休后定居浦江县城。第二世朱临为光禄寺丞、著作佐郎，诰封正议大夫，1060年受嘉祐皇帝旌表。第三世朱适之为吏部侍郎。第四世朱悋为文学处士，江南第一家的始祖郑淮拜其门下。第六世朱有闻为文学处士，知县吴损授匾"文学名家"。第八世朱子槐，南宋宝祐年间中进士（文学），浦江学正，1267年被聘为月泉书院主师，他最先编撰《浦阳县志》，后又编撰《东阳郡志》。

浦阳朱氏第十三世朱胜，于明洪武二年（1369）从县城迁居茜溪上宅（今朱宅）。第二十三世朱可宾，号灵岩，于1735年前后，在杭州等地创办印染厂和茶叶生意等，赚得大钱，富甲一方，号称朱百万。灵岩公创业历经坎坷艰辛，惊心动魄，以其智慧、勤奋、诚信致富后，主要做了三件大事：其一，建造了一座高档次、高品位的灵岩大庄园和坐落于县内外的几十座小庄园；其二，修桥铺路，赈灾济贫行善事；其三，重才育英，捐资助学，垂为典范。

灵岩公从杭州请来专业人员设计规划灵岩庄园，庄园最大的特点就是高品位的设计规划和精湛的营造技艺。其空间布局以四进厅堂（诒穀堂）为中轴线，东西分列六幢厢房，既各自独立，又是一个78间房屋的整体。两横两纵街巷成为井字，有专家称这是井田制时期皇宫与都城的设计理念，再向外扩展的是按封建礼制排列的四个儿子的住房及四个小厅堂。有浦江最精致的古门牌坊；大厅堂有八道穿堂门和罕见的"天池"设计；

有文房四宝的设计。墙上设有古代路灯。村中街巷均为丁字或十字交叉，没有一条歪斜街巷。原本全村三百来间房子都有便砖（望砖）。墙上窗户均为轮门，是当今窗形的老前辈。整个建筑处处显示了超前的规划设计，文化名人黄亚洲有诗句云："一个国家的完整的国格，在一个小小的山村显现。"

灵岩公仁义道德，有口皆碑。他收留黄（伟守）、刘两个江上流浪者并使其改邪归正，又帮其成家立业，自食其力。他们及其后裔每年都会去厅堂祭拜灵岩公，时间长达200来年之久。灵岩公捐巨资修筑马岭路和免费茶水点、食宿店；他独资建造了镇东桥；他捐300金购谷赈贫；他借给贫困者3000余金，宣布一律免除，焚烧借条。据传他还捐资朝廷几万金赈灾，据其善行义举，乾隆皇帝例授其为国学生，其妻金氏诰封为安人。其子朱之理八十大寿，力排众议，免开寿宴，捐400金修筑瞿岩岭，1802年嘉庆皇帝赐予"七叶衍祥"束帛，并挂匾建坊于浦江县城。

灵岩公重才育英，捐资助学，垂为典范。在灵岩庄园内，设计有多处教育文化节点，如笔墨纸砚文房四宝的设计，有灵岩公的读书园、读书房，灵岩书院；静斋公的种学园；崑山公的儒林园和崑山书房等。1756年重建浦江学宫，1763年新建浦阳书院，灵岩公捐金250两，望其早日落成。其孙朱其追捐640两，重建金华府学，知府严荣授"义崇黉序"匾额。灵岩书院由儒丰居、教室、立考亭、坦途等组成，由朱可宾创办于1745年左右，拨有许多贤田，所有本家及外来学童一律免除书学费。灵岩家规说，"本宗子侄有能，励志攻书，如家贫不能上进，为富者当周助之"。本宗学童考上秀才者奖银子400两，良田2石。本村150年内培养出举人、秀才、太学生等八九十人。外来的不知其数，其中县城朱能作考中进士，任监察御史；薛下庄的薛砚封考中举人，为灵岩公赠楹"积功累仁留名乡国，继志述事为贤子孙"。

灵岩公挂念本县的读书人，考虑到贫寒者居多，他就捐出坐落于杭坪村的庄田108亩及庄屋5间，园地4分6厘，将其每年的租金和利息分给全县参加乡会两试的学童当路费。在其病危临终前，还嘱咐子孙，扶助读书人是其一生的志愿，希望他们不要辜负他的遗训。

由举人戴如京、张用路撰写而上呈的"朱公义庄"的报告上说，浦江县的读书人去赶考，总有不少贫穷的学生，虽然他们天资聪颖、读书优秀，却因缺少赶考的路费而不能取得功名，多年的努力因没有盘缠而落空，朱可宾深为读书人有志有才，却因无赶考路费不能取得功名而惋惜，故此他捐田助学，为本县长久兴旺打下基础。金华知府凌广赤批示："捐产一门，孝义可知"；闽浙总督钟音批示："捐田扶助贫士，义行可嘉"。金华武状元朱秋魁题匾："前微克绍"。浦江知县薛鼎铭则为其撰写传文，浦江县志、朱氏家谱多有记载。

收藏于浦江博物馆，由金华校官何纶锦于1818年5月撰写的《朱氏乡会试路费义田记》的长篇祭文，是尚学重德的一笔极为珍贵的历史文化遗产。文中说：朱可宾仁义德高、惠及子孙，尤其是他能以一个县的教育文化发展为己任，他认为有志者第一是道德，第二是功名，最后才是富贵，决不能把它们颠倒过来。朱可宾并没有培养人才的责任，却能把自己的家产贡献出来，帮助读书人走上功名之路，是忠义之举，孝友之举，为国培养人才之举，是功在当代、利在千秋的伟业。

灵岩免费学校从1745年左右兴办至1943年止，1936年编写了全县最早的校歌。在朱可宾重才育英、崇德尚义的精神鼓舞下，其后裔一脉相承，朱耀枢以本科甲等第一名的成绩毕业于省立第七师范学校，后任浦江县学校校长，曾著书《瞿峰异草》和小说《梦里鉴》。朱耀晖等4人从保定和黄埔军校毕业。朱楚辛于1925年入团，1927年加入中国共产党，曾任国家财政部司长等职，为新中国首批财经专家。时至今日，该村现有博士4人。

浦江新光村，这里有精致的建筑，这里是道德的高地；这里有厚重的文化，这里是精神的家园。走进该村，定能感受到浓厚的儒家文化之氛围，以及农耕文明之气息！

（文：朱希光）

磐安东里村

崇学重教传东里

东里村（原名东厉村）位于磐安县尖山镇西北部，历史悠久，文化底蕴深厚，村里人才辈出，出过很多历史名人，这从今天的厉氏家庙内所悬挂的"状元及第""开国侯""圣朝特宠"等牌匾可见一斑。

东厉厉氏源远流长，自厉文才第22代孙桃万三定居东厉以来已有700年历史，是东阳厉氏的分支。根据东阳《厉氏家谱》记载，东阳厉氏源出西周姜太公吕尚，封齐国。传六世至姜无忌，他的儿子用父亲的谥封"齐厉公"之"厉"为氏，从此姜姓改为厉姓，后裔子孙散居各地。东晋永嘉之乱（311）时，姜太公第40世孙厉雷甫一支南迁到婺州（现金华）洞下。南朝刘宋元嘉年间（424—453），第44世孙厉惟贤徙居东阳城南岘山下（现吴宁大寺下）。唐朝贞观年间（627—649）第49世孙厉文才21岁就进士及第，成为婺州进士第一人。

厉氏卜居东阳后，历经1500余年，耕读传家，科第绵延，于唐宋两朝，政治显赫，文运大盛。据清朝宣统年间重修的《厉氏宗谱》记载，自唐至清，东阳厉氏进士及第共33人，其中武状元1人；出仕为官者147人，其中唐代44人，宋朝71人，元代7人，明代11人，清代14人，堪称煌煌巨族。唐都督厉文才、宋副宰相厉文翁诸人，纷纷被载入《宋史》《东阳县志》等国史方志，流芳百世。东阳县学诸地竖有"状元坊""大方伯坊"等纪念牌坊，家族追念先祖、敦宗睦族的厉大宗祠内，悬挂"状元及第""忠直名臣"等功德匾额64块。

厉氏后代敬祖先、明祖德、承祖训、扬祖风，使崇学重教、崇文向善的精神一直延续下去。

东厉始祖桃万三梦畹公是文才公第22代孙，他带着弟弟桃万六梦笔公在元仁宗延祐五年（1318）到玉峰朝天龙岗杨拱尖游玩，发现南面的山脚下，景色优美，土地肥沃，风和秀丽，便和弟弟一起定居在这里，因怀念东阳厉氏先祖，就以东厉（现为东里）为村子命名。厉万三带领儿孙们劈山垒地，开田修塘，筑坝挖渠灌田地，男耕女织，粮丰衣足，乐善好施，当时在玉山，只要提起东厉厉氏一族，大家都称赞不已。

厉芝卿（又名济时，笔名春雷，1879—1941），23岁中秀才，他亲眼目睹清王朝腐败无能，割地赔款，深受帝国主义欺侮。他主张维新变法，提出废科举、兴学堂、学西方科技，改造中国。他想，唯有办好学校培养更多人才，才能挽救中国之命运。

今天，漫步在东里村，我们依旧能发现厉氏一族崇学重教的"蛛丝马迹"。睦雍堂原来是13间走马楼后配上门楼成三合院，距今有250多年的历史。现在三合院围墙的门顶上，还能看到厉芝卿的书法作品，分别是"池鱼读月""山鸟谈天"——晴明的夜晚，池塘里的鱼儿在水面上睁大眼睛解读月亮的故事；宁静的白天，林中、屋顶的山鸟叽叽喳喳地在闲聊着最近的所见所闻，寥寥八字简约地勾勒出东里村人与鱼鸟草木、与自然和谐相处的恬淡、清幽的意境。

这里也是玉山地区的第一所小学堂所在地。1909年厉芝卿和进步士绅带头废私塾，因为没有场地来置办校舍，便暂用自家三合院的门楼，办起了学堂，名曰东里小学，招收学生30多名，不再读四书五经，课程设置有国语、算术、常识、体育、唱歌、图画等，教师按日课表轮流教学。第二年因学生数增加，容纳不了，学校才设法转办到佳村的灵溪庵。1912年，他和玉山大绅士张浩（又名雨樵，曾留学日本，系同盟会员和国会议员）等一起创办玉山地区第一所高小，名曰："东阳县立第四高等小学"，并任国语教师。历史学家吴晗（义乌人），跟随父亲（任玉山区公署长）来玉山就读并在该高小毕业。

学校逐渐壮大，学生逐年增加，为国家培养了大批人才。办学经费欠缺，厉芝卿只得向社会捐募，得到仁人志士大力赞助，有钱出钱，有物助物，并成立基金保管委员会。他克勤克俭，合理使用基金，学校办得全县有名，深为玉山人民拥戴。这就是玉山中学、磐安三中的前身，他们接班传承，不断壮大，源源不断为党、为祖国、为人民输送出大批优秀人才。

厉植三，1888年出生于东里，他曾与张浩等人一起创立东阳同盟会，曾任东阳县参议员，与徐元璋等人一起创办了东阳女子小学。历任东阳县督学，南京导淮委员。新中国成立后，任县政协第一届委员。

厉植三把自己两层的木结构房子取名为"植园"，典雅而有深意。现保存完好，中间的"植园"两字，古朴圆润，右边有"庚辰仲秋"几字，左边写着"应均题"三字,"应均"就是何应钦的哥哥何应均。走进"植园",楼上的罗马式木柱历历在目,可以想见当年的房主人有多时髦。地上放着一个50厘米见方、半米多高的石墩,足有200余斤重,石墩两侧有"耳朵",是厉植三平时练武所用,原有两个,现存其一。早几年,村里对植园进行了维修,翻新了瓦片,现在是老年协会的活动场所。

时光荏苒,先辈已经离去,但崇学重教的良好氛围在东里一直被延续下来,传道、授业、解惑,造就人才、传承文化,仍然启迪、影响着后辈。

(文:磐安农办)

衢州衢江破石村

牡丹仙子点破石

衢江湖南镇破石村位于湖南镇东 2 公里处的乌溪江畔，村域面积 38.8 平方公里，至今已有 1000 多年的历史。这里翠峦叠嶂，尖峰插云，碧水萦绕，曲径幽深。村前有"笔架山""湖钟山""牡丹台""双蝶峰"，群山重围，全村仅有一条道路可通，到了村口不见村。正是"夹岸青山何处是，莫道渔人武陵逢"。

破石，古名叫圆石。传说古时候这里的山口被一块圆如球状的巨石所堵，车马无法通行，人猿难以攀登，圆石村由此而得名。在那崇山峻岭之中，野兽出没，巨蟒潜行，交通阻隔，人烟稀少。在漫长的历史时期内，圆石村都处在人兽共居的洪荒时代。

相传有一年，牡丹仙子从古都洛阳南下，来到乌溪江。她看到这里山水碧滴翠流芳，繁花似锦，百鸟和鸣，好一派江南春色，便有心在此落苑繁衍。她选定了圆石村一块向阳坡台定居以后，见到山民们劳作艰辛，攀援似猿猴，吃食多野果，虽有平畴沃土，但亦难从事耕种，究其缘故，乃是交通阻塞，与外界隔绝，银货盐铁无从进入，牛羊不畜，种子不辨。于是，牡丹仙子立即上天奏请玉皇，望能恩赐生机。玉皇大帝一听，慨然同情，当即遣使雷公神在三天之内劈开圆石，使之通道。

牡丹仙子下凡来，盼等喜讯从天降。一天、两天过去了，仍杳无信息，晴空万里，滴雨未见，山民翘首相望，心急所盼。到了第三天傍晚时分，陡地乌云密布，狂风大作，飞沙走石，铺天盖地，哗啦啦一阵惊天雷震得地动山摇，霎时间滂沱大雨漫天无际。待雨过天晴，风平浪静时，山民从穴居的山洞里探出头来，既而往山口一走，哗咤咤大吃一惊，原来那块屹立万年的巨大圆石果真被劈为两半，中间豁出一条坦然大道。

从此以后，山民便与外地交往，舟楫往来如梭，山什野味得以输出，盐铁货物得以换进。洪荒之地渐渐趋向文明，山民们学会了农桑稼圃，通过勤劳的双手改变生存环境，万年顽石开始了新的变化，自此圆石村更名为破石村。

石破天惊，随着圆石的破裂，又有一些碎石迸发，落在乌溪江畔，在岸边形成了一座突兀山峰，此山又隔断了江湾，形成了一个峡谷内湖。衣食无忧，遂求学问，牡丹仙子有心教化山民，鼓励勤学苦读，即点那突起的奇峰为"笔架山"，孤峰海拔150米，屹立于乌溪江畔上游，山体中间高两边低，形同笔架，后有清代诗人余思仑作诗："玲珑崛起碧摩空，注势如飞印沼中。沙篆不须猜两岸，山痕岂若认头童。频看帆影千层合，随着钟声万里通。得气均占清雨露。依然林木庇笼葱。"

牡丹仙子又将那山峰横断的内湖赐名曰"砚瓦池"，砚瓦池一分为二，湖水一红、一黑，红者为朱，黑者为墨，用之无尽矣！笔架山为印，砚池即为印台。清破石村诗人余汝儒曾作过诗："双池为砚色不同，一墨还兼有一红。如有微凹多聚墨，浓占文笔插云峰。"

牡丹仙子所居之所遂称"牡丹台"，后为破石余氏祖茔前四周石栏围绕的花坛，环之种植牡丹多种，清咸丰年间被毁了，但遗迹尚存。有诗云："绰约仙姿胜洛阳，高台云涌独流芳。艳含湖水三分阔，秀吐钟山一脉长。质异原分琼岛种，繁英常对紫微郎。"

牡丹园内双双飞舞的粉蝶化身"双蝶峰"，峰型奇特，草木葱郁，有诗写道："蛸拔文峰隔岸开，云房双蝶载飞来。联翩探得天香后，恰与高岗鸣凤回。"

历代文人学士对于传说中的牡丹仙子奉若神明，赋诗作词，赞颂不已，并将牡丹台、笔架山、砚瓦池和湖钟山的双蝶峰合称为"破石四景"。

自牡丹仙子点化之后，破石村开始办书院，兴学校，生聚教训，人才辈出。据说，每逢乡试举贡，破石生员连连夺魁。相传牡丹仙子留下一种名为金带围的名贵牡丹，此花平时不易开，一旦开放，村中必有得第者。正是"牡丹花儿开，花翎进村来"。

唯查考圆石余氏家谱，历代得秀才、举人比比皆是，从唐代起，该村考上进士的有7人，举人15位，贡士26位，七品以上官员近百位。特别是明朝期间，破石余氏成为衢州名门望族，出过多名进士和举人：

明永乐元年（1403），余贞、余能兄弟同中举人。

明永乐二年（1404），余贞又高中进士，官为给事中。

明永乐十三年（1415），进士余敬，官为福建道监察御史，巡按交趾

（今越南）。

明成化二年（1466），进士余英，官为太平府知府。

明万历二年（1574），进士余国宾，官为江西右布政使。

明万历八年（1580），进士余懋中，官为福宁参政。

此外，破石村的举人、秀才者比比皆是，如余敷中、余钰等皆为三衢名儒。

民国《衢县志·食货》中曾记载：衢州余姓中颇具特色者，当推破石（又称圆石）一支。破石余氏为宋乾道年间武举余智远由柯城区的石梁镇大俱源徙迁，后从破石迁出者甚多。由于破石村四围山绕无沃土，皆鸥踞狼嗥、酸风苦雨之境，因此，历代力役之征皆免，"遂有闭户攻书，掇巍科而跻显秩"。当时，余汉谋出任衢州绥靖公署主任，曾与破石余氏有联宗之举。他们置祠立祀，光宗耀祖，建成"余氏祠堂"。新中国成立前在破石村宏大壮观的祠堂内，陈列着余姓名贤之史迹，大圆柱上一联云："占居圆石传三十数代，诗礼相承；派衍钟山感五百余年，簪缨继续。"这也是破石耕读传家之风的生动写照。

（文：汪晓蕾）

衢州衢江鱼山村

鱼山墨香汝梅来

鱼山村隶属于衢江区岭洋乡，位于乌溪江库区，距衢州市区约62公里。原名西峰里、柴家，后因辖区内与一村名相重，又因为该村有一座山神似一条活灵活现的鲤鱼，故得名"鱼山"。山村虽古朴，却有不少吸引人眼球的事物，如十来座保存完好的古民居，以及"大宗祠"（也称柴氏祠堂）、"邱氏宗祠"两座古祠堂，古道一条，500多年的古凉亭一座，古凉亭旁的两棵600多年的古樟树等。同时引人注目的还有那大门顶写着的"春满庭园"，窗门顶写着的"吟风""读月"等墨迹，这些历经风雨洗礼的墨宝很多都出自鱼山村的农民书法家柴汝梅之手。

柴汝梅（1912—1995），又名"癞爷"，1929年7月毕业于浙江省立第八中学，1988年获浙江省农民书法大赛一等奖，并多次在省、市、县书法赛上获奖。柴汝梅因小时候生过头癣，所以家里人便叫他"癞头"，这一叫就叫出了名，村里的同辈人都叫他癞头，有些人就连他的真名都给忘了。后来他年纪大了，晚辈们不便直呼他的绰号，便把"头"字改成"爷"字，"癞爷"就成了村民们对柴汝梅的尊称。

勤恳敬业育桃李

新中国成立前，柴汝梅一直在本村和本区雨潭、洋口、破石等中心小学任教，1952年被调至衢州一中任教，为国家培养人才一直是他的人生大志。在学校期间，他认认真真备好每一堂课，只为给学生带去知识的熏陶；他每日刻印大量的讲义资料，只为给学生提供最好的学习教材。由于那时学校刻印讲义用的是钢板蜡纸，这活儿得用足手劲、憋足气儿苦干，特别不容易，日积月累地，他的十指都磨起了厚茧，这也为他后来扎实的书法功底垫下了基础。但他甘之若饴，兢兢业业。他的学生如今遍布全国各地，可谓桃李满天下矣！可是就在他为党的事业、为育人的事业兢兢业业埋头苦干之际，1957年的那场猝不及防的运动，赐予他一顶沉重的

"右"字帽,送他"归去来兮"。他回到了家乡鱼山村。

直面挫折坚信念

回到农村,生活可想而知是艰苦的,但柴汝梅并未被困难吓倒,也从不畏避体力劳动。生产队里安排他去干的活,他总是踏实地完成。大家素知他的为人,也并未难为他。渐渐地,他觉得安下心来在家务农也另有一种乐趣。然而树欲静而风不止,没过几年,"文革"开始了,那紧锣密鼓的"阶级斗争",他这个老"右派"是无由免遭其难的。他经常被造反派拉去揪斗,横加罪名。尽管避牛棚、戴高幅,他问心无愧。为了表示自己刚正不阿的气质,他在诗中自励:"台上低头心自直,村坊游斗气如虹。"他坚信腥风血雨终将过去,他的前途一定会重新出现光明。他在《守牛吟》中写下"仰视浮云开白日,牛鞭应作钓鱼竿"。世事的发展果然如他所料,粉碎"四人帮"后不久,他的冤案很快地得到公正的处理。这时他欣喜若狂,衷心感谢党中央的英明决策,情不自禁地写下了一首七律《喜盈门》。

热心"癫爷"助乡人

"癫爷"名虽不雅但风格极高,他为人宽厚朴实,且又有一种助人为乐的精神。所以他那一手写得很好的毛笔字,也就是全村人的造化了。山里人把他这个识字的先生作为万金油来使。迎红吊白,墙头灶头,米箩竹匾,畚箕稻桶,凡是需要写上字的地方,都来请他帮忙。村里无论谁家添置新农具、新家具,都要请他来写上姓名和年份。张家儿子新婚之喜,李家大叔建屋志庆,也都要请他来写对联。他总是有求必应,有请必到。所有这些,他却是从来不收取任何报酬的。他也有请不拒,随心所欲地涂抹。这些家什、墙旮旯写字比不得摊在桌面的宣纸使笔,他必须抓毫如抓铁榔头,憋足劲儿狠狠地扼、生生地画。一旦操起软毫,他在又平滑、又润涩的宣纸上表达感情时,便走笔如游龙,点点畅达、笔笔舒展,轻捷神速、笔到意满。

有一次,邻居添办了一双新箩筐,请他来写字,正当他在新箩筐上挥毫泼墨之时,邻家大嫂偷偷溜进厨房,待他把一双新箩筐写好之后,那大嫂笑嘻嘻地从厨房端出一碗热气腾腾的鸡蛋来请他吃。他一见此请,连忙收起笔砚,一边说:"不用,不用",一边跨着健步出门去了,弄得大嫂感叹不已。

另有邻居刚雇木工做了一张风车，免不了要请本村的"癫爷"柴汝梅替新风车配上几个字。正当他心里这样想时，恰好柴汝梅来串门，柴汝梅欣然从命，随即拿来笔墨在新风车上号上"去浮存实"四个大字，当然还写上物主人的小名。

在不经意中，他这一写，就为村民写了60多年。后来，人们看着这些雄浑苍劲的字迹，就会联想到"癫爷"这人。

落实政策时，组织上考虑到他年事已高，为他办理了退休，这样他就可以吃闲饭、享清福了。可他却偏偏是个闲不住的人，园中种菜，户外浇花，仍然样样都干。他虽然年逾古稀，还照样勤奋好学，他一人订阅的报纸就有六份，还经常把报纸上看到的新形势、新事物在聊天时转达给别人。一天，朋友去他家阅报，未进门便听到他的朗朗读报声，进去一看，原来他正在为两位比他还大十多岁的老人读报呢！这两位老人原先经常要到他家看看报纸、聊聊天，近几年因为老年性白内障日益严重，看不清报纸上的小字，他便读给他俩听。两位老人听完后，报瘾已过，才挂杖告别。当时村中另有一位下身瘫痪者，常年卧床不起，很想看报。柴汝梅知道后，就把自己看过的报纸给他送去，第二天又送新报换回旧的报纸，如此数月不断，这位瘫痪者感激得不知用什么话来向他道谢才好。

一生勤俭弄诗书

"癫爷"柴汝梅一生勤俭，文房四宝全是街巷小店可觅之物。毛笔几角钱一枝，从代销店买来，墨是中小学生用的那种，破碗、破瓶均可权作砚台，高兴之时，连废报纸也拿来乱画。

柴汝梅的字写得挺拔飘逸，能恰到好处融为一体，少有规矩之限。他写横，如枯枝虬龙，见骨立马；写点似洒雨，无拘无度；撇捺则或弓或棍，随境变形，各处不一，的确形成了他独此一体的艺术风格，真正地不拘小节。

柴汝梅不但擅长书法，还喜吟诗。他生长在农村，同农民有着深厚的感情，他的诗词也就离不开农民了。例如，邻村有位老翁一生辛勤耕作，持家有道，在他七十大寿之际，老柴写去一首七律以贺，诗曰："梅溪源内一蓑翁，小少持家承古风。南亩耘田生计足，西窗剪烛子孙颂。"他热爱家乡的山水，他的诗词也就少不了有诵山吟水的题材。1973年冬，他为他的侄孙乔迁新居时写道："挂瀑东峙对西峰,卜宅何妨此适中。阶下平畴连沃野,门前修竹作屏风。梅溪流水南丽北,象鼻乔风绿又红。"(注诗中的挂瀑、象鼻都是山名)。诗中有画,颇有王维的韵味。又一年,与他同一生产队的一位农民丢下老母孤儿谢世,他非常同情,特为农民的去世撰写了一副挽联:"生同乡里,耕共田园,朝夕总相随,说到交情如手足;孤寡何依,高堂垂暮,膏肓竟不起,定含遗恨赴泉台。"言词隽永,感情真挚,读之使人潸然泪下。

1986年教师节,当地乡政府的领导干部邀请柴汝梅去参加茶话会,并对他问寒嘘暖,他激动万分,即日他便写下了一首五言诗来寄托自己的情怀:"昔日阶下囚,今为座上客。恩典何处来?全靠中央给。可惜年太老,颇难发余热。寄望我同仁,齐心同努力。培养鲜花朵,应尽园丁职。建设需人才,人才学校出。四化起宏图,江山增秀色。年年又岁岁,欢庆教师节。"

正是这位来自山村、来自田间的农民书法家,给鱼山村抹上了一笔带着墨香的色彩,让这个古朴山村焕发出了不一样的魅力。

(文:邵进文、朱燕燕)

龙游芝塘金村

书香古村芝塘金

崇山峻岭，茂林修竹，又有清流激湍，映带左右。山上，红树与白云笼罩，青松和翠竹拥抱；层层梯田种粳秫，叠叠青山植松篁。采于山美可茹，钓于水鲜可食。山下，青瓦黄墙飘炊烟，少女浣衣蹲溪畔。青春男女勤耕于陇间陌上，鹤发童颜闲步于左间右邻，更有琅琅书声回绕在秀水明山之间。

这段文字有点近似陶渊明笔下的桃花源，其实不然，它描述的是芝塘金村的村容村貌，更有意思的是，此地真有一个自然村，就叫桃源。

芝塘金村位于龙游县罗家乡境内，区域面积6.6平方公里。金氏是该村大姓，约占全村一半人口，占姓、傅姓各占二成，俞姓约占一成。

据《龙游县志》记载：芝塘金村金氏，元末明初由兰溪迁居桃源里。查《芝塘金金氏宗谱》有载，孝公之后裔则良公，明正德年间（1505—1521）携子文十三公自金华东宅来龙，素号桃源之地，见其山明水秀，居民稀少，可以开辟而成家，爰弃旧族挈家小而播迁兹土。由是父子相依，不遗余力，栉风沐雨，草莽变成膏腴，戴月披星，荒郊渐成沃土，日复一日，年复一年，万世不拔之基端籍乎。始祖初傍小溪而作室，取名桃源里溪滩金，之后向艾坞山坳扩建，建金氏祠堂，号"树德堂"。

500年风风雨雨，芝塘金村从历史长河中走来，至今村里仍保留明清古建筑30余座。树德堂居村中心，明代建筑，坐西朝东，面积276平方米，三进三厅堂二天井，50柱落地支重，开间宏大，气势非凡，现为县级文保单位。祠堂大门之门联"艾坞家深远，芝塘世泽长"，寓芝塘金金氏历史悠久之意。祠堂门前有照壁，壁画"天官赐福"长10.7米，高3.45米。历经百年风吹日晒雨淋和"文革"糟蹋，如今再露真相，依然线条清晰，画像优美，实为少见。整幅壁画洋溢着家族受福、人丁兴旺之情怀。

从"树德堂"往北走一里之地，凤凰山麓，横源溪畔，有一地名称

"晒书岗"。晒书岗为一小高地，居高临下，地势开阔，四面采光，是村里日照时间最长之地。早年，金氏一族耕读传家，敬书重读，蔚然成风。江南山区多雨潮湿，书籍极易受潮发霉、生虫腐烂。于是每逢农历六月初六那一天，金家书生都会把一箱箱书籍抬出家门晒晒太阳。我们现在无法知晓当年晒书的盛大场面，但是，我们可以从《金氏名人士宦谱》中寻觅曾经的辉煌。现简录如下：

金文清，以小戴礼，应乡书四冠，其选绍兴廷对，天子亲挑为一。

金端臣，宋绍兴年间进士，再调临安府录事参军。

金景阳，端臣之子，宋淳熙年间进士，后知枢密院事。

金安节，宋宣和中进士，调新建主簿绍兴，初累官至户部侍郎擢尚书兼侍读。

金极，宋绍兴初举进士。

金从龙，宋嘉定年间进士。

金君卿，宋举进士，累官至庆支郎，曾著《易说》，有文集十五卷。

金彦，力学，善属文。天资敦厚，金氏后裔奉诏举孝廉为天下第一。

芝塘金金氏宗谱载有家训十条，分别是孝亲、敬长、择交、兄弟、闺门、婚姻、力田、教读、息讼、廉耻。其中"教读"条，"《记》云：人不学不知道。古今哲人未有不从学而知道者，然其责在于父兄。父兄不令从学何由知道乎？况天分过人者，可借学以显亲扬名，亦何惜而不教之读耶。为父兄者其知之，为子弟者功勉之。"正因为有了家训的熏陶，也因有家训的力量，才造就了芝塘金村儒风荡漾，百年鼎盛，人杰地灵，代有贤人。

芝塘金村，一个充满书香的地方。与金氏家族一样，俞氏家族也是儒风浩荡，百年兴旺。《桃源俞氏宗谱》载："十三世敬山公者游山玩水见桃源之胜，览其山环水抱，甚敬爱之。因自号敬山以寓意，携其子徙宅于是焉。"其时于明末由兰溪迁入。该家谱自明洪武三年（1370）初修，止修于民国三十八年（1949）。宋濂、文天祥、吕祖谦等名人先后为其作序。在俞氏家族浩大队伍中，也是人才济济，精英荟萃。俞震益、俞震豫就是其代表人物。

俞震益（1913—1987），1936年考入浙江大学土木工程系，翌年改读机械系。1941年毕业后进湖南祁阳机械厂，因回家探亲交通受阻，任教于县立战时初中学生补习学校（龙游中学前身）。龙游解放后他被推选为校务委员会主任,为节省建校经费,跋涉山林月余采购木料。1951年年底奉调至衢州农校,任副校长。1951年9月调任江山中学总务主任,教高中物理。1955年9月被调至金华二中任教导主任。其间省教育厅两次商调浙江农业大学机械系,均服从组织安排留在中学。1962年任教金华一中,至70岁退休。曾当选金华县第三届至第六届人民代表大会代表。

俞震豫(1915—1993),浙江大学教授,浙江省政协第四届、第五届委员,新中国土壤化学奠基人之一。1936年考入浙江大学农学院农业化学系。1941年毕业后,被委任为福建省地质土壤调查所技佐,为福建省创建了第一个土壤标本馆。1944年年底,因奔父丧,携眷返乡。先后受聘于龙游县县立中学和龙游县简易师范学校,任英语和化学教员。1950年2月,应邀到杭州浙江省农业科学研究所从事土壤肥料工作,培训全省第一批棉麻技术干部。1953年,他担任浙江省农科所统一组织的水稻工作组组长,成为浙江省全面推广半旱和旱秧田育秧之先驱。1955年以后,他一直在浙江农业大学任教,1956年被评为副教授,1978年被评为教授。任浙江省土壤肥料学会副理事长、中国土壤学会土壤发生分类和土壤地理专业委员会副主任、中国土壤学会会刊编委。1961年,他把19个土科归纳为11个亚类和5个土类,从而把浙江省主要土壤类型划分清楚,体系明晰。浙江省第一次土壤普查中划分的一些重要土种,在全国也具有相当重要的代表性。如红色盆地或高原原面的黄筋泥、河网平原区水稻土中的青紫泥、黄斑田和小粉土等,对它们的自然属性、肥力特征及土壤资源评价方面,都做出了对国内有一定影响的论述。

1984年,他患了肺癌。由于果断及时的手术治疗,得以化险为夷,身体逐步好转。1987年退休后,他仍从事本学科学术论文的评阅工作,并担任《中国农业百科全书·土壤卷》编委会副主任和总论分支主编。主要著作有《土壤学》《浙江土壤》,主编及参加编写了土壤改良、学非洲土壤、土壤发育及其鉴定和分类等多种教材。1990年获浙江省科技进步一等奖。在近50年漫长的教学和科研工作中,俞震豫对我国土壤科学的发展和农业生产水平的提高作出了较大贡献。

芝塘金村是一篇古韵深厚的经典散文,无论从哪种形式呈现,都离不开文化这条命脉。

自古芝塘金村崇尚读书,重教兴文,"读书为第一要务",在村民心底生根发芽。这里流传着一句古话:"空无隔夜粮,也有读书郎。"父母教育子女:"吃得苦中苦,才有人上人。"

　　一花一世界,一树一菩提。芝塘金村的文化元素太多了,老宅、深巷、天井、石子路、雕花格子门,略微倾斜的门洞,还有许多通古达今的长者。徜徉于村庄,走进芝塘金村的今天与明天,让人觉得每个毛孔都注满了文化的气息。一朵清幽的文明之花,如莲蒂生。芝塘金是世外桃源,书香最是浓醇。

(文:余怀根)

龙游鸿陆夏村

仁礼书香鸿陆夏

龙游县小南海镇鸿陆夏村，地处衢江以北黄土丘陵，距县城约15公里，耕地面积约2400亩。历史上村民大都以务农为生，日出而作，日落而息，是典型的农本文明传统村落。

鸿陆夏村现有夏、张、吴、杜、邱、林、刘等姓氏，夏姓人数最多，居住时间最久。据清光绪二十五年《前岗夏氏宗谱》载：夏文瑞，字彦修，明弘治三年（1490）从大坟头迁入。至今已有500余年。

据调查，鸿陆夏村现保存有明清至民国古建筑18幢，而历史上则有百座之多。这些古建筑以周易风水理论为指导，其布局形态成环状形，工艺精湛，内涵丰富，文化多姿多彩，体现了"天人合一"的传统哲学思想，以及对大自然的向往与尊重，创造了既合乎科学，又富有情趣的生活居住环境。

这里的古建筑，既有大厅高堂，也有小室民居。大厅是夏家宗祠，规模宏大，是族人团聚议事之所，虽历经百年风雨、多次修葺，至今还保持了原有的基本框架。民居构造精致，门面高大，石刻砖雕，美轮美奂，"钟灵毓秀""芸辉光碧""仁礼绵喆"等匾额引人注目。这是鸿陆夏村传统民居的精髓之典范，从中也体现出鸿陆夏村深厚的人文底蕴。但这些民居现在多数阴暗潮湿，墙基歪斜，已不适合居住。

书香古村，泽被百家。500多年来，鸿陆夏村尊师重教，耕读传家。识文断字，代代有人。贫富兼顾，书香万家。古代建有文昌阁，近代办有私塾和小学堂。家里再穷，也要变着法子让孩子上学。当地有民谣"家里穷得叮当响，门外书声琅琅"，就是如此。1873年，江西广丰人氏林良柏逃难至龙游，落脚于鸿陆夏村。此时的龙游，由于遭受太平天国战祸，人烟稀少，哀鸿遍野。林良柏养家糊口都勉为其难，却能将两个孩子送进学堂。他的这种远见在当时的鸿陆夏村比比皆是。书声琅琅，儒风荡漾，礼仁村风，源远流长，成为这个百年古村独有的文化现象。

在这个千余人口的古村落，目前有在职和退休教师近30人，可谓学风鼎盛，人才济济，杜如望先生是这一群体的代表人物。杜如望（1914—1998），中国美术家协会浙江分会会员，衢州书画院特聘画师，40年代就读于国立英士大学艺术科，上海艺专和杭州国立艺专（现为中国美术学院），先后师从潘天寿、吴弗之、诸乐三等名师。

杜如望擅长国画山水，花鸟，尤以山水为著，作品既富于传统的技法，又有新意，用笔娴熟自如，作品题材广泛，构思严密，于古朴中见韵致，典雅中显清幽。其所画的一峦一峰，一曲一舫，大得全景，小得精致，笔下无不生情，充满活力，富有情趣。传统技法在画面上表现得淋漓尽致，用笔娴熟老练。

20世纪90年代，杜如望先生在衢州、杭州举办个人画展，引起画界的震惊与好评，"老年变法"已渐入佳境。如望先生一生以教书为业，历任龙游师范及多所学校的美术、英语教师，不以环境的不顺和生活的艰辛为意，孜孜不倦教书育人，砚耕不止，潜心书画艺术而闻名遐迩。先生为人厚道，德高望重，誉满乡村，堪称乡贤。

因为书香，鸿陆夏村民忠厚敦行，古风依旧。村民严银根照顾瘫痪37年妻子的故事，村人皆知，并被视为学习榜样。严银根夫妻于1970年结婚。两人恩恩爱爱，生活美满。29岁那年，刚生完第三个女儿，妻子张菊香患病了。严银根带着她四处求医问药，不见好转，到杭州复查，结论是类风湿性关节炎，病情严重，无法控制，今后只能瘫痪在床。

晴天霹雳！张菊香一向勤快，如今让她躺在床上生活，她如何能接受？张菊香使尽全身力气让自己硬生生地从床上滚下来想轻生，严银根生气又心疼，他拉着女儿走到床前说："这个家不能没有你，只要你活着，这个家就在！"

张菊香和严银根育有三女一儿，加上年迈的母亲，这个七口之家压弯了严银根的腰。女儿四岁那年得了重感冒，发烧还抽筋，下着蒙蒙雨，严银根戴着一顶草帽背着三妹拉着大姐就进了城。走了20多里的路，却因为身上拿不出钱，医生不肯收治，他抱着三妹在医院的走廊上忍不住地哭。所幸，医院同情他们家的遭遇，先给三妹看了病。这时他身上只有一毛钱，给孩子们买了个馒头，自己却饿了整整一天。

10多年前的腊月，张菊香发病，胸口胀痛难忍，医院也束手无策。严银根听说遂昌的山里有种草药或许能缓解这情况，正月初二一大早，他只身一人到了遂昌，找朋友带路，爬了两小时到达山顶，从高山的石头缝里采了草药。没想到，这种草药真的能缓解病痛。从那以后，严银根便常进山挖草药。时常，他们家的门口晒满了草药，严银根拿着小板凳在屋前将草药一根根地切片……

为方便喂饭，严银根还"研制"了特殊的饭瓢；担心外出时，老伴身上痒难受，他又自己做了轻便的"不求人"。这些"发明"是严银根对病妻满满的心意。37年来，照顾妻子已成为了他生活必不可少的一部分，虽然儿女都很孝顺，但他还是喜欢亲自给老伴擦洗，冬天隔几天一次，夏天每天擦，"她爱干净，我不能让她被人嫌弃"。

严银根的大美之举，感动了四路八乡。

因为书香，鸿陆夏村民敬老爱老，洋溢着浓浓的伦理孝道之风。吴文有今年97岁，是村里的老寿星，育有三个儿子、两个女儿。他与儿孙同吃同住，四世同堂，其乐融融。儿孙们把老人视为家中一宝，照顾老人周到周全，早有子孙问安，晚有儿媳妇盖被。一年四季，嘘寒问暖，从不间断。儿孙们有事外出，打电话报平安，第一句就是老太公安否，回家带的礼物，也都有老太公一份。老太公平时的零食补品，也都是晚辈所赠。有一年，老人突然高烧不退，西医治疗不见效果。二儿子跑路20余里，从邻县一老中医那儿找来偏方，连服七帖中药，终于转危为安。如今，吴文有身体硬朗，平常在村中走动，受人尊敬。

因为书香，在鸿陆夏古村落里，邻里情谊，出入相友，守望相助，妯娌和睦，婆媳融洽，蔚然成风，古意浓浓。

（文：余怀根）

江山广渡村

广渡毛氏承学统

广渡村位于江山市南部峡口镇，距江山市中心约 45 公里，古时有"青龙潭"之称（与石门清漾村的"青龙头"遥相呼应）。广渡村三面环山，山峰层峦叠嶂，气势雄伟，有一条小溪沿村边而过。村中古木参天，山清水秀，美景如画，令人心旷神怡，堪称一块风水宝地。广渡村是江南毛氏发祥地之一，"四代十登科，六子七进士"指的就是宋代广渡的毛恺一家。

古代，江山有两个做官的毛恺。一个是明代嘉靖皇帝与隆庆皇帝时期做过礼、吏、刑三部尚书的毛恺，字达和，石门人；另一个是更早的宋皇祐二年（1050）进士毛恺，字和叔，广渡人。广渡的毛恺（毛和叔），官位虽没有石门的毛恺（字达和）高，但他一家的学术成就却在江山的文化历史上创造了辉煌的一页。毛和叔一家祖孙三代，就有十人考中进士。和叔的孙辈六人及女婿都是进士。"女婿半爿子"，故时人称其为"六子七进士"。

广渡的毛恺生于宋天圣二年（1024），自少勤奋好学。王觌在为他写的墓志中说他"求师访友，不远千里"。当时的读书人正推崇声律词学。有一位做过侍官的胡公，在吴兴开了书院，以传授经术义理为宗旨。毛恺听到后便前往师事，质疑问道，一学几年不少懈，得到胡公的称赏。宋皇祐二年（1050），毛恺 27 岁考中进士。初任明州（今宁波）司理参军，虽是初仕，但他治狱明慎，不以私干犯。当时有一位豪吏犯了法，明州太守挟私情宽宥了他，毛恺坚持不肯。太守以向上荐举毛恺的德才作为诱饵，希望毛恺能通情达理，毛恺说："我怎么敢以荐举来阻碍律法的推行？"太守卒不敢夺其志，一郡的吏民都敬畏他。

毛恺明州任满，调任真州（今江苏仪征）司户参军，后迁官利州（今四川广元）、嘉州（今四川乐山）县令。当时他因母亲不愿他这样做，只好把长子毛勉夫妇留家侍奉，单独带一幼子毛宽去就任。

在两地县令任上，毛恺励精图治，部使者叹他为官清苦勤格，交相上章推荐。之后，毛恺回朝中改任著作佐郎，旋即又转任宣州南陵县令。南陵是个大县，讼事一日数件，毛恺判决无一有误。

后来毛恺又任建州知州。到任的那天，狱中关押的囚犯数百人，加上受株连与临时逮捕来的，不少于千人。恺即命僚属马上讯问，不到几日释放无罪的达300人，其余的亦相继决断、遣送，遂使监狱空虚。65岁那年，毛恺倦于宦途而辞官。离任所时，民众多流泪不舍，扶老携幼送他到境外。

毛恺致仕还家时，官至朝请郎（正七品，宋代县令为八品），赠正议大夫。居闲十年，专心著书，他尤工于诗，汇集十卷藏于家。毛恺育有3个儿子：毛勉、毛宁、毛宽。毛勉与毛宽皆登进士第。毛宁早卒。宋元符元年（1098）十二月二十七日，毛恺以疾卒于家，享年75岁，次年十一月初四葬于江山圣塘源祖茔之侧。翰林学士王觌为其撰墓志铭。

毛恺之幼子毛宽自幼跟随父亲，接受教育。宋元丰五年（1082），他考中进士，比他哥哥毛勉还早三年，曾做过威胜军录事参军。

毛恺长子毛勉，字德懋，生于宋庆历四年（1044），自少致力学术，勤苦自奋，诸子百家皆亲笔抄录。毛勉少时，科举未得志，颇有些倦于进取。他的夫人江氏很贤惠，屡屡劝勉，最后终于在42岁时考中进士。他在乡试时以"三举乡贡中为首"，称"三举解元"，故广渡地方原有解元坊。中第后，毛勉初任闽县主簿，旋历官福州建江县令、参庆州南康军幕事、监江州茶场、知邓州（在豫南）内乡，后主管信州太霞宫，以朝奉郎五品服致仕。

毛勉晚以朝奉郎赠中大夫告老归故里广渡居住。葛巾芒鞋，拽杖山水间，与乡里故老嬉游，足迹未常涉州府。毛勉性格仁恤，自奉俭约，凡亲戚有生活困难的，多分财去周济他们。生平为文简易，根于义理，尤好诗律，有遗稿卷存于家。宋宣和二年（1120）五月八日因病不起，享年77岁。

毛勉生有六个儿子：毛震、毛随、毛复、毛节、毛临、毛鼎。勉中进士时，震、随、复已同榜中何昌言榜进士。节、临、鼎后来也在大观三年（1109）中贾安宅榜进士。令人敬羡的是这六位兄弟分两榜考取，名次都位于第二甲进士的第五名之内。其后在仕宦中以次子毛随较有名望。

毛勉除六个儿子外，还有三个女儿，长女嫁给文林郎漳县主簿张恂；

次女嫁给进士陈远；三女嫁给翰林学士王觌之子王作义。所谓"六子七进士"是指毛勉六个儿子加上第二个女婿陈远。

毛随，字彦时，生于宋熙宁十年（1077），自幼警敏，初读书时，有人把《汉书·东方朔传》给他念，数遍就能默诵。20岁游太学，21岁宋绍圣四年（1097）丁丑科考中何昌言榜进士。调秀州华亭县尉，居官公正廉明，受到市民群众的钦敬。秩满，调明州鄞县主簿，迁文林郎。部使者传檄命他摄（代理）县令事。后又代理开化县令，恰逢岁旱大饥，毛随要开义仓赈饥民。负责管理义仓的官吏一定要俟报准后才肯发放，毛随奋然说："民方流离失所，死且无葬，怎么可以朝夕延搁！即使上司有谴责，我得以身坐罪，不连累你。"发锁封，开仓廪大举赈灾，从而救活了数万人。后被录为尚书郎，才脱州县，得为秘书省校书郎，迁著作佐郎。因得罪宰相，被外调通判虔州（今江西赣州）。

毛随在初出仕时，因被蔡京打击，不得升迁，于是刻意学术。凡六经、诗史、百家之间、穷理尽性之说，以至天文、历数、卜筮，无所不学。宋建炎四年（1130）春，金兵回留淮南，欲渡江来侵，高宗赵构畏惧，问群臣策。范宗尹荐朝散大夫毛随通晓天文景象、军事形势。高宗降旨诏问，尚书下衢州为之迎接。见高宗于政事堂，陈述天下利害，慷慨明白，娓娓动听。因而献上三策，甚是详尽。翌年，金兵见宋有备，果然退兵。继后，高宗下诏，任命毛随为尚书司，封员外郎。后年春，有荐毛随堪任中御史的。高宗方召对，而此时毛随已病倒。当程俱去探望他时，病情加剧，奄奄气息。他勉强向程俱嘱言天下事，奋髯扼腕，语吃吃不能尽意，则太息不止，并不以后事一语嘱人。诏以本官朝散大夫，尚书员外郎致仕。宋绍兴元年（1131）四月己巳，卒于越州大善僧寺之寮舍，年仅55岁，其子叔度扶柩归家。

广渡毛恺一家四代共十位进士、出仕做官的共十一人。今天的广渡书家坞还可以看到一些遗迹，即当年府第的墙脚石，都是雕龙刻凤的浮雕青石条，可以想见当时之盛况。

（文：王春梅）

江山大陈村

崇学重教在大陈

大陈村是衢州江山著名的历史文化村落之一。它坐落于江山北部,三面环山,一条回龙溪横穿村落,蜿蜒如彩带。大陈村古称须江乡九都大陈庄,今属大陈乡。大陈村民风淳朴,尊孔推儒、读书重教之风世代相传。

大陈村汪氏家族系黄帝之后,周武王之弟周公旦后裔。源于歙州,得黄山之灵气。唐贞观年间(627—649),歙州刺史汪华,因军功封上柱国越国公,食邑三千户。自此,子孙繁衍,衣冠济济,又流布徽州绩溪、婺源等地。明永乐年间(1403—1424),越国公第30世孙汪普贤,由常山金桥川(今常山球川石桥头)迁江山大陈,并命名为环山,以志山环水抱,又谐黄山之音。经数百年开拓经营,并经商致富,大陈汪氏成"三衢阖郡之巨族","烟居数百家,云连鳞次,皆其一姓富饶之家,兼有江(山)、常(山)、西(西安,今衢州)、开(化)四邑之田。析居于外者,不可枚举"。

据说,衢州城里南街一条街,六成的店是大陈人开的;汪家的田地3000亩,龙游、衢州、开化、常山都有。衢州建机场用的1500亩田,就是汪家捐出的。相传有这样一个故事,汪家在龙游有一大片田,中间一丁点是另外人家的,汪家为了方便,就想把这点地买下来,可是,那户人家说什么也不卖。汪家就一棵稻茬摆一块银元,结果那户人家想:哎呀,种一辈子稻子也没有这么多收成呀,于是只好卖了。对于这汪家的富有民间有一句话,"三天三夜走不出自己的田",这说的就是这汪家。

作为首富的汪氏具有崇德尚文、诗礼传家、崇学重教的传统。早在光绪年间汪乃恕就是衢州首富,他当过衢州府商会会长。他一生积德行善,铺路修桥、建凉亭、施药医,尤其重视后代教育,他创办了萃文义塾和萃文(基金)会。

清同治十一年(1872)族长汪膏、富商汪乃恕等"为培士久远计",引领族人捐资,置田370亩作基金,创办萃文(基金)会,并各捐献白银数千两创办萃文私塾（又称"环山会馆"）。会馆就开设在祠堂内。萃文会规定族中学子，无论男女（含妻、媳），不论出身，分为高小、初中、高中（含大学预科）、大学正科、研究生、留学日本、留学英美法等国，7个等级，分别给予每人每年4银元、30银元、60银元、100银元、160银元、320银元、640银元的补贴。按照当时的币值，100银元即可满足正常的一切开支。即萃文会承担了大学生、研究生、留学生的学习、生活等一切正常费用。每年冬至祭祖时节，并拨出专款，根据学历，给予不同的物质奖励。同时，对学成后服务社会的学子也会按照薪金比例作出一定的回报。

光绪末年，随着西风东渐，萃文义塾改为私立大陈萃文初等小学堂。这是江山最早的新学之一。民国三十一年（1942），族人汪汉滔，以宗祠租谷12.75万斤为基金，创办私立萃文中学。这是20世纪30年代衢州地区独一无二的民办中学。沿袭助学与奖学制度，并聘请名师执教，以教育质量见长，名扬浙西南。

新中国成立后，私立萃文中学停办。1951年8月，利用萃文中学校舍创办江山初级师范学校。此后，相继为鹿溪中学、大陈中学、大陈小学校舍。直至今天，汪氏祠堂仍被作为村中集会场所和大陈中学学生寝室之用。

汪氏宗祠始建于清康熙五十三年（1714），同治二年（1863）重建。建筑坐西朝东，三进二天井结构。因依山而建，自大门往内，各堂渐次升高，后堂地面与大门前地面高差达2.36米。宗祠内用材讲究，梁柱粗硕，雕刻彩画琳琅满目，富丽堂皇，汪氏宗祠的西侧是宗祠附属建筑文昌阁，是当时族人祭祀祖宗的场所，也是公共活动和教育子弟的地方，约350平方米，与宗祠相连，进深25米，面阔14米，为两进一天井三开间。

汪氏家族不仅劝慰所有学子学成贡献社会，他们家的子孙也成为鼎鼎有名的专家学者。汪乃恕的儿子汪志庄，是民国初年的国会议员，在北京住了10年，精诗书印，书法造诣尤深。汪志庄的儿子汪新士，后来成了"中国篆刻第一刀"，于2001年故去。

在汪氏家族兴办义学的影响下，大陈村尊儒重教，兴教办学、崇文向善，致子孙腹有经纶，囊有金银，亦儒亦商，代有簪缨。如今，大陈村已经是首批中国历史传统文化村落，这是一个迷人的地方，是一个充满书香的地方。

（文：高君）

天台岭头周村

商人崇学之典范

岭头周地处天台县东南,隶属三合镇。因处于岭头,居民为周姓,故名。"下坊谷,岭头屋"是天台东乡的一句民谣。下坊与岭头同为东乡两个村庄,下坊地处平原,土壤肥沃,是产粮的地方,岭头指的就是岭头周村。村后是大坑山,村中心有一口池塘,人称"大塘",村庄有400多年的历史。

据《天台周氏宗谱》记载,明嘉靖年间,匡公从三门山后周村来到天台灵溪村,到村中的大户人家做帮工。几年之后,买下了灵溪北边的一块山地,山坡之下是一口水塘,他喜欢这儿肥沃的土地。这是他当帮工时常来的地方,山坡上种着一些谷物。收工之后,放水牛于池塘中嬉水。池塘边的樟树下,他梦想着有一天能在这儿盖一间瓦房,过着安居乐业的日子。几年后的秋日,山上的柏子树叶红了的时候,一幢瓦房在池塘边建成了,站在自家房前的匡公笑容满面。25世匡公成为岭头周村始祖。

之后的岁月,是勤劳却节俭的农耕日子。家族就这样渐渐地兴旺起来,田里的谷物年年丰收,池塘边的房子也越盖越多。到周恩沛那一代已是31世了,周氏在周村已生活了六代。周恩沛(1765—1882),字惟高,号翰斋,学名登高,曾为营千总(清朝的营千总为正六品武官)。晚年父以子贵,例授毅武校尉。周恩沛更大的成就在于他的经商有方。

当年,周恩沛所经营的是白油生意,白油就是柏籽所榨出的油。柏子树在天台乡间随处可见,山坡地头和村旁溪边,总会有几株柏子树,当秋霜打过之后,柏子树叶就变红了,白色的柏籽结于枝头,满树的白果点缀于红叶之间。将柏籽采摘下来,榨出的白油,可作为油灯的燃料。油灯中放一根灯芯草,小盏中的光照亮整间小屋。白油做成的蜡烛,不但明亮,还有植物的清香。

周恩沛所经营的白油不但在天台东乡受欢迎,在三门、临海等地也有名声。诚实守信的周恩沛赢得了许多客户,积累了一些财富之后,周恩沛首先想到的是如何让下一代成为读书人。周恩沛自己并没有读过多少书，但他始终认为商人总不如读书人那样体面。他有四个儿子，却没有让他们继承他的生意，而是一心一意地要将他们培养成读书人。

周恩沛在儿子到了读书的年龄，就将他们送入私塾，读书识字。四个儿子也没有辜负父亲的期望，从小就努力好学，最终四个孩子先后获取功名。大儿子周永监于清嘉庆二十三年（1818）获武举人，次子周永赞为贡生，三子周永远于清咸丰二年（1852）得中进士，四子周永满也是庠生。四个儿子如愿获得功名，让周恩沛十分欣慰，接下来他所想的就是建一幢宅院，儿孙满堂，生活在同一个屋檐下，享受天伦之乐。

周恩沛的老宅为德星楼，宅院为四合院建筑格局，大门朝西，面对大塘，门前建有一座照墙。门楼上挂有"亚魁"匾额，周恩沛长子周永监得中武举人第二名，例授毅武校尉，所以大门上挂"亚魁"匾额，门前曾立旗杆礅。那时春风得意的不仅仅是周永监，父亲周恩沛似乎更加心花怒放，自己劳累一生，儿子终能出人头地，获取功名，这的确是他一生的梦想。那年是清嘉庆二十三年（1818），周恩沛已53岁，周永监34岁。

宅院二楼的屋檐下高高挂着"德星楼"匾额，字迹雄厚而古朴，落款为"古虞金简"。赵金简为上虞人，清乾隆年间进士，历任杭州府教授，善书法。宅中还有另一块"品端金玉"匾额挂于正厅对面的檐下，匾由杨文次题写。杨文次时任天台知事，"品端金玉"四字是对宅主的赞美之词。匾额的落款时间为清嘉庆十九年（1814）正月，那年周永监还没有得中举人，这块匾额赠予的应是周恩沛。

现在坐落在村大塘北边的那幢三透民居，就是周恩沛为儿子们所建造的院落。民居坐西朝东，人称"新屋道地"，它的外院称"东德楼"，内院称"西德楼"。共有五个道地，二大三小，门前立一副棋杆礅。新屋道地大气而精致，每道门楣之上都有石刻匾额，透出浓浓的书卷气。

大门的门楣之上有"东山擢秀"石刻，字刻在一块绿岩的石匾上，嵌于砖墙中的石匾正反两面为同一块岩石，而且是双面刻字，因形状如圆宝，人们称其为圆宝石。

大门反面的石刻为"居仁由义"，意为内怀仁爱之心，行事遵循义理。门楼内的砖雕也非常精湛，为仙鹿和花卉图案，砖面平整而细腻，泛着一丝幽幽的青光，大门两侧分别开有仪门。

进得新屋道地的大门，是一个小天进，之后是第一进建筑，称东德楼，楼为二层，牛脚为草龙和祥云图案，非常简洁，雕花木窗有"福"字拷条。东德楼之后是第二进建筑——西德楼，两楼之间又是一个小天井，与天台其他三透建筑不同的是第二进前也建了一个门楼。

门楼的风格与大门门楼一致。门楣之上也嵌有一块绿色的圆宝石，前刻"翕黛霏蓝"四字，细雨之中弥漫着丝丝雾气，透过雾气，隐约着山林间的那抹绿色，这是宅前山林间的诗意。背面阳刻行楷"清高拔俗，疏快宜人"八字，并有"凌宗照书"落款，前半句显然是赞美主人的品质，而后半句侧是对宅院环境的赞叹，如此的赞颂虽说出自礼节，但也确实应景。门楼砖雕为祥云和蝙蝠图案。前后二楼，主人都以"德"字来命名，可见主人对于品德的追求，"东"与"西"只用来区别二楼的方位。

从楼名到石匾上的题词，我们感受到的是一个读书人的追求和品格，而没有一丝商人的气味，"崇学重文"是深藏于周恩沛内心的理念。

（文：金建荣）

仙居广度村

烽火弦歌广度村

广度村地处仙居县东北部,村名源于该村一座近千年的古寺——广度寺。据《光绪仙居县志》记载:广度寺在县北30里紫箨山上,旧在西隅百步,名瑞峰。唐天宝元年(742)建,会昌中废,五代后晋天福年间重建,北宋宣和年间(1119—1125)改名为"广度寺"。"广度",取自"佛门普度众生",即"广行度化"之意。

或许和佛家护佑苍生有涉,广度寺以及寺院所在的村落在延续台州教育文化的命脉上,曾经发挥过重要作用——在烽火四起的抗日战争时期,台州最高学府台州学院曾迁于此处,从此弦歌不绝,延续着台州人才培养的神圣使命。

1937年7月7日日本侵略者发动了卢沟桥事变,1938年战火烧到台州,1939年8月7日,日机轰炸海门,台州中学江边圩校舍全部被炸毁。为躲避战乱,省立台州师范学校(台州学院前身)作为省立台州中学简易师范部随台州中学于1938年年底开始从海门出发,经黄岩、临海西部山区,迁移到交通闭塞、人烟稀少的仙居县北部广度山区。师生们自己带着铺盖口粮、书籍笔砚,徒步前行,一路上风餐露宿,跋山涉水,学校还要搬运教学仪器设备、课桌椅凳之类,前后历时约两个月,到1939年2月,台州中学终于落脚于广度村广度寺。简师部则设于仙居三井寺,继续按时开学上课。

广度寺、三井寺原先的殿堂改成了台州中学师生教学的课堂,僧侣住宿的寮舍改成了师生暂时栖身的校舍。除了因陋就简利用原有的寺院房屋以外,学校也因地制宜,就地取材建造了必要的校舍,如广度寺大殿后面已经倒塌了的一幢三层楼房,就是当年新建的学生宿舍。据附近村民介绍,当时这幢三层楼是全校最好的宿舍,三楼住女学生,下两层住男学生。

台州最高学府就这样一度幽居于深山之中的广度村,其地虽然交通不便,但在日寇侵华的年代反而显得格外安全,全校师生在此大环境下教书认真教,读书认真读,俨然一副存亡继绝的文化种子之使命附身。

据民国三十四年(1945)编印的《台州师范学校校友录》载,学校招生范围以台州的临海、黄岩、温岭、天台、仙居、宁海、三门七县(加上当时曾经短期隶属台州的磐安共八县)为主,兼及台州周边各地区,以《校友录》中所列学生籍贯而言,遍及今天除舟山(舟山当时隶属于宁波)以外浙东各州(历史上浙东辖越州、婺州、衢州、处州、温州、台州、明州七个州),且兼及严州。如温州地区有乐清、玉环(玉环当时属温州,20世纪60年代始划入台州)籍学生;金华地区有金华、永康、东阳、义乌、宣平(新中国成立后并入武义县)籍学生;丽水有缙云、云和籍学生;绍兴有诸暨、嵊县、新昌籍学生;衢州有龙游籍学生;宁波有慈溪籍学生;严州有淳安籍学生。另外还有外省(市)的个别学生,如上海的顾智章籍学生等。这都是为了适应当时战争环境下的实际需要而作出的举措。

据广度村年长的村民介绍,当时山上台师厨房光是烧饭的米就需十数斗之多,烧饭的大镬围起高高的木桶,炊事员爬到镬灶台上用长柄勺都够不着镬底。有村民还算了下十几斗米大小不同度量的重量概念,在180—220斤光景。由此推断台师在校学生有三四百人,这在当时应属较大规模的学校。由于山上无法解决粮食蔬菜的供应,所需物品都要雇用挑夫从仙居城里肩挑背扛运到山上。浙江省档案局的档案中还有当年学生要自备麻袋或者以缴麻袋钱的事,"每学期开学时,每一学生迫缴麻袋一只,或袋金四百元",正是反映了当时办学时的运粮运米的需要与艰难情形。

然而好事多磨,就像阳光下亦有罪恶,深山里也起风波。1945年是中国抗日战争胜利之年,也是世界反法西斯胜利之年,然而对于广度寺的台州中学和三井寺的台州师范学校来说却是多事之秋,这两所学校均发生了影响很大的风潮。

民国三十四年(1945)5月31日,台州师范学校教务主任章謇"串同教员(赵善革等),唆使学生,以驱逐事务主任为由,深夜集合,高呼口号,气势汹汹,事务主任被逼离校。嗣复罢课,并作种种无理要求,复于6月24日煽动学生,执械包围校长室,造成恐怖状态。并殴辱王(锺沛)事务员。又同月28日夜,身挈手枪,指挥滋事学生向校长寝室大声呼噪,宣布无理条件,并缴夺校警枪械,鸣枪示威,以图加暴"。在此之前，台州中学已经发生了风潮，或许是引发台师风潮的引子。在此风波发生以后，当时校领导以"各次风潮举动均在夜间，现址僻处山上，呼应不灵，实不相宜。刻正着手迁移至下张，以期迁地整顿"为由向省教育厅请求迁移校址。学校遂于1945年8月奉准迁移仙居东乡下张。下张属仙居厦阁镇，今俗作"下各"，距离镇约5华里。今下张小学校址即当年台州师范学校校址。

庆幸台师在深山风波的突发事件中未遭夭折，艰苦的环境与简陋的条件深深地磨炼了师生的意志，增强了战胜困难、战胜日本帝国主义的信心。根据一些零星的文字（查不到较为系统的档案材料），当时台师（当然不限于台师）的青年学生为抗日救亡积极投身社会与军事服务，有些学生投笔从戎，加入抗日队伍。如临海陈理才于民国三十年（1941）参加新四军；温州谷虚于民国二十八年（1939）春参加新四军，还有其他众多的学生先后参加抗日救国运动，甚至献出自己的鲜血与生命！我们深深地感受到，浙江省立台州师范学校在烽火连天的抗日战争中迁徙到广度村、三井村并得以重建，离不开仙居人民尤其是广度乡亲对地方教育事业的高度认识与热心支持。

浙江省立台州师范学校（包括其前身台州中学简易师范部）在广度度过了七年极其艰难的"烽火弦歌"办学历史，培养了战后重建急需的文化教育人才，为国家保存了文脉，传承了中华民族独立自强、奋发不息的精神，为台州学院留下了"艰苦创业，奋发有为"的办学传统，作出了不可磨灭的贡献，在台州学院发展的历史上写下了重彩浓墨的光辉篇章。

（文：仙居农办）

丽水莲都古井村

儒林模范沈国琛

"浙江绿谷"丽水的莲都区西部有一座千年古镇碧湖，而古井村就坐落于碧湖镇的一角，与闻名的古堰画乡相邻。坐落于千年古镇碧湖一角的古井村，以宋朝创建的镇区最古老的毛弄井而得名，该村有着得天独厚的区域优势，是古镇的政治、经济、文化、商贸中心。在历史上，由于著名的古代水利工程通济堰的浩荡流水涵育着这广袤的碧湖平原，灌溉了碧湖平原万亩良田，造就了这一带的文明，因此各路移民聚集迅猛，有才有识之士蜂拥而至，商界喷涌显现，当年衙门（现代镇政府）、钱粮处（税务所）、钱庄、商铺、大市场都集中在古井村。

古井村的老街上有一群木结构的老房子，房子旁边有一口巨大的石井，与后面的建筑群一起形成很强的错落感，依稀透出历史的沧桑感。据当地老人回忆，这片古建筑群大多建于清末或民国时期，那口巨井更是年代久远，古井村的村名也由此而来。老房子分上、下两层，每一座房子的前檐上都有一些木质雕花，这些雕花图案虽然简洁，但雕刻细腻，十分传神，令人惊叹。

古老的碧湖镇素有"三汤六叶一枝梅，梅树脚下一颗沈"之说，汤、叶、梅三姓为大族，但目前碧湖古镇留存下来最具特色、保存最完整的古民居则是沈家留下来的。据《碧湖吴兴郡沈氏宗谱》载，碧湖的沈氏是清雍正年间为避战乱而从福建清流县迁徙过来的，道光年间开始经商，以商业起家，渐置田园。到了沈国琛（曾担任通济堰总理事，时人称其为"一乡善士"）这一代，已是"产业弥增，田园广置，富甲一方"了。《沈氏宗谱》中称其"华厦建造房屋，庭院相连，万余平方，良田阡陌，斯其大业"。当时碧湖街上几家大的商号店铺基本上都是沈家的，如广裕百货、广和食品、广兴绸布、广盛纸业等，共有20多家店面。然而沈氏虽以商业起家，却崇斯尚礼，家风敦厚，保持儒林模范，口碑传之一方，沈家自然成了碧湖的望族。沈国琛也成了沈家的核心人物。

沈国琛，族名朝琛，字献之，号伯卿，生于清咸丰元年（1851），卒于民国十四年（1925），享年74岁，是清光绪二十六年（1900）庚子科的恩贡生，在府州县秀才中成绩优异而升入京师国子监（最高学府）读书。当时贡生分为拨贡、副贡、岁贡、例贡、恩贡，恩贡包括两种：其一，明清定制，凡遇皇室庆典，据府、州、县学岁贡常例，本年加贡一次，作为恩贡；其二，清特许"先贤"后裔入监者，亦称恩贡。恩贡享有其他贡生不能享受的特权，即非犯重罪，可免革功名的待遇。民国十二年（1923），黎元洪大总统褒奖并授予沈国琛青红黄绶金质褒彰，大总统题"儒林模范"牌匾，褒词为："孔门德行之科蔚矣！首选鲁国灵光之殿，岿然独尊，文献能征，流风足式，兼而有之，不可及也。尔丽水耆年沈国琛者，生有至行，无间人言，黄枕九龄，早称为孝子。紫荆三秀，不谋及妇人，儿童诵实之名；耆英结社，弟子作康成之志。通德枋门，实践攸资，乡评凤惬，如此行谊允矣褒扬，于戏，名颜乌之县，远近交颂其孝，思昌驷马之宗，子孙不忘夫阴德，畀以楔字，光乃矩辉。"

其父沈硕卿原是前清附贡生，被普赠为承德郎（在当时来说是正六品官员），掌刑部诉讼事宜，他志趣清高、性情潇洒、生性疏豪、乐善好施、致老费懈，看不惯官场的污浊、贪腐和逢场作戏等行为，又因家业彼壮，认为还不如回家休闲为好，以避世俗浮华。其5子均有功名考取，同时都能勤俭持家，为仰承父志，恤苦怜贫，轻财仗义。沈国琛身为长子，尤为表率，还乡经商，成为碧湖一带较有威望的地方人士。

道待诸弟。沈国琛的父亲沈硕卿有5个儿子20个孙子。沈国琛是长子，在家族里他最有才能，也最有威望，在父亲眼里也是最能干的儿子。他协助父亲沈硕卿建造了沈家邸和用沈硕卿名字命名的沈硕卿家氏祠堂（可惜沈硕卿家氏祠堂于民国时期被拆除），购买了汤氏祠堂（就是目前唯一留存的沈氏宗祠）、上街沈宅，分别给自家兄弟及侄子们居住。

沈家邸是典型的清代四合院式楼屋，建筑规模宏大，布局完整，功能合理，用砖雕、石雕、木雕等装饰，雕刻细致，图案丰富，寓意吉祥，是碧湖历史街区中规模最大、雕刻最精美的代表性建筑。沈家邸虽因年代久远，显得有些破败，但建筑主体结构仍然完好。整片的古屋建筑结构对称严谨，布局和采光合理，造型古朴典雅，承载了人们对古时乡土民情的回忆，而建筑的地域特色和时代特征则具有较高的研究价值。

沈家邸位于古井村卫生巷5号，建于清乾隆八年（1743），主体建筑坐北朝南，三进五开间两厢式楼房，西面设外大门、门坛和学堂，通面宽32.88米，通进深49.32米，总占地面积约1621平方米。四周围墙青砖砌筑，外用纸筋灰刷白，墙裙用规整的卵石叠砌，屋内三合土地面，檐墙为三山马头墙，硬山顶。屋面小青瓦合铺，檐口施瓦当滴水。鼓形柱础，阶沿柱础刻如意和卷草纹，有覆盘。

沈家邸共设内外两重大门，外大门朝西开，清水砖筑，三间四柱三楼式，石库大门，门顶明间中额枋浮雕"中山旧家"四字，次间中额枋浮雕"卍"形图案。明间枋上四组一斗六升斗拱，次间两组，檐口花砖出挑。出入方便。门对面建水磨砖清水砌照壁一座，檐口花砖出挑，花檐下墨画六组一斗六升斗拱，墙顶小青瓦，青砖压脊。门内庭院用长方形石板铺地，南侧置条石砌花池，门墙上部绘水墨画。在西厢房明间开内大门，清水砖筑，门面三间四柱，檐口平齐。石库大门，明间中额枋中部框内浮雕"明经"二字，两边和次间中额枋间设长条形和圆形框，框内浮雕丹凤、松鹤、喜鹊、翠竹等图案。额枋上八组一斗六升斗拱，檐口花砖出挑。

上街村沈氏宗祠位于莲都区碧湖镇上街村人民街72号，建于清同治年间（1862—1874），坐北朝南，占地约780平方米，通面宽18.7米，通进深31.2米。四合院式建筑，平面两进五开间，两侧厢房各三间，中轴线上依次有大门、门厅、天井、正堂、后天井。抬梁式梁架，小青瓦阴阳合铺，硬山屋顶。大门为砖砌四柱三间牌科式。上街村沈氏宗祠建筑高深，构造严谨，用材粗犷，做工精细，是体现古代宗法制度、祠堂建筑的典型实例。

热衷公益。沈国琛不但孝敬父母、道待诸弟、敬侍乡邻，为人谦恭温和，令人亲爱，平日遇地方善举及公益之事，无不热心赞助，以冀其成。特别是对于通济堰，沈国琛做出了重大贡献。他向刚到碧湖上任的县丞朱炳庆反映通济堰的情况，提出修复通济堰的意见；他还一次又一次不辞辛劳地带领府县官吏勘察通济堰渠道，介绍碧湖平原各处灾情，召集地方人士汇集社情民意，商讨办法，积极协助朱炳庆工作，他是光绪三十三年（1907）兴修通济堰的核心人物。

沈国琛56岁时，担任通济堰总理，虽说是告老赋闲，却因经营商务、料理家务及兼管社会事务，仍是很忙碌。他在《重修通济堰志序》中这样写道："明知不才，不足当是任。顾念地方公益，我郡守、邑宰、贰侯方县殚精竭虑,为我谋之,况我自高曾祖、若父以及我身、远我子孙,食堰之赐,享堰之利,安敢有所推诿?"他认为"欲图堰务之发达,不能不望于官斯土者之提倡,更不能不责我乡人之辅翼"。

光绪三十二年(1906)冬,全面大修通济堰,沈国琛参与修堰和立《颁定通济西堰善后章程碑记》。沈国琛在通济堰兴修工程结束后,又为通济堰善后章程的制度、西堰公所的修建以及通济堰各庄田土名、丘段的测量确定、堰租的收缴处理等各项事务继续承担大量工作。沈国琛对通济堰管理章程的制订是继范成大堰规后的又一巨大贡献。由于沈国琛对地方公益事业的突出贡献,宣统元年(1909)9月,浙江咨议局成立时,他被选为浙江咨议局议员。同为浙江咨议局议员的处州名士谭献称之为"望洽舆情,实至名归"。

沈国琛不但协助官府修筑大工程,对百姓的生活琐事也常挂心间,关怀备至。据《吴兴郡沈氏宗谱》记载:沈国琛"捐助学堂、大修官堰、设团防筑桥路、修邮亭"。为了让更多的平民百姓也能读上书,沈国琛出资捐助建立了两个私塾,并请了两位秀才前来施教,私塾的名称也用当时秀才的名字命名,分别称兑金和石古私塾。为了让田农过堰劳作更加方便,他精心设置了九处石拱桥。为了便于小脚妇女洗漱遮荫避雨,他在碧湖镇区通济堰边上建了三座堰亭,后来百姓称之为"官堰亭",目前仍保存完整。他还率先垂范,个人出资建造了堰亭1座,石拱桥2处。其他2座堰亭和7处石拱桥由他组织发动三十六行业的师匠集体赞助出资,本镇农户自愿投工投劳完成。现存的堰亭3座保存完好,石拱桥尚留存2座(广福寺桥和镇政府门前桥)。为了给送信人提供避风躲雨及休憩的场所,沈国琛还在路旁,自己出资兴建多个邮亭,被当地传为佳话。

其实,无论城市还是村落,都是历史文化现象。坐落在城市和村庄里的古建筑,更是历史的积淀,是人类文明的结晶。有专家曾说,古建筑本身是人类历史文化最直观的载体,有着非常明晰的时代特征,承载着那个时代独有的信息。没有了这些古建筑,也就没有了历史底蕴,丢掉了灵魂与文化品位。

古韵古井,那是一种记忆,那是一种历史,那是老祖宗留下来的积淀和文化,我们后人有责任去保护、开发并利用,完美传承历史。

(文:周雅慧)

丽水莲都西坑村

徐望璋主教莲城

丽水莲都区峰源乡西坑村是一个有着700余年历史的古村落,整个村庄依山而建,历史文脉深厚,民风淳朴,书香浓郁。西坑徐氏,为村中主要居民。据《徐氏宗谱》载,元至元九年(1272),徐显清为避战乱,自丽水县西乡碧湖泉庄迁居西坑,为西坑始迁祖。

徐显清迁居西坑,教育子孙耕读传家,正源务本。徐氏先祖留下了"学堂田",徐姓子孙读书的所有费用,都由"学堂田"所出。于是,族中学风蔚然,人才辈出。

村里文物古迹众多,随处可见古老的民居,泥墙黛瓦,马头墙高耸;梁坊、牛腿、门窗、石板、石件等雕刻花鸟人物,栩栩如生。门前的青石桅杆墩,刻着徐崐、徐有蕃等贡生姓名,和"五福临门""三元及第""松鹤延年""龙飞凤舞"等浮雕。村里有建于清乾隆七年(1742)的徐氏宗祠,悬挂着"有勇治方""以厚其本""聚德参天""芹泮宣劳"等牌匾,传承着西周时期徐国国君徐偃王倡导的重仁义、讲仁爱、让人民安居乐业的精神;也有大顺公家庙,宣统三年(1911)后为西池(初等、高等)二等学堂所在地,取消了旧清制的私塾教学,开设了国语、算术、国史、地理、自然等现代文化课程,并且还作为义仓,每年藏谷80担以上,专门用于救济贫困百姓;有"存仁堂"中药店,为村民百姓悬壶济世;有徐琨建于道光二十三年(1843)左右的三层楼,二楼专门设置了藏书楼,其中有些孤本已成为国家图书馆珍藏的善本。

在西坑历代学子中,以徐望璋最为著名,西坑徐氏后人尊其为"望璋公"或"望璋太翁"。

徐望璋(1776—1857),谱名宗穆,字达珍,号芸亭,清代丽水县西坑(今属莲都区峰源乡)人,西坑始祖徐显清第14世孙。自幼颖敏,每天读书千言。长大后更加喜欢读书,但家贫无钱买书。后来,他想了个法子,无钱买书就借书读。他主动来到碧湖镇上的汤家设馆授课。汤家藏书非常之多，徐望璋每天抄写阅读，不论大雪大雾，不让时光虚度，对诗词古文都能深刻领会古人的境界。徐望璋爱书，可谓痴迷至极，常常由于囊中羞涩，对极想珍藏的文献，就典卖衣物以购之。

18岁时，徐望璋考入处州府学。清嘉庆六年（1801），举拔贡。处州知府恒奎爱其才，聘为莲城书院主讲，每每与学生士子讲解诗文，曲尽其妙，学者忘倦。前后十余年，可谓桃李满处州，出其门下的学生都有他的风范。

徐望璋在主教莲城期间，有一件旷世之功，即是引导畲民争取考试权之争。丽水是畲民聚居地之一，汉民称其为"畲客"，被官府视为异族。徐望璋曾作《畲妇》一诗，咏叹畲民悲惨境遇："衣斑斓，履苴芦，薪担压肩走风雨。覆髻筊筒缀石珠，自称槃瓠我之祖。面目瘠且黧，钩輈獠语何支离。名称更可怪，呼畲作畲终无稽。耕不疗饥，歉岁仍赈灾，休问官仓陈。麻布单衣著两层，朔风吹壁寒欲冰。燕来茅屋莲蓬火，促膝团坐温如春。"

徐望璋不仅同情畲民生产生活境遇，也对官府不准畲民参加科举考试的规定十分不满。有一次视学至西乡，徐望璋在苍坑地方发现了一个胸怀大志、学文练武、胆略过人的生员雷起龙，极为赏识。于是，徐望璋鼓励雷起龙应敢于担当，领头伸张正义，向官府争取畲民考试权。

清嘉庆八年（1803）春天，雷起龙在徐望璋的指导下，联络丽水、松阳、青田、云和、宣平五县畲民，具呈文递送处州府，要求准予畲民参加科考。徐望璋还联合各县教谕、训导等儒学官员到府衙进谏府台，应唯才是举，准予畲民学子与汉民学子平等获得功名的机会。因此，处州知府时敏只得将呈文报送省抚台。

当时的浙江巡抚阮元，是一位比较开明、爱惜人才的大臣，审阅了丽水畲民的呈文，认为畲民请求合理，便会同提学使文宁上书礼部，请准畲民"一体考试"。获准之后，畲民终于争来了与汉人一样参加科举考试的权利。徐望璋的挚友、丽水县学教谕屠本仁为畲民高兴，写了《畲客十二韵》，称颂此事："……即此十县间，畲客有千百。子弟秀而良，亦足备选择。字或识九千，弓可挽五石。以之充学童，汉法不相供。大吏请于朝，准敕转恩光。令下郡县庠，五姓咸欢怿。"

嘉庆二十一年（1816），徐望璋离开莲城书院，到省城杭州参加乡试，考中第八名举人。当时，徐望璋中举轰动丽水城。因为丽水县自清乾隆十八年（1753）林鹏举中举后，已经63年没有丽水籍士子中举。之后，徐望璋曾两度入京参加会试，皆因长途跋涉，重病缠身未能入场考试。后以其学生、知县朱有章荐举，被授武义县教谕。任上，徐望璋廉洁自律，珍爱士子，武义人至今还称颂他的亮节高风。70多岁时，以足疾致仕回乡。徐望璋曾倡议丽水县的乡绅名士，置宾兴田100余亩，资助邑中贫困而好学者。清光绪《处州府志》卷之七《学校志》载："宾兴田：（清道光）九年，举人徐望璋等，以在（丽水）城及东、西、南三乡捐资置田地八十一亩一分四厘九毫三丝八忽。又无额有租田三十六石八斗……"

徐望璋生平善书法，尤工行楷（《中国美术家人名辞典补遗一编》、《皇清书史》卷二均有传），有《姜山读书图》题跋存世。

徐望璋卒时，年82岁，可谓"学博寿高"之士。葬丽水城岩泉门外枫树冈。著有《芸亭书抄》。清同治八年（1869），丽水廪生李国材撰《望璋太翁传》，载入西坑《徐氏宗谱》。

清光绪《处州府志》徐望璋传载："徐望璋，字达珍，丽水人。幼颖敏，读书日千言，长益嗜学。家贫，无力购书，馆于碧湖汤氏。汤故多书，雪抄露纂无虚晷。诗古文词，皆入古人室。嘉庆辛酉拔贡，丙子举于乡，主讲莲城十余年，出其门者皆有师范。授武义教谕，洁己爱士，武人士至今诵之。以足疾告归，年七十余矣。尝诵明人'学道终身只学贫'句，语门人曰：'贫岂待学，学者乃能贫耳。'卒年八十二。著有《芸亭诗钞》。"

（文：吴志华）

龙泉大舍村

大舍连元民为本

东郊凉伞鲤鱼山，南摆高低两姜山。
西举石印纱帽威，北竖金烛台照亮。

这是93岁文化老人连立舟对大舍村地理位置的高度概括。大舍村地处安仁镇天平山的东南麓，海拔575米，这里屋舍俨然，良田桑竹，山道纵横，美丽的梯田和郁郁葱葱的森木分布于村前屋后，村内民居坐落于半山腰，古民居鳞次栉比，村右边三棵800年的古树，枝繁叶茂，仿佛在向人们叙述着大舍村的历史繁华和沧桑往事。

《龙泉县志》载："民国二十七年（1938）至民国二十九年（1940），属安仁区大舍乡，辖21村。"大舍村是乡政府所在地，是这个乡的政治、经济、文化中心，设有乡中心小学。季步高烈士、李逸民将军曾在此校就读。大舍乡被撤销后，平山乡改成天平乡，大舍属天平乡的一个行政村。

据《连氏宗谱》记载，大舍村连氏始祖为连骊，其一脉始迁祖连武公于北宋末年从福建浦城县临江村迁至龙泉天平山下大舍村，一住就是870多年。

古代的族谱主要记载姓氏、始祖由来、历史名人、劝学劝农、家训民约及子孙分布、祖坟安放等，《连氏宗谱》也不例外。据记载，连氏一脉名人辈出，800多年里，大舍连氏一族有拔贡两人：连声献、连启甲；进士三人：连元、连炳、连一鲸；举人一人：连正钊。其中南宋进士连元是大舍村连氏世代相传并引以为豪的楷模。

据《连氏宗谱》记载："《宋朝散大夫封宁邦侯连公传》：宁邦侯连公讳元，字长卿，世居龙泉东乡大舍里……侯生而类异，读书数行俱下，迥异侪辈，弱冠赋笔典胆，素见知于州郡，以开禧乙丑成进士。"当时朝廷选俊才择能任刺史，连元试选名列前茅，随后在横州当知州，因才华出众，又被推举为三衢知府。任内连元访贫问苦、礼贤下士，得遇灾年，开仓放粮，并亲临灾区，教民挖蕨根制山粉代粮自救，深得百姓爱戴。"朝廷闻知，予以嘉奖，赐紫金鱼袋。离任后，衢郡立生祠以纪念。"（《龙泉县志》）

连元自幼天资聪颖、勤奋好学，中进士前他的文章就已在本州县内知名。南宋开禧元年（1205），连元得中进士，朝廷授予从政郎，任隆兴府（南昌）县丞（副县令），后调任福建漳州建安（建瓯）知县，又调任横州（广西横县）知州。几年在各地为官，连元的政绩、才学声誉斐然。当朝参知政事（副宰相）卫泾很重视为官者的德行，常说"官爵自有定分，名论千古不磨"。他对连元的人品、官德早有所闻，于是力为举荐，《举荐状》称连元"操守端温，学术该洽，洁己奉公，不事奔竞"。不久连元被任命为刺史三衢（浙江衢州）知府（从四品）。

连元到任时，衢州已连续几年遭天灾，因前任官员未及时上奏灾情，以至连元到任时，处处饥民塞道，饿殍遍野，街巷中哭号之声不绝于耳。连元遍访各地，要求开放常平仓和社仓以救济灾民。这常平仓是历代政府为调节粮食价格、备荒赈恤而设的粮仓，谷贱时收粮进仓，谷贵时卖出。宋代各地设常平仓和惠民仓，后有提倡社仓，但法令极严，地方官怕事，长久封闭，社仓又由官吏和地方乡绅控制。因此前任官员怕惹事不敢上报要求开仓放粮。

连元为救百姓，不顾一切，连续上奏灾情和民情，并提出抗灾自救的办法。上司终于准予三衢开仓放粮，并赞同连元抗灾自救方案。连元还将自己的俸禄拿出来救济灾民，每到一处都与地方官员和灾民按当地实际情况共商抗灾自救办法。三衢等地群众原来不知蕨根可制淀粉充饥，连元教灾民上山挖掘蕨根磨粉淘洗制淀粉，"民得以安生"，迅速稳定了社会，恢复了生产。很快，三衢民众的哭喊声变为欢呼声，大家都将连元当作"谷神"敬拜，以报答他的恩德。

连元任期届满，要离开衢州，数千人聚集到衙门外，请愿挽留连元，连元亲自出面，说服了百姓，百姓只好结对送连元到边界上，挥泪目送连元上路。连元感叹说："我在三衢无甚功德予你们，却受到你们如此拥戴，留在我心的只有惭愧呵！"连元离开后，衢州人民为纪念他的功绩而为之建立了生祠，并将其在任期间的功德上报朝廷，朝廷嘉奖其功，封赐连元为宁邦侯（古五爵位"公、侯、伯、子、男"的第二等），并授"紫金鱼袋朝散大夫"，召为朝官。

大舍村的"元公祠"建于南宋末年，其门面是牌楼式的结构，门架是青石条，文字"元公祠""钦赐""宋开禧紫金鱼袋朝散大夫"等，清晰可见，图案花鸟鱼栩栩如生，都是阳刻砖雕和磨面砖块砌筑而成，瓦檐下是宋代的屋叠砖斗拱，整个门面至今保存完好。"元公祠"朝东建，平面呈纵长方形，门楼为二柱三楼式，前厅、正厅均为五开间。保存如此完好的牌坊，为近年来发现的龙泉牌坊中所仅见。

总的来说，大舍村的历史建筑最主要的是两个寺庙——金鳌殿、仁源古社及三个祠堂——追远祠、元公祠、广居祠。除祠庙外，整个村落整体保持着传统的人字土墙木构架的乡土建筑风貌。仁源古社位于大舍村甬道东侧山墙，古社青石条的门架，中门梁上有阳刻双凤抢花，门两边有牡丹，有诗对"帝继唐文千载威致懋德，虞尊叶蔡一方永荷神床"。古社内竖有《中门缘碑》序，其碑文以连元进士为楷模，记录了大舍村的历史和重大史绩。连元公为官为民的学风、官风影响着一代又一代的大舍村后人。

追远祠则是学风影响之典型。追远祠门前摆放着一对石制"举人墩"，墩上各阴刻"咨议局议员甲午科举人连正钊立"。举人墩，由三层叠起，上下层稍大，中间稍小，为方形，总高0.84米，宽0.82米。墩中间有0.22米圆孔，逢年过节，竖上桅杆，张灯结彩。连正钊把南宋时进士连元的业绩撰写在元公祠的后板壁上，以弘扬连元的廉洁精神，教育后代。

连正钊撰书安仁镇《修筑永和桥志》，这里摘录诗一首，以飨读者：

讲堂化雨
仁山昔日启鸿基，讲习堂开教泽施。
坐向春风人鼓舞，化同时雨物蕃滋。
涵濡育得坛中杏，优渥培成室内芝。
多士沾恩争洗涤，名材崛起上丹墀。

大舍，一个古老而文明的村庄，一个蕴含"学而则仕，学而有为，学而为民"故事的村落。

（文：江圣明）

龙泉盖竹村

布衣硕儒王毅

盖竹村，位于竹垟乡政府所在地，从乡政府到盖竹村中心只有一条横溪之隔，跨过横溪，抬眼望去，村外四面环山，竹林成片，翠绕云盖，故有"盖竹"之称。这里离龙泉县城约30公里，离龙泉西南大镇八都只有3公里，村内小弄整洁有序，引进的横溪水清亮澄澈，整个村庄在现代文明中透露一种古朴和久远的气息。

与龙泉其他的古村落相比，盖竹村的历史显得更为悠久，历史上村里居住着王、刘、罗、黄、蒋、周、吴等多个家族。村里现保存有王家祠堂、王家古宅、罗家祠堂、罗家古宅、刘家古屋等百年以上的古民居民房10幢，村内还依稀可见清朝时期遗留下来的门坊等，虽是残垣断壁，却是不可复制的历史痕迹，处处铭刻着岁月的沧桑。

走进盖竹村，迎面就闻到一股幽幽的古味，在一条石板弄旁，静静地伫立着一座清代古屋，据村里人介绍，这便是王家祠堂。祠堂不高，却有两个面向大路的并列大门，这在古代祠堂建筑中是极为少见的现象，大门门面均为青砖砌成，横梁和大门由青石条组成，门上左右各有一个如意砖雕镶嵌，在门顶正中分别在砖框内刻上"睦族敦伦"和"追远报本"的祠宗字样。祠堂内部已被20世纪70年代的人字梁木架所代替，大堂里安放着王家的祖先牌位，祠堂的内部结构已除旧换新，不见当年的模样，只有在原来的旧祠断墙上还能依稀可见当年的祠堂族规文字，但也已模糊难辨。

村内的弄堂和村道边还能看到王家古屋。王家古屋始建于200多年前的清代，由当地王氏先祖建成，占地面积650余平方米。在30年前，王家古屋大修一次并进行扩建，共有5植2伙房，除中堂、楼道外，有房间26间。有5个天井，其中一大四小，另有横厢4个，大天井中间地面，用均匀的椭圆形石头铺成"八卦"图案。古屋为双层泥木结构，门墩及大门台阶是一应的青石雕刻，天井四周排水沟用青石精凿制成，门楼、窗椽马腿及走廊墙壁和房梁人字架两侧雕刻各种各样花鸟图案，其中正梁对称雕刻凤凰戏珠等图案；墙用泥砌成，墙面平整，墙脚用石头砌1.4米高磉，屋顶建为马头墙，屋内暗沟和墙外明沟交错连通，排水流畅，王家古屋建造精致，保存完好，是典型的四合院古建筑。

面对王家古屋，我们不由地联想起王家的一位被历史评论家高度评价的名人——布衣硕儒王毅。据《王氏家谱》记载："二十六世岐隐公，以德自守，世乱人晓，视若不足与较者，惟创衣食之基，若幽人然，闲则自课三子，使不失儒家风。厌凡嚣，晚年命曰后当徙盖竹，其一脉之祖为讷斋公，遵遗训，隐居盖竹，励志砥行……"

讷斋公王毅是晋时大名鼎鼎的丞相王导之后，老祖宗从山东胶南琅玡，先迁往浙江山阴（绍兴），后来王姓一支又从山阴迁到龙泉盖竹，代代务农，学而不仕。

历三百余年，至第十三代，王氏家族有一子，长年虔诚奉神，其妻怀孕十月，一天突梦有神降临，当日生下一男。这新生儿十分特别，只要给他洗浴或手足露出衣裤，便恐怖万状，啼哭不止，一入母怀，啼哭惊恐之状立止。待他长到能讲话时，问他什么原因，孩子说，入浴时感到身入大海，茫茫无边，十分可怕；手足裸露时，风入手足间，就如刀割肌肤，痛楚难忍。乡里邻居就觉得这个孩儿十分怪异。

王氏夫妇于是给孩子取名为毅，字刚叔。

王毅长到五六岁时，就非常喜欢读书，家中无书，就向村中人借，村中的书都读过了，就到县城向有书人家借，而且不论什么书，他读过就能记住。平日父亲要他牧牛，他就带一捆薪禾，挂在牛角上，读到日落不知归；叫他去水碓舂米，他在碓旁只顾埋头看书，米都被舂成粉了，他也不知。父亲发怒，将其逐出家门。幸好叔父很喜欢这个小侄子，就将自家米送给王毅家，并劝慰王毅父亲说："王家人历代背锄头，我看毅儿是个读书人，顺他读书识文吧。眼下村里已有些孩童跟在他身边读书识字，我看索性叫有孩童户出点资米，办个村塾，让毅儿当教师，还有点束脩收入。不背锄头扛笔头，或许日后王家还出个头面人哩！"父亲觉得拗不过身边这个怪儿子，弟弟说的话也有道理，就答应了。弟弟挨户宣传，村塾很快在王家祠堂里办起来。可是王毅将自己束脩的收入悉数用来买书，几年下来，家中积书一万余册，夜间读书，每每油干灯尽，仍听到他吟诵不息……

后来在京师，王毅有幸被黄溍、揭傒斯、欧阳玄、危素等名声显赫的翰林学士所推重，他们争相举荐王毅为"检讨经筵、编修翰林"等，然王毅总是自谦，坚辞不就。

不久，王毅离京南归龙泉，将斋室命名为"木讷斋"，四处讲学，阐扬"本心"之学（儒家指人心的天赋性能、良心，《孟子·告子上》："此之谓失其本心。"朱熹《集注》："本心，谓羞恶之心。"认为善心是"本心"，是人性固有的，只要按"本心"去做就是道德修养的标准），并坚持躬行践履，"明体达用"，教化感德县民"皆知畏慕，革心从善"。其时，龙泉章溢、胡深、叶子奇、季汶甚至元处州守将石抹宜孙都拜王毅为师。县境发生饥荒，王毅心急如焚，反复上书县尹实行"劝分之法"（《左传》中即提出，有无相济，劝富户借粮给贫困户），让富裕户按人口留粮，余粮一律出借贫困户。如此，万余饥民得救后对王毅感激涕零。

王毅死后五年，即元至正十九年（1359）十一月，朱元璋部下大将胡大海攻克处州，龙泉县归顺于吴（朱元璋于1356年攻下南京，称吴国公）。江山虽已易主，但王毅因其高风亮节，文章出类拔萃，百姓敬仰有加，哀荣仍隆盛不已。乡民与门生为其建陵墓，造祠堂，拨祭田。明初"浙东四先生"之一、翰林学士、《元史》总裁官宋濂为王毅写家传；元史修撰胡翰为王毅写墓志铭；江南儒学提举、元史总裁、翰林待制王祎写祠堂记；御史中丞兼太史令诚意伯刘基写《义忠祠祭文》；门生石抹宜孙、章溢、胡深、叶琛、叶子奇、季汶等48人合作《从学祭文》。

王毅死后，门生章溢、胡深、叶子奇等四处为先师收集遗文散稿。多年之后，章溢之子章存道、章存诚校订编次成书，名《木讷斋文集》，共五卷，附录一卷。卷一为师友间迎送酬赠诗文之序；卷二为祭文及纪游文；卷三为书信；卷四为道德修养评论；卷五为酬赠诗章。文集之后有"附卷"，内容为吊唁王毅文八篇。

民国期间，乡贤吴梓培等重修王毅陵墓，墓柱有新撰联："为章胡师计安社稷；与刘宋友学究天人"（"章胡"指章溢与胡深，"刘宋"指刘基与宋濂）。

除了王家大屋及其名人之外，村内还有多家大姓家族，其中《罗氏家谱》《刘氏家谱》至今还保存完整。据《罗氏宗谱》序载："追远其源，必有所自，敬宗睦族，其流必有所归。粤稽罗氏，自清初则闽汀连城之亨子堡移居盖竹村，开基已二百多余年……"又据《刘氏宗谱》清道光二十五年（1845）记载："大家族横溪刘氏，又龙族之故也，为汉金紫丕裔十世扇将公，以武功爵封扇将公。其后刘氏知新中宋大观中状元，徙居龙泉松源乡五都金村埠，书香世德，奕弃蕃衍……"从宗谱的封面，可以看出宋儒欧、苏、朱三位夫子定式的规范端巧和古老。一村三大宗谱现存世于各姓家族手中，实属不易，从中可以看到其村落的悠久历史。而从实际考量，盖竹村子孙不辱门风，文脉不断，学文农耕世代相传，王毅重学、重耕、不仕的理念深入人心。

例如建于民国之初的坤德桥，是由盖竹村黄张凤女士独资建造，花银洋19000余元。一名乡间女子出巨资建廊桥，如此义举，委实不凡。罗黄氏积德行善，造福后人，还把自己住龙水塔村方圆15华里的山林创办坤德桥桥会，作为护桥和桥庙开支。现在此山林属于盖竹村集体所有，每年村委会都把山林的收入用作村里公益开支，使其善举代代相传。这也秉承了王毅治学，倡导儒学向仁向善的风尚。

（文：江圣明）

龙泉芳野村

风雨芳野追鹿洞

芳野距龙泉市中心4公里，龙丽高速和53省道贯穿全村，现是剑池街道东南方向的城乡接合部，曾姓是村中大姓，约占全村70%，其余还有张、管、潘等姓。

芳野原名"坊下"，因古时此处有一座叶氏孝节牌坊而得名。最早来到这片荒郊开荒耕种并定居下来的，是大约300年前的一户姓方的人家，现在村里还有一口水井叫"方家井"。后姓曾的人来到这里繁衍生息，逐渐发展壮大，民国前后成为村中大户。"坊下"更名为"芳野"，则是浙江大学龙泉分校主任郑晓沧所赐。

1939年，抗日烽火遍地燃烧，浙江大学在国难之际，并没有停止与抛却为国培养栋梁人才的使命与职责。为躲避战乱，学校决定整校西迁，总校设贵州遵义，同时分出部分师资在龙泉创办分校。时任校长竺可桢委派教务长郑晓沧、史地系陈训慈筹办，勘定龙泉县坊下村为校址，起初租用曾家大屋为校舍。

曾家大屋是该村绅士曾水清于民国十年（1921）所建，坐南朝北，外形极具欧风。内为中式土木结构，共二进七开间，一进为二层，二进为三层，天井两侧有厢房，还有后花园，占地约三亩，可谓是一幢中西合璧的经典建筑。

大屋总体布局为三条轴线，通面阔44米，通进深32米，建筑面积2293.5平方米。立面为典型的巴洛克风格。中轴线上为两进两天井，并设厢房、后墙过廊。东西两轴线各有厢房七间，均二层单檐。一进，面阔五间两弄，进深四间，为二层单檐楼房，一层明间为门厅。天井两侧为厢房均为二层单檐。二进，面阔七间，两梢间为楼梯间，为三层单檐。后厢房、过廊均与二进一样为三层，但厢底层为过道。后天井设有两个水池。

浙大分校进驻后，大屋三楼被当作教职员宿舍，二楼作办公室、教室、图书室、医务室、休息室。一楼作总务处办公室、会客室、实验室。

学生宿舍有两处,第一宿舍第一寝室在正屋西首楼下,住30人;第二寝室在西首余屋统楼上,住92人。女生宿舍在正屋东厢楼下。第二宿舍在曾家大屋东北首租赁的另一栋民房,可容30人。因临时性质,校舍地盘难免局促,布置也一律从简。为躲避日寇空袭,上下全部刷黑伪装。分校的课桌凳与床铺都在当地自行采购木料,雇工制造,赶在开学前完工。图书及教学仪器,一部分从总校调运,另一部分从上海采购。

第二年,为解决学员陡增的燃眉之急,在离坊下一里多的石坑垅,建造了七八幢新校舍,用于教室、学生和单身教职员工宿舍。这些房子都是竹瓦树皮制作的木屋,每逢风声、雨声,屋顶便荡漾起一片噼噼啪啪的回声。有一座楼上,可远眺大片松涛,十里松原在风晨雨夕会发出一派奔涛的怒吼,故被一位雅兴不浅的老师取名为"风雨龙吟楼"。除此之外,在庆恩寺左侧还建造了一个简陋的大厅,既是礼堂,也是饭厅。石坑垅新校舍落成后,坊下就称为"一部",是理、工、农三院及学校行政机构的所在地;文、师两院则在石坑垅,称为"二部"。之后又在曾氏宗祠办起了一所芳野小学,规模虽小,但解决了浙大教职工子弟和当地村民孩子的入学问题。

分校全面启动后,陈训慈先生担任一年主任后就辞职了,郑晓沧成了第二任主任。他是一个和蔼可亲、温文尔雅、博学多才、诗文俱佳的教授。因为是海宁人,又颇具雅兴与浪漫,海宁语音中"坊下"和"芳野"同音,他就把坊下取了个雅名叫"芳野",又把它英译为"The Fine Yard",这个译名与芳野音意相当,且"芳野"有着芬芳、温馨和美丽之意。1941年的元旦,师生们齐齐聚会在曾家大屋门前的稻场上。在浓郁的田园氛围里,在坊下村的鸡犬相闻里,郑先生公布用"芳野"之名替代"坊下"。从此,"芳野"便沿用至今。那天,他还译了两句英诗当作春联,祝贺大家:

抛却旧年无垒碍,往事等尘埃;
笑指前程须努力,新境又重开。

就在同一个聚会上,胡伦清先生也口诵了一副自撰的对联:

以弦以歌,往哲遗规追鹿洞;

学书学剑，几生清福到龙泉。

上联用了朱熹在鹿洞书院办学的典故，实喻郑先生师法传统教育，强调学生自学为主，师生关怀问辨，在学院环境中相互熏陶的思想理念。下联意为：在那遍地烽火和生活艰难的年代，龙泉芳野是多么理想与清净之所在，实为告慰离乡的学子应珍惜眼前短暂而又美好的时光与环境，发奋图强。这副对联至今依然挂在曾家大屋的两柱上。

郑先生著有《粟庐诗集》，诗集中多次描绘了芳野的景色，如"山深十里绝尘氛"，"烟罨群峰真似梦"。还有一些隽永的联句，如"数峰岚翠里，三五白鹇飞"；"天边众峰静，松外一星低"；"犊载芳田曲，凫眠渌水湾"等。从他的这些佳句中可见，那时候的芳野流水呜咽，白鹭低飞，峰峦黛翠，花香遍野，有着如此超然俗世的田园况味。在他快要离开芳野的1943年之夏，写了一首五律：

村路屡萦纡，昏黄抵岭隅。
尘间万籁寂，峰顶一星孤。
鸟宿高枝隐，萤飞清夜徂。
此乡如可住，吾亦爱吾庐。

诗中表达的沉静、幽远、脱俗之意境，以及深情款款的依恋之情，足以印证，郑先生是多么钟爱芳野。

当年的芳野只是一个只有几十户人家的小村，但在分校师生的心目中，它的范围并不局限于这个小村，它包括了坊下和石垟坑两个村庄及周边的田野和山坡。在群山环抱中，最高的山是南面的佛山，上有"得道仙"等名胜古迹，其次是西北面的棋盘山，还有许多不知名的小山。群山之间是大块平坦的梯田，从西向下延伸到东面的大沙村。梯田中间有一条溪涧经大沙流入瓯江。西南有万松岭，深幽的松荫绵延数里，直达岭端的周际村。

在这片净土上，他们在"风雨龙吟楼"结诗社，吟诗作赋；他们创建"芳野剧社"，演《雷雨》，演《日出》，轰动龙泉山城。假日里，他们结伴去附近的名山郊游，站在山头观望瓯江往来的船帆和竹木排，偶尔也去龙泉城的剑铺，看着师傅们叮叮咚咚敲铁铸剑。课余饭后，他们三三两两，或手执书卷，或轻轻哼着《踏雪寻梅》。在松林覆盖的小道上，杜鹃映红的山坡旁，流水涓涓的阡陌上，处处闪动着他们年轻的脸庞和青春的背影。在这里，他们谈国恨家仇，谈理想志趣，谈友情爱情。在他们人生的记忆里，这一段行程，便是最深刻永恒的烙印。

分校经费极其困难，不仅校舍因陋就简，图书仪器难以充足，教职员工的薪水也给得微薄，师生们的生活过得很清苦，有时甚至吃不饱饭。尽管如此，师生们求真务实，同心协力，乐观积极，不畏艰辛，校风极为清正。

从1939年开办至1945年之间，分校有过一次短暂的搬迁。1942年初夏，因为浙东战局吃紧，金华、缙云、丽水等地相继失陷，龙泉危在旦夕。学校决定暂时迁往福建松溪的大布，当年9月，时局缓和后，又重返芳野。七年间，分校经历过三任主任（第三位继任者是路季讷先生），招生七届，一批批来自苏、浙、闽、赣、沪等省市的青年学生来此求学，1000余名大学生先后毕业于此。

直至抗战胜利，才于1945年11月迁回杭州。一大批国内外知名教授、科学家都出自这里，如2009年度国家最高科技奖获得者数学家、复旦大学教授、中国科学院院士谷超豪于1943年就读于该分校。

这个曾经平凡而僻静的小村，因为浙大分校的七年历史，更添了一层风雅的人文色彩。

（文：金少芬）

云和金山下村

走马楼里的故事

金山下村位于浙江省丽水市云和县东北部,至今已有300多年的历史。绕过从县城到村里的18.5公里的弯曲山路,放眼望去,依山而建的泥瓦民居阶梯式层层铺开,斑驳的墙体在阳光下幻化出迷人的金黄。

与云和县其他村落中的家族一样,金山下村的吴氏宗族也是拖家带口从远处搬迁而来,他们在金山下村留了下来,从此,这一方世外桃源有了人间烟火,这样的人间烟火,弥漫着书香气息,却又是那么的超凡脱俗。

金山下村的吴家,人丁兴盛。后人不能清晰地勾画出他们曾经的辉煌,只能从现存的13间走马楼的旧楼老墙上,依稀感受他们留在岁月里的痕迹。

走马楼坐落于金山下村中央,占地面积3342平方米。三幢徽派古民居相连,面长87米,共有564根木柱、10个天井、3个石大门,住过34户、174人。整个建筑为硬山顶,屋顶覆盖小青瓦,梁枋、牛腿、雀替雕刻写意图案。第一幢居民楼面阔七间,长26.25米,进深40.75米,第一进深6.11米,梁架为七架梁;第二进深10.28米,梁架为七架梁;第三进深4.61米,梁架为五架梁。大门的青砖门额上刻有楷书"文峰远映"。第二幢居民楼面阔七间,长32.55米,进深33.8米,梁架结构与第一幢相同。大门的青砖门额上刻有"延陵旧家"。第三幢居民楼,2000年冬天因火灾被烧毁。走马楼前保存有清光绪年间贡生吴德彰、吴邦康所立的旗杆、旗墩各一对。

据《朱村吴氏宗谱》记载,清康熙年间,吴有馀携子元璧从福建省寿宁县地源村迁徙至云和县朱村杨梅岗山边定居,为朱村吴氏的开基始祖。有一天,吴有馀第七子元珠外出拜访朋友,途径山谷地带,驻足休息,被山谷两边形似金山和凤凰的山脉深深吸引,他意识到这是块上好的风水宝地。几日后,他从朱村分居到山谷中,背靠金山,面朝凤凰山建房而居,并将此地命名为"金山下"。

数年后，吴元珠的后人德彰走上帆船，沿着瓯江顺流而下，将一船船的青瓷、茶叶、木材销售到温州，做起了经商的买卖。发家致富后的吴德彰为自己的4个儿子购买了大量粮田，并在吴元珠住址上修建了"延陵旧家"走马楼。吴德彰也跟传统的读书人一样，早晚勤奋读书，盼望着金榜题名天下知的那一天，只是这一天迟迟不来，直到晚年才获得贡生的荣誉。吴德彰擅长诗文，很有才华，乐于帮助他人于危难之时，且不求回报。

清光绪年间，金山下村有张陈两户人家，张家儿子和陈家女儿订了婚。刚订婚时，这两家富裕程度相当。但是，没过几年，张陈两家都衰败了，一家无力娶，另一家无力嫁。一天，男方的父亲去恳求吴德彰，请他出面到女方家商量结婚的日子。吴德彰到了女方家里，女方的父亲一直低着头，不知怎样说才好。吴德彰追问了好几次，他才慢慢说："要是能有20两银子，马上就能把女儿嫁过去。没有钱，确实不好办婚礼啊！"吴德彰连连点头称是。吴德彰回来后，估计女方绝对拿不出20两银子为女儿办嫁妆。于是，他就自己拿出20两银子送到女方家，让他们准备嫁妆。对于自己的善举，他没有向别人透露过一个字。吴德彰本人，当即又和女方商定了婚期。到了那一天，婚礼如期举行。男方以为是女方什么也没要，女方以为银子是男方出的，谁也不知道真相。两家都很高兴，爽爽快快、欢欢喜喜地办好了这桩亲事。

除了帮助乡里乡亲排忧解难之外，吴德彰还捐款修桥、铺路造福村民。为了增强村庄的凝聚力，他倡导村民行善，在村中修建寺庙供村民膜拜。吴德彰与人为善的高尚品德影响着吴氏族人的一言一行。吴德彰第三子邦康，才学出众，光绪三十三年（1907）考取贡生，领取国家俸禄。因品性超群，乐善好施，吴邦康备受众人尊敬。

金山下村有一座金凤桥。金凤桥由光绪三十三年（1907）贡生吴邦康为首捐款筹建于民国二十三年（1934），为木制廊桥结构，后因桥墩被洪水冲毁成危桥。1983年乡民发动筹资，把木桥改建为钢筋水泥结构石拱桥，并改名为金山下大桥，后来石塘镇政府投资200万元，在金山下大桥的桥址上修建了一座黄色的木制廊桥，复原了"金凤桥"的功能，为村民遮阳避雨、休憩、交流、聚会提供了一个方便之所。

如今，飞虹般的新式廊桥横跨溪流之上，交相辉映着人文与建筑的价值。桥上青藤倒挂，游客如织，金凤桥经历了几朝几代的更替，在流水的倒影里，承载着古往今来的行路人。临水的古道和纵横的石碇步，在村姑们的捣衣声中，平添了些许诗情画意。

金山下村的每一处古道、老宅、小巷、石桥和染透沧桑的石头，无不镌刻着深深的历史印迹。吴氏族人生生不息，自由自在，自得其乐。他们不随波逐流，也不闭关自守，他们有严明的孝友、言行、亲睦、勤俭、礼仪等先祖箴训。

吴德彰、吴邦康所处的时代距离现在不过上百年的时间而已，然而在人们心中却总觉得他们站在高处，难以望其项背。当人们走进充满书香气息的古宅，吴氏族人就会讲起某个古人或者某段趣闻，这个古人又自然而然地牵出一个故事，这段趣闻又顺藤摸瓜地引出一位才德兼备的名人。

金山下村的魅力在于吴氏族人经历了那么多的人生百态和世事沉浮之后，依旧善心不改。

（文：余登分）

缙云姓潘村

杏花村里博士多

姓潘村,位于缙云县双溪口乡东北,素有"杏花村""博士村"之美誉。该村先后被评为缙云县长寿村、丽水市美丽乡村和浙江省文化古村落。

姓潘村始建于宋绍定元年(1228),距今已有780多年的历史。据《潘氏族谱》记载,在宋朝有个姓潘名彦、字谷彬、号泽山的人来这里开荒定居,繁衍后代。孙辈们为了纪念他,把这里叫"泽山里"。到了明朝,人们又改叫"里雅潘"。民国之后,这里叫"姓潘村"。

"借问酒家何处有?牧童遥指杏花村。"晚唐著名诗人杜牧《清明》诗句脍炙人口,历来受人称道。其实,姓潘村也是一个"杏花村",而且名冠浙西南。

关于"杏花村"的来历,要从潘氏第五世孙潘杏说起。潘杏从小天资聪颖,勤奋好学,经常以杏为题吟诗作画。因其才华出众,到青年时被朝廷召到杭州做官。其妻梅氏却留守老家侍奉公婆、抚养儿女。梅氏因非常思念夫君潘杏,就在房前屋后栽种杏树,见树如见人;同时盼望夫君常回家看看,享受天伦之乐。每年早春二月,杏花怒放一周左右,潘杏从杭州返乡与亲人团聚数天,梅氏心花怒放。五六月份杏果由青变黄,渐渐成熟,挂满枝头,潘杏又从杭州返回故里与家人及乡亲品尝汁多味甜的杏果,其乐融融。

村里人为了纪念和效仿这对恩爱夫妻,不仅家家户户在房前屋后广栽杏树,而且还把杏果叫"杏梅",认为"杏"与"幸"同音,"梅"与"美"关联,"杏梅"就是"幸福美满"的意思。杏和梅本来是两种果树,但由于这个故事很美好,不仅传遍了缙云县,还传遍了处州府。现在整个丽水市(原处州府)的人都把杏果叫"杏梅"了。

姓潘村从2011年始,亮出了"杏花节"这张金名片,吸引了成千上万的游人,至今已举办了五届。醉人的花海、欢乐的民俗表演以及地道的乡村美食，吸引了丽水、温州、金华、台州及上海、杭州等大城市成千上万的游人前来踏青赏玩。

贞溪水从姓潘村村中潺潺流过，几百年来，见证了杏花的花开花落，见证了村庄的风风雨雨。姓潘村人文底蕴深厚，人才辈出，在历史长河中，涌现出不少朝中官宦和社会名流，耕读文化在这里精彩演绎。村里一直延续崇文重教之风，全村有16人获得了博士学位。

要说"博士村"，首先要从姓潘村两座桥说起：该村村口有几重水口，于是村民在村头和村脚建两座桥。一座是"接福桥"，建在村头，建两个桥孔，寓意是好事双双来，把好风水接纳进来；另一座是"锁星桥"，建在村脚，建一个桥孔，目的是锁住好风水，不让其福气流失。这两座桥建于清光绪十四年（1888），距今已有120多年的历史。这些寄托村民美好愿望的建筑，传递着村民崇文重教的思想。村口立有古诗词石碑，水口有6株参天古树，树粗二人合围，树龄400多年以上，与锁星桥、吴公庙相对。

走进姓潘村，我们不禁感叹于村庄深深地保留下来的文化底蕴。保留完整的古民居有128栋，从宋后期直到民国建造，类型有"七间头""九间头""十一间""十四间""二十间"四合式建筑。现存"二十间"有三栋，房屋院与院相连，门廊互通，四边对称通达，且留有三堂。不论天晴下雨，邻里街坊串门也不需雨具。姓潘村祠堂始建于1366年，三厅三进，雕梁画栋，栩栩如生，占地700多平米。2014年11月重修，门前有一条小道古朴而幽静。所有这些建筑，都寄托了村民的美好愿望，传递着村民崇文重教的思想。

从宋代开始，姓潘村就深深地打下了崇文重教的烙印。据《潘氏族谱》记载，始祖潘惠公以"忠信仁义"教育子孙，厚德相传，先后有户部尚书1人，拔贡2人，贡元2人，贡生6人，郡武生1人，江浙巡抚1人，其中潘衣仁官拜杭州别驾，潘杏出任杭州刺史。宋末元初，原在朝廷做官的潘惠因不满异族统治，弃官回村隐居，人们劝阻，他决然答曰："垄上白云多，山间青松茂，溪流泉水清，心境逍遥乐。"亦农亦学，不亦乐乎！现在的村庄入口旁还有两处摩崖石刻，分别是"云多处""茂松清泉"。

在姓潘村，有一座"博士亭"，真实地记录了村里走出去的一个个"学而优则仕"的博士们的感人事迹和励志故事。新中国成立以来，2000

余人口的村庄，养育了16名博士，其中有三位享受国务院津贴。"一家四博士"就是姓潘村文化教育的最好证明。

　　崇文重教的传统一直在延续，从2011年开始，姓潘村双委每年对上重点线的本村高考生给予每人500元的奖励。受村民敬重的人民教师田深去世后，其博士儿子为其设立了5万元的"田深教育基金"，奖励村里优秀学生和困难学生。

　　此外，姓潘村还流传着美丽的"博士粽"的故事。依据缙云南乡双溪一带风俗，学童考试当日早餐，必先食"糕"后食"粽"，因为"糕粽"二字与考试"高中"谐音。所以当年姓潘村的"童生"赴县城考"秀才"，为讨得好彩头，不仅早餐要食糕粽，而且路上还要带着糕粽。因为一来糕、粽耐饿，可作为途中主食；二来可作为连考数日之主食。某年"童试"期间，一位势在必得之童生吃完粽子后，居然腹痛如绞而名落孙山，事后发现此乃发馊粽子所致。回乡后，其父母痛定思痛，决心改良粽子。经反复试验，他们以熟透的姓潘"糖柿"拌和精选之糯米，终于制成常温下保质期长达五日至七日之"柿粽"。次年，童生带着"柿粽"再次赴考，果然一举考中秀才。从此"柿粽"被誉为"秀才粽"。

　　改革开放后，姓潘村文风大盛，这些博士们，他们赴考时都不约而同都吃过"秀才粽"。由于如今已无"秀才"之名，所以"柿粽"又被人们改称为"博士粽"。姓潘村"博士粽"，不仅具有清香鲜甜、糯软爽口之独特风味，还有补中益气、养胃健脾、润肺清火之功效，故被广为称道。

（文：陈紫阳）

遂昌柳村

上官一族播美名

遂昌县石练镇柳村的上官姓先祖上官鼎一于清康熙四十五年（1706）由福建长汀县下官坊迁居遂昌西乡柳村，如今成为当地的望族。柳村的《平昌上官氏宗谱》世系卷中，第一世祖为上官仪。

上官仪（608—665），字游韶，陕州陕县人，唐朝著名诗人。登贞观年间进士，官弘文馆学士、西台侍郎等职。他归纳六朝以来诗歌中对仗方法，提出"六对""八对"之说，对律诗的形成颇有影响，时称"上官体"。唐龙朔二年（662），上官仪拜相，授为西台侍郎。麟德元年十二月（665年1月），因为给唐高宗起草废后诏书，得罪了武则天，被诬陷谋反，下狱处死。上官仪遇害时，其孙女上官婉儿尚在襁褓，与母亲郑氏一同被没入掖庭，充为宫婢。上官婉儿生性聪颖，后来逐渐得到武则天的重用，被引为亲信女官，掌管宫中制诰。神龙元年（705），唐中宗继位，上官婉儿被册为昭容，参与政事，权柄拟宰相。上官仪得以平反，追赠中书令、秦州都督、楚国公。

上官仪的后裔奉其为第一世祖，秉承诗书传家、耕读为乐的家风，历代簪缨相续，闻人辈出。清末至民国年间，柳村就有上官文俊、上官承诰、上官育侨、上官承镇等乡里称誉、声名远播的名人。

上官文俊（1779—1829），字镜涵，遂昌县石练镇柳村人，邑庠生。清道光年间，援例征辟，先署山东盐大使，后升连城县知县。任内勤政廉洁，时有贵客来谒，叙谈间涉及公事，临别递一密函，文俊拆视之乃千金卷，文俊即掷还之。又一富商为事株连，检举有名，甚惧之。县吏僚属密谋，欲乘机向富商索利，文俊侦知其故，立命富商至，谕其无需恐惧，继而教育僚属，不可贪赃枉法。又有无赖子作案犯法，牵累十余人。文俊得实情，将首恶法办，胁从者皆晓以理，不问其罪。以双亲老迈，辞官归故里。临别时当地绅民以"古之遗爱"匾额相赠。此匾至今尚挂在柳村上官宗祠厅堂之上。

上官承诰（1800—1845），字廷襃，遂昌县石练镇柳村人。少有大志，聪资过人。清道光五年（1825），由拔贡分发广西，历署上林县县丞、天河县知县、江州州同、安平州奉议、百色州州判、养利州知州（正五品）等职。因广西地处偏僻，又值连年饥荒，朝廷分派之官缺任甚多。但承诰不畏艰险，多次调任，所至之处，未取民一钱，却以己俸禄赈济灾民，散尽俸禄累万金有余。其政声誉满所任城乡市井，民称其为"福星""活佛"。承诰至广西省城述职，向督抚条陈边事时，督抚大吏嘉许其熟悉边情，体恤民生，意欲将其擢升。但因父亡，承诰归奉丁忧。致仕归家时，仅从广西带一纱帐、一石器回柳村。承诰亡故后，因家贫无力建坟，停柩于山间小屋之中。同治元年（1862），太平军路过柳村，见承诰之灵柩，皆敬慕下跪曰："此乃广西清官之遗骸，对我等有恩，不可惊动。"

上官育侨（1837—1910），遂昌县石练镇柳村人。幼时即为群童首，常作对兵游戏。稍长拜师学武，练就武艺。柳村上官祠中有一铸铁大刀，重约200斤，育乔能将此刀，高举头顶，舞动如飞，足见其勇力过人。咸丰八年（1858）中武举人。育乔在江苏办理团练，正值太平天国起义，在与太平军的战斗中，英勇奋战，屡立军功。同治五年（1866），奏保任守御所千总，赏五品花翎。同治七年（1868）会试，考授兵部差官。同治十一年（1872）特授昭武都尉，光绪二年（1876）晋升武功将军，任湖州安吉营守备。光绪十八年（1892），因擒获哥老会会首刘钰黄等二人，又立军功，擢升花翎副将衔候补游击（从三品）。而今柳村官氏宗祠大门前，高高耸立的旗杆，就是清廷为育乔而立。因军功显赫，光宗耀祖，其曾祖父上官学健、祖父上官扬（武举人）、其父上官承钊、其叔父上官承钧等四人，于光绪元年（1875）均荫封赠武功将军。上官育乔一门五将军，荣极乡里。

上官承镇（1847—1919），字守之，号安甫，遂昌县石练镇柳村人，晚清时国学生。为人勤奋好学，精练能干，刻苦耐劳，豁达大度。乡间间人皆赞之，颇有威望。承镇早于光绪十二年（1886），主持修复和扩建始建于唐乾宁二年（895）的千年古刹——太虚观，为后人留下了宝贵的文化遗产。以己家财为倡导，集资建造大田峡口门益源桥，以及凉亭、堤坝等工程。清末废除科举制度后，以自居之屋创办了"贯一小学"，并任校长，推行新学。受当时省当局嘉奖，记大功一次。其热心公益事业之事迹，至今仍传颂于遂昌西乡一带。清末宪政伊始，被初选为县咨议员和保义分区议事会会长。

1911年辛亥革命胜利，清朝政府被推翻。民国元年（1912），遂昌建立县公署。清末民初，改朝换代，时局动乱，百废待兴。上官承镇因办事严谨，清廉公道，在遂昌士民中有一定的威望，被推举为民国第一任遂昌县民事长，同年3月，改称知事。承镇勉为其难，主掌全县政事。时有股匪扬言要攻打县城，致使民心惶惶。承镇指挥若定，调兵遣将，一举将土匪击溃，擒其匪首，安定了民心，稳定了时局。待大局稍定，即辞职回乡，继续热心乡务，造福于民。

（文：罗兆荣）

第三篇 耕读传家

余姚柿林村

丹山赤水育仕林

柿林村位于浙江省余姚市大岚镇东南部，隐于八百里四明山麓间，依山而建，西高东低，错落有致。村中道路弯曲，小巷悠悠，房屋呈明清建筑风格，雕梁斗拱，花格门窗，是结构十分完整的古村落，属于江南传统历史文化村落的典型代表之一。

柿林村地处平均海拔为550米的高山台地，境内阳光充沛、雨量丰富、四季分明，村区域面积6.05平方公里，森林覆盖率高达81.1%，空气纯净，自然人文景观众多，山峻林茂，石赭溪碧，柿硕竹密，流泉叮咚，鸟语花香，历史文化积淀深厚，有国家4A级景区"丹山赤水"景区。因景致宜人，风物独特，柿林村还曾被选为电影《曙光》《山花》和电视片《百家姓》（沈姓）以及热播剧《国家干部》的外景拍摄地。

拥有650多年历史的柿林村曾因人才辈出被称作"仕林"，又因两岭对峙故称"峙岭"，现因盛产柿子而得名"柿林"。

早在东汉年间，就有许多道教名士来"丹山赤水"隐居修身，被道家尊为三十六洞天之第九洞天。宋徽宗御书"丹山赤水洞天"，迄今留墨山崖之壁。历代诸多文人雅士到此览胜抒怀，留下了许多优美诗篇。晋代诗人木华赞赏"其山东面如惊浪，七十高峰列烟瘴"，唐代诗人李白有"四明三千里，朝起赤城霞"之吟，明代诗人高彝有"丹山赤水神仙宅，布袜青鞋作胜游"之记。柿林村开村始祖沈太隆赞美柿林："洞天福地甚奇哉，不染人间半点埃。相士择宜居此在，岭头唯有白云来。"

柿林村自古以来"重教敬学"风尚盛行，耕读传家传统浓郁。柿林全村只有沈氏一姓。据族谱记载，沈氏始祖是周文王的第十子，受封于沈地，遂以封地为姓，其后裔来此隐居。又村中有一古井，井水清澈纯净，冬暖夏凉,是全村人的饮用水源。故有"一村一姓一家人,一口古井饮一村"之说。

柿林村西南角有一处占地一亩左右的古建筑群,粉墙青瓦,庄严肃穆,这就是沈氏宗祠。整个建筑坐南朝北,由前后二进五开间的正厅和左右厢房组成一个四合院,中间是个院落,大门外有一堵八字形照墙。前门正中是两扇厚重的黑色大门,大门上方悬挂着"沈氏宗祠"匾额,左右设便门两扇,右首便门上方有"贡元"匾一块。

沈氏宗祠始建于清道光四年(1824),当时只有后进正屋五间,至道光十五年(1835)又建前进五间,但均未告竣。至咸丰二年(1852),将几近废圮的前后进正屋修葺一新,并配建左右厢房及阶砌、照墙、台门等,工程才算告竣。此后,又经多次修葺。现存祠堂是1990年重修的。宗祠后进靠南墙,原供有历代祖宗牌位,正中最高处供奉着柿林始祖沈太隆神主,然后按元亨利贞四派排列,昭穆有序,可惜在"文革"中以"破四旧"之名被焚。

一进祠堂大门便是古戏台。戏台坐北朝南,面向后进,逢年过节请来的戏班子就在戏台上演出。当时在祠堂看戏是有严格规定的,中堂里是男人们看戏的地方,两侧厢房是姑娘媳妇的专座,成年男子不得进厢房观戏,台前的空地便是孩子们嬉闹追逐的天下了。

后进檐下正中挂着"文肃世家"匾额。据志书记载,沈氏第24孙沈括,官至龙图阁大学士。第29世孙沈绅,官翰林院直学士兼给事中,授少师衔。两祖均被北宋皇帝赐谥"文肃",这就是文肃世家的来历。

后进正厅正中挂有"忠清堂"匾额,原匾黑底金字,古朴遒劲,出自鄞县毛玉佩手笔。忠清堂两侧原有柱联一副,因早年散失内容不详。由第22世孙沈远波撰文、第21世孙沈建农书写的柱联一副,悬于原处,其联曰:"历姬周嬴秦刘汉李唐赵宋诸朝授武职谥文肃屡建安邦利民千秋业,经西岐汴梁钱塘会稽余姚各地觅佳境择仁里终成赤水丹山万世居。"将沈氏起源、历代祖先文治武功及迁徙定居行状,全概括在56个字之中了。除此之外,柿林村还有沈氏祖训八条,概括起来即"孝、悌、忠、信、礼、义、廉、耻"八个字。柿林村的先祖从"持家、卫国、修身"三方面,严格教育后世子孙为人处事要诚实守信,恪尽职责。

在柿林村一处叫"下四份"的门墙上,至今仍留有"耕读传家"四字。为何这个隐藏在深山老林、世代以农耕为主的古老小山村,却有如开放的文明理念与思维？据柿林村的《沈氏宗谱》记载，柿林村开村始祖沈太隆一生以他的前辈沈括为楷模，教育后代注重"耕读"，既要学谋生，又要学做人，知诗书，达礼义，以立高德。所以历代柿林村以"耕"为根，以"读"为本，皆以"勤于耕种"和"善于学习"为传统美德，历代相传。

从沈氏第14世开始，柿林村仅国子监学生（最高学府的学生）就有25人，贡生、邑庠生9人。科举制度废止后至今，村里已有大学生近百人，他们有的出国留学，有的行医救人，有的教书育人，成为当代柿林人的骄傲。

走进柿林村，你可以看到白发苍苍的老者正在院内读书看报，天真的孩童们在认真地看书写字。有一年，某高校大学生走访老区，走进柿林村一户老伯家，大学生们看到墙上挂着惟妙惟肖的山水画，落款字体浑厚苍劲，他们以为这是哪位大师在此避世闲居。一问，原来这些字画是白发苍苍的主人闲暇时所作。老人年轻时由于家境清贫，请不起老师，每天面对秀峰深壑的丹山赤水，心画相映，凭着想象临摹，渐渐入心入画，竟然无师自通画出了一手好画，自成一家。大学生们由衷佩服这位耄耋之年的老者。柿林人自小秉持父辈们流传下来的耕读教育理念，不仅会种地养家糊口，还好读书，读好书。

余姚籍著名学者余秋雨曾为柿林村境内的丹山赤水作《丹山赤水游记》，以优美的辞藻吟诵柿林之美。全文如下：

> 中国道教以修德养性、学道登仙为胜事，而修炼之地必选佳山胜景大小洞天。代代道士布履，处处严校细勘，至唐司马承祯排定四明山洞为三十六小洞天之九，名曰丹山赤水洞天。后由宋徽宗御书此名赐予四明，天下皆知。
>
> 丹山赤水所在，岩峻谷深，石赭溪碧，竹密柿硕，境幽气清，历代诗人多有题咏。李白有"四明三千里，朝起赤城霞"之句；孟郊有"迥出万松表，高楼四明巅"之吟；宋代本地进士孙子秀更有"四明洞天居第九，巨灵劈石开窗牖"之记。尤为难得者，由此胜景衍伸，方圆皆学风醇厚，文物鼎盛，诚可谓洞天有灵，山水有魂。
>
> 近年，余姚百业俱兴，丹山赤水又获重修，远近旅迹纷然汇聚，千年胜景焕然一新。余曾携妻畅游其间，步悠长木栈，看谷顶云影，

听涧声鸟鸣，宛然如在梦中。今在异乡忽又心驰，特书数语以记思念。

余姚余秋雨撰并书

柿林村先后被评为最佳山村旅游胜地、浙江省全面小康示范村、浙江省特色农家乐示范基地、浙江省兴林富民示范村、宁波市文明村、宁波市历史文化名村、余姚市生态绿化村等荣誉称号。2014年列入"中国传统古村落保护名录"，目前正在积极争创"中国历史文化名村"。近几年柿林村还建立了村文化礼堂、家园馆，每年举办丹山赤水柿子节等节庆民俗活动，搭建起了文明新风传播的新平台，村里孝长敬老、邻里和睦等氛围浓郁。

柿林村独特的宗祠文化与耕读文化，以其旺盛的生命力和感召力，成为维系人们世代延续、和谐共生、善待苍生的重要精神支柱，乡土文化在这个绵延千年的古村落里，得以从容有序的延续与传承。

（文：沈银燕）

奉化林家村

翰墨飘香入林家

林家村以农民擅书法为特色，是宁波奉化著名的特色文化村之一。村庄坐落于奉化城郊西侧，东临八面同山，西眺十里泉溪，南接弥勒大道，北通甬金高速，山水秀丽、交通便捷，更兼五千余亩桃林掩映，阳春三月繁花压枝，仲夏时节硕果飘香，不是仙境胜似仙境。村民耿直淳朴、重耕崇读，素有"出门劳作进门书"的优良传统。

林家村林氏家族的先祖本姓徐，与唐朝将领徐敬业同族。徐敬业反武则天失利后，后裔为免受牵连和残害，改姓林。但林氏家族不忘根本，采用阳林阴徐之法纪念族祖，即在世时姓林，过世后姓徐归宗。

400余年前，林家太公林英（徐英）从福建莆田金堂山迁居奉化，先在曰岭之西的马岙落脚，后移至同山脚下三面环山的燕子窠。林英见燕子窠西边的五条小溪交汇成一朵梅花状，不由得想起福建家乡的那条梅溪，于是将此溪和家庙皆名梅溪。此后，梅溪旁的燕子窠渐成村落，林氏家族开始在这块土地上精耕细作，繁衍生息。

受中国传统耕读文化的影响和熏陶，林家村林氏家族历来有日耕夜读的良好习惯，家家户户除了犁锹锄耙等农具之外，家中必备"文房四宝"，一有空闲便坐下来读书习字，故有"白天扶犁锄禾，晚上舞文弄墨"的美誉。时至今日，每年暑假期间，林家村的孩子们都会在"耕人书院"接受免费书法培训。

20世纪初，博学多才、擅长书法的应雅贤老师到林家村教书。时值华夏民族多事之秋，外侮内乱，民生萧条，但在应雅贤老师几十年的悉心培育下，林家村几代人学得了一手好字，凝聚了一身墨香。

1990年5月，在林鹤松为代表的林家村18位书法爱好者和奉化市文化馆书法干部竺波等人共同努力下，浙江省第一个农民书会——耕人书会在林家村成立。18位会员及众多书法爱好者欢聚一堂，挥毫泼墨，切磋书艺。当时，宁波电视台专程到林家村拍摄了专题片《农家墨香》。

从 2003 年起,每年桃花怒放时节,林家村都要在黄瓜山桃园举办"桃花笔会",边赏桃花,边切磋书艺。2008 年起,在萧王庙街道办事处助推下,"桃花笔会"升格为"中国·奉化桃花节",来自全国各地的书法爱好者和外国友人齐聚林家村,与林家村"耕人书院"成员一起到桃花丛中挥毫泼墨,形成了"万亩桃花漫山争艳,耕人书会翰墨飘香"的别致风景。2012 年,林家村获得农业部授予的"一村一品"特色文化村的称号。

经过 25 年的笔墨洗礼,林家村耕人书会不断发展壮大。至今,书院拥有 150 平方米书法作品展览室,近 100 平方米的少儿书法活动室及作品储藏室,其规模和设施在全省农村堪称一流。会员达 40 余人,年龄最大的 70 多岁,最小的十几岁,形成了老、中、青、少相结合的书法队伍。不少会员加入了浙江省书法家协会、宁波市书法家协会、奉化市书法家协会。每年都有会员作品参加全国、省、市各级、各类比赛或展览,入展和得奖的已有百余人次,有些还入选了现代书画篆刻名家作品集,被国内外名人收藏。其中,林鹤松的作品先后获得国际书法大赛优秀奖、国际文化交流奖、奥林匹克第一届国际绘画书法艺术展老年组优秀奖等奖项,林鹤松个人被授予国际书法比赛世界级铜奖艺术家称号,其成果曾在《浙江日报》《人民日报》、浙江电视台、中央电视台等主流媒体报道、播放。林鹤松长兴的作品获得国际老年人书法大展世纪名家精英创作奖;2014 年,林伟峰、应志鹏、林雄洲等三人的书法作品入选"中国梦·乡村行"浙江书法村作品联展作品集。

随着林家村"耕人书院"名气日渐响亮,各级领导和书法名家对林家村格外关注,不时莅临考察、交流并留下墨宝。

2014 年,耗资 40 余万元的林家村文化礼堂建成,村民特以"耕人书院"命名,一副自撰自书、熠熠生辉的楹联传神地彰显了林家人特有的襟怀和志趣:耕田耕书耕春色,稻香墨香花果香。

林家村,一个桃花盛开的地方,一方翰墨飘香的净土。

(文:沈国毅)

宁海梅枝田村

文风徜徉梅枝田

梅枝田村，地处宁海白峤港、三门湾畔。这里，以耕读传家为祖训，历代学风浓厚，人才辈出，远近闻名，走出了5名黄埔军校毕业生、116名大学生，素有"状元村"之美誉，并被列入第三批中国传统村落名录。

梅枝田村以田姓村民为主，先祖显赫，为早期宁海县城拓荒者田什将军之后。在宁海地方史上，田什将军占据重要地位，被《宁海县志》人物传列于首位。田什，原籍陕西凤翔，南朝梁武帝时被授为殿前将军，并被封为武冈侯。梁太清二年（584），侯景作乱。因为战事不利，田什等人退至宁海，战乱结束后驻守宁海。梁亡后，田什将军多次拒召入京做官，自此不问国事，合家卜居广度里（今县城）度余生。因其在宁海"保境安民"，县民建庙以祀，并留下许多胜迹以示怀念，如将军墓、将军路、将军湖、花楼殿等。

宋开庆元年（1259），田什将军第14代后裔田均振从宁海县城移居梅枝田。据《田氏宗谱》记载："公均振，字仲则，妻胡氏。公性恶嚣尘，好静幽，宋理宗开庆元年己未，由城南迁居梅枝，是为梅枝始迁之祖。"此后经700多年的繁衍生息，田氏家族不断兴旺，村落规模也随之扩大，新中国成立前此地曾设立过乡公所，新中国成立后命名梅枝田村。现由上田、隔坑、肖支湾及小梅枝四个自然村组成。

梅枝田村古有"梅里"之称，三面环山，一面朝海，山峦叠嶂，海天相映。明代即有"十景"并历代相延：古洞仙踪、狮刹晨钟、九皋灵岳、曲港渔歌、双溪垂钓、青屿雪浪、牛山牧歌、七星追月、角井饮泉、灯台夕照。村民围月山而聚族群居，依山傍水，选址巧妙，规划精致，整体布局无不渗透出宗族理念、儒学义理、道教文化，彰显堪舆学"大风水"的概念。在宁海卫星测控地形图中发现，梅枝田村的位置，恰好在一座形似猛虎神兽的印堂之上，印堂乃神兽元气之所在，从侧面印证了当初先人村落选址的巧妙与传统堪舆学"大风水"的神奇。

耕读传家历来是田氏家族信奉的祖训。自移居梅枝田村始，田氏家族便将此训诫摆在了重要位置。耕者，事稼穑、丰五谷，解决了温饱问题；读者，知诗书、识礼义，传承了文化思想，以此为传家之宝，整个家族方能生存，并不断延续、兴盛。

文明教化润乡间。梅枝田村有"田氏家庙"，这在宁海较为罕见，可谓屈指可数。家庙和普通的宗祠级别不一样，古时只有官爵者才有资格建家庙，以此作为祭祀祖先的场所。最早叫宗庙，唐朝始创私庙，宋改为家庙。在等级森严的古代，如此厚遇足见历代官府对田什将军的景仰与尊重，并将此无上荣光赐于迁居此地的田氏家族。田氏家庙建于明朝嘉靖年间，是田氏族人为尊宗敬祖而建的祠堂建筑。家庙坐东朝西，建筑面积1200平方米，木结构品字形，中三间大殿，马头墙，南北建两厢，中天井，西戏台。家庙内挂历代官府赠送匾额8块，最早可溯清乾隆年间。庙前三扇大门，中间门两旁立石鼓，庙外立石旗杆架。每年的清明，田氏家族都要在家庙中祭祖，场面庄严隆重。

戏剧教化在民心。在"中国古戏台之乡"的宁海，众多如珍珠般散落于乡间的古戏台，其丰富而精湛的木作、雕工、工艺和色彩无不让人叹为观止。相较而言，梅枝田村田氏家庙内的戏台，则显得格外简洁朴素，藻井和梁上均无过多的木雕装饰。其戏台前那块"莫作戏看"的匾额却是言简而味深，无不时刻提醒台下观众：假作真时真亦假，台上做的戏，也是台下的事。

忠孝礼义薪火传。田氏家庙内的左右两侧厢房，当年曾是村里的学堂。昔时，学童济济，书声琅琅，学风蔚然。在田氏家庙内挂有八块匾额，为历朝历代官府所赠送，蔚然大观。其中，除了彰显田氏祖先安定一方功绩的六块匾额外，另两块匾额却有两段故事。一块"懿徽纯孝"匾额，是康熙年间宁海知县所题，旨在表彰村里一个孝顺媳妇的感人举动。据说此媳妇在公婆生病后一直悉心照顾，不曾怠慢分毫，但其病却不见好转。在一个有经验的郎中看诊后，告诉这媳妇需要她的一块肉做药引，方能药到病除。于是，她当即拿刀，咬牙忍痛割下了自己身上的一块肉，其一片至纯孝心最终使公婆大病痊愈，此事也成了乡间一段佳话。另一块"懿行可风"匾额，也是讲村里一个贤惠媳妇，毫无怨言地照顾生重病的丈夫，不离不弃，在丈夫去世后又毅然扛起了奉养一家老小的重担。

千年训诫代守护。崇学风尚如同山间清泉般在梅枝田村这块古老土地上涓涓而流、绵绵不绝。1908年，宁海县第一家村级完小——梅枝田村完小悄然开学。当时筹建小学的资金由全村村民集资，总共筹集到200块银元，另外田氏家田的收益也捐入其中，土地则由村中腾出。梅枝田村完小规模此后逐步扩大，一度承担了周边十几个村就学学童的教育任务，后来成为本市区域国民第一小学，并在20世纪六七十年代进行过扩建。这所百年小学，走出了五位黄埔军校的学生。如今小学已不复存在，学堂旧址已成越溪乡中心幼儿园梅枝田分校，但昔日小学的大门仍然保存着。

此外，梅枝田村还有一项延续百年的奖学族规。早在梅枝田村级完小成立之初，梅枝田村的族长就定下一条不成文的规矩：凡是小学毕业的人家，在清明节可分到一两猪肉，12块清明麻糍；小学毕业后，每上一个学历，这两项福利就相应翻一番。这样的激励办法，不管朝代如何更替、时事如何变迁，仍然沿用，激励着一代代学童入学求知。时至今日，村里依然还延续着这一百年奖学优良传统，即对考入重点大学的学生，每人奖励1000元奖学金，并宴请一桌子饭菜。时代在变，标准在变，但不变的是历代梅枝田人对知识的敬仰、教育的重视与祖训的坚守。

在耕读传家祖训传承之下，村风民风一直颇为淳朴纯厚，读书世家也是遍布乡间。清朝嘉庆年间，梅枝田村曾有一位广为人知的乡贤叫田良宰。据说田良宰年幼时，因家贫而无法交租，财主把他家仅存在石磨中的小麦粉末都刮走了，几乎断了他家的粮食。当时田良宰的母亲对此行为憎恶不已，并发誓："自家后代如富裕，有人种我家田地就免一年租税。"后来，田良宰成为了本地的员外，毅然兑现了他母亲当年的誓言，并屡屡个人出资救济周边逢上饥荒的百姓。

梅枝田村至今还保留着一批自明末清初至民国时期的古建筑群，如有祥下、新楼下、高堂等十几处道地，皆是当年大家族的历史遗迹。田氏家庙附近的祥下道地最具代表性。祥下道地约建于清末时期，是当年黄埔军校毕业生、抗日将领田守中的家院。在祥下道地门外，门匾上"座拥犀峰环一角，门迎狮嶂振双铃"的对联和横批"雅爱吾庐"，是当年田守中题刻，其中"犀峰""狮嶂"都是宅子周边的风景。

田守中一家可谓是田氏家族中颇具代表性的读书世家。田守中父亲和祖父皆为秀才，家风非常纯正。在田守中后人中，其中一个儿子田小福是种粮大户和全国人大代表。20世纪80年代，田小福创新土地流转方式，每年承包土地100亩种粮，年上交国库10万多斤粮食。田小福重视儿女教育，七个孩子均大学毕业，一家出了七个大学生，有的甚至还是中国人民大学、浙江大学等响当当的重点高校的学生，无愧于读书世家，也无愧于耕读传家祖训。

犁耙耕锄忙，笔墨纸砚香。一方水土一方人，耕读乐土梅枝田。我们相信，在梅枝田村这块古老而底蕴深厚的土地上，将门后裔、信奉祖训的田氏后人们，必将勤耕重学的故事代代传诵，必将崇学仁义精神薪火相传。

（文：葛兴林）

永嘉屿北村

状元归隐居屿北

屿北村隶属于永嘉县岩坦镇，位于岩坦镇北侧，南距岩坦镇3公里，距县城60公里。始建于唐代的屿北村，是楠溪江上游历史悠久的古村落之一。

屿北村村落的营建，力求寓教化意识、礼制于温婉山水中，是楠溪江田园山水与耕读生活结合的典型，达到亲近自然、寄情山水、亦耕亦读、通达义理的境界。整个村落从空间格局到建筑单体、构件装饰都将"耕者"与"读者"的内涵表现出来，"耕者"即坦诚、率真、淳厚的胸怀，"读者"则是崇尚淡泊自然、潇洒脱俗的价值取向，二者在此达到完美的统一。

在屿北村的书院，今天我们还可从古宅楼阁的书桌前，遥想当年的书生手持黄卷，青灯孤影寒夜苦读的情景。屿北村以状元汪应辰一家为代表的"一门三进士，父子两尚书"的传家史，正是永嘉耕读文化的一个标本。

屿北村先祖为南宋状元汪应辰及其兄弟汪应龙，汪氏是徽州显赫家族的后裔。汪应辰，18岁中状元，是我国历史上少有的少年状元，官至吏部尚书。汪应辰之弟汪应龙为进士，官至奉议大夫。汪应辰之子汪逵也中进士，官至尚书。他们在任期间不畏权贵、整顿吏治、兴利除弊、关心百姓疾苦的为政作风，深得朝廷赞赏和民众好评。

汪应辰（1118—1176），字圣锡，原名汪洋，出生信州玉山（今江西上饶），自幼聪慧好学，读书过目不忘，妙语惊人。汪应辰少年时期，已连中县试、乡试、会试。宋绍兴五年（1135），汪应辰参加殿试。殿试中对策的题目是"吏道、民力、兵势"，他答以"为政之要，以至诚为本，在人主反求而已"。高宗皇帝览卷深许之，钦点为状元。揭卷后方知其才18岁，甚为高兴，特赐名"应辰"，授镇东军签判。18岁中状元，历史上十分罕见，且他的状元卷被后人誉为"吏治宝典"。

南宋初年，秦桧主和议，汪应辰上疏主张抗金，力言因循无备、上下相蒙、不明敌势的危险性，因而违反秦桧意，出通判建州（今福建建瓯）、静江府、广州等。绍兴十七年（1147），宋孝宗时的宰相赵鼎受奸相秦桧陷害贬谪，愤然绝食而亡，其子赵汾扶柩归葬老家。因惧秦桧淫威，沿途无人敢祭奠。独汪应辰素衣草履，当路设祭，宣读祭文。为此，他被指为赵鼎的死党，幸有胡寅发表了一封公开信，说汪应辰曾受知于赵鼎，写祭文表示悼念乃人之常情。秦桧见公论如此，方才罢手。秦桧死后，汪应辰官复原职，他历任秘书少监、权吏部尚书，权户部侍郎兼侍讲，四川制置使知成都府，官至吏部尚书兼翰林学士。

汪应辰被重用期间，干了一件大事，解决了豪门权贵强行霸占土地的问题。当时，长江下游的大片良田，全被世豪之家所占。其中投靠秦桧的奸臣张俊，一个人就侵夺了 10 万亩良田。这引发了许多农民起义。汪应辰上疏宋高宗，指出权贵们抢占农民土地是农民起义的主要原因，恳请高宗命令权贵们交出抢占的土地归还原主。高宗采纳了他的意见。权贵们见皇帝下旨，才不得不交出抢占的土地，其中张俊一个人就交出了 2 万亩。汪应辰此举，也得到了广大农民的拥护。

汪应辰一生勤学、勤思、勤政，严于律己，清廉公正，吏治有方。在任内，他整肃军纪，力主抗金；鼓励发展手工业，惩治贪官污吏，免除百姓劳役，购粮赈灾。

汪应辰少年时从喻樗、张九成、吕本中、胡安国等人游学，又与吕祖谦、张栻为友，朱熹为其从表叔，也常与其往来研究学问。他为人刚正不阿，直言不讳，又多革时弊，所以遭到许多人的侧目，为人所陷害。但他待人接物温逊，遇事特立独行，坚定不移。虽遭秦桧排挤，流落岭峤 17 年之久，"蓬蒿满径，一室萧然，饮粥不继，人不堪其忧"，但"处之裕如也，益以修身讲学为事"。著有文集 50 卷，今传《文定集》24 卷，《文定集》后被收入《永乐大典》和《四库全书》。他学问具有渊源，不少鸿篇巨制。他的不少诗作都体现了"好贤乐善，尤笃友爱"的思想品格和个性。

宋淳熙三年（1176），汪应辰病逝于家中，享年 58 岁，谥"文定"。朱熹《祭汪尚书文》评价："唯公学贯九流，而不自以为足。才高一世，而不自以为名。道尊德备，而不自以为得。位高声重，而不自以为荣。"

汪应辰之弟汪应龙，高宗绍兴年间进士，官至奉议大夫。金兵南侵，秦桧要求议和，汪应龙上书劝阻，秦桧不答应。感于奸臣当道，难容于世，欲称病辞官隐退。翌年，汪应龙对其兄汪应辰说："永嘉菰田（即现在的岩坦、屿北、溪口一带）一带地形偏僻复杂，没有受到外来侵扰，是个安居乐业的好地方。"于是与兄汪应辰、侄汪逵及孙辈、随从等一起迁往永嘉屿北居住。

汪逵，汪应辰之子，继承了父辈忠诚正直的优良品质，为官清正，处事简明，博学多识，恪守家法。宋乾道八年（1172）为进士及第，淳熙十五年（1188）为太学博士，兼实录院检讨官，庆元元年（1195）为国子司业。时权臣韩侂胄斥道学为"伪学"，其上疏辩驳而遭贬谪。后韩侂胄获罪，汪逵才得以重新出山。到了嘉定二年被钦定为朝议大夫，进而为吏部尚书、工部侍郎兼太子詹事、同修国史，又御赐紫金鱼袋。后于嘉定十五年（1222）被授予少保、端明殿学士。

（文：杨大力）

文成毛坑村

笔耕经锄在毛坑

毛坑村地处珊溪镇东南之巅，上通桂山、泰顺，下达南坑、珊溪，距离镇政府所在地3.5公里，村内有两山——狮子山和白象山，狮子山形如狮子舞球状，白象山犹如一只白象伸长鼻子在龙潭口饮水；有两峰——笔架峰和黄岗峰；有三井——龙潭瀑布形成的三个深井；有两岩——神仙岩和龟岩；村内有一条溪流，名为毛坑，溪流上架有九座桥贯通南北，碧水环绕、青山掩映，犹如龙骨般搭起了这个小山村。

悠悠的溪水从历史的山涧里源源而来，宋嘉定元年（1208），毛伯欢第五世孙毛静是湖广知府，他的第三子毛贤翠寻到了桂川，也就是现在的毛坑，见这里的山川左边有象山，右边有狮子山，两山之间拱锁水口，当地人称这为雌雄山，顺着水口而下有二级瀑布、三个龙潭，毛贤翠认为如此秀丽之地，不但有利于农业的发展，而且更有利于子孙的兴旺发达。

毛氏在珊溪是一个大姓，文成从科举制度开始到废除共出现过15个进士，毛氏家族就占了2个，一个是北宋时期的毛崇夫，另一个是南宋的毛珍。毛崇夫科第时间是宋雍熙二年（985），官职及封赠有翰林正字、知制诰兼、诏举贤良方正、宏文馆学士、朝散郎、国子监祭酒、刑部郎中、权知苏州、转知泉州、越州、秘书监；毛珍中科第时间是宋绍兴六年（1136），官职是南剑州（今福建南平）教授。

据其后裔85岁的毛祥芳老人介绍，毛崇夫不但学问大，著有一书《纠谬》（此书目前无法找到），而且很重视农业的发展。毛氏族谱里就这么记载：做官清廉，两袖清风，任满归里，囊无别贮，仅携银杏、核桃、榛栗三种果树，分贻子孙种植。也就是说毛崇夫告老还乡后，仅仅带回来三种果树，并把三种果树分给了三个孙子种植，而种植银杏树的孙子开枝散叶最多，现在这个系脉仅在珊溪就已经发展到4000多人。

银杏树又名白果树，是第四纪冰川运动后遗留下来的裸子植物中最古老的孑遗植物，现存活在世的银杏稀少而分散，而在毛坑和桂库、平溪，这种树却很常见，特别是桂山的平溪村，毛氏祠堂前就种有上百年的两棵银杏树，在当地又名"夫妻树"，树高达30多米。在毛坑村的上个祠堂也种有两棵，看来祖先毛崇夫是有远见的，这也在无形当中对后代起到了教育作用，而毛崇夫自己就是一个最好的榜样。

相传，毛崇夫开基之地，也就是现在珊溪镇的白鹭广场，曾有一个大水缸，据老人说，毛崇夫用石头制成的储水缸到现在还在，被放在一个寺庙里使用。

祖先毛崇夫还引进了一个农用工具——水碓，最初的时候是用脚碓，人们利用这个工具去稻壳，使用方法是人的脚踩在木质柄杆上，待脚用力下压松开柄，石制的锤子落下时就砸在石臼中，去掉了稻谷的皮。而先人毛崇夫想到水碓的使用可以大大节省人力，所以在珊溪秧头地方造水碓，借水力舂米，代替人力操作的另一头变成了一个大的立式水轮，轮上装有若干板叶，转轴上装有拨板，拨板是用来拨动木质柄杆的。流水冲击水轮可以使它转动，轴上的拨板臼拨动木质柄杆的梢，使碓头可以不分日夜一起一落地进行舂米。用水碓的方法取得了更好的效益，这样农忙的时候，在家帮忙的孩子可以花更多的时间去学习了，耕和读并重而行，何乐而不为。

由于毛崇夫本身是进士出身，北宋期间又担任过国子监祭酒，分管文化教育，所以告老还乡的他仍不忘记自己的老本行。清闲之余，他在家乡办起了私塾，在私塾内学习的不但有自己的孙儿国宝、国实、国贤及侄孙国安，还无偿吸收左邻右舍的孩子共同前来学习文化。远近的民众得知后，纷纷将自己的孩子送来学习。在当时，这所私塾可谓名噪一时，学员中有不少后来成为士绅乡贤。随着孩子们的长大，孙儿国宝迁居平阳毛家处，国贤迁居穹岭头，国实迁居泰顺箬阳，可无论到哪，他们都继承了先辈的办学理念。

关于毛氏家族的另一进士——南宋毛珍，有个说法就是毛珍公中进士后，上任南剑州教授，整家都迁居到了福建，再加上当时交通闭塞，因此关于毛珍公的传说不多。不过在珊溪镇的毛山村至今还留有毛珍公使用过的象牙筷一双，上马墩、下马墩一对，马棚遗址一座，毛珍公的坟墓一座，可惜的是毛珍公的坟墓在"文化大革命"期间被平整过，现已经不完整。

为了纪念先贤，毛坑村的毛氏祠堂内都塑有毛崇夫、毛珍、毛贤翠等人遗像。祠堂内还有一匾额，写着"有勇知方"四个字，据毛氏族谱记载，该四字是当时的省长题的。关于这个题字还有一个由来：

时间发生在袁世凯称帝的时候，为了彻底推翻封建王朝，革命军集中火力攻打被敌人占据的铁宝山，可是几次冲锋都被敌人的火力打得退了回来。后来革命军组织了一支敢死队，毛氏后裔毛子麦踊跃报名，在激烈的战斗中，他一人就连杀了敌军五人。

毛氏的后裔不但继承了祖先的勤劳智慧、上进好学，而且为人也很大方。当地流行一个传说，说是有一个神仙，一日外出遨游，想看看毛坑村这个地方人品怎么样，于是就摇身把自己变成了一个穿着破烂的老乞丐，蓄着长须和乱发，满脸污垢，来到此地行乞。

老乞丐想从村口第一家开始乞讨，于是他就敲了这一户人家的门，"当当当当"，第一户人家的主人听见有人过来敲门，赶忙从后门跑到前面开门，一打开门，发现是老乞丐，顿时心生悲悯，就把乞丐请到了家中，给他端来了米饭，老乞丐满意地点点头，待主人转身时，神仙没有吃饭就不见了。老乞丐又来到第二家，也是同样的待遇，走到第三家，还是一样，如此反复。最后，神仙觉得这个地方村民很有礼节，想送点什么，于是他从远方挑来了两块仙丹岩，放到水口处可以增加毛坑村的风水。神仙"哎哟哎哟"卖力地挑到半路，看到一个早起的衣衫不整的农妇，感觉眼前这个妇女冲到了自己的仙气，于是卸下这两块岩就立刻消失不见了。

现在，这块石头就立在村内一户人家门前，只不过，石头不像以前那么完整了，一块被削去了一半，当作了造桥的石料，另一块因为造公路，石头外侧也被削去了一大半。在场的老人都说，这个放岩的地点就取名为双岩，将两块岩石叫作神仙岩，神仙岩的故事也就一直流传至今。

相传，毛坑村的河道里有一块大石盘，形如乌龟状，有天气预报的功能。碰到久旱不雨的话，只要龟嘴那个位置有水流出，说明三天之后就会下大雨了；久雨不晴，龟嘴位置不流水了，三天内必定晴起来。这个传说当地老人都很相信，要是晒谷子什么的，只要看看乌龟嘴，天气好坏就可以知晓了。

毛坑村人的耕读传家，重农、重学的祖训不但养活了村里人，更是激励着一代又一代，从这里走出来的人都自豪地说：我是毛坑村人，我的祖先叫毛崇夫！

（文：包芳芳）

泰顺库村

库村无言自风雅

隐居白云山

唐以前，库村（又称漈头村，因村口有漈水瀑布而得名）还是深山老林。只有少数先期隐者散居其中。唐著名诗人顾况在《仙游记》中这样描述库村一带景象："温州人李庭等，大历六年，入山斫树，迷不知路，逢见漈水。漈水者，东越方言以挂泉为漈。中有人烟鸡犬之候，寻声渡水，忽到一处，约在瓯闽之间，云古莽然之墟，有好田泉竹果药，连栋架险，三百余家。四面高山，回还深映。有象耕雁耘，人甚知礼，野鸟名鸲，飞行似鹤。人舍中唯祭得杀，无故不得杀之，杀则地震。有一老人，为众所伏，容貌甚和，岁收数百匹布，以备寒暑。乍见外人，亦甚惊异。问所从来，袁晁贼平未，时政何若，具以实告。因曰：愿来就居得否？云此间地窄，不足以容。为致饮食，申以主敬。既而辞行，斫树记道。还家，及复前踪，群山万首，不可寻省。"

这种世外桃源般的景象，自然引起历朝士人的关注向往。第一位到达库村、具有重要影响的是唐贞元元年（785）进士包全。包全，生于唐天宝元年（747），原籍会稽。曾任彬州义昌县官、润州司仓参军。贞元二十一年（805）三月，以承奉郎迁徽事郎的名衔出任福州长溪县知县。当时藩镇相继叛乱，社会动荡，民不聊生。包全心生隐居之意。于是渡肘江至海门，经西陵到会稽，沿剡水，过天台，达温州。因爱山水风物，包全在唐元和六年（811），自瑞安飞云江西溯而上，水路既尽，弃舟登岸，但见库村一带漈水白云青山甚好，于是于次年在白云山下择吉伐木，建房开田，耕读传家。

包全居此福地，甚觉欢乐，故生子取名福。包全卒于唐开成二年（837），享年91岁，为千年库村始祖。包全公墓现存于库村后坪。

光阴如箭，日月如梭。包全迁居库村85年后，原籍山阴的吴畦也迁隐白云山下的库村。吴畦,唐大中十四年(860)进士,曾任桂州刺史,河南节度使。唐文德元年(888)吴畦拜为谏议大夫,职掌侍从规谏。因忠言直谏,于唐大顺元年(890)被贬为润州刺史。当时奸臣当道,吴畦遂生隐退之意。唐乾宁三年(896)吴畦率兄弟子侄,沿飞云江溯流而上,迁隐库村,开始劝农劝学生活。唐天复四年(904)晚唐著名诗人罗隐奉吴越王钱镠之命千里入山礼聘吴畦出山辅政,吴畦避而不见。罗隐归后作《罗江东外记》,以感叹山中库村的耕读生活。后梁龙德三年(923)正月,吴畦逝于库村,终年84岁,吴畦公墓现存于库村吴宅。

包全和吴畦相继归隐白云山下库村,开泰顺耕读文化先河。千百年来,劝农劝学,人丁兴旺,人才辈出,以库村为中心,逐渐形成诗意栖居、文风昌盛的包姓吴姓血缘村落。

耕读传千年

先贤耕读传千年,库村代代出文才。包全和吴畦迁居库村后,库村人在先贤的儒家思想影响下,创办义塾社学,开设书院学堂,在库村,耕读传家的思想可谓源远流长,这种风尚到南宋中期达到鼎盛。

库村侯林书院,是泰顺县境内最早的书院,由南宋宁宗年间进士吴驲之父吴子益于庆元年间创建。在两宋期间还有中村书院、石境书院。不同时期的社学、义塾、读书楼则更是异彩纷呈。如包朝珉创办的社学、包含的古柏山房、吴驲的岚壁堂、吴氏先贤的桂芳堂。由于文教之风盛行,库村仅唐宋两朝考取文武进士的就不下半百,这种现象在中国古代历史中也不多见。库村包氏、吴氏都是官宦世家,迁隐耕读思想的种子在库村人心中根深蒂固。"朝为田舍郎,暮登天子堂"的梦想,激励着一代又一代的库村人。

尤其值得一提的是,库村包氏先祖常以德字命名宅院,取"以德立族"之意,如食德堂、衣德堂、恒德堂等。古街商铺也取有堂号,如药铺百龄堂、杂货铺聚泰堂等。这些民居融耕读生活、求学教化于一体,以德孝为本,以信义为先,重视教育,自强不息。

食德堂,又称外翰第,主人的高祖包涵,有诗歌作品集《古柏山房吟草》。包涵的母亲21岁嫁到包家,三个月后丧夫,不思改嫁,立志守节,耕读传家,培养儿子包涵成才。朝廷旌扬包涵的母亲,下圣旨敕封"钦旌节孝"四字,并立节孝牌坊。其德孝励志教化事迹,代代相传。

恒德堂，系书香世家。包氏第36代主人包超庸系温州师范学校弘一法师高足刘质平的学生。包超庸毕业后回乡任教至退休。其父包际春早年负笈东渡日本，明治大学毕业后回国，民国时曾任温州市公安局教官、兰州市公安局局长等职。

聚泰堂，经营南北杂货，主人包长敖，字慕恢，身居乡村，关心国事，重视教育，接济民众，多有义举。新中国成立前与中共泰东北地下党领导人林子东交往甚密。长子包达明，在温州中学求学。1949年2月，包达明和泰顺进步青年吴德华、谢家管等参加中共鼎平泰中心县委举办的青年训练班，加入浙南游击纵队，同年加入中国共产党。新中国成立后，包达明先后在中共中央华东局机要处、中共浙江省委机要处、浙江省军区、浙江省文化局、浙江省艺术学校等单位任机要秘书、副处长、书记、正处级调研员等职务。1982年，经浙江省委批准负责组建小百花越剧团。后带领剧团赴全国各地巡演，轰动全国。在北京参加国庆35周年献礼演出期间，小百花剧团先后到中南海怀仁堂、人民大会堂做专场演出。在中南海西花厅受到中共中央领导邓颖超、习仲勋、万里、乔石等人接见。

次子包达光，中共党员，求学于泰顺中学，"文革"前考入瑞安师范，毕业后回乡任教至退休，曾任校教务处主任、校长等职。三子包达耀，瑞安师范毕业回乡任教至退休。聚泰堂，重教之风，至今依然。

库村吴宅下厝，三合院式，庭院深深。主人吴立迵，自幼勤耕苦读，民国时考入国立交通大学，后又考入中国人民大学。毕业后，在东北解放区工作。父逝后，他回乡任教，侍奉母亲。吴立迵传道授业、孝顺事迹，远近闻名。

风雅锦绣谷

从库村东行1公里，两溪交汇处，有一面悬崖，上横书阴刻"锦绣谷"三个大字，颜体正楷。距此20米处崖壁上又有"三友洞"石刻，楷书直刻。据林鹗《分疆录》载：崖下有书室，为吴驲、吴泰和、包湉讲学处。南宋宁宗、嘉定年间，此三人先后考中进士。三友洞的故事，广为流传。

吴驲，字由正，库村侯林书院开创者吴子益之子，官授承直郎，累迁为武侯大夫，曾任昭州、滕州知州，后退隐库村，著有诗集《岚壁集》。

包湉，字公济，号紫崖，任永州州学教授，后升为永州通判，后归隐库村，学问博洽，尤善古文。

吴泰和，字浩然，为朝廷重臣贾似道之师，深得贾贵妃赏识，曾任扬州通判，后辞官归隐库村。

吴驲、吴泰和、包湉三位志同道合饱读诗书的文人在库村锦绣谷畔的三友洞广招弟子讲学，面对林泉赋诗，过着世外桃源般的生活，世称他们为"三友"。

相传三友及弟子朝朝暮暮，贪黑苦读，山崖为之感化，变作明镜一鉴，将东海晨光和西沉余辉反射入谷。一日，皓月当空，三友举杯咏诗。包湉吟咏《锦绣谷》一首，诗云："恍然天地外，浑似画图中。泉响崖为应，风柔云较闲，小开三益径，高上一层山。诗量雄于酒，赓题病已删。"吴驲接上一首《百花岩》，诗云："一岩千古异，百卉四时开。不假栽培力，天然锦绣堆。"吴泰和听罢，诵道："不是桃源路可通，霞正洞口满江红。看山只有苍颜客，避世更无白发翁。明月影移栖凤竹，白云钥锁卧龙松。岁寒三径人何在？空有孤梅寄朔风。"这是吴泰和的《三友洞感怀》一诗。

另外，吴驲有诗歌《月夜偕包紫崖弟饮清音堂奉和》《双星石》《百花岩书感》《江心寺》，作品集《之官纪行诗草》。包湉有诗歌《清音井上感》《月夜吴岚壁翁招饮清音亭即席赋》，散文《锦绣谷记》，诗歌作品集《紫岩集》等存世流传。吴泰和有诗歌作品集《掬泉集》（失传）。

从包全到吴畦，从白云山到锦绣谷三友洞，从归隐之旅到耕读生活，从高高的庙堂到私塾书院，在遥远的江湖乡野，在库村的西院南窗，先贤士人们不忘德义，坚持传道授业，劝农劝学，行其志，立其言，打薄唐朝铁，插活宋代柳。如今，库村静静的千年民居巷道，默默无言的黑瓦石墙，依然遗世独立，依然透露着唐宋风雅。

库村村史公江南雨曰："包吴归隐白云山，耕读文化传千年。锦绣谷畔三友洞，库村无言自风雅。"

（文：包登峰）

安吉鹤鹿溪村

鹤鹿有灵溪自流

美丽的西苕溪沿五峰山一路奔泻，一支支流环绕村庄西北，引来无数仙鹤和麋鹿栖息，故曰鹤鹿溪，这个村庄也就称为鹤鹿溪村。

鹤鹿溪村位于安吉县中部偏西地区，南依五峰山，西至西苕溪，距离县城约11公里，是一个"鹤鹿有灵，耕读传家"的传奇村落。这里以诸姓为主体，以耕读传家为古训。据《诸氏宗谱》记载，诸代世居淮阴，宋靖康年间，尚书公诸尚三子诸季奉父命迁徙安吉。次年吴昌硕的祖先吴谨也迁徙安吉，与诸氏同村而居，当时称"诸吴村"。到了元代，诸氏从诸吴村迁出，先后住过梅溪、昆铜等地，明代迁到鹤鹿溪定居。

诸氏一门向以耕读传家，蔚然成风，不走仕途，引以为荣。到了清代，诸氏主人诸献庄秉承耕读传家祖训，为人忠厚，性情恬淡，雅好诗文，擅长书画篆刻，收徒乡里，惠及乡民。他在自己家里开设私塾，名谓"九房书厅"，聘请乡野名流梁漱石先生执教，常年学生总在八九人之多，在私塾中读过书的加起来有一百多人，这些学生中不仅有自己的几个儿子，还有考取黄埔军校第一期的胡宗南、第十六期的诸维等人。

因此，诸氏旧居的门楣上，有用青砖刻成的"耕读传家"四个雄浑的大字，这是一代宗师吴昌硕先生的亲笔手书。

诸氏老大诸闻蔚，受耕读传家启蒙最多，影响最大。他读书非常用功，记性极好，课文背诵如流，成为县立中学国文教师，后来成为税务精英。老二诸闻韵，秉承父亲书画之风，舞文弄墨，欲成大才，与吴昌硕结为忘年之交，担任上海美专艺术教育系主任，后赴日本深造。老三诸文艺，因小时受伤，有所不便，但读书爱不释手，尤喜作诗，一日一诗，以作诗吟诗为乐，得"诗痴"之雅称，著有《芥蒂园诗集》。老五诸文萃，亦以文为生，从事教师职业。老六诸文华，自幼聪明，抱负远大，后考入黄埔军校第17期。

这里，要着重说一说老四诸乐三（1902—1984）。诸乐三，原名文宣，字乐三，号希斋，是我国当代艺术家、教育家。少时深受"九房书厅"启蒙和耕读传家熏陶，酷爱金石书画，从小跟着父亲，农忙时从事稼穑，农闲时读书识字，晴耕雨读，孜孜不倦。二哥诸闻韵创作书画时，小乐三也甚有兴趣，常帮二哥研墨拉纸，非常投入。他11岁就能赋诗，并在诗词、书画、篆刻方面显露出了天赋。

由于诸乐三从小身体瘦弱，父亲认为学医比较适合他。于是，18岁的诸乐三听从父命，报考杭州中医专门学校，师从名医何公旦学习"德络学"。学医之余，他也没忘诗书画印的研习。为了追随吴昌硕大师，诸乐三转学到上海中医专门学校读书，与二哥诸闻韵同住在吴昌硕家里，深得大师教诲。19岁师从吴昌硕，为其嫡传弟子。那时吴昌硕年事已高，身体每况愈下，诸乐三略懂医道，对大师照料周全。吴昌硕对这两兄弟也非常器重，亲自为诸氏兄弟制订了《鹤溪仙馆润例》，这是不可多得的殊荣。

1920—1924年，诸乐三与吴昌硕朝夕相处，得到了大师诗书画印全面系统的艺术熏陶，耳濡目染，才艺大进。1924年夏，81岁的吴昌硕作《水仙佛手图》赠予乐三，并题诗一首："何药能医国，踌躇见性真，后天扶气脉，本草识君臣。鹤鹿有源水，沪江无尽春，霜红寻到否，期尔一流人。"对于乐三的勤奋善学，灵性喷涌，不落俗套，吴昌硕亲口夸道："乐三得我神韵"。

20岁的诸乐三已是才华初露，一次偶然的机会，便走上了高等美术学校的课堂。当时诸闻韵由吴昌硕介绍赴日本吴锦堂家当家教，临行前诸闻韵向校长刘海粟推荐诸乐三代其授中国画课。诸乐三以其博学广引的艺术功底，现场示范的教学方法，得到校长刘海粟的认可，并深受学生喜爱，不久成为上海美专最年轻的中国画系教授，从此便开始了他长达60余年的教学生涯。

在漫长的教学实践中，诸乐三形成了自己的教育思想，他主张艺术要多向传统学习，多向生活学习，打破常规，推陈出新，这样才能既继承优秀的传统特色，又不断发展进步，充满生命力。一次，他画了一幅《棉花图》，棉花是白色的，而中国画不画背景，怎样才能表现这白茸茸的"花朵"呢？他思索了一会儿，打下腹稿，采用了淡墨侧笔，用笔略加顿挫，略带粉白，又用淡墨在外大笔烘托，将棉花描绘得虚实相生，酣畅淋漓，充满诗情画意。

抗日战争爆发后，上海沦陷，诸乐三深明大义，不为日寇折腰，毅然卷起铺盖携妻带子回到阔别多年的故乡。他秉持耕读传统，既画画，还作诗，又行医，为乡亲诊病、开方、施药，不收分文，桑梓父老有口皆碑。其有诗云："倭寇呈强暴，扬旛海上来。谁知将战阵，竟尔逼山隈。苕上连烽燧，鄣南半劫灰。潜身何处好，沟壑与蒿莱。"抒发了他对日本侵略者的无比痛恨和受难百姓的同情。

抗战胜利后，诸乐三立马重回上海美专执教，后应杭州国立艺专（中国美术学院前身）潘天寿之邀，辗转两地授课，1947 年全身心投入杭州国立艺专的教学。

1955 年，诸乐三与潘天寿、吴茀之等重建中国画系，不辞劳累，到处奔波，为中国画系的振兴奠定了坚实的基础。紧接着，他又筹办书法篆刻专业，倾注满腔心血，首开书法篆刻专业硕士研究生班，担起导师的重任，培养了朱关田、王冬龄、邱振中、祝遂之、陈振濂等一批书法篆刻的中坚力量。他相继担任中国美术学院教授、西泠印社副社长、浙江省美术协会副主席、西泠书画院副院长等。出版书籍有《诸乐三画辑》《希斋印存》《希斋诗抄》《希斋题画诗选》《诸乐三书画篆刻集》等。

诸乐三非常热爱家乡，关心家乡的书画教育，并为吴昌硕纪念馆的筹建出谋划策，亲自写信并委托其长子诸涵前往上海吴氏后裔家中，征集诸多藏品。1984 年初，诸乐三病重弥留之际，还坚持执笔题写"鹤鹿溪桥"四字，留给家乡一份充满深情和爱意的厚礼。

除了诸氏一门之外，国民党高级将领、有"西北王"之称的胡宗南（1896—1962）也曾居住于此。他是安吉人，三岁时随父从镇海迁居鹤鹿溪村，与诸氏旧居隔墙而居。他儿时在"九房书厅"接受过启蒙教育，亦深受耕读传家的影响，少年时代颇为诚实、好学、勤俭，读书之余经常帮助父亲做些力所能及的农活。湖州中学毕业后，他又回到孝丰教书，竞选校长一职失利使他跌落至人生低谷。于是他出外游历，旋而南下广州，考入黄埔军校，从此走上从军的道路。1937 年，父亲病故，胡宗南回乡借钱办理了父亲丧事，此后再也没有回来，直至 2009 年其子女胡为善、胡国美返乡认祖。

耕读传家，成就非凡，德艺双馨，垂范后代，在鹤鹿溪村得以发扬光大，接力传承。例如老牌大学生"教子三考"的佳话，其子虽两次落榜，但在父亲的勉励、自身的坚持之下终于考上大学。又如村里学子依靠自学而成才的事迹：虽没有大学文凭，但照样成为挂牌建筑工程师。村委会略为统计了一下，这些年来，村里相继走出200多个大学生，一个个都功成名就，鹤鹿溪村真的是一块"鹤鹿有灵，耕读传家"的风水宝地。

(文：黄文乐)

绍兴柯桥州山村

一脉文华贯州山

州山村隶属于柯桥区柯岩街道南部。四周青山环列，相传明代开国元勋刘伯温游历至此，曾曰"此地可作一州"，故名州山。州山历史悠久，名人辈出，自明以后，州山人文蔚起，明初至清道光年间，有进士39名。其中以吴氏一族最盛，《绍兴县志》载："州山吴氏为望族，后裔明清时期入仕为官者甚多，其中考取'进士'者，志书可查有11人。"

吴氏是州山村的大姓。州山吴氏族谱记载：吴均礼，字慎直，为州山一世祖，从明洪武四年（1371）入籍山阴州山以来，子孙繁衍，支脉茂盛，至民国十三年（1924）吴邦枢等纂修的《绍兴山阴县州山吴氏族谱》时止，已传至21世。吴家在明清两朝，出过许多高官显宦，相传有"父子两尚书""祖孙四进士""十八进士"等故事，现州山村联谊自然村的长溇沿及短溇底一带，仍有不少做官人家的台门遗址，如尚书第台门、翰林第台门、进士第台门、柱史第台门、都统第台门、司马书生台门等。其中，进士第台门就有四座，翰林第台门悬挂的匾额写着"父子祖孙进士"。

吴家有严格的家规和良好的家风，众多吴家子弟金榜题名，同时族中涌现出很多杰出的文化名人，引领着吴氏家族的读书风尚。自始祖入籍州山，至第五世吴㻞、第六世吴便、第七世吴彦陆续考中进士出仕，至第八世后，吴氏家族科举入仕渐趋兴盛，名人辈出，成为绍兴地区名门望族之一。

吴㻞（1468—1506），字子华，号细山，吴家五世孙，州山吴氏的第一位进士。《山阴（绍兴县）州山吴氏家族研究》书中介绍：吴㻞自幼在父亲的教导和影响下，养成了好读书的习惯，凡四书五经、诗词、古文皆能熟读记诵，父亲、老师、族人皆以神童视之、期之。19岁，即明成化二十二年（1486）参加浙江乡试，考取第73名，其试卷为主司称赞。后因父亲患病，吴㻞长年照顾老父，终于于明弘治六年（1493）考中了进士。授翰林院庶吉士。

吴兑（1525—1596），字君泽，号环洲，吴家八世孙，明嘉靖三十八年（1559）进士，授兵部职方主司，累官至右都御史、兵部尚书、蓟辽总督。吴兑居边十余年，积极支持高拱、张居正推行"蒙汉互市"，西北边境出现了蒙汉民族"醉饱讴歌，婆娑忘返，东自海冶，西尽甘州，延袤五千里，无烽火警"少有的民族和睦、安定团结的气象。

吴兴祚（1632—1697），字伯成，号留村，吴家九世孙，于清顺治五年（1648）以贡生授江西萍乡知县。历任山西大宁知县，山东沂州知州，无锡县知县，康熙十五年（1676）升福建提刑按察使司、都察院右佥都御史，巡抚福建提督军务，康熙十八年以军功加兵部尚书，康熙二十年为两广总督。为人慷慨，为官40余年，后至封疆大吏，所得俸禄大都用来赡养战士、亲戚故旧，宦迹所至的山西、江苏、福建、广东等地，把他列入名宦祠祭祀。好交文士，与当时文人吴梅村、徐乾学、龚鼎孳等皆有来往，能诗词善书，擅音律。著有《留村诗抄》《留村词》《粤东舆图》等，《清史稿》有传。

吴兴祚友亲睦邻，资助族里乡亲，鼓励乡人读书取仕，凡是投靠他的州山乡里，都竭尽全力照顾。吴兴祚曾让幕僚中的州山族人进行统计，每年从俸禄中拿出银两接济乡民，并多次鼓励乡人要苦读诗书考取功名。州山族人为感谢他的义举，特请吴氏的姻亲、时任奉天府府丞姜希辙写了《赡族碑记》，在吴氏宗祠中勒石纪念："总督两广大司马留村民吴公推俸赡族，族之人饥者得食，寒者得衣，少者得婚，老者得养，死者得葬，可谓敦族之极轨矣。"

吴乘权（1655—1719），字子舆，号楚材，吴家十世孙，幼承家教，勤奋读书，吴乘权未能如前人走科举取士之路，而长期以教馆为业，教书糊口，潜心编书。吴乘权最出名的著作便是与人合编的《古文观止》和《纲鉴易知录》。《古文观止》编撰选文精当，体例周密，以散文为主，兼收骈文，繁简适中，评注精当，后成为全国私塾学馆的"统编教材"。《纲鉴易知录》是一部史书，被学者称为"中国通史第一书"。自清康熙五十年（1711）初刻至今，300余年中屡印不衰。酷爱史书的毛泽东，所读第一部中国通史著作，就是这部《纲鉴易知录》，也是他一生最爱的两部史书之一（另一部是《资治通鉴》）。吴乘权以己之力，积极向族人乡亲传播古文和历史文化知识。

州山吴氏之所以名人辈出，正是源于家族中一向极盛的读书风气，吴氏家族在其繁衍发展的过程中，一直秉持耕读传家的优秀传统。据说乾隆年间，有一年京城武科会试，州山仅都统就出了18个。当时朝中有州山吴家人任尚书等要职，乾隆帝就有点怀疑是否这些州山籍京官在营私舞弊，提携同乡。不久，乾隆皇帝游江南，来到古城绍兴。他想起了这件事，决定到州山微服私访一番。他雇了一只乌篷小划船，不带随从，独自一人来到州山。到了州山，已是傍晚，他并不上岸，嘱咐船家将船悄悄停泊在岸边，将船篷拉上。他就坐在船里听岸上的动静。入夜，岸上台门热闹的读书声从傍晚一直响到了凌晨，乾隆帝这样听了一夜，心里暗暗叹服。

　　第二天一早，他上岸游逛，只见出畈的农夫，锄头柄上都挂着一本书。乾隆帝暗暗惊叹，他想此地读书风气如此之盛，出这么多高官显贵是当然之事，别说18个都统，就是180个也不为多。他这样一路走来，来到了吴家祠堂，观赏起吴家祖宗画像来。祠堂婆见他虽是平民穿着，但气宇轩昂，神态不俗，上前询问，听得乾隆开口又是北方京片子口音，便怀疑是哪一方的高官朋友到此，忙去通报了已卸任在家安度晚年的尚书公。待得祠堂婆通报回来，乾隆帝向她要纸和笔，写下了一个斗大的"福"字。这个"福"字有点怪，下边的"田"字出了头，成了个"由"字。正当乾隆帝在写这个"福"字时，尚书公已匆匆赶到。他一见是当今皇上到此，大吃一惊，再一看乾隆所写之字，乃是一个"福"字，顿时心下放宽，欢欢喜喜地下跪谢恩，说："臣多谢皇上赐吴家有福！"

　　原来我国古文中，有一个"同音假借"之字，乃是一个"福"字中的"田"字中间一竖出了头，成了个"由"字；"由"可通"有"——与原字合起来就成了"有福"之意。乾隆帝如此写，其用意正在于此。乾隆帝见尚书公识破自己的隐喻，也佩服尚书公的才思敏捷，便提笔写上落款，又好言褒奖一番，叫尚书公不必大肆接待，他马上就又下小船离开了州山。乾隆帝所写的这个奇怪的"福"字，被吴家人奉为至宝，精心装裱，高悬在祠堂大厅的栋梁上。直到"文化大革命"祠堂被毁，这幅字也不知去向了。

　　州山吴氏的崛起，离不开这种耕读传家的优良文化传统，当然，也离不开吴氏家族重教兴学的传统。州山吴氏一部分由科举直接入仕做官，另一部分成为庠生、国子监生。吴氏家族基本上是以读书业儒起家，以科举发家，本质上是一种文化型家族，因此，在其崛起后，他们往往充分利用自己文化上的实力，积极参与地方的文化建设，通过办义塾、讲学会友、著书立说等重学的手段教育子孙后代；通过重学，将"文行"落到实处，在文教资源上抢占优势，提振家声，延续家声。

正如《吴氏家训》中所说的那样："吴家三世祖木庵公（吴暎）早兴文教以来，奕叶不乏其人。今日生齿虽繁，而文风未能不振，良由鼓舞鲜术，志气颓废，坠先声而陨厥志，习流俗以甘自卑污，甚可慨也！今后子弟有能奋志读书，博一院道考者，宗长等将公贮银内给予若干两，以为赴考之资。其有赤贫愤励举业，而乏束脩之赘者，宗长亦于公贮之中代馈所师……家若贫，不可因贫而不教子读书；家若富，不可恃富而怠于训迪。朱文公有云：'学与不学之间，君子小人之分。'又曰'贫而勤学，名乃光荣。'学，其可忽乎哉？今人唯多营资以贻子孙，而不知勉强教之以学问，譬犹衣之以文锦而食之以糟粕，腹一毙而身无用矣。"

这段家训既肯定了州山吴氏家族以第三世吴暎重学以来接连涌现了通过科举而入仕的大批子弟，同时也有指十世之后家风已有所不振，科举也日渐衰落的现象。认为应该采取得力的措施，以物质奖励为手段，鼓励发愤读书，考取功名，并引用朱熹的名言佳句勉励后人重视读书上进，为子孙留下田产不如将知识、道德传给子孙宗人。

吴氏家族都非常重视兴办义塾，远者不讲，第16世孙吴广遂于同治七年（1868）捐资倡导崇文惜字会，组织宗人与村民之文盲者读书识字。第19世孙吴善庆，在民国初年出资10万银元，在家乡建起了一座欧式建筑的善庆学校，专供族人子弟上学。

纵观州山吴氏家族的历史，可见其代代自有人才出。如今，州山村以他独特的文史脉络成为了历史文化村落，它的耕读传家之传统和崇学重教之风尚将始终伴随着这个书香之村。

（文：吴建华）

新昌真诏村

人文真诏系私塾

新昌县往东 60 里有一古村名真诏，地貌多姿，为沃州胜地。四明山脉入境，土沃风淳。真诏两字乃因一代书圣王羲之口禅而来：据考证，王羲之隐于距真诏村 5 里的王罕岭。晋帝念之，欲召回为官，王羲之避之，故后人把诏书到达过的村以诏书来命名，一如"真诏""长诏""六诏"村。魏晋时期多隐士，谈玄成风。属东南山水的剡溪真诏一带，因景色秀绝，自引无数隐士争相来隐。记得有位史学大家曾讲：大抵南朝皆旷达，可怜东晋最风流。故皇帝下诏来寻隐出世之说，应有其历史依据。

以前的中国无论如何兵荒马乱，农村是作为很稳定的文化传承载体存在的。所谓耕读传家、礼失求诸野就是这个意思。东晋士族南迁之处，占山据水，求田问舍，经百年繁衍生息，各自终成族群大村，逐修成族训家规，并各有所长。经一路传承，农村就有了地主乡绅阶层，于是亦有了大量的私塾学堂，自然就产生了农村里最有文化的两个群体，即乡绅与私塾先生群体。

真诏村乃人文古村，曾经文人如麻，秀才夹笆，人烟稠密，风景如画。历来以耕读传家，繁衍生息历经千年终成族群大村。尤其是在清末民国时期，因本村有很多的乡绅群体，其子女大多在上海、宁波等地受学、从军、开创实业，所以村里每年有大量银元汇入，用于购置田产、兴办私塾，发展人文。笔者祖父曾告知，真诏曾被称为当时新昌县城出东门第一文化村。

据本村先贤唐镜湖老人讲，清末时期，真诏村每年有 80 多担"书担"出门（80 多个教书先生），去邻乡近县的私塾教书，当然，这还不包括本村各私塾学堂的先生们。在当时那个文化普及率还不到 10% 的年代，真诏村的先贤先辈们，作为民间的文化使者，游走于县乡古道，在琅琅书声中践行着一个先天下之忧而忧、后天下之乐而乐的学人之精神。他们携孔孟之学，播近代信仰思想之源，从社会发展的广义的角度来看，这个群体对于近代中国的作用与意义无疑是巨大的。近代中国多少史学大家、知识分子、军政要人等历史性人物都是从广袤的农村走出来的，都曾受私塾教书先生的"大学之道，在明明德，在亲民，在止于至善"的教诲，投入到了时代变革的洪流中迎风破浪，并各成千秋。

纵观真诏村历代族谱，我们发现名人、贤儒、清吏，人数甚多。在生于斯、长于斯的乡土社会中，本村耕读传家文化犹以清光绪甲午举人俞朝阳私塾授业，以及乡贤唐绍甲与举人俞春三兴办学堂为典型。

俞朝阳，生于清同治三年（1864），自幼聪颖好学，在光绪二十年（1894）时中举人，处云和县训导多年，后来还乡继承祖产，又购置良田十余亩，并设学堂执教。因其性情温和，道德文章高绝，被称为"俞夫子"，声望颇高。当时除了本村及乡邻外，邻县如宁海、嵊县，皆有学子前来授业解惑。其中亦不乏后来推动社会变革的革命志士。俞老先生因满腹经纶，博览群书，除了向学生们授四书五经，孔孟之道外，还讲授八卦、周易奇人术，如他学生石玠所言：吾师静时伏案读《周易》，暇时即登山作地师。民国七年（1918），任新昌县县志协修，很多内容俱采用其所撰的《沃州小记》。

唐氏绍甲，秉承家学，年方16岁，即与二兄绍科同入邑庠，一时传为佳谈，真应了"真诏自古多文士"之传句。先贤绍甲，生于清同治四年（1865），承家学，年长，从学于俞俊大先生。因好读书，经史子集，静心研究。日夜课余间暇，与人论文，絮絮不休，时而慨然曰：我少书院，学子弱于进阶。随即，与赵梁诸先生向各乡进行了筹捐，创办了沃东书院。后适逢政体改革，停科举，即改为现在的知新中学。

在清末民初（1906）左右，在真诏村现有的私塾基础上，由本村举人俞春三老先生与庠生唐绍甲等众乡贤召集决定成立甬正学堂，校址设在村中的大祠堂即唐氏静嘉堂。学堂求学规矩，遵循古训，以治学为本。

规定学生第一次上学，衣冠必须整洁，并得先带给先生礼品一份，入堂先朝孔子牌位叩首诚拜，然后再向先生鞠躬并奉上礼品，这样入学仪式才算完成了。

据对本村村史颇有研究的退休教师唐老讲，以前本村的私塾学堂的授业内容为三期：初期是授《三字经》《四字经》等，第二期为《百家姓》《千家书》等实用性内容，第三期为《左传》及孔孟等其他著作。同时，还辅以珠算等教材，练毛笔字与背书则是最为基本的要求与学习内容。

甬正学堂以治学严而闻名乡邻，凡是学生背错课文或背不出，以及调皮不听师训皆要惩罚，一般用戒方打手心，罚跪孔子像进行反思，或在孔子像前，匍在凳子上用竹篾做的戒尺打屁股等。

当然，教书的先生都是本村饱学诗书的学究夫子们。后来，曾经雕梁画栋的唐氏静嘉堂被拆除，成了现在村小学校址。因此在本村俞朝阳、俞春三、唐绍甲等一干先贤先生承前启后、办学授业的影响下，本村崇文之风更甚，为之后的几十年变革时代输送了众多的学子与人杰。

同时，据俞氏与唐氏家谱资料，对影响了本村人文厚度的先贤名士列举一二。

唐方，字原义，生于明朝初年，居住真诏（真诏学派）。钻研《书经》有心得，每次县学乡试皆前茅，娶新昌小将南洲才女丁锦奴为妻，夫妻耕读相间，相濡以沫。明洪武九年（1376），唐方赴京应试，得部试第一名，官封刑事给事中，因为人正直，慷慨直言，得罪权贵，后受文字狱"表谏之祸"牵连，受冤而亡，其妻丁锦奴亦抗暴殉节。《明书》有记载："后平冤，由兵部尚书吕光洵撰书：侃侃正色，抗言于朝，奸邪脆落，不阿不饶，中流砥柱，尝弁之翅，犯颜谏诤，千古名标。"左司谏梅溪（真诏）晚生胡拜撰："清白传家，梅溪（真诏）。"

俞学献，生于清乾隆四十年（1775）。恩赐登仕郎。公性情厚，勤俭成家，诗书裕后。

俞学伊，生于清嘉庆年间。品格清奇，金斗诸书，么更悉知，解惑乡邻。

唐一秀，生于清乾隆四十九年（1784）。友爱传芳，贻谋耕读，教义有方。

俞圣化，生于清嘉庆二年（1797），太学生。慷慨好施，修亭筑廊泽民众。

唐起虞，生于清嘉庆十二年（1807），太学生。由太学生捐助军饷，大史秦淮，奉旨叙授奉直大夫。公义举甚多，子孙繁衍，文人鹊起，为村中望族。

俞贤达，生于清道光十二年（1832），太学生。性淳厚，精医学，医泽乡邻。

俞贤儒，生于清嘉庆十九年（1814），太学生。性刚直果敢，修建大庆桥其为首。

俞岐山，生于清咸丰七年（1857），庠生，县府两试均列首位。据其弟传："吾家自曾祖以来，世传文学，兄父学吾父，皆以兄教弟，承传家学。"

唐绍芳，生于清嘉庆二十五年（1820）。克精武备，略书数语，如见一生。

唐载吹，生于清光绪二十八年（1902），省立师范学校肄业。著名海派书画家，一直居于真诏授业及作丹青。

同时据族谱考证记载，真诏村仅生于咸丰、同治、光绪、道光年间的太学生、贡生的教书先生居然有近百人之众。正因为有如此多的乡贤与先生，才铸就了真诏村厚重的人文与书香之美名。

以前作为经济文化生产中心的农村，由乡绅宗族参与自治，即使遭遇许多天灾人祸，中国的文化最终都能得到稳定的传承。这是得益于以往皇权不下州县的缘故，而作为乡村精英的乡绅群体参与管理农村这一制度，并由他们引领出的私塾先生群体，为文化与思想的传播与启蒙起到了至关重要的作用。

乡绅和私塾先生这两个群体是相辅相成的，皆是不可忽视的重要阶层。因此，为表示对先贤们的敬意，对真诏村村史的敬畏，将用以下这段文字作为阐述，这不但是真诏村，更是代表中国许多人文乡村的一个历史缩影：

有这样一个村落，有这样一批乡贤，曾经在悠悠的历史各年代，他们那样的写着、教着，那样的活着。他们在民间授业解惑，耕读传家。他们所守护的、传承的，或许在今天已经逐渐在消失，但因他们而改变的历史痕迹依然依稀可见。

（文：俞广超）

义乌雅端村

勤谨和缓享名长

雅端村坐落于义乌赤岸镇西南部的小山坳里,依山傍水,北靠殿山顶,南伴雅溪,因村坐落于雅溪之源头,故取此名,现辖雅端、上宅、溪干三个自然村,是一处远离喧嚣尘世的世外桃源,村口郁郁葱葱的古树群,一道道刻着年轮的褶皱,见证着岁月的沧桑巨变。

纵观《雅端陈氏宗谱》,或许是先祖不乐仕途、甘守林泉之影响,亦耕亦读、勤俭持家、敬祖睦邻、好德善施成为陈家持家立业的基本生活理念和世代相传的传统。列入传中的先贤大多以"勤谨和缓"四言为基,传承"仁为心种,德培业根"的经营之道。勤俭持家,广增田产,构建厅堂,忠厚处世,乐善好施,积德尚义,淡泊名利,济人之难,恤人之饥等字几乎贯穿在每个先贤生平。虽"勤劳者绩""式旌励才""乐善好施""吉人永相"等赠匾已荡然无存,但乾隆年间赐予"诚朴可风"及道光年间赐予"齿尊德昭"等牌匾,至今仍完整地高悬在容安堂内、后厅以及叙伦堂祠堂内,依稀可以见证先贤们的风骨。

积善之家,必有余庆。涅十六陈其文,兄弟五人分家时,两手空空离家,如同孔子的学生颜回一样,振襟则肘见,纳履则踵决,处境困难,生活贫困。但他处之泰然,克勤克俭,穿衣简洁,吃饭简单,全身心投入到耕作之中,不几年后就富甲乡邻。清乾隆二十年(1755),官设社仓,他将家里仅有的23石余谷全部捐出,一时传为美谈。乡邻赵公请旨在其门题"乐善好施"匾牌以颜其堂,至今村民中流传着"豆腐太公造厅堂"的故事。

涅十六夫妻俩做豆腐,烘豆腐干卖,用豆腐渣喂猪。起早摸黑,有时饭也不吃就到赤岸集市去卖豆腐,回家路过午山干村女儿家里,女儿给他烧点吃的才回家。日子长了,女儿的婆婆发现此事,很不高兴,竟把给涅十六吃的饭装在木勺里,放在水缸头。那时只有家里的佣人才在水缸头吃饭,意即侮辱他。涅十六从此再也不到女儿家里吃饭了。夫妻俩与儿子一心种田，做豆腐、卖豆腐、喂猪。隔壁有个田心村开了家火腿厂，林则徐曾题"培德堂"赠之，规模较大，需要收购大量"两头乌"加工生产。因涅十六一家养了百把头猪，所以人家都叫他"猪栏"。俗话说，猪多肥多，肥多粮多，粮多也就是钱多，昔日那雏鸡不拉屎的田渐渐变得肥沃了，家里也就渐渐富起来，置起了田地家产。

涅十六的娘舅家住在毛店山盆村，当时该村有一厅堂，十分雄伟漂亮。有一年，他到山盆走亲，左看右看这座厅堂后，就用脚量厅的长和宽，又用手去围围屋柱，问娘舅是用什么树木做柱梁，是哪儿买的木头。娘舅白了他一眼，意即你这豆腐郎也想造厅堂。涅十六说："是的，我要造一座厅，要比这座略微高点儿。"娘舅以为他在吹牛，就说："这树木不是我们这儿买的，是兰溪买来的。"涅十六致富后赶到兰溪木材行。木材行老板见他短衣窄袖，十分寒酸，像个背木头的苦力，听他说要买大树木建厅堂，不相信，就随意陪他看遍了库存的树木。谁知，他竟然嫌差，木材商不得不告诉他说，衢州、建德树木最好。他就去衢州樟树坛买木头，那树木是从水上运出山的。经过两代人的努力，造就了一座有"北有乔家大院，南有陈家大院"之美誉的容安堂。

容安堂气势雄伟壮观，共计59间，用料之弘、雕刻之精，堪称江南一绝。居中正门门额阳刻"槐荫庭茂"，笔法苍劲有力，南北侧门上书"道如斯""礼在是"，彰显儒道文化，大门两侧安放一对重达一吨以上的旗杆石，厅上的柱一个人抱不过来，后檐大额坊上悬"诚朴可风"匾额，落款处隐约见"乾隆贰拾肆年正月"几个字。在这里，耕读一体，曾出现四世同居不分家的景象，700余人晨起敲钟下田劳作，暮归公共食堂就餐，和睦相处，其乐融融，鼎盛时有1200多人同吃一锅饭，成为实践中国儒家理想社会的"活标本"。

"守祖宗一脉真传，克勤克俭；教子孙两行正路，唯读唯耕。"古语有云：富不过三。对雅端陈家而言，并不适用。一般人家，纵有大富小康，若无严谨家训，或者不重视教育，那么富不过三代、两代都很正常，因为威而戾、骄而躁、富而淫是人性普遍的弱点，自不能持久。而"传家无他法，非耕即读；裕后问良图，唯俭与勤"，读圣贤书，耕五谷地，陈家以累世读书相传，并且自营田地千亩，一边知生存之不易，一边知礼法不可缺，一代传一代，鲜有败家子弟出现。

"先代有贻谋，肇基端由勤俭；后人宜续绪，务本只在读耕。"陈其文之子陈日升，号平山，秉性醇厚，持己谦和，虽然家庭非常富有，但崇尚节俭，为人慷慨，喜欢做善事，乐于拿财物救济有困难的人。遇到年荒时，他就拿出余粮救济乡里的缺粮艰难户；遇到年成不好，庄稼歉收，他就请欠粮的人到家里吃饭，承诺给予延期偿还。等到第二年粮食丰收了，许多人挑粮来还，他就按原来的标准计数，特别是一些陈账自动来还的村民，他从不计收利息，还粮的人无不称道，远近闻名。邑侯黄公闻其好义乐善就慕名前往，赠送"吉人永相"之匾额悬于家中。后有赐进士出身、文林郎、金华府学教授、前知陕西宝鸡县事、庚寅同考官宗弟凤举拜题"平山老宗翁像赞"：古貌者，其道充之符也；高年者，其德广之储也；其居家，无取乎华腴也；其与人，宽厚弗倦于匡扶也。

雅川长子陈联瑞自幼好学，书法文体独树一帜，读书明大义，持家秉至公。从丽正书院肄业后，发现县南数十年没有中试，文风不振，就与倍磊陈氏、塘下阳金氏各捐重资，建设崇庆书院，后又回家设私塾，聘请老师教育乡邻子弟。雅川三子陈聪瑞，自幼游学四方，因顾念父亲持家有法，而独立难支，非常艰辛就慷慨而言："吾祖以耕读传家，长兄既善于读，然耕亦家之本务，吾何不习于耕呼？"于是就放弃学业负责耕种，每天起早摸黑，带领男丁们东作西成于南阡北陌，勤俭持家，每年粮食收成聚藏于千仓万箱，富甲一方。每到年终过节时，亲朋好友聚会，他总会把孝于父母、友于兄弟、廉以持家、和以处众、礼义廉耻存于心、孝悌忠信见于世的理念灌输在每个人之中。他为人正直，行为端庄，做事公正，同时又有一颗仁慈之心，每遇到水旱之灾时，就开仓救济，被乡邻称为一乡之善士也。当地官府举行大典时，推荐并宴请他赴宴，赐予"齿尊德昭"牌匾，以荣其身，以荣其子孙。不得不说，这是厚德所福报。

诚实俭朴、重教敬老、秉直重义、仁慈忠信的风骨代代相传。贤祖先辈们精于农，善于贾，创业丰业，大多广造大厦，厅堂遍布，倍增田土，最多时达2700多亩，稠城、佛堂等地均有他们的祖田，并想方设法为子孙后代着想，千方百计替他人解忧，用自己的财力打造当时较为完善的社会保障体系，设置贤田供子孙读书用，若考进大学有17石贤田的谷，以至于雅端村的子弟解放前读书就不要钱；还补助老年人，凡陈姓村民年过60岁就有补助600斤粮食，老有所养，以至千石田又叫长寿田；五月初五施茶会，为方便村民及过往的路人，安排人员在村庄附近的凉亭里挂上草鞋、雨伞、灯笼等，让需要的人无偿使用，夏天用茶叶、六月雪炮制不同口味的凉开水，全天候免费提供给路人解渴；修路铺桥会组织专门人员对所有道路进行日常的维护，开挖、清理排水沟，补坑填洞，保证道路的平坦和畅通；八月十三方岩会，村民到方岩拜佛，其间所需的香、蜡烛费用一律不要村民承担，培养善德之心；迎灯祈会，龙头的装饰、馒头、香烛等费用全部由灯会解决……如此保障体系，这在义乌农村并不多见，可谓是社会公益事业之典范。

"孝悌福无量，和顺乐一团"。如今，在上宅村边由一批传统国学爱好者捐资筹建的一个传统文化教育和实践基地——耕读农庄已经落成，主要以公益课的方式传播中华传统文化，通过引导孩子和家长利用节假日，参与农耕劳动，以劳动为载体体验古圣先贤躬耕苦读，修身炼性的传统，使耕读遗风得到了新的传承。

（文：何方）

武义华塘村

华塘兴学续文教

华塘村位于浙江省金华市武义县南部，距县城35公里。据民国《宣平县志》载：周围都是山，当中低，像一口塘，元朝叫坳塘。清朝末年，人口增多，改名为华塘。村落层峦环抱，溪流围绕似弓。村东岱石峰，峭拔似剑，直插云霄，旧为宣阳（宣平县）八景之一，名"岱石流霞"。

华塘村历史建筑民宅现存多处，有连片古建筑民宅，其中清代11处，均为雕梁画栋。现保存的民居建筑主要是村连片古宅11幢，三合院、四合院，也有前厅后堂连厢房，村内修建有仿古廊桥、青石古亭，村周有古树群。村庄，呈现出一派古朴和原始氛围。

华塘村具有耕读传统，因而人才辈出。据《陈氏宗谱》记载：明代庠生1人，清代国学生、廪生、贡生共26人；民国时从高小毕业生到大学生、留学生共计71人，其中女性28人，中专生和大学生18人。宣平县最早的留学生出自华塘。新中国成立后，大学毕业生59人，其中博士2人。

据老人说：新中国成立前华塘陈姓仅1人是文盲，自己的名字也不识，冬至祠堂分胙肉时，由他来贴名字条，因肉的重量一样，但一份中骨头多少、质量不一，由他来贴名条最公平。为鼓励子女读书，高小毕业以上学历至大学学历，冬至祠堂分到胙肉一斤，并与60岁以上老人在祠堂每日一餐，连吃10天。清代前，陈姓做官的人很少，但民国时期就有陈佑华任过兰溪实验县县长、鄞县县长，陈振邦任武义县县长；还有县议长、教育科长；有外海水警少将局长、少将教官、首都警察厅公安局局长等职十多人。

华塘村历来重视教育，文化底蕴深厚，对子孙后代的传统美德教育成为村风。查看《陈氏宗谱》，清末村里有办学记录，是当时宣平县最早的学校。民国三十年（1941）《陈氏宗谱》中《教育》一文记载："吾族迁宣之华塘以来，耕读传家，弦歌之声世代不替。至贡生菊溪公讲学于芸香草堂，一邑俊彦多出其门。廪生鹤书作新民塾，继之倡导维新，树立全县革新之初基。禀生丹书东瀛游学归,首创树人小学于宗祠(清光绪三十四年,即 1908 年),邑中之有小学自此始。民国九年(1920)育仁设庚申学社,旧学新知均所研习,青年子弟造就良多。溯自清季以来,吾族不仅人文蔚起,才为国用,抑且握一邑文教之枢纽焉。"

新民塾:"清季戊戌政变(1898)以后,外患益亟。有识志士知非发愤自强,不足以救亡图存。岁甲辰(1904)禀生鹤书,既与本省时彦组织两浙公学于杭垣。旋作新民塾于村中,继菊溪公而讲学国故之外,有天、算、理、化、动、植诸科学。学生五十余人饱饫新知,人人以救国自许,全县人士以新学相问难者踵相接,地方风气为之一变。讲学三载,此后一切新政之创办,均于此树其先声焉。"

芸香草堂:"芸香草堂在华塘善士堂之东,贡生菊溪公讲学处也。自光绪乙酉(1885)迄丙午(1906),先后受业者二千人。"又载:"入室弟子学而有成者五十余人。"

庚申学社:"民元以后学制革新,小学已普设于县境内,莘莘学子学具初基犹待深造,族人育仁、育生兄弟于安雅堂住宅中设庚申学社,招致青年,延师课教文、史、经学,列为常课。诸子百家亦涉藩篱,科学新知尤所注重。自庚申(1920)迄甲子(1924)先后五载,受学者达二百余人。"在这个学社毕业的人中,就有中共浙江地下省委派遣回宣平发展党组织的联络员潘振武(上坦人),曾任遂安县县长、省政府人事科科长的潘震球(上坦人)、华塘村有陈胜华、陈豪、陈振华,等等。

树人小学、华塘小学:"清光绪甲辰(1904)科举废后,本县首先创设小学,以为浙南各县倡,岁戊申(1908)禀生丹书,毕业于早稻田大学师范部博物科,归国后创设树人小学于宗祠中。为普及教育培养新国民之计,此后溪口潘静观先生设湖山小学,上坦潘春江、潘斐臣两先生设觉民小学。不数年间小学已遍于南北乡,皆我族肇其始者也。"这个小学自清末 1908 年始至民国三十年(1941)止,培养初级部毕业生 527 名,高级部毕业生 152 名。

正是这一座座私塾学堂,使华塘村的文脉得以生生不息,使中国传统文化在这座美丽的古村落薪火相传。华塘村与文化的交融并蓄,让这座古村落穿过深邃的岁月行至今日,虽历经沧桑和风雪,却依然富有鲜活的生命。

(文:古梁、涂志刚)

龙游西何村

长庚文跃孕西何

　　塔石镇西何村地处龙北丘陵地带，海拔55—72米，是一个民风淳朴的文化村。由小溪、大塘、西何三村于2008年合并而成。村委会驻地西何村，全村区域面积2.3平方公里。耕地面积1630亩，林地面积770亩。大塘村原叫大堂村，因村中祠堂得名，主姓胡。小溪村因临溪而得名，也以胡为主姓，先祖与大堂同宗共脉，源出本县石佛乡黄塘源胡姓，于明洪武元年（1368）迁居于此，至今已600多年。西何村以何氏为主姓，元朝由文昌迁居于此。西何村是一个文化古村，村中保存完好的古建筑有80余幢。"何氏宗祠"至今已有500余年历史，至今保存完好。

　　据《河西何氏家谱》记载："何氏受姓始于尧时，其时有名侯者，佐禹治水，疏九沟壑四海，有伟功焉，因赐何姓，嗣后递传。名人硕士著于竹帛者，史不绝书。何秋和系文昌苗裔。文昌代有文人，为严淳望族，淳地田少山多，宜种茶，贩卖茶到龙北。顾视丘壑风景可怀，于此而结庐焉。"何秋和，号文昌苗裔，邑十五都，号文昌肇基，屋后峰峦耸秀，天柱高擎，门前活水，溪流不舍昼夜，处兼屏山对峙，诚无间然也。犹幸地属河西，长庚文跃，夕照联辉。所以由古及今，儒衣儒官，络绎不绝。卜居于此，有田可耕，有书可读，可微见道。

　　走进何氏宗祠，人们第一感觉是书香浓浓。门联由曾国藩撰写："奉祖宗一炷清香，必诚必敬；教子孙两条正路，宜耕宜读。"何氏家族厚人伦，美教化，讲廉耻。家谱约定，子弟当冠须延有德之宾，庶可贵以成人之道。子弟以冠而习学者，每月十日一轮，挑背已读之书，及谱图家范之类。为此，何家人才济济，出山为官的多见经传，在家务农种田的也才高八斗，形成了耕则良农、学则良儒、儒则廉洁的村风、民风，是典型的耕读人家。

　　翻开《西河何氏宗谱》，字里行间到处可以见到"耕读"的字眼。"耕读传家"是中国农村在农耕社会里期望步入小康生活而一直追求的梦想，家家户户都期望有田可耕，有书可读。虽然不求代代出翰林，却也期望能出一两个秀才。能官则官，不仕则农。何秋和因为识文断字，能说会道，见多识广，才有胆量走村串户去做茶商。他来到龙北西河，看到这里"风景可怀，卜居于此"。人们大都怀恋故乡的山水，那里有熟悉的左邻右舍，还有亲戚朋友，他居然可以毫无顾忌地客居他乡，得有多大的胆量和勇气。在河西定居以后，一切都得从头开始。为了能让家族的子弟得到诗书的教育，他节衣缩食建起了祠堂，办起了私塾。"子夏曾设教廷笃信儒文学，训西河风化。"因为重视教育，西何村一直"长庚文跃，夕照联辉。儒衣儒官，络绎不绝"。

但是，在生产力低下的农耕社会里，一切都靠天吃饭、单枪匹马、单打独斗的一家一户，难以抗击自然灾害，特别是水旱灾害，农村的贫富发生变化，穷人家的孩子难有上学的机会，私塾渐渐成了富家子弟的学堂。特别是遇到饥荒的年月，穷人的孩子更难有上学的机会。在那个"学而优则仕"的年代，能考上功名的大多是富家子弟。

《西河何氏家谱》中有一页很特别，上面印着一张"奖状"，全文如下："何鹿鸣，年二十九，浙江龙游县人，充任劝学员。据龙游县呈，因兴学出力，确有成绩，准照《地方兴学人员考成条例》第三条第三项之规定：特给三等褒奖。此证。浙江教育厅，厅长张宗祥。中华民国十二年六月二十六日。"上面还盖了浙江省教育厅大红印章。

这不是"圣旨"，也不是官员升职的任命书，而是一张区区的"三等奖状"，《西河何氏家谱》却郑重其事地记下了，何鹿鸣在何氏家族里算是普通的小人物了，可他的功绩偏偏被记录进家谱，这正说明何氏家族对教育的重视。

据何氏家谱记载：何鹿鸣"天资聪悟，中外科学无不精究。时人恒以通才目之"。他的父亲叫何佩华，是村里的一个富户乡绅，为人豁达，乐善好施，特别喜欢读书，不喜欢参加考试，"视举子为不屑"，却热心地方的公益事业，修缮何氏宗祠他捐"百金"，创办了"西河小学"，自己担任校长，教何氏族人子女读书习字。上方桥被洪水冲垮，为了方便行人来往，他又捐款"三百余金"购买造桥材料，修建拱桥。其他如"建亭修路，济困扶危，不胜枚举"。村里的蓄水塘，塘坝溃倒，他也捐资修筑，结果"民国廿三年大旱，各处苗枯，西河畈民田一千余亩独获丰收"。何佩华倾力办学、热心公益的事迹在县内外广为传颂，龙游县知事史久芳给予"乐育英才""急公好义"匾额二方，县议会议员证书一份。县长周俊甫给予"幼幼及人"匾额一方，对他给予褒奖。

由于父亲的言传身教，何鹿鸣从小好学上进，他"天资颖悟，中外科学无不精究，时人恒以通才目之"。他从浙江省第八中学毕业后任龙游北乡学部委员。当时的北乡交通闭塞，人们与外界接触少，乡村私塾少得可怜，适龄儿童没有上学的去处。为了改变这个状况，何鹿鸣每天奔走在乡村小路上，费尽口舌劝导家长让适龄儿童上学，但是他的热心却被许多人误解。他上门调查没人接待，以至在官潭差点酿成人命案，他被村民囚禁，最后由警察出面，才得以脱身。在他的多方劝导下，龙游的乡村小学从原来的十几所，三年之间增加到了四十多所。成百上千的适龄儿童走进了课堂。为了表彰他的功绩，县知事把他的事件上报给了教育厅，于是，才有了教育厅给他颁发的那个奖状。

耕为本务，读可荣身。儒风浩荡，养吾何家。

（文：邓林）

江山耕读村

化名耕读书新篇

耕读村在浙江省的西部边陲,属江山市贺村镇管辖。

耕读村是一个人文荟萃、历史悠久的地方,西周时期就有先民在这里居住,村边湖塘湖山丘上曾出土过西周文物。据《江山教育志》等史料记载,宋代以来,耕读文化成风,忠孝节义,仁贤辈出,耕读村徐、郑、刘三大族姓中有考取进士、状元25人,这些贤能对文化的传承、地方的管理和社会的进步起了积极的作用,更有民国时期军中少将、中将、上将不乏其人,社会贤达群英荟萃。

新中国成立后,特别是改革开放以来,耕读村如日中天,物质和文化都有飞跃发展,利用自然造化,发掘文化积淀,弘扬勤劳智慧,生态富民,旅游兴村,赢得了耕读村繁荣发展新的机遇,迸发活力,琢玉成器,使耕读成了人间天堂,有了"小西湖"的盛名,是一幅活脱脱的风情画卷,为世人所称道。

走进耕读村,你会被大石山的仙气、康皇殿的灵气、五福山的福气、湖塘湖的运气所氤氲,惊叹江山的美丽和耕读文化的幽深。

耕读村是一个寻常的村落。据《浙江省江山县地名志》载:耕读坐落在湖塘岭脚,是吴村去大桥、坛石的三岔路口,呈卵形块点状散列。相传徐氏从开化县南墩来此烧炭定居,原名岗头,后雅化为"耕读"。

关于耕读之名的来历有一段令人扼腕的传说。据传徐氏先人到湖塘岭脚下烧炭时,这里还是无名之地,因地处大石山的南岗,于是称地名"岗头"。湖塘岭是到大桥镇、江西玉山、江山、衢州、杭州等地的要冲之道,这里也称为"五路总口",商贾云集,行人如织,但地处偏僻,常有盗匪出没、拦路抢劫,村民为安身立命,于是习练武艺、舞刀弄拳,逐成这里的民风。据传,村中曾设有徐氏习武厅、跑马场,徐氏子弟有百步穿杨之技。

清乾隆年间,岗头徐氏为山场与坛边村的姜氏发生争执,互不相让。徐氏自恃武艺高强,派出族中17名子弟,手持大刀、长矛杀向坛边村,姜氏系书香门第,哪是徐氏对手,当场就有一人殒命,徐氏得胜而归。尔后姜氏一纸诉状将徐氏告上公堂,公堂裁定徐氏三命偿一命,徐氏族长无奈决定由一子二孙抵命。族长只有独苗,若一子两孙皆抵命则族长就绝后了,徐氏族人愤愤不平,但又想不出周全办法。

此时徐氏族中一位老长工挺身而出,愿以自家性命替老族长一孙抵命,以报答族长的知遇恩情,为族长留一条血脉。赴刑前长工提出了唯一要求,留一个徐氏义子的名分。老族长感慨不已,跪地答应。之后,老族长把长工与他的子孙葬于同穴。

血的教训,使老族长和徐氏族人明白,光会舞刀弄枪、冲冲杀杀是不行的,必须有文化内涵,能文能武。为鼓励族中弟子上学,徐氏宗祠拿出40担谷子,聘请了教书先生。果不出几年,耕读村就有了第一个秀才,老族长欣喜若狂。新任秀才向老族长提出了建议,改村名"岗头"为"耕读",激励族人耕读传家,于是耕读的村名延续至今。

在耕读文化的激励下,耕读村民风淳朴,诗书传人,仅清嘉庆年间,就有四位文秀才、一位武秀才,而这种遗风方兴未艾,今日还在发扬光大,人才济济,各领风骚,成为耕读村的一大亮点。

耕读村也是一个文化底蕴深厚的村落。据村中80多岁的退休老教师徐春阳回忆,耕读村具有悠远的办学历史,很早就有了私塾,在民国初年又第一批创办新式小学,他父亲就是当年小学的校长,他也是当年小学的学生。据说,"耕读小学"的申报是"耕读"地名有据可查的资料之一。

耕读村的郑氏是不凡的世家,崇尚教育,勤俭持家,从《郑氏家乘》的族谱中我们可以得到印证。《郑氏家乘》的家范中有这样的家法:"家世循礼守法,以忠、孝、节、义为纪纲,以勤、俭、诗、书为本业。"把文化教育纳入家法,由此足见郑氏家族对文化教育的重视。

耕读村的郑氏源于江苏淮安,始祖郑极在宋庆元五年(1199)曾中从龙榜进士,也算文化之人。宋庆元八年(1202)郑极到江山任县丞,踰月,苍南括寇侵犯江山,郑极率千余乡勇奋力抵抗,不幸中矢身亡,次子和第三子也一并遭受杀戮,郑妻周氏不忍独生,投水溺亡,唯长子郑魏挺在外游学免难。江山黎民感怀郑氏保全之德,将城北青霄桥一带大片土地授予郑家,以筑舍守墓。郑魏挺遂定居江山,繁衍生息,耕读传家,在城东通禄门外建有家祠。清康熙年间,郑氏19代孙元惶率眷从城东通禄门迁往耕读村,及今已繁衍生息了八代之多。虽然人居环境发生了变化,但忠贞节烈、诗书传家的秉承始终未改,劝农劝桑、耕读传人成为耕读村的风尚。

走进耕读村,一幢别样的房子会让你过目不忘,青砖黛瓦,马头高墙,屹立在大石山下,与青山绿水交相辉映。房子上下二进,合面三架,两边协屋,气势恢宏,雍容大气,别具一格。房前湖塘莲池,楼台亭阁,曲径通幽,流水潺潺,整座房南朝水晶山,北倚大石山,西临竹青坞,东濒康王殿,占尽村居风水。然而奇怪的是门庭凹凸不平,错落相致,与整座房屋的墙体失去平衡,并不在同一水平面上,这异乎寻常的建筑让人难以琢磨,然而这里面却有一段令人唏嘘的故事,见证了励志耕读人的传奇。

相传郑氏从城区通禄门迁至耕读村后,仍坚持勤俭家风,饱暖不淫,富贵不骄,结朋天下,除躬耕陇亩之外,也到城中做些经营。集腋成裘,家境年丰,生活殷实,书声琅琅,在郑氏太公的坚守下,节衣缩食,随遇而安,以读书为上,不嫌贫寒。而太婆也忙于农桑,相夫教子,劳作不辍。

为了给子孙后代营造一个更好的居住和学习环境,郑氏太公毅然决定集人力、物力、财力所能为子孙建一幢大房子。他请来了风水先生,踏遍村庄的山山水水,终于在大石山脚找到了一块风水宝地。他又请来了最好的工匠,对房子的规划进行了精心的筹谋,一砖一瓦,每事必管,一石一土,每物必察。一晃两年,大厦初具雏形。又过三年,终于完成建筑外构,气宇轩昂,气势恢弘。然而这只是一个空壳子,屋内的装修,还没有启动。但天有不测风云,长期的劳碌,使郑公的身体完全折垮,很快便卧床不起,不久便命赴黄泉。

但命运的转折并没有让郑太婆倒下,她以顽强毅力担起了家庭的重任,用坚韧的毅力继续丈夫未竟的事业。她一面坚持新房的后续建设,一面辛勤地哺育子孙,一边建设,一边耕读,虽物力维艰、道路坎坷,仍对子孙的教育不放弃。在太婆的坚守下,族中的子孙励志成才,有一位子孙就考入湖北学堂,成为民国时期耕读村第一个大学生。时过境迁,而今耕读村的子孙们更是发奋图强,薪火传人,他们既有各类名牌大学的高材生,也有坚守乡土的村干部、村会计和其他方面的建设人才,但不管在哪做啥,耕读传家的遗风千古不改。

耕读是一种文化,一种坚守。我们为这样的文化情怀、文化力量所温暖,并以耕读传家时时激励,同时我们也为有这样的文化古村落自豪。

(文:毛谦义、徐太)

临海孔坵村

耕读传家话仁心

孔坵，古名陇州，亦称陇头梅村，隶属临海市汇溪镇，海拔600余米，地处羊岩山东麓，是名茶"羊岩勾青"的产地，距临城25公里，位于天台、三门、临海三县交界处。

孔坵村幽谷碧水，茂林秀竹，千年古柏为屏障，瀑布飞溅，梯田层层错落，奇山异石，有"凤凰盘谷""小楼书院"等"陇洲十景"。孔坵村素有"临海东乡文化第一村"之美誉，虽地处山区，却重视教育，清时有秀才九人，民国期间有十多人弃文从武，保家卫国。

《临海陇洲章氏宗谱》载：明末，"天下大乱，为避战乱，处士海游（今三门海游镇）人章廷可背妻骨灰携六子入山，唯恐不深，寻至陇洲结庐而居"。从此，章廷可"举世不闻，以耕以稼，克俭克勤，秉古遗训，教子育后"，距今已有400余年。

孔坵始祖章廷可是个书生，虽隐却"卷不释手"。他一边过着耕读生活，一边教导子孙以读书为重。数百年来，陇洲章氏言传身教，历来以家训、重教为先德，教导后人要知书达理，修身明德。同时，以《章氏家训》作为村人的行为规范。《章氏家训》为章氏五代先祖名臣章仔钧亲手撰写。全文如下：

> 传家两字，曰耕与读；兴家两字，曰俭与勤；安家两字，曰让与忍；防家两字，曰盗与奸；败家两字，曰嫖与赌；亡家两字，曰暴与凶。休存猜忌之心，休听离间之言，休作生愤之事，休专公共之利。吃紧在尽本求实，切要在潜消未形。子孙不患少，而患不才；产业不患贫，而患喜张门户；筋力不患衰，而患无志；交游不患寡，而患从邪。不肖子孙，眼底无几句诗书，胸无一段道理。神昏如醉，体解如瘫；意纵如狂，行卑如丐。败祖宗之成业，辱父母之家声；乡党为之羞，妻妾为之泣。岂可入吾祠而祀吾茔乎，岂可立于世而名人类乎

哉?! 戒石具左,朝夕诵思,切记切戒。

这段短短200余字的文字,把居家宜忌,说得透彻易懂,细细体味,对现代家庭生活,也有借鉴作用。

清初,孔坵村立村不久,便有"育英家塾"和"登祥家塾"等私塾,曾在临海东乡一带名噪一时,培养出不少读书人。清道光年间,该村太学士章业培,中举人后不问官场,回乡致力于文教事业。1869年,受台州知府刘璈之托,章业培偕史秉义广设义塾,次年2月,于家乡陇洲设立"宝书义塾",借村祠堂为舍,并筹集学田(地)70余亩(当时,该村所有耕田仅600余亩),可见该村对教育的重视。同年,章业培又在离该村十来里的箬笠山(今箬坑村)设立"鼎新义塾",筹学田45亩。两塾开延寿乡(今汇溪、东塍一带)教育之先河。章业培凭自己当时的声望,聘名士任教,文化顿盛,附近天台、宁海等地前来求学的学子不断,每年入庠者均在20人以上。后由于发展需要,两塾合并,改名为"宝书鼎新日新义塾"。

1904年,应时势之要求,"宝书鼎新日新义塾"改为新式学堂,更名为"宝新初等小学堂"。1933年,在原有基地上建校舍7间(校址尚存)。"历年来颇有得法,为教育界所赞许",相关部门还专门颁发了"奖状匾额"。该村上了年纪的老人都还记得,但已说不清奖状上写着什么,"文革"期间,匾额全部遗失。

由于崇文重教,故孔坵文人辈出,清时曾出九位秀才,其中章锺谓等三位曾任上海圣约翰大学教授,近代有章昇平等人士。章昇平(名育,字皆洽,1897年7月—1996年4月)毕业于浙江法政大学,曾为复旦大学法学教授,1937年后历任第二十九军、第九十八军、第十军暨第十集团军总司令部驻防台湾青年军司令部军法处处长兼秘书长,任军法处处长一职时曾营救了不少中共干部。

遵循"不为良相,既为良医"的古训,孔坵村除书生辈出外,杏林高手亦不在少数,如独资建造西安桥的名中医章省春,医术高明,口碑载道,是近代民间医生的佼佼者。

章省春,名正概,生于清光绪十八年(1892),卒于1977年。年轻时,在本村名医章笔泉门下学习,由于勤学苦练、专心钻研,深得真传,并打下了坚实的中医临床基础。后就读于平阳中医院,毕业进入医途,中间曾弃医从政，数年后复返杏林，潜心向医，为民治病，留下了很好的口碑。

由于章省春和蔼可亲，并坚持治病务尽的原则，所以有许多劫后余生者都和其成了莫逆之交。其中医治大石九岗村的姚可香和上王村的戴照林的事迹，至今为人诵道。

九岗村地处偏远的羊岩山麓，崎岖的山路让人思而却步。姚可香身患绝症，经台州医院医治无效而回。章省春时年八旬，听人口述病情后，毅然走了十多里的崎岖山路，为姚可香诊断病情，又配了药方，耗费几年的苦心才从死神手中夺回其性命，渐至康复。

上王村的戴照林亦是被医院判了"死刑"的病人，年迈的章公爬了几年上王岭才救回他年轻的生命。

这两例危重病例的治愈，无疑给晚年的章公再创光辉加上耀眼的光环。

60多年的行医生涯中，远不止这些病例，健在的章皆淳（北京大学毕业，昭通师范专科学校副教授，1928年出生）常对人说："章公的医术是了不起的。昔年本地高塘村有一患者重症不起，家人前来请为诊治。至其家，患者已气存身亡，移于堂前停放，木匠正在为其做棺材。在家属的央求下，章公无奈只能上前看视。家人问曰：可救否。答曰：试试看。急拟方煎药撬牙灌之，少刻人醒，再进方药调理，该人以后复获健康，在当时传为美谈。"章皆淳评论说："这样的医术，当年的扁鹊、华佗亦不过如此。"

本地人年龄在50岁以上者，深知章省春之名气，周边各县的边民（三门、天台）皆慕名前来就诊，远路就医者逢昼一餐，贫苦可怜者送些小钱购药，把笔泉公的医德医风继承发扬光大。

当年章公在平阳医院毕业后，时值天花流行。天花与麻疹相仿，顺者无甚大事，逆者危症吓人，能使人或夭或残，危害非常。章公以自己熟练的治病经验，巧妙地进行中西合璧，创造出功效倍增的成果来。他所开拓的成功之路给后人奠定基础。自此临海东乡天花绝迹，麻痘稀少，造福百姓。同时，因其古道热肠，急公好义，他热心慈善，救助贫苦，广做无主孤坟（无人认领之死尸）。无论是平头布衣、乡贤名士，无不对其敬佩与赞赏。其爱好也五花八门，尤以书法诗词、地理风水称善，对别人有求必应，无处不显示其诚善与宽厚。

章省春一生淡泊名利，一心向医，自甘清苦，薄薪济贫，朝暮不辞其辛，风雨不辞其苦，即使在病痛期间，仍为别人看病就诊，显示其高风亮节，医德风范。他为人诚实，饱读经书，虽无瀑布之喧哗，江潮般壮观，然心血的灌溉，智慧的挥洒，无不在病人身上得到满意的效果。章公直到临逝的前一天，在病床之上，虚弱之下，仍叫人代笔开方，足见其医术精熟，思路清晰，殊不知此时他的生命只有几个小时了。

　　正是：魄返九泉满腹经纶埋地下，后继无人空留心得在人间。

（文：章宏行）

三门任家村

德才兼备任大冶

亭旁镇任家村位于三门县城西南8公里，宁和溪旁，狮峰山南麓，前有溪，后有山，山明水秀，风景优美，交通便捷，杏梅、雪花梨和糖精梨是此地素负盛名的特产。每年春暖花开季节，树树红梅伸展于白墙青瓦之间，花团锦簇，馥郁飘香，吸引不少游人驻足观赏，是一个远近闻名的"杏梅村"。

任氏先祖任伯雨（1047—1119），字德翁，眉州眉山（今属四川省眉山市）人，著有《赣草》《乘桴集》《东都事略》。《宋史》有传，宋元丰五年（1082）登进士第，历任清江主簿，知雍丘县、大宗正丞、左正言、虢州知州等。后跟随宋高宗南渡，迁居金华武义。

任伯雨第四世孙任希夷（1156—?），字伯起，号斯庵。弱冠登宋淳熙三年（1176）进士第，调浦城簿、萧山丞，历任太常寺主簿、太子舍人、礼部尚书、参知政事等，后告老归隐于新昌雪窦。著有《斯庵集》，《宋史》有传。

任希夷第四世孙任淑，字景庭，别号长春，赋性纯笃，深沉不露，乡人盛称为长者。任淑犹喜读书，善医术，兼通阴阳百家，为一时伟器，因遭战乱，遂隐居不仕。元皇庆二年（1313），任淑因慕天台山风景秀丽，佛宗道源，自新昌雪窦先迁于宁海县仙岩乡窦岙，不合其意。元延祐三年（1316），任淑再迁于宁海县宁和乡奉化里岙楼（今三门县岙楼村）卜居。又因岙楼地窄难容，旋迁狮峰之麓旧名张家岙居住，世称岙楼任。因系任氏聚居，故名任家。

狮峰任氏秉承祖训，世代耕读传家，历代名人辈出。明朝末年的任大冶就是一个著名的学者、清官，历代《浙江通志》《台州府志》《宁海县志》均有传，入名宦祠，祀乡贤祠。

明末爱国领袖袁崇焕对同榜进士任大冶表达了高度的敬意，把他与汉代循吏龚遂和黄霸相提并论。他在《九籥公寿序》中评价道："天台（指台州）任公，适以兵部尚书郎高第推择，为庐州守，一切治行流闻远出龚、黄上。"清宁海前童塔山人童授鑰称任大冶为方正学后第一人，对任大冶推崇备至。晚明名士李维桢评价云："庐州积学有余，在我应用无方。有韵之作，高不袭古，卑不徇俗，无蔓语而有余哀。"著名学者项士元则称任大冶："今韵文不可见，就散文观，直追秦汉，不落明人委琐之陋。"

至今，村内尚留任大冶的官房、花园、太湖石、荷花池等遗迹，任氏宗祠被列为浙江省文物保护单位，任大冶墓被列为三门县文物保护单位。

任大冶（1571—1629），初名以治，字天卿，号九篛。父汝励，庠生，早亡。寡母陈氏含辛茹苦，将大冶养育成人。任大冶少家贫，颖敏过人，读书过目不忘，文词诗赋倚马立就，豪襟硕抱，领袖群伦，博学宏词，冠冕一代。相传，旧时有"考先生"之风，邻村有个教书先生，宁海人，一日被弟子出的上联"木马一对六只脚"难住了。先生苦思冥想，就是想不出下联来，感到脸上无光，听说任家村有个放牛娃才思敏捷，于是找到在溪边玩耍的任大冶。大冶不假思索就答到："水车百骨一根肠。"乡人惊其言，对他刮目相看，誉为神童。从此声名远播，妇孺皆知。

因为家道贫穷，无钱交学费，任大冶一心想读书，求取功名，母亲十分为难。不读书吧，怕误了儿子前程，悔对亡夫嘱托；让他上学吧，家里又穷，粗茶淡饭也难以将就，哪有铜钿供儿子读书？邻居还时常揶揄说：与其让他去读书，不如早点让他帮助挑起家庭重担，这样花力气读书不如下地种点番薯芋头，免得挨饥受饿。

大冶对母亲说："再穷再苦我也要读书，不稀罕番薯芋头整稻桶，以后我要鸭子、鸡子装满稻桶，来孝敬你的养育之恩。"

母亲不忍荒废儿子前程，只好典当家中值钱之物，向亲戚邻居东借西凑供大冶上学。所以直到今天，后人清明去给任大冶上坟，鸭子、鸡子是少不了的祭品，以此激励后人，励志奋发读书，博取功名。

据传，有一天任大冶从岙楼读书回家，跟母亲说："我每天去学堂读书，经过山岗老爷殿，山岗老爷都要站起来迎接我。"其娘不信，山岗老爷怎么会站起来呢？大冶说："你不信，那就放只鸡子在山岗老爷的大腿上，看明天是否会掉在地上。"果然第二天鸡子掉在地上，村人大骇，惊呼任大冶乃天上文曲星下凡，将来必是金榜题名的才俊之士。

任大冶读书非常用功，先生讲解课文，他全神贯注，每字每句都牢记住；下课时，同学们出去玩了，只有他一个人坐在课堂里，回忆刚才先生所讲的课文，回味其中的奥妙。夜里读书无钱买油，就到别人家看书，埋头苦读。参加童子试时名列榜首，督学惊讶于他的文才，说："大丈夫诚欲陶铸群玉，炉锤天下，即称大冶可也。"遂改名大冶。从此以后，任大冶更加刻苦读书，诗词歌赋，诸子百家，四书五经，八股文章，无所不精，可谓通今博古了。

弱冠之年，任大冶就高中庠生。明万历三十一年（1603），赴省城应试，得中乡试第62名举人，授无锡县知县。到任就摧抑豪强，清除积弊，拒绝请托，忠于职守，积极纳谏。因与权贵不合，不久，迁武昌教授，转授南京国子监博士。

明万历四十七年（1619），任大冶赴京参加会试，登进士第。考试当日，给事中亓诗教（1556—?）十分赞赏其对策，拿着试卷向各位考官推荐。会试正考官史继偕（1560—1635）追问说："此卷有什么可以值得显耀的？"亓诗教说："无论七篇组织，为天下才，即其对策有'今上为不聋不痴之家翁，群臣为无纲无纪之仆从，天下为半梦半醒之世界，中外为不痛不痒之肌肤'数语，刘蕡后谁人能道，又谁人敢道？"史继偕不得不折服，取为第三名。

明万历末年，朝廷昏暗，吏治腐败，官场废弛，统治阶级内部尔虞我诈、明争暗斗，弄得内外交困，列强欺负，盗贼四起，国无宁日，民不聊生。时浙党、齐党、东林党与魏党相互攻讦，朝中东林党及魏忠贤党羽把持朝政，各派官僚倾轧排挤，此上彼下，纷争不绝。任大冶讲原则，处理政事必以忠为主，保持中立，不偏不倚，身处乱世，毅然坚守信念，保持节操。历任南京刑部贵州清吏司署郎中事主事、南京刑部广东司主事、山东按察司兵马副使、河南督学副使、山西主考等职，忠于职守，积极纳谏，秉笔直言，稽查违误，受到敕命褒奖。

任大冶为人耿直，经常得罪朝中权贵。同朝御史顾宗孟因敢于直谏，触犯魏忠贤的党羽，被革职，关在刑部大牢中等待审查问罪。任大冶十分同情顾宗孟的遭遇，心怀不平，但也无能为力，因此托病不起，拒绝查处此案。司寇多次胁迫他抓紧办理，他勃然大怒，厉声呵斥道："天日在上，讵可附会，余头可断，笔不可转矣！"月余，出任庐州知府，关心民间疾苦，振兴文教，管束吏卒，平反冤狱，两州六县之缙绅闻风收敛，百姓安居乐业。

明崇祯二年（1629）六月，任大冶病逝于任上，享年59岁。

任大冶不仅精于医术，还多年潜心著述，整理文存，交聚四方文人雅士，一生著述颇丰，诗、词、文、赋及书法颇有成就，尤精诗赋。据清戚学标《台州外书》中称任大冶历四官，每历一官著文编为一集，初任无锡知县时著《梁溪政余录》，为武昌教授时著《鄂渚集》，转南京刑部主事著《金陵漫草》，知庐州知府所著《庐阳杂记》，另著有《姓氏骊珠》《饵辖斋集》等。

（文：陈建华）

龙泉上田村

墟里古风沐上田

上田村位于龙泉市以北，距市区55公里，与遂昌、松阳交界，为行政村，下辖万水垚、塘元头、山顶、麻车坞、松树坑等自然村。现在这些自然村已搬迁、统一集居上田村之内。

上田原名蓝田。在村尾一座廊桥中有一石碑，记载着当时村民募捐建桥时的鸿名，题曰"蓝田众造"，此桥亦名蓝田桥，由此而知其名。村地势平坦，青山环绕，山中有山，层叠三重，水田尽在山峦夹缝之间，垄垄梯田，连绵漫长超5里。因村外水田比村庄高出许多，故改名为上田村。昔有"处州十县好龙泉，龙泉北乡好上田"之誉。

从有关文献得知，明崇祯十二年（1639），因战乱，毛氏有二支族系从遂昌县关塘迁徙而来，一支居住在山顶自然村，另一支居住村内大路下。山顶自然村毛姓后裔人口甚少，并且分居外地一部分。大路下毛姓后裔较多，200余人，一部分居上田村内，为松竹两房；另一部分迁居松阳县古市镇，是梅兰两房。又据《毛氏宗谱》记载，当时毛氏先人兄叫毛元征，弟叫毛元康，一起从遂昌迁徙而来，因毛元征只生一个女儿，出嫁，无子嗣繁衍，故毛元康成为上田毛姓之始祖，历时385年，传15代。又有说上田最早为叶姓，现在叶姓村民尚有几十人居住上田村内，未考其始末。

上田村村居集中，房屋密集，所建道路宽狭不一，宽者两米余，狭者仅一米多些，弯弯曲曲，长长短短，古街小弄达40余段，所有道路皆用石块铺面，高低落差不大，或三五步，或十几步，石阶随眼可见。村尾还有一段用石条做的护栏，叶石栏杆，田陌间有一小桥叫石板桥。村中大量房屋构建于清代中晚期，其雕梁画栋，石门、翻角房屋样式如金殿缩影，传说是明刘伯温为处州人从皇上那里讨来的封赏，只有处州人可以参照这样的建房模式，精美的达二十余幢，稍次的有十余幢，至今保护完好的尚有五六幢。

村前田园开阔,四周山林丰厚。村中有九桥十三碓,九条桥都架设在村中央一小溪之上。从村头到村尾长四百来米,村民傍溪而居,曾是十里八乡最繁华热闹的村落。

十三碓为水碓、踏碓,主要用来舂米。水碓有两种,一种是以水冲力为动力的水碓,另一种是以水压力为动力的槽碓;以人力脚踏为动力的叫踏碓,上田村共有11座,现尚存三四座。较其他村坊用石臼舂米,又先进了许多。

上田村祖辈承袭农耕生活,但少数人拥有自己的田地,多数农户依靠租种大户田地,每年收获后,根据地质好坏,按比例分成四六或三七交租。所种品种有:太顺谷、乌谷儿、九月冻、西瓜红、硬天搓,产量低易倒。用肥以人畜粪便,草木灰、槎(槎即山上嫩树叶)等为主。原始的耕作,不可更变的品种,肥料的奇缺,更兼还要交租。每当遇上歉收年景,佃户们流传着"金廉刀上壁,肚皮贴背脊"之说。为谋生计,有些农民还要去外地务工。至今,上田村的许多农民还沿用着古老的农耕操作方式——用牛犁田、用桶打谷。

上田村素来重视教育,地灵人杰,文化底蕴深厚,堪称北乡望族。清代,授贡之匾的就有五家,宗祠桅杆三对,出太学生一人,国学生30人,有贡元三人、贡生四人。毛闻郇(1808—1891)任布政司理问(省级司法官),其子孙有国学生12人,贡生四人,被誉为"桂兰竞秀,堂构联充"。

坐落于村口路旁的文昌阁,建造于清道光二十六年(1846),二层楼,八角上翻,样子很是美观。据传说,但凡去求取功名的学子,须虔诚礼拜,方可取得功名。阁内有文武二圣,一为文昌帝君,二为关云长,还有关平周仓。楼上有魁星,装有机关,眼睛会动,可见当年工匠的精湛技艺。"文革"期间遭破坏,2008年,龙泉市政府花巨资将其修复,虽不及以前精致,但大致恢复了昔日风采。

道光二十一年(1841),奉旨旌表毛绍春之妻张氏节孝,于咸丰八年(1858)遵圣谕,恩赐建立节孝场,建于文昌阁旁。牌坊全青石结构,石柱石楣,分三层,翻檐翘角,气势雄伟,做工精细,雕刻讲究,顶层有"圣旨"二字,已毁于"文革"。《毛氏宗谱》记载,张氏生于清乾隆三十四年(1769),卒于清同治元年(1862),享年93岁。夫毛绍春,英年早逝,三子皆幼。一个目不识丁的寡妇却是秉承家风,重视教育之人,代夫行事，择名师课子，择其质敏者习儒，性灵者习商，三子皆成才，子孙昌盛，张氏因节孝又兼贤能荣获朝廷牌坊嘉奖。

清末废科举，上田士绅毛葆镕等于宣统三年（1911）倡立"上田育化初级小学"培植人才。抗战期间，时任上东乡乡长毛宝龙（上田村人），在上田建一幢三层校舍（现存），成为城北乡第一所公办学校。新中国成立后，又将道堂改为学校，之后学校不断更新，至今新校舍二幢三层洋房。新中国成立后，大学生达100余人，博士、研究生达10余人，最高学历博士1人。

新中国成立前，一些富户延师家教，外地请来有名老先生，如松阳县枫坪杨士堪先生，城北双溪村六儿先生等。草药最出名的毛壬林老先生，有"对症下药，药到病除"之功。此老先生乃一位奇人，十分精通古文，知识渊博，诸子百家、诗词歌赋无有不通，风水地理无有不晓。早年他就从事教育，常被大户人家请为私塾先生。

历来还有"上田出秀才"之说。相传清嘉庆年间，上田一太公名毛维其，去杭州做客，一天见杭州一群名流为写一块大匾，用大米摆字，字成，时毛维其穿着蓝长衫，误将其字拂去一字。他们抓住要赔，说赔钱无用，无奈之下，求说：用笔写一个字相赔。果取笔书一字，对比之下，远胜其他三字，求毛维其书写四字，有重谢。毛维其一挥而就，从此在杭州出了大名。至今村中老辈尚在流传，毛维其墨宝尚有遗留。还有一个清代秀才毛福全，于1949年亡故，为自己药铺写有一幅招牌，其字堪比书法名家之作，现还尚存。

2006年6月，上田村被命名为省级文化古村，2013年又提升为国家级历史文化古村（第一批中国传统村落）。

（文：金少芬）

龙泉宝更村

耕读传宝德为鉴

宝鉴村（宝更村）位于龙泉市西陲宝溪乡境内，与福建省浦城县接壤，全村以陈、曾两姓为主，兼纳其他姓氏，其中陈姓相传为最早迁居宝鉴村的拓荒者。

宝鉴陈氏祖先源于河南颖川，属名门望族，素来以耕读为传家之宝，既注重道德修为，又崇尚练武强身，极力报效朝廷。北宋末年战乱频繁，陈家时有将士捐躯疆场，慷慨壮烈。宋靖康二年（1127），国都汴梁沦陷，陈家不愿做亡国之奴，随高宗南渡，在杭州安家。朝廷委派宝鉴陈姓氏先至闽地镇守，一部分又迁到福建浦城，在深山中垦荒狩猎，繁衍生息，教育子孙不忘刻苦攻读，以期为家国兴旺效力，重振山河。

宋淳熙六年（1179），陈家出生了一个孩子名雄，后来成为宝鉴村第一代始祖。陈雄，字伯英，排行老九，但他自幼聪慧好学，勤劳刻苦又胆识过人，既得长辈喜爱，又得兄弟尊重，表现出非凡的组织才能。成年之时，他既是稼穑好手，又是狩猎高手，春种秋收，冬季打猎，夏天入水捕鱼，为家族壮大劳力劳心。由于村庄人口逐渐增多，原本居住的地方显得资源匮乏，不利家业发展，陈雄一心想寻找山水优美、资源丰富的地方居住。

某年冬天，他率领家中男丁溯源而上到更远的深山狩猎，夜里无处借宿就在一棵大树底下生火取暖，和衣而眠。第二日一早，陈雄铲了一些泥土，将火堆掩盖，免得风吹火星引发森林大火，之后沿着山涧向源头方向进发。

过了几日，收获颇丰的陈雄满载而归，途经那棵曾经借宿的大树，发现火堆还散发着暖气。拨开火堆上的浮土，黑乎乎的柴火被微风一吹，又开始冒出火来，引燃没有烧尽的柴火。陈雄心中立即闪出一个念头：我命中缺火，小时候曾经被相面人说：只要遇火不尽，就是自己鸿运到来之时，今天此火堆经久不灭，这不是上天提示我此乃薪火相传生生不息的宝地吗？他挖起一把泥土，土质因常年树叶腐烂而肥沃深厚，杂草虽已枯黄，仍然异常繁茂。环顾四方，眼前是一片开阔地带，开垦出来就是良田千亩，周边有青山相围，森林茂密；一条山涧从北边哗啦啦而来，到此地向东，之后又向南流，水势曲折形成一个小小鱼场；溪水清澈甘洌，无论饮用洗漱还是灌溉，都非常便利。此处虽然远离繁华，交通闭塞，却也自有天地，大可建成鱼米之乡，更能避免兵燹之灾，少受战乱颠沛流离之苦。陈雄止不住大呼一声："这是上苍赐我陈家宝涧，佐我陈氏兴旺啊。"回家与家人商议之后，他带领大家迁徙这里，在山涧两岸拓荒筑庐，整修水利，将居住地取名宝涧，安居乐业，耕读修身，后被族人尊为雄公。

被陈雄称为宝涧的溪流，就是现今的宝溪，发源于披云山。披云山因常年云雾弥漫而得名，神秘莫测如仙境，天上雨水落至山顶，差之毫厘失之千里：向东汇入瓯江，到温州入海；往西北则流往钱塘江，过杭州入海；而飘到南侧，就成了宝溪之水，去往闽江，于福州入海。因此，宝涧是发源于浙江的闽江支流，浙、闽两地山水相连，宝涧人与福建浦城居民有血脉之谊和兄弟之情。

陈雄深知靠山吃山靠水吃水之理，告诫子孙要爱惜亲手开垦的土地，爱护树木，保护溪流，不忘祖先恩德，温习儒家经典，学会包容，为人诚信，才有立世之本。后来其他姓氏也迁至宝涧，陈氏族人以祖先训导为处世原则，彼此和睦相处。陈雄仙逝，墓葬月山，也颇显节俭。

多年后，陈氏家业雄厚，人丁兴旺，需有大屋方可栖居。族长主持筑屋事宜，因工程浩大，时间紧迫，需要各类工匠加班加点。为了慰劳工匠们的辛苦，族长以优厚的薪资相待，而且每日发放。俗话说"一千不如八百现"，每日领到现钱，对工匠们而言是难得的美事。族长以诚待人，也不监工，任由工匠们自行安排事项，只在傍晚提一袋钱物前来发放，其余时间只顾忙其他事情。

某日族长忙完事情尚早，他便提了工钱去新宅场地发放，到近前一看，大吃一惊。原来工匠们并不如他想象在抢抓工时，而是躺在工场里磨洋工，有人呼呼大睡，有人脱衣抓蚤子，十分悠闲。只有一个人坐在木堆上举着斧子用力连续敲打，发出嘭嘭的响声，但他不是在干活，而是以敲木头的声响来迷惑东家，造成勤劳工作的假象。

族长并未呵斥众人，只叫大家过来。工匠们没想到东家会突然提前到来，一个个尴尬不已，心想：被东家抓了把柄，别说优厚的薪资没了，怕是还要赶他们出门。没想到族长却照样给各人发工钱，分文未扣，唯独没有给那位敲木头的师傅发放。敲木者自知理亏，但毕竟纳闷，止不住问："别人不干活可以领钱，为什么我没有呢？"

族长说："睡觉的人，可能是累了需要休息，抓虱子是因为身上难受，他们休息好了、虱子抓了可以更好做工。你敲木头也很累，你都愿意受累，为什么不用来干活却用来骗人呢？种田人应该勤耕明礼，你连基本的诚信和道德都没有，又凭什么领工钱？"敲木者听罢哑口无言，其他人拿着钱也是满脸愧色。族长什么话也没说，发完工钱就走了。从此工匠们不再偷懒，勤恳做活，将大宅按时保质完成。后来人们以此事教育子孙，要以道德为镜，崇勤倡俭，诚信待人。宝涧村因此以谐音改名宝鉴村，到现代，很多人为了减少书写笔画图快便，以本地方言同音字"更"替代了"鉴"，又写成"宝更村"。

宝鉴陈氏以德为镜、崇勤倡俭，同时也以感恩的心缅怀先祖，注重修撰《陈氏宗谱》，记叙历代祖先的迁徙情形。尽管中国乡村因为经历"文革"，大多族谱已经散佚，宝鉴陈氏却依然保存了一簿修撰于清道光二十四年（1844）的宗谱。其中抄录了各个朝代修谱时各方官员或名士为陈氏家族所作的序，对陈氏的耕读之风大加赞赏。最早的有宋太宗端拱年号，之后有大明万历年号，其中还有一个年号称"隆武"，为世人鲜知。隆武是南明绍宗朱聿键的年号，其时明朝已亡，清朝建立，已使用顺治为年号。陈家在这兵荒马乱的年代主持修谱，使用南明年号记事作序，当有表明怀念故国、不做亡国奴的心志。在陈氏宗祠，一块匾额尤为引人注目，上题"父子举人"四个大字，题额人身份非同寻常，上款"兵部侍郎兼都察院巡抚浙江等处提督军务节制水陆各镇兼管两浙监政"等字依稀可辨，下款有"八年岁次壬午季冬月上"等字样。因为陈氏道光宗谱没有收入此事，父子举人的荣耀当发生在光绪八年（1882），这一美誉佐证了陈氏家族耕读传家之风一脉相传，同时深得社会与朝廷的赞同。

如今宝鉴村景色秀丽，绿化道路，美化河岸，民风依然纯朴，一边传承农耕文化，一边多种经营，无论陈姓、曾姓，还是其他姓氏，都为家乡的美丽出钱出力。为了缩短宝鉴村与54省道的距离，宝鉴村自筹资金修筑一条新公路，在外经商办企业的村民慷慨解囊。途中部分路段经过浦城县某村庄，也得到该村的鼎力相助，共同为改善交通条件努力。村中兴建的文化长廊，仿照福建土楼的风格，将两省边界地区的文化融为一体。

2015年春天,一批早年从宝鉴小学毕业的学生各自捐款回到母校举行同学会,活动办得极为节俭,却将省下的10000多元款项买了80多条毛毯送给村里60岁以上的老人,敬老爱老的高尚品德在新一代的血脉里流淌,耕读之风如宝溪之水源源不断,代代相传。

(文:王远长)

景宁大均村

大均三杆延人文

景宁县城西去30里,山水旖旎,风光秀丽,有一乡村,名曰大均,乃文化之地,耕读之乡。大均乡是景宁畲族自治县城郊的一个古村落,清代属三都,民国二十年(1931)建乡,新中国成立后是乡人民政府驻地。大均距县城约15公里,海拔170米,原是以林为主的农业经济区,现根据优势整合全乡资源发展旅游,2009年建成全县第一个国家4A级旅游景区。

大均村之村名极富人文理想和哲学含义。《论语》有云:"丘也闻有国有家者,不患寡而患不均,不患贫而患不安。盖均无贫,和无寡,安无倾。"村中又有俗说,该村背倚龙岗,三面临水,形同半月,左右匀称,故得此名。据《均川李氏宗族谱源序》记载,李氏皇族的一支于唐末五代辗转徙此而居,已历千余年,自此大均在秀丽山水之上平添了人文古朴。

大均村山水秀丽,人文古朴,有李氏祠堂、一门三进士牌坊、古街老屋、浮伞祠、观音阁、坟树围青、龙岗叠翠和鸦顶晴云等风景和古迹,一直是瓯江支流小溪流域的水陆交通枢纽,商贸经济繁荣,注重耕读风尚传播,形成了大均村人引以为豪的"三杆"民俗,即笔杆、秤杆、竹竿(撑篙),以文笔、商贸和船排著称。建筑上形成具有明清风格的前店后院式山区商贸古街风貌和石板街面,有"小溪明珠""景宁最高学府""浙南芙蓉镇"等美称。

大均村历代都有崇尚耕读的故事,明清尤为经典。

一门三进士

明天顺六年(1462)大均村秀才李琮中举,明天顺八年(1464)中进士,授南京吏部主事,辗转山西、湖广、福建等地任职,官至左布政司。其弟李璋于明弘治十五年(1502)中进士,官任山西副御使,升侍郎。李璋之子李鏳于明嘉靖二年（1523）中进士，官至光禄寺少卿，掌管皇帝饮食。

为褒扬这一门三进士，景宁县奉旨在县北建兄弟方伯坊、父子进士坊，大均村建骑街进士坊，李氏宗祠正门并开三门，一大二小，悬"父子方伯""兄弟进士"匾。如今李氏宗祠已捐给大均乡校改建教学楼，其牌坊门楼则于2006年新农村建设改造街面之时得以修缮，当代书法家祝遂之为之题匾"大均古街"。

进士之门为大均村人激励子弟读书树立了最佳榜样，也让到过大均村的游客了解了这段历史并产生崇敬之情。李氏宗谱《规箴十四则》有"正名分""存忠厚""务本业""励文学"等深涵儒家思想的条款，族训"读书以显亲扬名"，忠厚守业等耕读内涵深蕴其中。据宗谱记载，明清时期大均村李氏有贡士4名、贡生56名和秀才46名。大均"文化名村"声名远播，读书氛围一直延续至今。

创"明德书斋"之李鉴堂

明德书斋曾是景宁名噪一方的书院，不但名气大，而且遗迹尚存。斑驳的老砖门和长了青苔的巷弄、门上模糊不清的书刻，显示了曾经的繁盛以及历史沧桑。创始人李鉴堂为明代贡生，字志光，别号崧庵先生，五岁丧父，赖其母勉力教育成人，取得功名，历任邑侯。他一生忠厚诚恳，精研书画，有求必复。因性情耿直得罪权门富贵，并因家道变化，薪资不够开支而弃进取，回家自以教书育英才为生。新开广厦五间，亲筑园圃，建成明德书斋。明德书斋鼎盛时有近百位学生，方圆百里，趋而求学，从这里走出的贡生、秀才已经无从统计，成为景宁县规模最大的民间书院。

李鉴堂为人侠义豪爽。据宗谱载，李鉴堂后来主持修理宗祠族谱，倡建文阁寺庙，修葺水月庵、浮伞祠、大士阁，捐造桥亭，平治道路，赈恤孤寡，周济贫乏，"凡城乡善举，莫不首倡捐资，不辞劳怨"，实为一方豪士。各方赠匾其多，县令旌匾："望重儒林"；处州府尊旌匾："清时祥凤"。

李鉴堂是大均村又耕又读的一大典型。明德书斋后世没有那么大的名气，估计原因有二，一是没有李鉴堂的修为；二是只为教书而教书。

"景宁七子"李瑞阳

清光绪二十七年（1901），大均村李瑞阳与叶仰高（民国志士）等六位景宁人一起留学日本，因慷慨激进，被称作"景宁七子"。他们在日本宏文师范学院受到孙中山先生的亲切接见，而后加入同盟会。学成回国，李瑞阳首任景宁务本学堂堂长，辛亥革命后任县教育科科长，力主革新，男女平等，恢复和改建了景宁县立女子学校，民国十二年（1923）被选为县议会议长。

李瑞阳晚年时致力于民众利益，曾筹款修建成美桥（大赤坑廊桥，筑桥有成人之美的含义，故取名成美桥。该桥处陆路交通之要冲，行人必经之地，因水患，自古屡建屡毁，而自此稳固如新，且桥型优美，为浙江省单拱第三长廊桥），修筑坑头岭古道，调解乡村纷端，无不令人折服。

当时浙江省省长张载阳题赠"热心公益"奖匾，鉴湖女侠秋瑾的胞弟秋宗章为李瑞阳题撰像赞，总结李瑞阳一生："东瀛负笈，博学多闻；英才乐育，桃李盈门；晚主议席，齿德具尊；不憖一老，返朴归真。""憖"意为从，说明李瑞阳做事心性很强，年纪大了也不服老。

李瑞阳是近代少有的坚守家乡耕读之典型。

开明乡绅李岩妹

李岩妹是李光元的独子。李光元是大均村的富户，据说也是全县首富。晚清至抗日战争时期，未通公路之前，大均村凭借水路，与温州通商。大均村溪埠商贸十分繁盛，街面店铺货物繁多，县城居民购物，反趋大均村肆。300米老街上有40余户地主，其中18户兼做商贸生意，大均村"秤杆"名副其实。大均村的地主凭借勤俭，收租达百里外。李光元是晚清的贡生，勤俭也颇有名气。其母柳氏节俭持家，善于励志，给家族定下规矩：无论年成多好，不加租；无论生意多旺，不亏客。柳氏曾获黎元洪代总统签发的旌表"节励松筠"。

李岩妹就出生在这样的家族里。李岩妹实名李欣，三代单传，为了容易生养，特取乳名岩妹。有一年，谷物丰收，佃户们自愿多交了200担租，年轻的李欣兴冲冲将这一消息告诉家里，不料家里老人没一个有喜色，奶奶柳氏连饭都不吃，让他长跪地上，要他把多收的租退还佃户。经历此事之后，李欣读懂了"大均"的含义，自此虽处富室，却能为人平和、宽厚仁义，常常济困扶贫。后来以人、财、物支持革命，土改时被评为开明地主，受政府邀请，出席景宁县首届各界人民代表会议。他的四个儿子，均轻财重德，好学上进。大儿子学业中投笔从戎，参加了人民解放军，是部队文工团骨干，上校军衔。二儿子学贯中西，取得美国教育学硕士学位，后长居台湾。三儿子教书育人数十载，桃李布天下。四儿子在家乡务农，长居祖屋。其宅门外书"北极彤云"，内书"竹苞松茂"，宅内雕梁画栋，刻镂精细。

藏书之家

李开晴，教书育人40载，任大均乡校30年校长。有兄弟李开雨，家居乃名"晴雨庐"。其父李恒元乃地方名士。抗战时期浙江省府内迁山区，省教育厅和财政厅分驻景宁与大均。受命主政大均乡的李恒元由此与省府厅政要员、名流雅客频繁往来，留下许多文雅故事。在李恒元暮年之际，他将其中与大均人文风景有关的往来故事写成《战云过去沐贤风》一书，该书获1999年"国际老年人年"全国老年人诗文书画大赛文章类特别奖。

李校长为书香之家，教育子女爱文学爱艺术也多有成就。他常说，书也是有灵魂的，叹惜很多好书与珍贵字画毁损于"文革"及"破四旧"时期。现如今电子书盛行，他依然爱印刷版书籍。家藏的3000余册书籍，使李开晴家庭荣登全县、全市的"藏书之家"榜首，并在2014年4月获得由国家新闻出版广电总局组织评选颁发的首届全国"书香之家"荣誉称号的证书和题匾。

李氏祠堂

大均村宗祠远近闻名，雕梁画栋，光耀一方。清末李氏修缮祠堂时，其一扇窗子的雕花刻镂就需要一位司匠工作一年才能完成，整个建筑的辉煌繁富无法想象。据宗谱记载，李氏在大均村曾多次修建祠堂，明代以前祠堂选址在村外溪滩，屡建屡毁。"多次建祠，屡毁于水"。明后大均村李氏重新选址，将外滩祠堂迁入村内。在半月形的大均村中，祠堂位置如同太极的鱼眼。位置对了，风水的效力生发了。于是就有了"一门三进士"，就有了明清时代的许多功名。民国东阳三门县县长钱谟贺诗大均村："俗厚自留耕读训，山深长隐太平民；陇西勋业前徽在，伫看澄溪跃锦鳞。"新中国成立后，俗厚耕读的大均在乡校无处安身时，毅然将古色古香的祠堂贡献了出去。几十年过去了，祠堂内部空间难以拓展，功能不足，设施不够，已经不能满足现代教育的要求。恰有"扶贫建校"项目，于是将其列为"危房"予以改造,保留了"一门三进士"而三门并开的一堵墙。祠堂内的各种淳美雕饰与传统诗意也随之淡出人们视线,各石墩、条石、刻石则散落于村内外。

旅游兴起,李氏族人宗族意识逐渐恢复,经过各种努力,在村口靠后山位置,复建了李氏祠堂,虽是木构,但规模和木构件无法与老祠堂比肩而论。李氏族人说,只为有个地方可寄托族人的念想,不然大均村李氏七万子孙回到祖地不好交代,同时展示大均村李氏的各种成就和历史过往,也为大均村增添了一处游览景观。

(文:沈林海)

松阳南州村

朱子文脉传南州

南州村，位于松阳县城东部，松阴溪南岸，距县城15公里。南州者，南洲也。据《松阳县地名志》载："因村处松阴溪南沙洲上，故名。"村庄三面环水，一面靠山，风景优美。

南州村是象溪镇辖区内具有久远历史的历史文化村落之一，始建于梁朝，距今已1700余年。现有村民780人，有徐、罗、宋等姓氏，最早入住者为宋姓。据《徐氏宗谱》记载，官至学士的先祖徐千驭于宋绍兴年间（1131—1162）为避战乱自灵山（今龙游）迁徙至此，繁衍生息，已有800余年。《罗氏宗谱》记载的罗姓先祖则是明天启年间（1621—1627）从福建延平迁徙而来。

"松阳出城，南州最平"，南州村村内纵横交错的大小巷道居然连一步台阶都没有，如此平坦的乡村，在松阳全境实属罕见。村内以一条老街为主干道，宽约4米，呈西北—东南走向，其余巷道则以"非"字形状排列在老街两侧，或通山脚，或通溪边。卵石砌的街道正中为条石路心，路边各有一条下水明沟。随着经济的发展，古老的条石路均已改为水泥路面。

一直以来，善良淳朴的南州人在"一亩三分地"上辛勤地耕种着。种桑养蚕是南州村传统的农耕项目，现村内桑叶园种植面积还有200余亩，每家每户仍然延续着养蚕的农耕生活，每年的五月份是全村男女老少最繁忙的时候，采桑、喂蚕、换匾一刻不得闲。

风光秀丽的南州村，村落和房舍都非常简朴，但却散发出一种独特的魅力，这魅力就来自于南州人对自然山水的热爱和从始至终追求的耕读生活。

"耕为本务，读可荣身"。在先辈的教导以及儒家学而优则仕的影响下，南州村的学子也加入到了牛角挂书的耕读生活中，他们陶冶在田园山水之间，沉浸于子曰诗云之中。朱熹的到来则更是一石激起千层浪，在南州村的历史上留下了深刻的烙印。

南宋淳熙九年（1182），时任浙江常平使的大理学家、教育家朱文公朱熹自台州来到缙云。据束景南《朱熹年谱长编》所载，他在这一年的八月十八日离开台州，"二十二日，巡历至处州缙云县"。但他何时离开缙云却没有记载，只说在"九月四日，巡历到遂昌县"。在这12天里，他还巡历了处州府城和松阳两地。

朱熹酷爱山水，民国《福建通志·朱熹传》就说他"闻有佳丘壑，虽迁途数十里，必往游。携尊酒时饮一杯，竟日不倦"。一路上，朱子赏景、讲学、收徒一样不落。仲秋时节的松阴溪两岸几许枫叶，数挂柿子，亩许稻谷，三三两两的秋菊……一艘木船，一位老者，悠悠然进入南州村的视野。此刻，一阵朗朗的读书声传来，循着读书声远眺，古樟下的寺庙映入眼帘。停船上岸，朱子信步走进寺庙，此时，一个稍显年迈但却中气十足的声音正在讲解着《中庸章句》，先生加'渐暗'二字于'滋长隐微'之中，朱子含首捻须，略一深思，不禁拍手连赞："妙哉，妙哉。"

朱子推门而入，盘桓终日，相谈甚欢，于是借宿福安寺中。夜色中，两位老者乘着酒兴品茗言谈，从经学到史学，天文到地理，朝政到乡野……到访老者的博学，让教书先生直呼"胜读十年书"，也明了了眼前这位虚怀若谷的老者就是天下学子为之倾倒的朱圣人。攀谈中朱熹说，有个大才子名叫徐穉，是我们南昌府南州村人，学识广博，恭俭义让，众人均服其德，人称大儒，他自己却只叫孺子，你与他同姓，也称得上孺子了。言毕，取来文房四宝，当即写下"孺子别里"四字，送予教书先生。先生如获至宝，将其珍而藏之。

福安寺，据县志所载于梁时建，曾于南宋绍兴末年重建，现存部分建筑为咸丰五年所建。福安，无非是"神寿安康"抑或"平安是福"之意。无论是现在还是过去，老百姓都有一个共同的愿望，那就是企盼福气的到来。一个"福"字寄托了人们对幸福生活的向往，对美好未来的祝愿。淳朴善良的先辈将私塾放于福安寺中是有其道理的，即希望借这村中的风水宝地让学子们能学有所成。

朱子在福安寺讲学逗留期间，恰巧松阳的理学家王光祖也到了南州村，《松阳县志·人物·理学》记载："王光祖，字文季。官大理评事，精于理学。朱文公提举时，邂逅邑之福安僧舍。光祖拱立规掌，如太极状。朱熹异之曰：'王子胸中自有太极。'后数以诗文往复，有寄孙竹湖书曰：吾到括止得士友王文季一人而已。"

朱子走后，教书先生将圣人墨宝做成匾额高挂中堂，彼时村里造亭以纪念朱圣人，"孺子别里"四字刻石于亭上，亭则为"孺子亭"，并将村名沙溪改为南州（《徐氏宗谱》）。随着时间的流逝，亭子早已灰飞烟灭，但南州人的耕读精神却代代相传。后邑人叶再遇于宋咸淳年间（1265—1274）在古市建明善书院，以纪念朱圣人到松阳讲学之事（《松阳县志》载）。

有着浓郁耕读氛围的南州村，有着徐老夫子这等优秀的孺子，有着松阳仁人志士的榜样，自然代有才人出。据《徐氏宗谱》记载，从徐千驮起徐姓族人中出过学士、太尉、举人、贡生、秀才等共计有109人。其中：

徐孟英，官至南京太尉，赞曰：敬勤乃职，文章政事，卓有声誉，四海宾服，及解级归，义方训子，馨香俎豆，裕后光前。

徐伯基，明永乐十九年（1421）举人。授翰林院侍读，圣旨赐联桂坊旌之以光其宗，牌坊高3米，宽1.4米，二柱单间（《历史文化名城松阳》）。牌坊虽然不豪华，但却是松阳较早的功名坊之一，可惜于2004年被拖拉机碰撞而坍塌，如今构件均失。

徐旭初，字杲东，例贡生。咸丰十一年（1861），太平军陷松，侦知旭初饶于财，以伪命招抚，如不出则将屠其乡。旭初为地方计，佯往投之，至福建境，始脱身归乡里，竟免于难。

南州村，藏风纳气之所，人杰地灵之处。白墙黑瓦依稀勾勒着当年田园般的画面：山水相依，草木茂盛，瓦屋生香。昔日的繁华虽已消逝，但古老淳朴的特有气质却留了下来。至今观之，古风犹存，令人回味无穷。

（文：黄淑梅）

第四篇　崇勤倡俭

宁波鄞州勤勇村

惟勤惟勇铸新生

勤勇村位于宁波市鄞州区东吴镇的东南，是东吴镇的边缘村庄，距离镇政府约15公里。这里三面环山，有牛山、乐家山、谢家山等，其中南端有座"凤凰山"，山下有条"凤凰溪"，因此勤勇村昔日亦称为凤溪村。

这是一个山多地少的小山村，村民祖祖辈辈守着青山，靠卖柴、种田过日子，"翻山越岭奔着路，屈身弯腰饿着肚"是他们生活的真实写照。

1965年，中央提出"农业学大寨"，要树立艰苦奋斗、改造山河的气魄，立足抗灾夺丰收，全国兴起"农业学大寨"运动。1967年，勤勇大队党支部书记王信德由鄞县县委组织去山西大寨参观学习。看到山西这么穷的地方也能变成这样，王信德信心大增，回到村里，他向村民鼓起了劲说："山西黄土朝天，树都是靠种起来的，我们这里不管条件咋差，山总是青的，只要肯干，一切都会好的。"

造田，掏溪坑，改村庄。1968年年底，在王信德带领下，全村干部群众发扬"自力更生、艰苦奋斗"的精神，揭开了重排山河的序幕。

首战是盘山院水库。当时天寒地冻，冰雪封溪，大队办公室搬到了工地，村里一班人带头敲开冰冻挖"泥龙"，广大社员你追我赶，不甘落后。老干部钱阿康在大盘山顶养牛，一听造水库、挖穷根，主动下山，和大伙一起日夜奋战在水库工地。全村干部群众冒着严寒干了一冬一春，盘山院水库提前半年蓄水。

勤勇人重整山河的热情空前高涨，在之后的改造烂田畈中，62个社员的脚被砸出了血，仍然坚持不下火线。1972—1973年，勤勇大队学习鄞西王仙岗农田基本建设的干劲，以愚公移山的精神，带领社员改溪造田 80 亩，旱地改水田 25 亩，扩大耕地面积，多产粮食。同时，兴修渠道、堰坝、水塘等水利工程，增强抗旱能力，确保大多数粮田旱涝夺丰收。

1974 年，勤勇大队想要再夺高产，但受限于肥源不足，于是号召社员养猪发展畜牧业。他们采取重奖政策，规定每千斤口粮要养猪一头，再奖粮。这一年，765 亩粮田亩产达到 1345 斤，总产达到 10295 担，超百万斤大关，破了历史纪录。至 1979 年，勤勇大队畜牧生产在私养为主的基础上，发展集体牧场 12 个，年终存栏羊 130 只，牛 84 头，兔 530 只，生猪 831 只。因人心齐、干劲足、肥源多，当年勤勇大队粮食亩产、总产分别达到 1923 斤和 14235 担，均再超历史纪录。

1975 年勤勇村做出建设新农村规划，1976 年开始建设新农村，提出"日治坡，夜治窝"的口号。那一段时期，家家户户"六出六进"出义务工，即每天早上 6 时出门"治坡"，晚上 6 时回家，扒口晚饭，6 时半，每个劳动力自带小工具，到工地集合，再"治窝"。"治窝"每晚挑灯夜战到 9 点，也因此，晚晚工地灯火辉煌，你来我往，挑土铲泥，一派热气腾腾的感人场面。勤勇人为此搬动土石方约 24 万担。

由于当地石料不理想，大队与东吴北村联系，得到同意，转到古野岙西山下开采石块，每天用 6—10 辆拖拉机装运，每辆每天跑 6 趟，将近 20 里的路上，从此川流不息，风雨无阻。

9 年时间 3240 天，勤勇人连续打响了五大"战役"：一治水，兴建和维修了 11 座山塘水库，使 60% 以上的农田达到了自流灌溉；二治溪，改溪造田，平整、扩大杂边田共 107 亩；三治山，投放 8 万个劳动日，搬动 12 万担土石方绿化荒山，种植茶叶、油茶、杉木等 850 亩；四治路，新建公路和机耕路 4 公里；五治村，投放 8.7 万个劳动日，搬动 13 万担土石方。

就这样，靠着一双手、一根扁担、一担土箕、一辆手拉车，勤勇人硬是将高低不平的山地、旱杂地开成了一块块平整的梯田，并在一个个山岙建起了一个个水库、山塘，村口墙头就有一条标语这样写道："千余山民心向党，6000 亩山林披绿装，800 亩耕地粮满仓，11 只水库鱼满塘。"至今，勤勇村进村路边的围墙上，特意还写着有明显时代特征的标语："积极参加义务劳动，加速社会主义建设""自力更生、艰苦奋斗"等。

1976年起,勤勇大队实行社员子女幼儿免费入托,中小学生免费入学,社员享受40%的免费医疗,社员口粮35%按需供给,丧失劳动能力社员的生活费享受集体劳保等保障机制,并基本实现了山田园林化、水利现代化、交通网络化、收种机械化、工厂电气化和居住集体化。当时人们这样形容勤勇新村:"独立丹凤朝太阳,一条溪坑一条街,三座大门一座桥,五只花坛八条巷,五排六幢新楼房,四旁美化新气象。"

勤勇大队在"农业学大寨"运动中所发生的巨大变化,在鄞县引起热烈反响。1972年,当时宁波市党报《宁波大众》采写了一篇长篇通讯《喜看山村展新容》,以头版一个版面转二版的强大阵容刊登了此文。1977年6月,鄞县把勤勇大队作为全县建设社会主义新农村的试点,要求各公社在基本建设中将勤勇大队的经验加以推广。同时,勤勇大队就地取材用块石砌墙建造新村,既节约土地又节省成本的经验,得到了国家建委的赞赏,成了江南建设新农村的突出典型。

1978年6月14日下午,省委第一书记铁瑛到勤勇大队视察,肯定了勤勇大队的做法和经验。勤勇村由一个被人瞧不起的穷山村一跃成为全省的典范,也有了那个时代的口号"农业学大寨,浙江学勤勇",大队党支部书记王信德也被人们称为"鄞县的陈永贵"。1982年,时任国务院总理赵紫阳视察勤勇村,勉励勤勇大队勤劳勇敢的作风要坚持下去。当时,全大队333户社员,人均住房29.2平方米,村积累约310万元,储备粮食120万斤。

至今,勤勇村的石头村、石头路仍然保存完好。西大门的"凤仪门"三大字依然清晰,其背后还写着一行字:"做一个有理想、有知识、讲道德、讲文明的人。"大门口"金凤凰"依然昂首、展翅欲飞。"金凤凰"意为"头顶蓝天,回望凤山,尾拖大地",这是勤勇村的象征。凤仪门建筑及雕塑,也成为宁波市第三次全国文物普查百大新发现之一,2010年被列为区级文物保护单位。当年,建造宝瞻公路,为了保护这一全区最年轻的文物,工程特意改变了线路设计走向。

"金凤凰"后面是一片碧绿的树木,两侧则是古朴的块石路和整齐划一的房子,均用块石堆砌,那就是昔日享誉一时的"勤勇新村"。从凤仪门到凤岙门全程415米的村道,全部用块石铺建,30多幢9开间或12开间的民居乃至大礼堂也都用石头砌成。右侧那几幢三层楼的石头房原是勤勇村接待站,也是鄞县第三招待所,如今也成了村民住宅。

大门口左侧的一幢石头房子原是工艺美术厂，现改为勤勇村文化礼堂，记录着勤勇村的历史。文化礼堂一进门就写着两行非常醒目的字："勤劳勇敢，艰苦创业"，这是勤勇人对"农业学大寨"那段光辉岁月的高度概括，也是勤勇人创业精神的价值所在。

（文：俞珠飞）

泰顺桥西村

勤俭典范胡维基

桥西村隶属于浙江省温州市泰顺县仕阳镇，是一个休闲人文观光旅游村，国内有名的"胡氏大院"古民居建筑群恰好位于村中心地段，当地人亦将之称为石门楼。

胡氏大院坐西（偏南）朝东（偏北），四面环建石砌高墙，整座大院共有四座门，其中大门一座，小门三座。在房屋四周有水沟相通，是排水的主要渠道。石门楼的主要建材是杉木，建筑的结构部分与围护部分截然分开，柱子、梁架支起一片遮风蔽雨的屋顶。梁、柱、屋顶体系是开放的，空气可自由流通，在湿热的环境中，可保护木构架。

胡氏大院共有上下两堂。上堂为三合院式建筑，下堂由南北屋及前堂组成，中间为沟通上下堂的甬道。大院主体建筑有一条明显的中轴线，两侧厢房以及正屋都以这根轴线左右对称。大门原来也处在中轴线上，后北移，现在大门正对前方笔架山的最高峰，可以说朝向环境更美了。下堂第一座门楼即为整座大院的门楼，主体石构，构筑简约，风格大方。门槛内外的地面用小卵石铺成精致的图案，进入石门楼后向左行即为大院的第二座门楼——族人亦称前堂。明间的柱头镜、月梁、牛腿、斗拱等构件均有精细的雕刻，内容有龙凤、狮子、花鸟、人物故事等，呈现出浓厚祥和的人文气氛。

下堂南北屋与前堂均建于同一时期，系胡东伟于清咸丰二年（1852）七月建造。南北屋建筑风格和用材均无差别，小庭院内莳花种树，生机盎然。正房檐廊细部构作繁缛精致，月梁、牛腿、雀替等兼有雕刻，内容主要是人物故事居多。建筑装饰的特点之一是在厅堂的楼板梁上也做雀替。厅堂太师壁前设长桌，厅堂两边有扶手长椅。扶手长椅的靠背装饰为泰顺较少见的冰裂纹。正房格扇花心部分用棂条拼装，棂条之间用小木块雕成梅花镶在其间，起到很好的装点效果。上绦环板的雕刻则以人物故事与花卉为内容。南北屋庭院前均建有门楼，门外之外即为通往上堂的甬道。甬道宽4米，长约17.6米，地面用规整的卵石铺砌。甬道两旁均建墙，为南北屋的院墙。临近上堂的门楼处的山墙则建成猫拱背式，整体高大端凝。院墙全部用卵石砌造，猫拱背山墙下段用卵石砌造，上段用砖砌，顶上铺瓦。

胡氏祖居庆元官塘，明天顺年间（1457—1464）胡道严徙居今泰顺雪溪西岸，为当地胡氏始祖。传至胡东伟一代，家业日盛，遂开始大规模的建造住屋。胡东伟，字震仁，号霁园，生于清嘉庆十七年（1812），卒于光绪九年（1883）。胡东伟于光绪二十年（1894）以子胡一琨遇覃恩，诰封奉直大夫。胡东伟从道光十二年（1832）起至同治十三年（1874）先后建造了胡氏大院、凤垅厝、凤垅头厝等民居，前后历时40余年，胡氏大院亦是经过前后三次的建造才形成今天的规模。

时至今日，前来游玩的游客无不对胡氏大院的规模和做工惊叹不已，很多人都以为胡氏先祖是当官的或是富商，才能建造出如此规模的建筑。殊不知，胡氏大院建造者胡东伟也只是普通的农民。当时主要靠勤俭持家，家里稍有结余便开始购置田产，田产不断扩大，出租给佃户种田收租。由于当时田产丰富，粮仓粮食充足，且当时工人工资低廉，才得以建造出如此规模的胡氏大院。

胡氏近代还出过一位数学家胡维基。胡维基（1910—1978），胡东伟的孙子，乳名园洲，字飞翰，学名维基。早年于上海大学肄业，后转入英语专科攻读外语。自幼聪颖过人，精数理通英语，善书法（擅长狂草），语言文学造诣亦深，是位多才多艺之人。

对胡维基而言，从事教育工作的那段经历在他的人生中有着比较重要的意义。他忠于教育事业，主张"尊师必先爱生"，先后被泰顺县师范讲习所、泰顺县初级中学（分别是泰顺中学的前身）聘请任教。在受聘任教期间，他精心钻研业务，工作上一丝不苟，对学生也爱护备至。对于学生的不良行为，他从不简单粗暴对待，而是耐心细致地说服教育。学生生活上出现困难，他也总是设法帮助。记得有一次，一位名叫陶月莲的学生生病了，而她家里又比较贫困，无法支付昂贵的医疗费。胡维基知道此事之后，毫不犹豫地帮她交付了医药费，并精心照料，而他自己当时的收入也不是很高。他对学生的爱护，使师生之间情谊深厚。他教过的学生，如今许多已成为各条战线上的骨干，他们对老师当年的教诲无不铭记于心而终身受益。

抗日战争爆发后，中华民族处在生死存亡的关头，胡维基怀着满腔的爱国热情，为救国图存而弃教从政。40年代初，他曾任浙江省人事科股长和松阳区长等职。当时他在嘉兴府专署任科员，后在嘉兴县任秘书。当日寇侵入嘉兴时，他果断地组织群众撤退，自己则与一些爱国之士随后掩护。在松阳任区长时，他利用手中的职权把两名被捕的地下党员释放出来。他还曾公开拒绝国民党第十一师师长摊派马粮的任务，国民党当局因此认定他是共产党，险些被军法处置。

胡维基从政十多年，洁身自重，一尘不染。由于工资收入低微，为了接济贫民，他常利用回家探亲之便，多次变卖田地，当时还曾被乡里传为笑话。解放后土改时，他还因变卖过田产被指令重新买回被卖田产分予别人。他一生淡泊名利，公而忘私，生活清苦，耻于敛财。他在松阳任区长时，官清爱民、仁德刚直、关爱民生、与人为善，深得百姓爱戴。在他离任之前，全区百姓自发集款建亭立碑，以表彰他的高风亮节，碑文标题："纪念清正廉明胡区长维基先生。"

胡维基的一生也是埋头科研的一生。他通晓汉语、英文，酷爱数学。青年时期，他就曾研究过标点符号，后因奔波未能成书。随后他又着手研究数字。在泰顺初级中学任教期间（50年代），他便开始挤时间研究"任意角之任意等分"等几何课题，制成了"a"形胡氏规，并以"任意角"为名著书上报国务院。因周恩来总理复函延迟一周，此项研究已被德国人抢先发表，并得到国务院第六办公厅的肯定和鼓励。

胡维基不但平时挤时间研究，即使在狱中，在失去自由的情况下仍一身扑在贺率"II"的研究上，连看守所所长也被他所感动，亲自为他上报研究成果。出狱不久，他又着手进行"一般五次以上高次方程代数解法"研究。这个课题早在1800年前后就曾被世界著名数学家亚贝尔利视为禁区，认为不可逾越。后来著名数学家迦罗年又作了进一步证明，断言"代数解"是不可能的。但他"明知山有虎，偏向虎山行"，夜以继日地算个不停，终于在1966年冬初步找到了"代数解"的规律。在第一部初稿将近完成的时候，谁料在一个夜晚的几分钟的时间里初稿被付之一炬。这就是"文化大革命"给他带来的严重打击。但他并没有就此消沉，而是加倍用功来弥补这个损失。他重新伏案，从头开始。那一个个的数据，要用笔计算到小数点以后24位数字，这是多么复杂艰巨的工作啊，看了他的稿件，看到一堆堆密密麻麻的数字，家人们都为他的恒心和毅力感到惊讶。

　　他整个身心驰骋在数字研究上，有时会做出一些令人不解的举动。陪客吃饭，突然离席，走亲访友，半途而归；时而笑容满面，时而锁眉不展。功夫不负苦心人，他潜心研究十三载，终于推翻了"代数解"不能解的定论。正当他着手整理材料准备定稿上报国务院时，由于兴奋过度，竟引起十二指肠穿孔。在医院的手术台上，他怕手术不成功，要求主刀医师稍候，待他把"代数解"的关键问题交代后再动刀。令人遗憾的是当时身边没人懂那高深的数学，家人们只好发急电给省科委和国家科委。待复电到达时，他却已离开人世了。

　　"公生平磊落光明，不徇流俗之见，敬宗尊祖，邻里和睦，声望极高，为乡人所敬佩矣！"

（文：胡小江）

德清张陆湾村

改天换地靠勤劳

张陆湾村坐落于德清县最北面,与湖州市吴兴区仅一桥之隔。这里四周环水,河流池塘星罗棋布。村东面是两千多亩的生态湖洛舍漾,号称德清县第一巨浸,举目四望,但见芦苇桑麻,把村庄遮得严严实实。

村庄并不古老,明末清初战火连天,人们才陆续聚居在此,过着安静的农耕生活。一首世代相传的民谣唱道:"三县交界无人管,万年田庄铁饭碗。"概括了小村几百年来的恬静风貌和贫困现状。如果要说村庄的名人名事,谁也说不上来,只有架在陆家湾通往吴兴县的洋下港上的三孔平梁石板桥,是清光绪十一年(1885)一位陆家湾自族中一个叫阿顺的长辈带头募捐建造的,因而取名"大顺桥"。那一年,村里请来了庆春班的戏班子,庆贺大顺桥的落成。当时班主在桥上说:"你们的村坊是个好地方啊,地形像一只振翅欲飞的雁鹅,边上的洛舍漾像一只食盒,有朝一日,这只雁鹅总会展翅高飞的。"

陆家湾村的东面是洛舍漾,西面是东苕溪,田块小,桑埂多,有近百块大小不一的箱子田、冷水田,还有近百只滩水塘。民国期间十年九荒,民间流传着"漾下田,步头井,三朝雾露没头颈"的民谣。新中国成立初期,陆家湾村依然贫穷,是出了名的贫困村。人们希望这里的雁鹅会飞起来,让贫困的村庄变成聚宝盆。

1968年,村民们推选陆呆大担任村党支部书记,这位身材高大、皮肤黝黑、浓眉大眼的小伙子,虽然识字不多,但聪明能干,爱学习,肯吃苦。在首次村民大会上,他简单地说:"万物土中生,土里有黄金。我们村过去苦,主要是田势低洼,水利落后。今后想过好日子,一定要艰苦奋斗,战天斗地,改变我们村落后的面貌!"于是他邀请了县水利、农业方面的专家前来指导,规划出了一张农田水利基本建设的蓝图。在他的带领下,全村组织了青年突击队、妇女突击队,他们的口号是:"下雪下雨当晴天,星星月亮当白天。"大搞水利农田基本建设。不知道干了多少个日日夜夜，大队会计只知道以旧换新的毛竹扁担挑断了180多根，经过四年的艰苦奋斗，72条桑埂搬掉了，上百只大小滩水塘填平了，原来大小不一的几十只箱子田不见了。通过陆家湾村委的愚公移山的精神，如今的陆家湾成为"田成方、渠成网，树成行"的大圩圈，原来低洼的田身增高了40厘米。

第二步怎么走，陆呆大早已胸有成竹。他想到了罱河泥。因为桑埂田墩的土都是生土，填在田里缺乏肥料，秧苗总是黄澄澄的。要想办法改善土壤，他的提议很快变成了决议。1972年9月，《浙北报》发表了《罱河泥的一场革命》的文章，介绍了陆家湾大队（2001年村级区域调整后更名为张陆湾村）发明的两只吸泥船。陆家湾人就用这两条吸泥船吸取洛舍漾的淤泥，用十几条手摇的5吨位水泥船运淤泥，他们"六进六出"，即早上6点出工，晚上6点收工。每天运送到田的淤泥不少于600吨。

后来，整个洛舍漾漾底的淤泥全部吸完了，又联系县水利局，将东苕溪疏浚的淤泥输入圩田、桑地。经过整整四年的艰苦奋斗，全村的农田增高了一米多。无论旱灾、洪涝，都能排灌自如，而且河泥改变了原来的土壤结构，使全村的农田土壤肥沃，增产增收。

俗话说："功夫不负有心人。"他们艰辛的汗水，终于换来了丰收的喜悦。全村粮食产量逐年增加。蚕桑、渔业、畜牧业全面发展，社员年底分红年年提高。

农业上台阶了，接下来该怎么办，陆呆大心里早已有了小九九，他在社员大会上说："我们村的农业生产上去了，但集体经济还不行，大家的钱袋子还鼓不起来，怎么办？"他停了一下，坚定地说："无农不稳，无工不富。我们要在搞好农业的同时，必须大力发展工业、副业，使全村经济再上一个台阶。"在后来的几年中，陆家湾人艰苦创业，村集体先后办起了百头畜牧场、养鸡场、哺坊、酿酒厂、水泥预制厂、纺织厂、棒冰厂、玻璃钢游艇厂。工业与副业的不断发展，村集体经济不断壮大，村民们的收入也不断增加。

随着村集体经济的发展壮大，全村进行了农房改造，把分散的小村庄、旧农房进行了统一拆建，经过几年的艰苦努力，一排排整齐的新楼房建成了，全村面貌焕然一新。

1975年11月，陆家湾大队的总结是：粮食超三纲，蚕茧超二百，鱼荡超千斤，猪羊（人均）超二头，集体储粮超二年，60%村民住新房。

1976年12月27日，陆呆大出席了第二次全国农业学大寨会议。次年，中共德清县委下发【县委】86号文件：《关于向陆家湾大队学习的决定》。1977年7月，陆呆大当选省委六届委员，被任命为德清县革委会副主任。1981年7月，县七届人大代表会上，陆呆大同志当选德清县副县长兼农委主任，陆家湾大队成为全省农业战线上的一面旗帜。

随着新农村建设的不断发展，村集体收入的不断壮大，这只"雁鹅"像是喂饱了食，开始振翅腾飞了。从此，张陆湾村人才辈出，村民也越来越富裕了。过去这个村连个会计也难找到，不得不从外地聘请。陆呆大下决心改变村民文化低的状况，建学校，聘老师，从小孩抓起，后来这个村的青少年在老一辈勤奋好学的影响下，勤奋学文化、学知识，以谁家的孩子读书多为荣。村党支部也一直重视教育，从70年代开始就实行读书奖励政策。那时候的一批批初高中生后来成为这个村发展建设的主力军。

如今，从村里走出去的副镇长以上的干部已超过10人，大学生基本普及，有浙江大学的建筑系工程师，有全国知名的民营企业家，有3名副县级干部。

现在的张陆湾村党支部，继承和发扬父辈们艰苦创业、勤奋好学的优良传统，在全面建设小康社会的道路上迈出了新的步伐。从2008年至今，曾先后荣获"国家级生态村"一项，"省级全面小康示范村""省级农村基层党风廉政建设示范村""浙江省文明村""浙江省卫生村""浙江省绿化示范村""充分就业村"省级荣誉6项。"湖州市美丽乡村""市级创先争优先进基层党组织""健康教育示范村""湖州市平安农机示范村""市级民主法治村""湖州市农村文化'八有'保障工程先进村""'双学双比'科技示范基地""1010典型示范工程特色产业强村""1010典型示范工程十佳魅力村庄""湖州市卫生村""平安创建示范村""湖州市廉政文化进农村示范点""党员干部现代远程教育市级学用示范点""创先争优先进基层党组织"市级荣誉14项，另有德清县和美家园精品村等县级荣誉13项。他们正沿着"亦耕亦读，劝学劝农"的祖训前进着。正是：

无农不稳粮为本，不读无知学问低。
五谷丰登书熟读，雁鹅永远任由飞。

（文：陆月明）

德清东沈村

沈约之减油灭灯

要说南朝沈约留下的故事颇多,但传得最远、名声最响、价值最高、影响最大的故事要算"减油灭灯"了。要说减油灭灯故事,话还得从沈约故里德清县筏头乡东沈村说起。

东沈村地处筏头乡南麓,原名叫桃源秀,号称英红古镇(筏头乡古称)的绿翡翠。东沈村东依德清县最高峰黄回山、南与勤劳村金银山交界、西连安吉石鹰村、北与筏头村接壤。浙江09省道穿村而过,英溪南流绕村东出,道光《武康县志》十卷记述:齐梁时,高士沈麟士产此,村里大半人属其后裔,后故名东沈。东沈村因为是沈约故里,全村沈氏村民占70%以上,村民的文化涵养为全乡之首。

据《梁书》《南史》、明清县志传记:沈约(441—513),字休文,出生于嘉元十八年的乌程山区。康熙道光市志、县志记述为沈约出生于武康县西40里山村,因为沈麟士是沈约堂叔,故东沈为沈约故里是理所当然。据记载,他从宋、齐至梁,历任官职。梁武帝时期,官位逐升。从迁侍中、右光禄大夫至尚书令、行太子少傅。归故时加封为"沈隐侯"。他著作颇多:《晋书》110卷、《宋书》10卷、《齐记》20卷、《梁武记》14卷、《梁仪记》10卷、《四声谱》《三易》《八病》《诗文集》数百卷。

南朝沈约堪称政坛元勋,文坛泰斗。欲问沈约如何成名成器,"笃志好学"应是他成功之根源。《南史》五十七卷中云:"约,笃志好学,昼夜不释卷。"那么沈约的"笃志好学"意志是如何养成的呢?根由有三:

一是贫困家庭迫使他奋发学习。《南史》五十七卷记曰:"约十三而遭家难,流寓孤贫,笃志好学。"父母"吃了苦中苦,方为人上人"之教诲是沈约奋发学习的直接动力。因为他知道,只有笃志好学才能成器成才,才能为父洗清不白之冤,才能荣光耀祖,才能为国增辉。本书所记载的故事,亦即《南史》中记述的"母恐其以劳生疾,常遣减油灭火"之故事。

二是深受堂叔沈麟士的陶冶启迪。《南史》七十六卷记曰："麟士无所营求，以笃学为务，读书不倦，以作教训。"沈麟士的笃学教训，影响着沈约的笃志宏愿，而沈约的鹏程宏愿是与他的笃志好学密不可分的。因此，不少人说沈麟士是沈约的老师应该也在情理之中。

三是恩师沈金士的谆谆教诲。说起恩师沈金士，他原与沈麟士是堂兄弟，都是蒙叔父沈岳辅助成器。沈金士在桃源自办学馆，沈约遭难时期，正是承蒙沈金士的救助教诲。据原东沈太公堂祠谱记载：沈金士从幼受叔沈岳辅助成器，辞韵出众、鼓乐全才，为沈约博采辞学奠定了基础。

沈约在桃源求学时，受到了恩师真诚的教诲指点，这使他学习信心倍增，学不释卷。挑灯夜读，通宵达旦成了平常事。开始，母亲为了鼓励儿子学习，经常为儿的油灯里加油添芯，然而时间一久，母亲觉得不对，她惜儿之情涌上心头。她认为：这样无休止地日以继夜，夜以继日，手不释卷，必然会影响身体。为了不损儿子的学习信心，同时也为了不碍儿子的健康，让儿子增多休息时间，她左思右想，整夜未能入睡。天亮了，她床前小桌上的油灯自然熄灭了，她发现灯里的油点干了。这油灯自然熄火的现象使她豁然开朗："好呀好！"于是她高兴得呼出声来。她想：要是在儿子油灯中适当减少油量，油干了火灭了，就可以提前熄灯。这样，一则可以让儿子提前入睡，二则也不会影响儿子学习信心。于是，沈母第二天就开始实施她的"减油灭灯"计划。

对于母亲的减油灭灯计划，沈约前几天并不知觉，但是时间一长，母亲的机关就被他识破了。但沈约并不与母亲道破，也不埋怨母亲对他学习不关心，反而对母亲增添了尊敬之情。母亲的爱儿之心，更增加了沈约奋发学习的决心。油灯熄灭以后怎么办？成了沈约思考的主题。因为对沈约来说学习时间不够用是关键，如何使熄灯后继续学习是个创举。于是，沈约也调整了自己的学习方案：①在白天，他抓紧时间完成老师布置的作业；②在灯亮时间里，他抓紧时间勤读勤写；③灭灯以后他就背诵默写；④在明月夜晚，他常开窗借光，阅读勤记；⑤夏季时分常用夏纱布袋，装上萤火虫，借荧光学习；⑥书桌前放上一盘沙，用枝条练习书法；⑦累了常用箫笛助兴；⑧困了他常用辣椒提神。当然，他的这个计划当时并没有告诉任何人。

临近完婚的师妹沈岚，时刻在注意沈约书房的灯光，沈岚不去打扰沈约勤奋苦读，是为了让他早日蟾宫折桂。她无数个长夜看着灯光，迎接黎明。然而近日来，她不知为何沈约窗前的灯光提前熄灭，这使沈岚着实忐忑不安，于是她顾不得男女之大防，向书房走去，却突然听到从书房中传出的沈约背诵《五经》之声音。沈岚左思右想，得出了"约哥哥家实清贫，无钱买油早熄灯"的结论。于是，她为表真爱见行动，深夜送油亮芳心。师兄师妹，黑夜相会，既激动又提心吊胆，因为那时候男女大防是条禁令。沈岚几次想点灯为约哥哥送上一片光明，诉一诉她没有照顾好自己笃爱亲人的愧意，可沈约几次不让沈岚点灯是为了不伤害母亲的爱儿之心。沈母见儿子数十个夜间提前熄灯毫无反应，也觉得心里不舒坦。为了探个实情，她也悄悄地向儿子书房走去。走到书房前刚想起手敲门时突然听到"约哥哥，我该回去了"的声音。沈母是又喜又急又慌神，站在门前探实情。

恩师沈金士这几日为沈约修改"四声""三男""八病"辞稿音律文章后，十分得意，想与女儿同去书房，与沈约诉说心得。他叫唤数声，女儿无回音，心里也擂起鼓来。连忙张起灯笼向书房走去。一到书房前见亲家也在，刚想称呼，被沈母阻止。沈母与他耳语一番。恩师也把女儿不见的情况告诉了亲家，正想同时发声呼儿唤女时，书房内传出沈约之声："谢妹妹半夜送油赠光明，早熄灯慈母之命不可更。"接着沈岚道："男女有别规矩在，我不愿清白人生留黑印。"两亲家各自跷起大拇指。沈母道："减油灭灯成创举。"恩师曰："勤奋好学教益真。"两亲家难控激动心，不约而同笑出声。这正是：勤奋好学出精神，学海无涯苦为灯。

"减油灭灯"的故事，道出了沈约成大器的原因；

"减油灭灯"的故事，体现了勤奋好学的美德；

"减油灭灯"的故事，指出了重学明德的方向；

"减油灭灯"的故事，道出了自主成功的真谛。

但愿"减油灭灯"的故事，愈传愈远，传承万世。

但愿"减油灭灯"的故事，愈传愈广，普及神州。

(文：王凤鸣)

桐乡海华村

钮氏勤俭创家业

杭嘉湖平原一向以富庶闻名天下，这里土地肥沃，人民勤劳，物产丰饶。桐乡市大麻镇海华村就坐落在平原中部，位于杭嘉湖三府相交之地。早在唐宋时期，这里就已经形成水乡集市。海华村是典型的江南水乡，四周河港环绕，村内水网密布，美丽的小桥散落其间，连接着古今。

海华村的花家漾南接运河，西纳苕溪，河道通畅，水质清澈，这里蚕桑丰茂，民风淳朴。民国十六年（1927），湖州企业家钮家连兄弟三人看中了这块风水宝地，置地30亩，兴建了一座当时浙北地区首屈一指的现代化企业——湖州苕溪丝厂。虽然时光已经远去，但是海华村百姓一说起钮氏兄弟克勤克俭建厂兴业的往事，还是津津乐道。

钮家连，字介臣，小名喜宝，清光绪八年（1882）出生于一个小职员家庭，兄弟三人，他排行老二。钮家家境贫困，钮家连三岁时父亲就去世了，一家人全靠母亲缝洗帮佣过活。所以14岁辍学后，钮家连就进了双林镇吕恒兴衣庄当学徒，15岁又转到丁仁记绉纱庄当学徒，洗衣、烧饭、挑水，样样都干。那时做学徒有一条规矩，就是饭后店里所有人的饭碗、菜碗要由学徒轮流来洗。但是一到天寒地冻的冬日，一些家境较好的学徒不愿洗碗，就叫钮家连代劳，报酬是一枚铜元。钮家连将这些铜元慢慢积攒起来，一个也舍不得花费，三年学徒期满，已积累到数百枚，回家后悉数交给母亲。母亲非常感动，逢人便说："家连将来是个置家产的人。"果然，母亲一语言中，20年后钮家连创业发家，名震江浙沪。

由于工作勤奋，能力强，又肯苦干，钮家连21岁时进了惇泰绉纱庄做职员，两年后升为襄理。又两年后，他独立从商，从杭嘉湖一带贩运绉纱、丝绸到上海出口，开始积累资本。不久，钮家连在家里设置了二台土法抛梭织绸机，进行家庭作坊式生产，后又增加到四台，产量日增，自产自销，逐渐发达起来。

清末民初，浙江丝绸的主要原料是杭嘉湖一带农村生产的土丝。土丝是蚕农自缫的，由于设备简陋，制成的丝条纹粗细不均，糙头多，产量低，质量差，不能用来织造又细又密又薄的高级绸缎。为了适应国内外客户的需求，必须让产品向高端发展，钮家连决心仿照日本、意大利的现代化缫丝厂，引进最先进的生产设备，自己建造一座丝厂。钮家三兄弟所创建的苕溪丝厂是一家规模颇大的现代化缫丝厂，设备是从意大利、日本进口的，有缫丝车384台，日产细丝125公斤，2/3出口英国、日本和美国，1/3供应湖州达昌绸厂。有上千工人，大部分来自附近农村。

苕溪丝厂落址海华村花家漾后，钮家连兄弟三人团结一心，又分工负责。老大钮少卿忠厚老实，主管原料采购调配，老三钮少琴精明干练，主管生产一线，老二钮家连有见识、有抱负，组织、交际能力极强，主持全面工作，并负责产品销售。这样，从原料采购到成品出口，从厂内到厂外，全部由自己人把关，点滴不漏。兄弟三人不分家，苦活、累活争着干，团结如一人。兄弟之间如此，妯娌之间也同样如此，三个女人不分彼此，起早摸黑，摇纤、捻线样样干，早上出工有时比工人还早。六人一条心，全家齐动手，为创业发家奠定了基础，提供了保障。钮家连作为这家现代企业的核心，事必躬亲，勤字当头，每天一早去车间摸情况，晚上再去车间察看，只要在厂，一日两次，雷打不动。每逢蚕讯收茧期间，他乘着小艇，在蚕乡穿梭，一个个茧站跑个遍，晚上只睡两三个小时，甚至通宵不睡。

钮家连生性节俭，在同行中是出了名的。他是工商巨头，家财万贯，每天从他手头进出的资金数以万计，但他的生活方式始终不变，有时竟到了让外人难以相信的地步。抗战期间，苕溪丝厂遭日伪破坏而停工，他长住上海，为保值起见，工厂以20万元的价格购进了维厚里一条里弄，里面有一幢五楼五底的大洋房，但他不肯住进去，租给别人。他不置私人小汽车，仅以三轮车代步，后来干脆连三轮车也取消了。在丝厂同行里面，还经常传诵着钮家连吃蚕豆壳的故事。一年春天，一个学徒与他同桌吃饭，桌上有一碗刚上市的嫩蚕豆，那个学徒吃嫩蚕豆时，只吃豆肉，将壳剥在桌子上，钮家连看见了，一声不响夹起蚕豆壳吃掉了。那个学徒一见，面孔绯红，同桌的人也啼笑皆非。在他的影响下，苕溪丝厂节俭成风，旧信封翻转再用，一张纸用两面，废纸打草稿，务必做到"物尽其用"。他常对子女说："俭以养廉，骄奢必败。创业难，守业更难。子孙一图享受，必败无疑。"

然而在投资方面，钮氏兄弟舍得花大本钱。在海华村，流传着钮氏兄弟一路撒钱选址、银子用栲栳来装的颇有传奇色彩的故事。据说钮氏兄弟当初为丝厂选址，一路摇船过来，一路丢银元测试，因为民间历来有一种说法，银元沉入水底的速度越慢，水的比重越高，水质也越好。当他们来到花家漾时，抛下去的银元久久不沉下水去，于是他们认定了这是一块风水宝地，决计征用，便高价向农民买下。丈量土地的方法非常别致，用栲栳来量，一栲栳的面积一个银元，一栲栳一栲栳地量过去。一只栲栳底的面积最多只有0.25个平方米，苕溪丝厂共征用了30亩土地，不知要用多少银子。以前民间常有一句话来形容富人家钱多："银子要用栲栳来装"。当年钮氏兄弟买下这片土地时，花家漾口的石埠头上不知装来了多少船白花花的银子。

海华村虽地处深乡，但历史悠久，境内有祈祷平安的海神庙，有崇文重教的王阳明读书处，民风淳朴，绝无盗贼。正当钮氏沉浸在成功的喜悦之时，日寇侵华，抗战爆发，海华村沦陷，苕溪丝厂也不能幸免，一向与中国竞争、视中国蚕丝业为眼中钉的日本人在军事侵略的同时进行经济侵略，于1941年12月将这座钮氏兄弟苦心经营起来的浙北地区首屈一指的缫丝厂抢劫一空，所有机器设备经长安火车站转运日本国内。现在，这座丝厂只留下一个高高的烟囱和几个过滤水池。这个烟囱高40余米，一直是附近方圆十余公里内的标志性建筑，老百姓称它为"大烟囱"。它所用的砖头全部是由有名的窑乡——嘉善干窑出产的，十分细密坚硬，许多砖上刻上了窑工的名字，如"洪二""顾永盛"等，一些砖上还刻着旧中国的国旗。虽然经历了近一个世纪的风雨洗刷，但一笔一画依然如新，用手一摸，犹有一种锋利的感觉，可见它是多么坚硬细密。砖砌得也十分标准，每隔一丈，用一圈红砖，共有12圈。现在，它依然屹立在花家漾口，直插云天，真是倔强屹立苍穹中，似诉平生辱与荣。

目前，海华村规划在苕溪丝厂原址建造一座纪念馆，作为青少年教育基地，以铭记历史，缅怀先人，珍视和平，警示未来。

（文：颜剑明）

> 绍兴越城上旺村

八把山锄创业记

上旺原名"上王",曾是"四周环山一条溪,荒山秃岭无粮地。十户人家九户穷,挑脚抬轿做长工"的苦上旺。20世纪50年代,在王金友的带领下,自力更生,艰苦奋斗,以"八把山锄创大业"的精神,开荒种茶620亩,征服11座癞头山,变成新茶园,治理穷山恶水,改溪造田,拆旧建新房,植树造林,修建地下水库十多个,从而赢得了"江南大寨"的美誉。

上旺,一个普普通通的小山村,村民们凭着自力更生的毅力,艰苦奋斗的精神,创造了一个又一个的奇迹,"八把山锄创大业"就是其中之一,也是上旺村的历史开端。

创业艰难百战多。1958年10月,上旺由高级社发展到人民公社体制下的生产大队,同时建立了上旺大队党小组,王金友担任党小组组长。金友感到肩上的担子比以前重了很多,决心进一步改变上旺村贫穷落后的面貌。于是他召集村里党员一同对村里的情况作了观察和了解,对全村的自然资源等基本情况作了分析,最后大队党小组制订了一个加速建设新山村的规划,就是要在三年内把这些"癞头山、乌龟山"变成茶园,并且种上六谷和毛豆之类。有了这些想法,他们就立马动起手来。

1958年10月20日,农历九月初八,这是一个值得铭记的日子,正是这一天,王金友带领14名社员,其中包括3名党员,背着铺盖首次来到斑竹园荒山秃岭上,在旁边的一间破泥墙屋中扎下了营盘,挂起了"上旺茶场"的牌子。

山区的秋天来得早,又特别短,很快冬天来临,泥墙屋门窗全无,寒气直入,金友他们就从山下挑来数百斤稻草遮窗铺地,一支15人的开荒队伍就这样组织起来了,最大的72岁,最小的13岁,手中的工具是八把尚可使用的山锄,以及几把并不锋利的柴刀。这就是后来被广为流传的"八把山锄闹革命""八把山锄开辟广阔新天地"的由来。金友带领开荒者们，吃住在山上，天未亮就出工，白天饭要人送到山上来吃，晚上借着月光干到很晚，如果月亮是后半夜出来，就先睡一觉，再起来干。很快到了寒冬腊月，北风凛冽，风雪交加，大山被雪覆盖着，地冻得像铁板一样硬。金友和村民们扒开积雪，挥动山锄，动作急促有力，大家还是干得热气腾腾，额头热汗直流。有几个小伙子手脚都生了冻疮，一动就裂开一道口子，但还是坚守阵地，上旺人真是能吃苦啊！

然而，对金友来说，最大的困难不是天寒地冻，也不是流血流汗，而是人民群众的不理解和那些不明底细的瞎指挥。有些人在背后议论："前辈也种过茶，到现在也不过一尺三"。"癞头山不毛之地，连毛都不会生，还想种六谷、番薯，真是头脑发热"甚至金友所属的党支部领导还爬上癞头山，对开荒的社员说："你们不去大炼钢铁，却在这样的地方开荒，能唱出什么好戏文，给我快快收场。"平时谦让的王金友在原则问题上没有让步，继续埋头苦干。

真是一波未平，一波又起，不久各种议论随之而来，各种风言风语也从山上刮到山下。"听说金友受到上级批评，犯错误了"，"总支书记严肃批评金友了，弄得不好小组长都要出壳哉"。"癞头山上好种茶，除非铁树会开花"等流言蜚语传得到处都是。这给一些开荒者或多或少产生了影响。上面党委负责同志来到上旺村，看到了社员们热火朝天的干劲，察看并分析了上旺村的情况后，肯定了他们的做法，鼓励社员继续开荒。党委书记的支持给了王金友信心和力量，金友的步子踏实多了。金友说道："穷山压顶不低头，困难挡道不回头。让我们用几把山锄头继续努力，用自己的实际行动改变上旺的落后面貌。"

功夫不负有心人，到了阳春三月，他们共开出100多亩山地。荒山开出来了，可癞头山上石多土少，金友决定把山下的肥土挑上山，每人每天上下10多趟，在新开山地上加层厚土。可是面临的困难又来了，土厚了，可以种茶了，但却没钱买茶籽。最后经过大家的商量，决定把开垦出来的柴根挑到5里外的富盛收购站出售。每人每夜挑三担，等于来回30里的路程。就这样金友和大家硬是靠双肩和双脚，用苦力和汗水换来了2万斤茶籽，播种在新的土地上。

从1958年深秋开始，金友带领上旺社员连续苦干了三个冬春，至1961年春，先后征服了311个光山秃岭，开出了500多亩荒地，给癞头山挑上了10多万斤新土。经过精心培育，一蓬蓬的茶树长得又嫩又绿，可以陆续采茶了。

王金友带领上旺农民艰难创业，以"八把山锄创大业"的精神，开荒种茶，改溪造田，建造地下水库，大搞农田水利基本建设，治理穷山恶水，改造自然环境，使农业经济快速发展，人民生活迅速改善。六七十年代，又拆旧建新房，新建了13排楼房，移房造田，植树造林。茶叶产量从原来的90担增加到3200担，成为以茶叶生产为主，粮、农、林、牧业全面发展的新上旺。户户住集体新房，成为"青山绿水好地方，山上是银行，山下是粮仓"的时代新农村，多次受到省委、省政府的表彰，还受到国务院嘉奖。在艰苦创业期间，曾有86个国家和地区的国际友人前来上旺村参观学习，为接待国际友人和相关领导的来访，当时的县委、县政府专门在上旺村建造了接待站，接待四方来宾。

一个平静的小山村，轰轰烈烈数十年，历经千辛万苦，终于把一片穷山恶水变成了生机勃勃的富庶家园，给下一辈留下了一段历史的足迹，这就是上旺村历史上"八把山锄创大业"的先进事迹。

（文：越城农办）

> 新昌南山村

南山善人鹅鸭脚

新昌儒岙南山村是个历史文化村落，几乎所有的村人都姓王，世称南屏王氏，相传已有700余年的历史。村中有最大的祠堂"永思祠"，迄今还保留着"奉先思孝"的匾额，告诫王氏后代子孙，侍奉长辈要懂得孝敬，对待别人要谦恭礼让，做人基本的德行与道义，就是辛勤劳动、诚恳待人。该祠在明万历《新昌县志》有记载："永思祠，在南山，王氏建，祀其祖王之纯。"

明嘉靖二年（1523），理学家王阳明还为南山村王涧的季叔王铨写了一篇寿序，归结为："积金有余，贻子孙以衣食；积书有余，贻子孙以学植；积善有余，贻子孙以福泽。"这是王阳明对南山村的高度赞赏，说明南山村民风历来淳朴，家训族规向有传统。

南山村南屏王氏家族，在当地是个名门望族。祖上不是做官，就是经商，祖祖辈辈，民风淳朴，儿郎们不是读书考取功名，就是勤劳致富、节俭治家，修桥铺路，做尽好事。县治内都以南山为榜样，它像一个神话，被乡邻奉为美谈。坊间有谚语传诵："有囡嫁南山，吃的白米饭，穿的白绸衫，住的台门间，烧的堂（大）柴爿。"

然而，到清朝乾隆年间，南山村南屏王氏家族却出了一个人，称"鹅头鸭脚"。这绰号颇有说法，当地人形容是好吃懒做的"混混"、坏种或根苗不正、名声坏到了极点之人。

"鹅头鸭脚"，原名叫王文宿，是南屏王氏宗族"寿山堂"第22代子孙。从小在寿山堂长大，享尽荣华富贵。讲到寿山堂，它的名声，从明朝到清朝，下至一般的乡间里弄，上至绍兴府衙，没有人说不知道的。明朝官员吕光洵、尚书何鉴、书画才子徐文长、诗文才子文征明，都留下过足迹和诗文，都盛赞过南山村孝悌传统，耕读持家的美德。到了清朝，大学士齐召南特地到南山考察，并为寿山堂留文，勉励王氏子孙后代继续发扬祖辈精神，南屏王氏因此门庭光耀，村落也就成了明清两代的楷模村。

但王文宿没学好，非但没有学好，还败坏了南屏王氏家族的名声。稍稍长大，他就沾染上了赌博的坏习气，十七八岁以赌为业。输了想翻本，赢了还想赢，越陷越深，最后只得变卖财产和房产，值钱的东西全部败光。三十而立，不知悔改，还借债赌，赊账赌，穷赌恶赌都上身，有了数不清的债。这时候，王文宿不但得了个"鹅头鸭脚"的"雅号"，连祖宗十八代都被人翻了个遍。当时，乡间流传着这样一首民谣：

南山鹅鸭脚，寿山堂下游。不知要拔脚，赌赌亦勿赢。早上输到夜，风水倒头运。鹅头变鸭脚，脚脚勿搞运。

这话传到南山村，村里人愤怒了。这一棍子打得太恶毒了，把南山南屏王氏寿山堂的子孙全部都横扫在内，叔伯兄弟、族长房长们忍不住了，终于找上了王文宿。开始还讲不通，王文宿依然我行我素，最后大伙没办法，只得把他祖上王彦方给搬出来了。

话说当年，乡里有一个偷牛贼，被主人抓住。小偷自知罪责难逃，唯独恳求这家主人能帮忙把这件事瞒过王彦方。这家主人见小偷与王彦方有故，就把他放了。后来，王彦方听说这事，非但没有怪小偷冒名，还差人谢谢这家主人。很多人不知道王彦方为何这么做，王彦方则指出：既然小偷怕我追究，就是有羞耻心之人，那就一定能改好！过了几年，一位老者把剑掉在路上，有人看到后，一直守到傍晚，待老者寻来，把剑交还才走。老者不知这人是谁，就把这件事告诉了王彦方，结果，王彦方追查到最后，才知道是那位偷牛贼。由此可知，小偷已改好了。

听了这个故事之后，王文宿羞愧难当，回到家里，他拿起菜刀，砍下一个手指头，对天发誓，自己要重新做人。这就是南山"断指太公"的来历。

常言说，浪子回头金不换。可现实是何等严酷，王文宿早已输光败光所有家产，不要说没有下锅的米，就连住的堂屋，也是叔伯兄弟们见他痛改前非才照顾的，而且还常有债主催讨上门。为了活下去，王文宿只得到财主人家去做年（雇工）。

这一年，他在彩烟双柏树一户财主家里做年，年三十还在水碓里为财主人家捣年糕（俗称麻糍）。那年，雪下得特别大，结冰打冻，王文宿却还是单布衫、单梢裤，打着赤脚在雪地里行走，感觉像刀割一样。当他担着年糕，颤颤巍巍走过道地，邻居大伯实在看不下去，拿了双木屐给王文宿。谁知财主不乐意了，认为这是打脸，骂邻居大伯多管闲事，并指着王文宿讥讽说："你知道他是谁？听好了，他是南山鹅头鸭脚！鸭脚会冷吗？如果冷，他还会'早上输到夜，鹅头变鸭脚？'"

邻居大伯一愣，再看了看小伙子，眉清目秀，很快反应过来，立刻反唇相讥："你懂个屁！你知道'鹅头鸭脚'什么意思？……我就给你说道说道：鹅头向天歌，志向传四方。鸭脚掌着地，脚踏又实地。今天小伙子到你家做年，本身就是长志气，而你倒好，落井下石，为富不仁，我看你有势也不长！……"王文宿起初被财主奚落，觉得心如刀绞，但听了邻居的话，心里一暖，当即整理几件破旧衣衫，冒着风雪离开了双柏树。

这一年，王文宿36岁。

回到南山，叔伯兄弟们见他一年做到头，身无分文，很是同情，便邀他到家里过年，他横竖不去，最后只要了几升米。这时候，别人热热闹闹过春节，看戏走亲戚，而他正月初一早早就带个排竹筒，上山垦荒去了。村里人不知道他发了什么疯癫，但他却有个计划，要在南山种烟发家。起早贪黑，连中午都在山上，肚子饿了，就喝排竹筒里由几粒米熬成的米汤，再含几粒盐，算是一顿午饭了。

一天中午，王文宿在地头烧焦灰，路上匆匆忙忙来了一个陌生客，他远远打招呼，不知什么事。王文宿停下活，一问才知，原来陌生客是温州人，去杭州做生意走错了道。陌生客问完路，本想马上赶路，见地头小树上挂个排竹筒，讨点水喝，王文宿二话不说，取下排竹筒递给陌生客。此时，陌生客又饥又渴，拿起排竹筒咕噜咕噜便喝，感觉甘甜爽口，低头一看，有点淡淡的乳白。王文宿说那是米汤，还劝他多喝点，此去山高路远，到新昌城里才有东西吃，并打开纸包叫客人尝几粒盐。温州客人很是感动，干脆停下来，跟王文宿聊了一会儿。王文宿并不避讳过去的种种错误，把遭遇一五一十地说了出来。温州客人非常敬服他断指做人的勇气，为人又诚恳爽快，临别时，告诉王文宿等烟叶收成，一定到温州"鸥海路×号"找他，千叮咛万嘱咐。王文宿觉得这陌生朋友值得信赖，一直从南山把他送过象鼻岭。

待到烟叶成熟晒黄，王文宿找到这位温州朋友，谁知一了解，才知道他是温州有名的大烟商。不但把王文宿的烟叶好价收了，还盛情留他在温州玩了好几天。临别时，还额外送了50两银子，叫他好好扩大种烟业。

有了资本，又有销售渠道，没几年工夫，王文宿发家了，很快还清债务，赎回祖屋老宅。后经媒人介绍，还娶了上里村徐氏一户人家的女儿，后代有王国选一脉。

接着，他还在南山寿山堂的西边，兴建一座走马楼，取名"和乐堂"，目的鼓励后代与人为善，耕读传家。王文宿富贵发家以后，不像有些财主吝啬苛刻，因为有过贫穷和苦难，凡是邻村各乡的人找到他，都乐意帮助，并鼓励他们种烟发家，就这样王文宿渐渐有了好名声："南山善人鹅鸭脚。"

一天，南山来了个行乞的小伙子，听说是来自彩烟双柏树，这勾起了王文宿在双柏树老财主家里做年的往事。结果一打听，原来小伙子是老财主的孙子，老财主此时早已家败业空，饥寒交迫。他把小伙子请到家里，让他吃饱，叫他以后不要行乞，只管种烟，并送上一臼年糕，一大刀肉，差人送到南山双溪桥口。小伙子惊喜万分，只得向来人打听，来人惊讶道："你不知道？他就是善人鹅鸭脚呐！"小伙子回到家里，把自己的奇遇告诉了祖父，谁知，老财主羞愧不已，当场昏厥。其实，王文宿根本没记老财主的仇，内心反而有份感恩。后来长征、彩烟等地有很多人种烟，听说这是王文宿带来的功绩。

当时，有一首民谣是这样说的：

南山善人鹅鸭脚，寿山堂西走马楼。昔年嗜赌祖业空，他年断指志汉霄。和乐堂内四方客，种烟乡邻共一家。要说鹅头变鸭脚，好似四海有根脚。

（文：娄建龙）

衢州柯城外宅村

节俭持家勤致富

外宅村地处浙西盆地,隶属于衢州市柯城区九华乡。村庄四面环山,一条清澈的小溪从村中穿过,这里天蓝水清,紧邻美丽的里龙口水库。外宅村历史悠久,村中至今仍存有建于明代的牌坊和郑氏大厅门坊。牌坊屹立于村道之上,村民三三两两从中穿过,穿过历史的洪流,也串起历史的记忆。

外宅村一直有勤劳节俭的优良传统,村中长者时常会告诫子孙,一粥一饭,当思来之不易,一定要节俭持家。据村民传说,吃饭务必小心,不可把饭团拨弄到地上,如果饭团掉到地上,脚踩上饭团,雷公是要打的。这种说法固然不可信,却也是向孩子传递要爱惜粮食的思想。外宅村之所以形成勤劳节俭的优良传统,从历史上说,还有一个外宅先人惜粮致富感动神灵的传奇传说。

明宣德年间(1426—1435),村中郑氏先祖衍三公郑玘创居外宅,后娶慈姑坂盛氏女为妻。盛夫人年轻漂亮,聪明能干,相夫教子,恪守妇道,是人人称赞的贤妻良母。平时,她把家里收拾得窗明几净,连厕所踏板也冲洗得光鲜宜人。她最懂得节俭过日子,更是十分爱惜粮食。要是孩子把饭粒掉在桌子上,甚至是地上,她都要捡起来塞进自己嘴里,连洗过碗盘的泔水也舍不得倒掉,而是积起来用来煮猪食。

据传,盛氏夫人爱惜粮食的举动被"五谷神"知道了。五谷神决定亲自触犯,下凡探个究竟。于是,五谷神化身成一颗米饭,一直跟着盛氏夫人。有一次,盛夫人上厕所如厕,低头看见踏板上有颗米饭。她想,莫不是丈夫吃饭不小心把饭粒挂在衣袖上带来的,也或者是小儿子吃饭时把它粘在嘴边,上厕所时随手抹在这里的。不管什么原因,不能将这颗米饭遗弃在这里。于是,她当即拔下头发上的簪子,小心翼翼地刺进饭粒,然后塞进嘴里吞下。说也奇怪,刚一吞下,顿觉满嘴清香,浑身舒心惬意,十分奇妙。"五谷神"通过这次暗访试探,证实了盛夫人的确是个惜粮为宝的奇女子，决定暗中相助郑玘夫妇发家致富。

郑玘夫妇本来就是男耕女织、勤快辛劳的天生一对，再加上神灵暗中相助，更是做什么都称心如意。他们家种的稻子总是粒粒饱满，收成颇丰。更有甚者，自己明明往囤子里没倒下几筐稻谷，囤子却一转眼就自行满了起来。真可谓大囤满、小囤流，满仓满筐多得发了愁。两口子虽然喜在眉头笑在心，但终究还是百思不得其解。个中缘由，不言自明，自然是"五谷神"摄来的呀！

郑玘夫妇从此时来运转，用"五谷丰登，六畜兴旺"来形容一点也不为过。随后，两口子又买田又盖房，也供孩子上学读书，家业蒸蒸日上，兴旺发达。正所谓祖上有德，吉人自有天相，后来衍三公的儿子郑景明学业有成，考中国子生，官至凤阳府寿州通判。每逢大年三十，村里人每家每户都会提着写有"寿州正堂"字样的大红灯笼去大厅祭拜先祖。

历经数代的繁衍，谷口外宅已经是人丁济济。于是，外宅先人们便想到要把村里的环境整治一翻。明正德年间，乡贤们在村西的进村路口建造了一座气魄雄伟的牌楼。逢年过节时，便在牌楼门上张灯结彩，用以装点门面，取阅游人，更象征歌舞升平的景象。尔后又在村北路旁建造了一座花厅，供郑氏宗亲游乐活动。据说，郑氏宗亲如娶亲嫁女的花轿，或者死人出殡的棺材都直接从花厅门前通过，也可以在厅内停尸设灵堂入殓起来。相传先贤在建造花厅时，生怕后辈子孙不愿修缮或缺钱修缮，特意窖藏了一笔丰厚的银两，并写了两句哑谜打油诗："梅树对仓柱，银子三千五。"只是直到现在也未听说过哪一朝代的后人得过这个窖藏，也或者暗中被谁挖去过。可惜的是，这座花厅因年久失修，已倒塌多年。

据说，某日村里来了一位风水先生，他转悠到村子南边一打量，发觉村子东边的山高，西边的一座山低，说是"青龙克白虎"，对村子不利。再说村南面视线太空荡，村里的财气和灵气容易往外流淌，建议村里修建一堵照壁墙，既挡住"青龙""白虎"山，又能防止村里的灵气、财气往外流。先贤们非常在意这个说法，于是就集资在村子南面修筑了一堵长35米许、高3米许的照壁墙。这堵照壁墙一直屹立在村中，守护着村民，直到1958年被拆除，辟为大队晒谷场。

至明末清初，外宅郑氏宗亲已繁衍300余人，分为"礼、乐、射、御、书、数"六大房系。明正德十五年（1520），郑氏诸长辈通过协商讨论，决定集资在村内建造郑氏大厅。大厅坐落在村子中间，占地面积900

余平方米。厅的规制为三进两大明堂，中堂后面又连体建后庭屋三间，后庭屋的两侧留有两个天井，供排水用。厅的中堂高大雄伟，上搭砖，下路砖，十分考究。粗大的柱子以大石磉为基础支撑着，柱头顶着铆梁叠斗，每个"牛腿"上各雕有貔貅、麒麟、狮、虎、鹿等图案，粗雕细刻，栩栩如生。正厅的东西两侧各建有九大间厢房，围抱着整座厅堂，与北京的四合院极为相似。大厅的前后左右共有六道门，南门为正门。正门的门框两旁竖着一对被打磨得光可照人的大石鼓，很是威武雄壮。大厅门前庭院中的左右两侧植有罗汉松、桂花树各一株。每年金秋时节，桂花盛开，十里飘香，路人无不驻足称赞。庭院的露天大门以长石条搭建而成，坚固耐久，虽年代久远，也纹丝不动。

郑氏大厅是郑氏族人春秋祭祀、安亡灵、新娶媳妇"三朝"认祖归宗及族人聚会的场所。值得一提的是，在抗日战争期间，县中附小为避战乱还搬迁到郑氏大厅开课办学。

清咸丰年间，爆发太平天国农民起义和第二次鸦片战争，外宅郑氏大厅也受到不同程度的破坏。战乱平息后，族人才将其修缮一新。谁知，古人在建造大厅时，为了追求大气，其柱子和梁用的竟然是杂木。年代久了，杂木容易劣化变质。2009年4月15日凌晨2时许，这座建于明末清初的郑氏大厅轰然倒塌，族人无不叹息不已。事后只得将其拆除，在原址上改建成现在的大礼堂。

曾经的恢宏的照壁墙、大祠堂都已经随着时光远去，不过现在村里一些老年人聚在一块侃大山时，还偶尔提起："想当年，我们的太公是很发财的。"外宅人的辉煌，靠的就是居家节俭，勤劳致富。

（文：柯城农办）

仙居白岩下村

监察御史卢明章

白岩下村，隶属于仙居县大战乡，地处仙居县东南山区的山谷地带。村中徐姓为大姓，据白岩下村《徐氏宗谱》记载，徐氏祖先由河南信阳迁至温州永嘉，再由永嘉迁至白岩下村。

这个"藏在山谷人未知"的小村庄，不仅有小桥、流水与人家，更兼有群山环绕、云雾升腾、翠竹古树、鸟鸣山幽的好风光。

村里有一个保存完好的古建筑——新屋里台门，也叫三透九明堂，被县里确认为古建筑遗址，属县级文物保护单位。新屋里台门位于村西面，建于清中晚期，坐北朝南，三台三进。第一进门楼三开间；第二进穿堂（座楼）和第三进正屋均三开间带两弄堂；明间梁架设中柱带单步前后檐廊，七柱九檩；一进、二进、三进间设二层厢房均二间带两弄堂，第三进正屋后附设后花园，有青石质长方形防火池两口，石质八角井一眼，房屋檐口均有瓦当，饰以蝴蝶、茶花等图案。牛腿、花窗、石础、门楣雕刻精致，美观大方，特别是牛腿雕刻十分繁复，有多种动物形状，如鹿形、狮形等。墙体砌筑讲究，墙基为石板砌置；第一进、第二进天井由卵石铺成，第三进由青石板铺成。虽由于年代久远，木质有所腐朽，部分建筑有所改建，但整体结构仍十分完整，艺术价值非常高，在仙居众多清中晚期遗存建筑中仍算得上是精品。

白岩下村有座山叫"青岩安"，在半山腰的地方有一大块石壁向前斜伸着向外突起，石壁下面有一块约三间房子那么宽的平地。一股泉水从石缝中涌出，清清的，甜甜的。四周翠竹成荫，松柏森森，鸟语花香，风景宜人。当时的村民们在这里塑了好多尊像，建起了寺庙叫"赤岩寺"，也就是现在的金龙寺。明末监察御史卢明章（大战乡格垟村人，明朝嘉靖四十四年进士），少年时期曾在此求学，最终金榜题名。他的故事常常被当地村民当作教育子女好学的典范。

据《光绪仙居县志》记载：卢明章，字用晦，号瑞川，峡阳人（系大战乡格垟村），少耽学。不能常得油，燃松炬映书，盛冬衣葛（葛衣，以葛纤维织成，夏天所服）过市，市人多侮之。有张月泉者，善鉴，曰："宁馨儿岂长贫贱哉？"妻以女，倾赀佐之读。其妻张毓秀，生有二男一女，大儿子早亡，小儿子应震，女儿应汝辰。明嘉靖四十四年（1565）登进士第，授行人（外交部门使者）为监察御史，巡盐长芦（盐场名）。明隆庆六年（1573）为江西监察御史。

卢明章自小聪明伶俐，十分好学，但家境十分贫寒，上不起私塾。尽管如此，卢明章从不抱怨，四处求教，夜里没油点灯，就用松油枝点火照明看书写字，冬天没棉袄过冬冻得直打哆嗦也坚持自学。人人都夸他有出息，长大能干大事。卢明章的父母看在眼里，疼在心里，想为明章找一个好师傅，提供一个良好的学习环境。

恰巧在格垟村西面白岩下村有一个赤岩寺，庙里住着一位僧人，知书达理，还是卢明章父亲的知心好友。卢氏夫妇觉着赤岩寺环境清幽，僧人也可靠有学问，是求教就学的好地方，就决定把儿子送往赤岩寺里托付给这位僧人当学生。僧人也满口答应了。从此，在宁静的大山里，在幽静的古寺里，卢明章修身养性，刻苦求学，一学就是好几个年头。

相传有一天卢明章看书着了迷，时而站起来看书念诗，时而坐下来研磨书写，忘记了吃饭。直到真的饿得不行的时候，卢明章抓起桌上的馒头想蘸着蜂蜜吃，可是由于砚台和蜂蜜靠在一起，他又舍不得把眼睛从书上移开，竟错把手中的馒头蘸到砚台里的墨水上，还没发觉就往嘴里塞，弄得满嘴黑乎乎的，闹了个大笑话。僧人哈哈大笑说："明章呀明章，文章要明做不能暗（黑）做呀！"

到了夏天，山上庙里蚊蝇特别多，明章的身上、腿上被咬得红肿起来。明章聪明地找来了两只空长酒罇（俗称酒刁），坐着看书的时候就把两条腿伸进两只酒罇里，这样便不会被蚊蝇叮咬了。有一次卢氏夫妇去看望儿子，刚走到半山腰，抬头往庙里一看，远远望见自家儿子把两条腿伸进酒罇里，摇头晃脑地看着书，嘴里好像还在念着什么。卢氏一边指着庙前的儿子，一边生气地对夫人说："你看你看，你儿子读书都读傻了。这两条腿你看到没有，伸到什么地方了，真是的！"夫妇俩急忙地走到庙前，手指着儿子问："你这傻瓜，看书把两条腿伸进酒罇里做什么？你疯了，你……你……"一时气得话都讲不出来了。明章连忙解释道："我这只是为了防蚊蝇叮咬，又不是耍花样，看把你俩气的。"僧人听到声音走过来，摸摸光头笑着说："你们的儿子很听话，不会耍花样，放心吧！明章读书很用功的，脑子又聪明、灵活，你们应该为有这么一个好儿子而高兴。"卢氏夫妇听了，呵呵地笑了，明章和僧人都笑了。这笑声，惹得树上的小鸟也"笑"了，叽叽喳喳地欢快唱歌！

为了多读书，卢明章夜以继日、废寝忘食，受了很多的苦。因为夜里睡眠少，明章白天看书常常打瞌睡。那时的男人是留长辫的，明章为了保持清醒，学古人孙敬悬梁刺股，读书的时候坐在一把太师椅上，把自己的辫子系在椅背的横木上，这样看书的时候如果打瞌睡，头发就会拉紧，头就会觉得疼而清醒过来。同时他又找来一些杉树刺垫在椅背上，如果后仰想靠着椅背打瞌睡，背就会被刺痛而醒过来。僧人一提起明章就赞不绝口："这孩子真了不起！长大必成大器！"

卢明章在师傅的指教下，读了很多诗书，学到了不少知识，也懂事了许多。虽然是常住庙里，但逢五、逢十便回家，因为要走山路，回到家的时候都很晚。说也奇怪，明章都是从后山的"十二窟"下来，来时身后总有两盏灯亮着护着。每当儿子回家的那一天，卢氏夫妇总会在家门口等着，也看到儿子身后总亮着的那两盏灯，心里明白这是神仙保佑儿子，很是感激。

有一天傍晚，也是明章回家的时候，卢氏夫妇吃了晚饭就在家门口等候迎接儿子，看到儿子从山上下来，但身后总亮着的两盏灯变成了一盏，夫妇俩感觉奇怪，以为自己看错了，再仔细看了看，可还是只有一盏灯。卢氏夫妇觉着肯定有原因。等到卢明章走到家门口的时候，卢氏便问："明章，你今天做了什么事没有？""没有啊，怎么啦？"明章看到父母亲脸色有点不寻常，奇怪地问。"没有吗？肯定有，而且不是好事，是坏事。"卢氏生气地说。"啊！对了，有一个中年人大约25岁，他跟妻子闹离婚，写休书的休这个字不会写叫我告诉他。我开始不同意，可他一次又一次地求我，我没办法，后来……"明章看了看父母亲停了一下没说。"后来怎么样了？"卢氏瞪着眼睛大声问。"后来我用脚趾头在地上划了个休字。""哼！人家写休书，字不会写你就告诉他，你自己想这是应该还是不应该？所谓'宁拆十座庙，不毁一桩姻'，你应该先劝劝人家，说不定他们就能和好了。""是呀！要做好事，不做坏事，千万别做没良心的事，以后一定要改正。"夫妇俩你一句我一句教育了儿子一番。明章听了很是受教，当即跪在父母面前说："儿子错了，以后再也不敢了。请原谅儿子这一次吧！"

第二天，明章向这位写休书的人要回这份休书，并撕下自己告诉他的这个"休"字，用手指揉成了一个小纸团，放进嘴里吞到肚子里去了。同时，他问明原因，苦心劝这位想写休书的人，终于使夫妻俩和睦如初。

这以后，每当卢明章回家的晚上，身后都还是亮起了两盏灯。这两盏灯不仅照亮他回家的路，也照亮着他的心，"要做好事，不做坏事"成了卢明章一生遵守的承诺。

后来，卢明章中了进士，当上了御史，告老还乡时，他选择了白岩下村作为养老之地。白岩下村的卢氏后人，相传就是他的后代。

卢明章"悬梁刺股"的传说，白岩下村的老老少少都知道，家有孩子的父母还常常拿出来教育孩子，激励孩子。现在金龙寺里竖着卢明章的雕像，以激励后人好好学习。

（文：仙居农办）

龙泉锦安村

哥弟分家勿忘义

龙泉市东北方向距市区约100华里的莽莽群山之中,有一座高耸入云、海拔一千余米的八仙山,山上有"牛上步""银坑洞""一白鹤仙娘庙""木马排""八仙云海"等景观。这里毗邻龙泉、遂昌、松阳三市(县)交界,山光明媚,水色秀丽。山下的锦安村,是一座四面群山环顾,呈小盆地形,境内有两座小山极像盘踞着的两只狮子,古树掩映,绿竹繁茂;梯田成垄,阡陌交错;山泉环绕,小桥流水;青瓦泥墙,鳞次栉比;空气清新,景色宜人的小山村。"古村锦安,八仙山下,毗邻三县,看村庄内外,郁郁葱葱。毛竹欢歌,松涛吟唱,菜畦果瓜,梯田稻浪,可与桃源比漂亮……"这首歌所说的就是锦安村别样的味道。

村上农户清一色为延陵郡吴姓,寻根究底乃春秋时吴国贤达多才、辞让王位、道德高尚、受封延陵而"遁耕稼",号称延陵季子的季札之后裔。元末明初,锦安始祖吴良二携妻林氏从遂昌十四都居洋迁徙到锦安村定居。祖上曾定下"良择仁孔启,永守本希德。有可国伯,正大光明。文隆天赐福,开宗嘉荣昌"的排行字头,现已发展到"锡"字辈,即已经历了22世600余年历史。

村中现存兴建于明清年代的大帝庙、恩福社庙、神殿和建于清康熙五十年(1711)的吴氏宗祠四处庙堂,飞檐挑角、雕梁画栋,造型古朴、风格典雅。它们是村人开展各项祖传风俗活动的重要场所。此外还有若干幢保存至今的古民居,都是对这个传统村落无言的证明。

虽然身居深山,貌似与世隔绝,但锦安人始终没有忘记自己脚下的土地是中华之一角,人乃炎黄之子孙。1935年,红军挺进师入浙后,刘英、粟裕曾率领一个排的兵力进驻锦安村,并发动群众,开仓分粮,组织农会、游击队、儿童团,开展打土豪、分田地运动。红军选定村脚居高临下的坛头背吴明义家房屋作为指挥部,在该房屋后背北墙挖了两孔枪眼,前面南墙挖了一孔枪眼,现该屋尚存。

自古以来，锦安人崇尚文明，热爱自然，尊重文化，重视农商。他们农忙劳作，农闲习文或经商，自己再苦，也要送儿女出山求学。自明清以来离村进城"吃官粮"，外出经商至杭州、温州、青田、龙游一带的白笋、木头商人也不乏其人。

这里民风淳朴，人们刻苦耐劳，列祖列宗们刀耕火种、汗洒山冈，开山种苞萝、凿田种水稻，面朝黄土背朝天。虽然身为农夫，村中却也有不少自学成才的秀才，农闲时，他们聊《封神》、话《三国》、说《隋唐》、评《水浒》，诚然有太白之风，便是从一些老太太口中也能说出曹操、诸葛亮就是不一样。每逢重大节日，村民还上演花鼓戏，深受村人及周边村坊欢迎，因而久传不衰。

相传，明洪武初年，一个凤阳的花鼓班外出乞讨谋生，后流落至锦安村，因风雪交加，无法启程，得到村民的热情款待后，便将花鼓戏的技艺倾囊相授。而与至今传承600余年的锦安花鼓一样，列祖列宗代代以口头方式传承下来的民间故事《两哥弟分家》，正是锦安先人用"讲求仁义道德，提倡诚信勤俭"教育后人的生动体现。

相传很久以前，锦安村头一个茅屋里，住着一个吴老汉和他的两个儿子：老大和老二。两兄弟虽然同父同母，各人性格却完全不同：老大懒惰贪心，老二勤劳善良。家里除了养有一头老黄牛和几亩薄田以外，并没有其他财产。

吴老汉活到84岁那一年，由于年老体衰且劳累过度，突然病倒了！吴老汉知道自己将不久于人世，非常担心两个儿子今后的生活。临终前，吴老汉把两个儿子叫到床边深情地对他们说："儿啊！我走后你两哥弟先不要分家，这头牛归你们共同使用。只要你们良心好，不要贪懒，勤劳节俭，兄弟和睦，互相帮助，好好种田，将来各自娶一个妻子，你们都能过上吃穿不愁的幸福生活……"说完便闭上眼睛，死了。

吴老汉去世后，两兄弟流着眼泪在村邻们的帮助下把父亲草草埋葬了。老二非常伤心，常常一个人走到父亲坟前跪在那里流泪哭泣。

老大却不遵守父亲的遗嘱，牵了牛就走。老二问老大："哥！你把牛牵到哪里去呀？"老大大声地说："你走开！别管我！"老二一听不对，赶快跑过去拉着牛尾巴说："哥！父亲生前说过的，这牛是归我们两人共同使用的，不能给你一个人牵走啊！"老大根本不理睬，于是老大拉牛角，老二拉牛尾巴，就这样，牛被力气比老二大的老大抢走了。老二只从牛尾巴上拉到一只会吃牛血的"山鸡鳖"。老大说:"我们马上分家吧!牛归我了!田一人一半。"老二说:"我没牛了,用什么犁田啊?"老大说:"这我不管!你不是拉到一只山鸡鳖吗?它归你了!"说完便牵着牛走了。

老二想到父亲死了,自己年龄又小,牛也被老大抢走了,心里非常难受,便手捧着那只山鸡鳖伤心地掉眼泪。哭着哭着,那泪水一滴滴地掉到了山鸡鳖上面,这时奇怪的事情发生了:但见那只被泪水浸湿了的"山鸡鳖"越来越大,慢慢地变成了一只大母鸡!这只大母鸡每天都会生下两个大鸡蛋,老二就把鸡蛋拿去换来粮食,生活也就过得下去了。

却说老大把牛抢走后,便赶着牛去犁田。那牛到了田里站着,任凭老大用竹枝抽或者用竹竿敲,就是不肯走一步,老大一气之下便抡起木棍把那牛狠狠地敲死了。

老二得知可怜的老黄牛已经被狠心的老大打死在田里,只好伤心地抱着母鸡哭泣。哭着哭着,那母鸡突然往地上一跳,即刻变成了一只大黄狗。老二抱着大黄狗说:"我的好母鸡啊!你现在变成了一只狗,又不能下蛋,今后我拿什么去换粮食吃呢?"不料那狗不但能听懂人话,还会说话哩!那狗看着老二说:"可怜善良的老二啊!你别伤心也不要担忧,你带我到你的田里去吧,你给我套上犁,我会帮你犁田呢!"于是,勤劳的老二真的把狗带到田里,给狗套上犁,犁好了田,种下了不少粮食。

那老大吃光了牛肉,正在那里发愁,听说老二有只会犁田的狗,便跑到老二家不由分说地抢走了他的大黄狗。老大抢走黄狗后,也学老二的样子,把狗带到田里,给狗套上犁,用竹枝猛抽它的背,要狗为他犁田。那狗同那牛一样只是站在田里,就是不肯走出一步。老大改用木棒打狗,那狗还是不肯犁一步。一气之下,狠心的老大又抡起木棒把大黄狗活活打死了!

当老二听说自己心爱的大黄狗又被老大打死后,便跑到田里抱着狗的尸体哭了一整天,然后再把狗的尸体背到一处朝阳的山坡上埋了。

第二年春天,在狗坟背上长出了一株黑杆绿叶的乌竹来。劳作之后,老二常常会跑到那里,坐在乌竹下面休息一会,想起狗的好处,老二便会摇着乌竹伤心地掉眼泪。这一天,刚摇了一下,便发现有几片竹叶掉到地上,并马上变成了若干只银元宝。老二既惊奇又高兴,也不贪多,捡起地上的这些银元宝回家后,买了粮食衣物,造了房子,还到邻近村坊娶回一个漂亮贤惠的姑娘做妻子,过上了不愁吃穿的幸福生活。

后来老二每天把摇下来的竹叶元宝分二片给穷困潦倒的老大,使老大的生活也有了改善。老大生活好了,也在良心上有了悔悟,学着老二勤劳为善,从此兄弟和睦,荫护后代,锦安村也在他们的影响下,渐渐兴旺起来。

(文:吴炜)

第五篇　遗存印记

余姚天华村

先祖义举泽天华

千年古村，名曰天华，追溯踪渊，源自战国。大秦雄风，一统六国。始皇南巡，会稽立碑，余姚设县，开元建乡，禾山称里，沿用时下。皇家车队，饮马于潭，屯兵渚山，移师大隐，车厩养马，随行宽带，以解途困。设宴摆席，君臣共饮。姚墟村邑，时逢疫情，百姓患病，缺医少药，呈报始皇，派出御医，巡诊病区，妙手回春，手到病除，归程复命。百姓感恩，塑造真身，供奉村内，四季香火，鲜花水果，敬奉天医。光阴似箭，岁月如流。东汉年间，狼烟四起，华佗行医，来到江南，驱病消灾，拯救民生。禾山域内，又逢疫病；肝病伤痛，袭拢百姓；神医到来，煎汤蒸药，针灸艾熏，百病消散；民众开颜，感恩华佗，又塑金身，供奉于村，两尊神医，同受香火。北宋祥符，迁姚始祖，名讳承谋，定居本地，建祠修谱，捐出书房，改建庵堂，称茶亭庵，迎请菩萨，入住庵内。村中名贤，多次共商，给村定名，取前二字，吉祥天华，流芳至今。

天华村位于朗霞街道西部，余姚大道纵贯全村。公元1008年符氏迁姚始祖符承谋定居天华，枝开叶散，子孙繁衍，薪火相传，形成巨族，散居慈溪、上虞、周巷、方桥、宁波、上海等地，修谱时核查人口近4000人。自宋至晚清，符氏有东西两房，东房共有尚字八兄弟，各立一房，向外迁到黄岩、金华、上虞、桐乡、周巷等地，只有尚允公一房留守天华，西房青山、石桥头支相伴。岁月如流，族内村内，变化亦大。

悠悠族史，赫赫家乘，慈慈先祖，祗祗后裔。笔者在拜读《符氏族谱》之时，崇敬之情油然而生。当查阅到清嘉庆二十一年（1816），由清朝奉政大夫文渊阁检阅中书舍人、翰林院编修加五级邑人——邵瑛编撰的《符氏四房义学田碑记（仕谋公支）》时，笔者深深感动，先祖慧眼远瞩，致富不忘回报乡邻，牢记祖训，注重培养子孙后代，让优秀人才效劳社稷万民，可谓目光长远、用心良苦。

该谱记载："符氏自承谋公以下列为八房和石桥头支，其后宅四房之祖为琚增公，孰重孝友。遇人辄勖以诗书，见贫苦者家任恤，尝曰：'吾生平得建义学以启群蒙，置义田以周困气。'"符氏先祖早有兴学的宏愿，受制于当时的条件，几代人的心愿未了。到清乾隆二十九年（1764），时逢太平盛世，后宅四房符晋玉之子符文豹，父子常挂念办义学一事。看到村内大群符氏子孙，嬉逐玩耍，得不到教育，他俩看在眼里，急在心头。"念历代未之事，思缵成之，谋诸公而合"。为继承祖父这项义举，他俩拿出扬州经商赚来的白银200两，和符琚增的资金合在一起，在天华西街建造起了"西义学"。为解决教书先生的薪金和办学费用，又捐出30亩土地，以田租收入充实办学经费，先后得到受助公田140多亩，有财力每月举办"文会"和助学济贫等活动。

西义学位于余姚天华乡天华村西街宣古寺的西南，座街南，西邻义学弄（南漕斗大路），是座庭院式的建筑，从街道进入大门是一排朝南小屋，中间为大门，左厨房两间，右杂物两间，右一山朝西小门。主建筑是朝东五间平房，北边一间是任教先生的寝室，中间三间是抬梁起的通厅，作教室和逢年祭祖用房，南边是仓库。东边是碧波荡漾的大池，西岸上立一块碑，刻有"养正书院"字样，碑的北边有两间小屋，是义学会客室，南边是两间任教先生办公室，屋之间有护栏廊屋连接，院内栽有柏树和丹桂，环境优雅，是读书学习的理想场所。

"养正书院"的匾挂在正厅朝东上方，下挂《松鹤图》。下面是先生用的"折衣帐桌"（有抽斗的八仙桌）和高背太师椅，作为讲台办公桌。摆放书籍、笔墨、纸、砚和茶壶、戒尺的神圣之地，学生会望而生畏。前面摆放三排学生的书桌和凳子：按低、中、高就坐，如此循环。符姓学生免费入学，得启蒙教育，笔、墨、纸、砚由义学提供，先生严格教育学子："对写有毛笔字的纸张，不能乱丢弃，要惜字如金。"每天由轮值生收集保管，于初一、十五日送到"惜字亭"焚烧，写秃的毛笔也统一上交保管。每年清明节在柏树下埋葬为笔冢，纪念笔的牺牲精神。

自明清时期以后，社会上流行起"敬惜字纸"的习俗，认识到字乃仓颉所造，神灵所感，无论何种形式，都不应乱扔，如发现废弃的字纸，最好的形式是拾起来焚烧，以后又出现大量劝人敬惜字纸的善文，如

《惜字文》《文昌帝君惜字文》等。但这些劝善文远比"养正书院"的善举要迟。惜字文讲究因果报应、劝善止恶，在古代是一种道德规范，至今老一辈人的头脑中仍保留着这种习俗的元素。

养正书院的办学宗旨很有特色：使村内符氏家庭有读书脱盲的人，会写毛笔字，会诵读诗文，会对对联，会打算盘算账。书院在每月初一或十五举办一次文会：那时的学生当天均被母亲打扮一番，整洁干净，新旧不论，送到义学，早晨由先生带领学子到宣古庙向文昌君焚香叩拜，然后回到书院品尝"状元糕"，尔后参加毛笔字书法比赛，按先大楷，再中楷，后小楷，每位学子必须上交作品，再举行"打百子""加减乘除"的比赛，赛后在院内用中楷，饭后公布成绩，优秀者奖铜钱50文。每月优胜者，在年终时奖糙米一石。这样共培养出国学生77人，登仕郎39人，有力地促进了村内的文化底蕴、社会效益的提升。

清同治元年（1862），符氏宗祠被进攻泗门"成之庄"的太平军焚毁，1888年重建宗祠，历时10年，三进主建筑和两厢楼才竣工。当时要求读书的族人增多，西义学已容纳不下，祠堂董事会决定让出两厢楼作教室，开始祠堂办学。那时共四个班，符氏子弟免费入学，笔、墨、纸、砚由祠堂提供。每月举行文会一次，学生先叩拜孔夫子像，品尝状元糕，然后参加书法、对仗和命题作文比赛，由教书先生和祠堂贤达共同批阅，参加"文会"的学生可享用中餐，领取考费，有无故不到，后又补做诗文的学生，不得领取考费，只能算参加了这次文会。从中选拔优秀人才，来提高学童学习的积极性，基本沿用"养正书院"的做法，但力度更大。

宗祠学规规定：①各房学子须在规定日参加文会，到祠堂集中，费用由值年董事给付，诗文交董事掌管，请高明者批阅。②对参加科举考试，成绩上线的学子家庭，每年奖四石糙米。③学子参加考试，上至院试，每人发给考试费六千文钱，修生院试也照先例执行。④对生员、武生、副榜、贡生、监生去参加考试，每人给拾千文的参考费，文武贡生参加会试，给一佰千文的参考费。⑤对族内孤儿寡母的家庭，给予助学和生活费用。

先祖高瞻远瞩，兴学重教，培育后人，仁慈体恤，使族内人才济济，代不乏人。符氏的兴盛，由贤达共扶。原祠堂办的学堂，赏罚分明，教育办得有声有色。

光绪二十四年（1898），"百日维新"运动浪击中华，清政府痛定思痛，决定崇尚教学来救国，力图挽"九州大地无风雷，万马齐喑积心田"的局面。当时，姚北大地学校寥寥无几，而文盲、适龄学童比比皆是。宗祠董事会看到两厢房的教室光线不佳，教室已满足不了族人要求入学的需求，于是，于1902年拨款采办材料重新修造学校，第二年年底新造的八间平屋教室竣工，又腾出朝北六间用房创办起姚北名校"咸正小学"，与养正书院同义，注重培养正直、正义、有用的大批人才。

新建的咸正小学，主建筑有八间教室，每二间为一只抬梁式的教室，两教室之间一间作图书室和办公室，地面是光滑的水门汀，朝南大开窗，光线充足，外面是走廊，屋前铺石板通道，外侧是绿化带，自西而东种有高大的翠柏、桂花、女贞和夹竹桃，树下围花坛，种有花草，是非常幽静的读书场所。围墙外是小操场，有羽毛球场、沙坑、滑梯、秋千架、爬杆、跷跷板、单杠等设施，前围墙内侧是一排高大的冬青树，巍然屹立在墙边，阻挡来自外面的噪声。墙外是祠堂的大晒场，又叫大操场，靠西南一片是练武场地，有石锁、石担，每天有村内年轻人在此切磋技艺，外面用竹篱围住。

咸正小学的校门口原先开在朝药店弄的北门，进门左拐沿石板路往东到长生弄堂的内门向南再右转到达新校址。民国年间，校门迁到街路朝北，对面是理发店、饮食店的位置，明清风格的校门上方嵌有一块"咸正"的红石板，左边是祠堂的街面房，右边是消防水龙间，再向东是宗祠前进大门。

咸正小学的学生有一个从接受符氏子女到向外扩招的发展过程，学生来自东蒲、张朗、禾山、乐城、黄家、籍义巷、南徐、熊家街和天华本村等地，以后梨朵、杨家、木桥头等地学生也来入学。成千上万的学子被输送到各地、各行、各业，为社会作出贡献。人民感恩贤达的此举，四乡人士赞誉这眼光卓异的举措，"咸正"培育出"咸正人"，"咸正人"感恩"咸正"，咸正小学越办越红火，累累硕果，伟伟人才，济济一堂，默默奉献。

（文：符凌恢）

宁海力洋孔村

孔门传承力洋孔

力洋孔村隶属于宁海县力洋镇，位于力洋镇北5公里的茶山南麓，力洋（金塘）水库上游，距县城20公里。因村初建时靠近力洋，且村中孔姓居多，故名为力洋孔村。力洋孔村孔氏先祖为孔子北宗一支，明朝洪武年间辗转迁至力洋孔村。

力洋孔村，背靠盖苍山（茶山），面向浩渺水库，青山碧水，蓝天白云，两岸桃花夹古津，风光优美，环境怡人，人称世外桃源。村中古迹众多，600多年的古树，美丽传说的洗珠古井、喜鹊潭，刻有"孔""傅"等字样的省级文物古碾子，3排9间明清双层古建筑等，古朴静谧，文化底蕴深厚。现村中在原先的"中央道地"上建有文化广场，树有孔子石像，建有孔子书屋，还有修复的大成庙、仰高门、杏坛，新建别墅错落分布于古村间。夜不闭户，路不拾遗，"脚踏檐阶一杯茶"，儒家文化弥漫在村庄各处。

《光明日报》在报道"宁波推进社会主义核心价值观落小落细落实"中，特别提到一条："借力传统，建章立制。"其中对力洋孔村的报道是这样写的："力洋孔村村民是孔子后裔，多年来一直自觉学礼、知礼、行礼，建起了孔子学堂，常态开展国学教学，吸引大批游客前来感受礼文化……""传统""自觉学礼、知礼、行礼"道出了力洋孔村的独特之处。

继承传统，推崇礼文化，力洋孔村做得非常突出且呈现三个特点。

第一，不论时代怎样变迁，他们在最重要的"人"的建设上始终一丝不苟。据《孔氏世家谱》载，力洋孔氏先祖属孔子后裔河南郏县派。孔门后裔现在全球分布已有400多万人，而力洋孔村一代代传承，从最早的孔子第37代长孙齐卿始，其后裔遍布山东兖州、安徽全椒、青阳、福建、兴化莆田，直至浙江温岭、宁海；从第56代起，取名完全按照明洪武始敕《经昭万世排名字辈》进行，代际脉络清晰，人数繁衍众多。

第二，不论迁徙何处，都自觉遵行孔子第11代孙孔臧订《孔氏家训》:"人之进退,唯问其志趣,必以渐勤则得多矣。"并把《孔氏祖训》10条,条条落实到位。

第三,孔氏遵行祖训,有极强的播迁能力与生活自信。600余年间,不论其他支系如何迁徙,单就从力洋孔村迁居于各地的就已达11支之多,他们分布各地,不论条件如何,都能遵行祖训,将之发扬光大,并形成新的支脉繁衍生长。

据传,力洋孔村先祖就是他们生活的榜样,表现出生生不息的中华文化顽强生命力。孔子第56代子孙孔希道于明洪武元年(1368)迁至宁海并入赘胡陈中堡溪叶氏,其子孔天麒是首位踏上力洋孔村的孔子后人。故事说,孔天麒初到力洋,看中了山坡上一块地,便在此砍柴度日。每日,他背着装有几个饭团的行囊,上山砍柴。有一天,到了"中央道地"这个地方,他把饭团用布包裹好,挂在树枝上。等到日落西山,他砍好柴,捆好担,取下饭团准备进食后赶路回家,却发现饭团还冒着热气,就像刚揭开锅一样热气腾腾,香气四溢。他很吃惊,来了数次,次次如此。他悟出了一点玄机,认准此处是一块风水宝地,于是举家迁至此处,发族成村。

"中央道地",现在被孔氏后裔辟为孔子文化广场,他们遵循着颜回"博我以文,约我以礼"的态度敬仰孔子,在广场上树孔子石像,广场内有孔子书屋,常伴有琅琅读书声。

最能表现力洋孔村传统继承仪式的当属祭孔大典。力洋孔村祭孔目的,不是复古,而是通过祭祀孔子的仪式,唤起年轻一代追寻中华文化之根、国学之根、礼仪之源,鼓励他们进一步了解历史、尊重传统、崇尚国学、尊尚礼仪,以完善人格。因此,力洋孔村的祭孔大典既体现传统,又注重新时代精神,祭孔大典采用的是传统与现代结合的祭祀流程,采用三献礼、九鞠躬制,很好地把民族文化传统形象呈现给当代年轻人。

同时,为扩大祭典活动的意义,他们与宁波四中联动,让城市的学生来乡村参加这个特别的加冠礼。整个祭典仪式,庄严隆盛,给人印象深刻。仪式开始前,全体参加祭典的人员全部换上汉服。

仪式开始,击鼓撞钟,钟鼓齐鸣,参加典礼者在主祭带领下到春泥广场孔子像前敬献圣水、圣土,回庙前鸣赞,唱"入庙行礼""启户""行扫除"等,开正大门仰高门,入庙参祭。执事者各司其事,"迎神",髦生(旗手)举髦(旗),乐奏昭平之章,开演开场舞。开场舞毕,"灌邕"（香酒洒地）、"往迎""神降""分班""恭神""九鞠躬"。"奠帛"，行初献礼。

起乐，20名小学生齐诵《论语》。

致祭者浴手，司帛者捧帛，司香者捧香，司爵者捧爵，到至圣先师孔子神位前，上香，献帛，晋爵，献爵。三鞠躬，行亚献礼，乐奏秩平之章，氅生（旗手）举氅（旗）。

加冠授成人礼。"令月吉日，始加元服。弃尔幼志，顺尔成德。寿考惟祺，介尔景福。维我中华，东亚之光，炎黄世胄，鸿图大同……中华弟子，天伦圆梦。进学受教，儒道为重。遵古礼行，仪节典范。诗书仪礼，实践于兹……"长者宣读加冠祝词，"成人"学生宣读誓词，加冠礼仪师，颁发荣誉证书，证书上写"子曰：'后生可畏，焉知来者之不如今也？'""后来者居上，勉之哉"等祝语。

终献，乐奏叙平之章，"彻馔"（撤走祭品），乐奏懿平之章，人们将牛头、全猪、全羊等祭品一一从供桌上撤下。"送神"环节，乐奏德平之章。

借助优秀传统文化的力量，培育社会主义核心价值观，这样的活动在文化底蕴深厚的力洋孔村并不鲜见。除祭典外，祖训的宣读，祖辈故事的讲述，结合现代生活故事的训教，在各家各户都自觉进行。

"遵儒重道，好礼尚德，孔门素为佩服，为子孙者，勿嗜利忘义，出入衙门，有愧先德"；"子孙出仕者，凡遇民间词讼者，所犯自有虚实，务从理断而哀矜勿喜，庶不愧为良吏"；"祖训宗规，朝夕教训子孙，务要读书明理，显亲扬名，勿得入于流俗，甘为人下"，这是祖训的部分内容。

"读书明理"，力洋孔村一直重视办学，村东金字山旁曾办有书院。好礼尚德的人，最受村民敬重。村民熟悉且津津乐道的是民国期间孔万事秉公词讼的故事。据村支书孔令柯介绍，孔万事与另两村联合得到国民政府资助申办的学校资金，但当事人挪用专款，却以焚烧备料库房的不当手段掩盖。孔万事秉持正义，不顾个人生计，穿着草鞋奔波县乡，终于打赢官司，办成学校，为三村百姓办了好事。

现在在美好乡村建设中，力洋孔村主打文化与环境牌子。文化当是孔子礼文化，他们建了孔子文化广场，树了孔子石像，建成大成庙、孔子书屋，村旁墙壁绘上《论语》名言传扬文化精义；重视礼俗传说故事的挖掘，重视"杨梅客"的传统习俗；整修清代乾隆朝举人杨逢春题有"若非昔日飞龙过，安得人间留此辉"诗句的洗珠古井；在刻有"孔""傅"等字样的古石碾处，树立标牌，显示邻里互助合作和睦文化；遵行祖训建村后就不动山上一草一木的"金字山"环保文化。

环境建设上则以东海云顶景区为依托，遵循生态原则，维护古树名木、古屋古道，既继承传统又结合现代休闲旅游要求，美化庭院；建设乡村旅舍，在古道上搭建藤梨廊道，让清澈桃花溪水绕廊而走；在桃花溪旁建设风格独特的名为"有巢氏"的树屋。现在的力洋孔村，真有"不辨仙源何处寻"的乡居美韵味。

两岸桃花夹古津，祭孔大典世代传，不辨仙源何处寻。力洋孔村传孔门精神，得其宜也。如何进一步增强力洋孔村的文化印记，让"万世师表""至圣先师"的孔子礼文化精神在现代人的日常工作生活中和谐体现，力洋孔村正在努力探索中前行。

（文：袁伟望）

宁海岭口村

文豪故里的流风余韵

宁海西店镇与深圳镇之间有个美丽的山村，因为背靠杉树岭，东临香岩山，西枕洪泉山，南接长洋岭而被称为岭口村。这里"北通宁绍，南达温瓯，东抵象舟，西连新嵊"，自古为交通要道，村落被群山环绕，林木茂密，有几棵数百年树龄的枫杨古木，五市清溪穿村而过，民宅依山而建、临溪而筑，呈现出小桥流水、波光潋滟的江南古村风貌。这里，就是宋末元初一代文豪舒岳祥的故里。

唐大中十三年（859），宁海县令陈仲通被剡西裘甫军所杀，浙江观察王式遣天龙大将军舒师锡率军到宁海平叛。将军平定乱军后，凯旋途中经过天门山、香岩山，看见山川秀丽，峰峦叠嶂，遂起了归隐之心，于是解甲归田，率家人从余姚迁徙到这里定居，成为岭口舒家的始祖。舒家一开始居住在花架山麓一带，后来再迁徙到牌门舒、塘下和岭口，经历了1150余年的繁衍生息，成为宁海北乡望族。

地处香岩山阆风山麓的岭口村，古称阆风里，钟灵毓秀，名人荟萃，且多以"阆风"为号。第一个"阆风先生"就是南宋名士刘倓（1152—1215），多年隐居在阆风山上著书立说，著有《阆风集》（又名《黄陂集》）。刘倓去世四年以后，一代文豪舒岳祥（1219—1298）诞生在花架山麓的尚义村。

舒岳祥，字景薛，一字舜候，祖父、父亲都是当地名宿，父亲隐居不仕，在家教书育人。在祖、父辈的悉心教导下，他七岁能作古文，八九岁就能理解理学大家朱熹、陆九渊的文章旨意并仿作《原性》一书，26岁游学临海，拜著名学者吴子良为师，这位后来的太府少卿赞道："异秉灵识，文如汉之贾谊、终军，诗如唐之李观、李贺以及同朝的王令、刑居实等人。"他又预言"又二十六年，岿然以行学立阆风上，追前哲而启来者，必生也"。舒岳祥一生淡泊功名，弟弟舒斗祥宋淳祐七年（1247）就中了进士，他在妻子的再三催促下，才在宋宝祐三年（1256）第二次去参加乡试,中举,次年考取进士,和文天祥同榜。

"尚气简直,不肯对人作软媚语"的个性,加上数年内两次丁忧,以及奸相贾似道的刻意打压,让舒岳祥的仕途非常坎坷,然而正因为远离了朝廷中枢的钩心斗角,他才能饱览风光、纵情山水,和同道中人谈文论道、吟啸唱和。无论是诗是文,都达到了非凡的高度,他也成为名动四方的文学师表。

宋元鼎革之际,无论是追杀南宋残兵还是扑杀宁海杨镇龙起义,元军的镇压都非常残酷血腥。颠沛流离之际,舒先生收了两位得意弟子,一位是在《元史》中被称为"至元、大德间,东南以文章大家名重一时"的文学大师戴表元,另一位是官至翰林侍讲的元代著名学者袁桷。即使朝不保夕、乞食为生,舒岳祥也始终没有放下手中的那支笔,留下了大量的优秀作品,和他亦师亦友、被清代全祖望并尊为"天台三宿儒"的刘庄孙(另一位是胡三省)称道:"(先生)或避吏,或避兵,道途所经,冰雪颠沛,人所不堪者,处之超然。大篇小章,把酒成咏,其气浩乎其不衰,而独立之志不少挫也。"作为追随一生的弟子,除了文章,刘庄孙也许更敬佩的是老师的人格魅力。

正仲入鄞叙怀送别二首

此别未知长与短,一春风雨助凄然。
欲随流水入城去,更系扁舟话柳边。

芒草斜阳新住蝶,落花飞絮乱啼鹃。
雁苍山好须回首,便邮秋风在眼前。

古渔父词两首

是店皆赊酒,无家只有船。
烧鱼岩下火,吹笛水中天。

枫叶霜铺地,芦花月满川。
风波何处静,收钓即安眠。

"其作于中年者,明洁而清峻,丽密而深雄。其作于暮年者,诗益精妙，文盖宏肆，大约如丹漆、白玉，不假雕饰，晶采焕发；如深山大泽，珍异所产，宝藏所兴。日月之光景，烟云之姿状，处自然，不可摹写。"对比不同时期的两首诗可以看出，刘庄孙也许是对舒先生作品评价最准确的一位。相比动荡年月的少陵诗风，舒岳祥晚年的作品更加空灵高远。阆风里的四时风光、篆畦园的农家生活给了他无穷的创作灵感，这段时间也是他最多产的一个阶段。由于战乱和流失，他的存世作品只有很少一部分，但留存下来的数量依旧可观，明《永乐大典》收录了舒岳祥的诗9卷、文3卷，合称《阆风集》，清《四库全书》亦将此书收进。

走进岭口，舒岳祥的痕迹无处不在，阆风台、阆风亭、阆风桥，以及迁建的舒岳祥故居……尤其是阆风亭，是村人为纪念舒岳祥而建造的，始建于清乾隆年间，当时建的是石平桥，后几度毁建；道光七年（1827），村人将之改建为廊桥，后又被水毁；现桥建于光绪十二年（1886），距今已近130年。

如今的阆风桥横跨碧波荡漾的五市溪，掩映在虬枝弯曲、古意盎然的古枫杨丛中。这是一座单孔石拱桥，长16.5米、宽4.5米、矢高5.3米、跨径7.9米，桥身两旁立有6个素面石望柱，柱与柱之间用榫卯法构筑石栏板。此桥全部以石条、石板构筑，造桥前先刻作石烫样（模型），如此规整的造桥方式宁海仅此一处，具有较高的历史价值。桥的两面，都镂刻着"阆风桥"三字，桥东面为篆体，南面为楷书，字体秀丽，笔力苍劲，为同光时期书法大家陈璚在台州知府任上所题。桥西原是碧云亭，如今改建成碧云楼，溪流两侧，有多棵古枫杨，树龄都在300—500年，神态各异，或挺立参天，或弯曲盘旋，或斜跨整溪，让村庄掩饰于一片绿意之中。

几百年来，舒氏族人非常珍视先人留下的精神遗产，重文尚义，尊师重教，兴教办学，弦歌不绝。即使是在"文革"时期古物受到大肆破坏的年代，他们依然精心守护着祖先的宝贵遗存。尤其是近些年来，舒氏后裔对修复和保护舒岳祥的遗迹不遗余力，村中年近八旬的老人舒德忠，将十几年拾荒积攒下来的5000元捐出，用于修缮工程；舒家悦和乡贤应可均、谢时强等老先生仔细收集、考据舒岳祥的相关文史资料，刊布其作以广为流传，让舒岳祥的文学价值得到了重新评估；而按照南宋建筑风格建造的舒岳祥故居以及完全复原诗文作品中篆畦园风貌的小型植物园，也正在建造之中。

走进今天的岭口村,沿溪而行,冬日可见老人在阆风桥头负暄闲谈,夏夜村民则在枫杨树下纳凉讲古,过着悠闲自在的生活。即使村中工商业已经相当发达,村民已经普遍富裕,但是耕耘、摘茶、行馌、垂钓、戏水等千百年来传承下来的生活方式和趣味,依然完整地保存下来,依稀可见先生笔下的香岩山麓阆风里的流风遗韵。

(文:黄海清)

> 温州龙湾瑶溪村

瑶溪张璁伴贞义

瑶溪村在温州市大罗山东麓，风光秀丽，人文荟萃，1991年被列为省级风景名胜区。它原名姚川、姚溪，瑶溪发源于卧龙潭，循瑶溪垅至九曲洞，汇入上河滨、下河滨，经金岙直达岭下，而出龙湾陡门。

明弘治二年（1489），15岁的永嘉场三都普门人张璁，到瑶溪临村湖滨邵选家跟从表兄李阶读书。从三都到湖滨，必须经过瑶溪的阮桥及三巨岩。数年时间往来，瑶溪山水印入了少年张璁的心中。

至明正德十三年（1518），张璁已是44岁的中年人，自24岁考中举人，经过7次礼部试，都以名落孙山告终，又逢父兄相继病故，身心可谓疲惫不堪，意志消沉到极点。于是，他思忖，寻访一片清幽山水，隐居读书，了此余生，瑶溪理所当然成了首选。经多方打听，他知晓瑶溪山下的土地为自己姐夫的族弟、二都英桥王锜所有。经商议（或由于姻亲的关系），王锜于这年的年初将这方土地相赠予他，也是作为对落第士子的鼓励。

张璁得瑶溪地后，选择于蜈蚣山（民间俗称馒头岩）下，坐西北朝东南建造瓦房三间，开辟菜园五亩，并取名为"罗峰书院"，中堂取名为"敬义堂"。中揭范浚《心箴》，旁列程颐《四箴》。书院周围九曲洞萦回，汇为大池，又经三曲成三条湘而流入湖滨河。他于正月十八书院落成前一日，作《建书院告罗山灵》《书院上梁》二文，并作《书院成》等诗，把自己的希望和理想都寄托在培养学子身上，当时招收的学生约30人。在此，他可以莳花观渔，可以携生远游，舒坦自在，远避世俗的浮躁和烦嚣，静静地疗伤，默默地抚慰。

这年的春日，张璁带上8个学生登游瑶溪源头。沿着瑶溪垅经石门、石室，过洗足潭、簟丝潭、板障潭（卧龙潭），休憩于川上吟坛，至一笑岩而回，都有诗作传世，并作《瑶溪穷源记》，此为瑶溪游记的肇始。这次的穷源游，使张璁领略了瑶溪山水的美丽，似天上的瑶池散落在人间，故改姚溪名为瑶溪；也使张璁悟到了"学问不可穷，可穷非真学"的治学之道，萌发范希文"先天下之忧而忧，后天下之乐而乐"的胸怀，将个体生命提高到与宇宙并生的境界。

在瑶溪的两年时间，应该是张璁一生中最愉悦的时光，也是他辉煌人生中的转折点。张璁一生写了大量的诗文，以在瑶溪山中所写的为多，而且纯任自然，不事雕绘，见心见性，含情溢满。"平生精力悉在于是"的《礼记章句》八卷，及《杜诗训解》六卷、《周礼注疏》《仪礼注疏》《姚溪书院诗文》二卷，都是他在教学的间暇所著。据今存的《张文忠公集》统计，戊寅至己卯两年在瑶溪山中他所作的诗文有70多首。

经过两年时间的休整，张璁重新燃起了积极入世的情怀，及"知其不可而为之"的儒家进取心态。当然，他的政治抱负是不会随着一时意志消沉而消失的，在《书院上梁文》中的"谁道青天不可登，我有云梯千万丈"，已经表明他自始至终的志向。

正德十五年（1520），46岁的张璁考取进士。自南京刑部主事，历翰林学士、詹事府詹事、兵部侍郎、礼部尚书兼文渊阁大学士、少傅兼太子太傅、吏部尚书、谨身殿大学士等。嘉靖八年（1529），55岁的他进内阁首辅，9年时间位极人臣。

嘉靖七年（1528）三月，张璁官礼部尚书、文渊阁大学士，加少保兼太子太保，但他还是非常怀念已经离别8年的瑶溪。于是，他上疏世宗皇帝《请赐书院额名》，世宗赐书院名为"贞义书院"，堂名更为"抱忠堂"，又在书院侧敕建"敬一亭"一座，中置世宗的《敬一箴》《五箴注》；同时修葺鼎新书院。今在民间传说张璁在瑶溪建有两所书院，一所为"老书庵"（罗峰书院），一所为"贞义书院"。其实罗峰书院和贞义书院为同一所书院，是在这一年被世宗所易名并重修的。嘉靖八年（1529）三月，张璁在京师改溪口三巨岩为兄弟岩，并立诗碑。

嘉靖十年（1531）八月，张璁罢职归瑶溪，在贞义书院旁附筑居室，全家居住，又扩建御书楼，用以尊藏御赐敕诰诗书文札。次年三月复职，八月再被赐归，就兴建来青园、富春园、留胜亭、千橘亭、万竹亭、来鸥亭等景观；于九曲涧、三条湘河边加以栏杆，砌以精石，建栏杆桥、揽月桥、跑马桥、显德桥、随云桥等；又在书院山房前树"翰林学士"牌坊，在书院前树"寅亮天地""燮理阴阳"两牌坊，在书院左树"理学名臣"牌坊，在书院右树"中兴贤相"牌坊，并在周围树"黄阁元辅""青宫太师"等牌坊；在三条湘边朝南建一品家庙；成为永嘉场当时远近闻名的园林胜地。

嘉靖十四年（1535），张璁以病休致返居瑶溪，整理文稿，修纂《温州府志》八卷，会同《礼记章句》《杜诗训解》等藏于御书楼内。次年三月，他建观荷亭于书院荷池前，并勒石树碑于其中。嘉靖十七年（1538），他移居温州郡城，敕建宝纶楼，次年二月卒，一生在瑶溪的时间有五六年。无论是读书讲学，还是病休致仕，瑶溪始终都是张璁精神安憩的理想家园。

瑶溪山水给了张璁人生的反思和深沉，使这条自许的"卧龙"得以腾飞；张璁也同样给了瑶溪人文的流绪和传承，使这片土地蕴含着人格的魅力、情感的瑰丽和文明的厚重，至今感召着无数学人去感悟去沉思。

（文：孙建胜）

文成下石庄村

崇农重武下石庄

下石庄村，位于石钟山下的高山平地，紧邻新56省道、百丈漈镇景区南大门。村民多为赵姓，少数村民为郑姓等其他姓氏。村庄背山面田临水，沿山麓稀疏散落地安排建筑，随形就势，十分自然，田园风味浓郁。三条清澈的流动溪水穿村而过，远山近景倒映在溪水中，蜿蜒如彩带，绵延于田间地头。村落山水相映、田居融合，景色秀丽迷人。

《林氏宗谱》中前清拔贡林寿琪所作《石钟十景诗》，其中《驼峰积雪》《长桥新涨》《墓塘明月》《古寨秋风》等诗词不仅表现了先人对下石庄村村庄美景的赞誉和留恋，更是凸显了当地深厚的人文底蕴：

驼峰积雪

驼峰高接天，天压雪常积。
遥望冻云端，微茫一线碧。

（驼峰位于下石庄水口，龟山顶上，远看像驼峰）

长桥新涨

水浅桥平路，波流齿寒石；
新涨昨宵多，无数蛟龙跃。

（下石庄水口桥）

墓塘明月

独坐松风里，俯瞰墓塘曲；
水月圆未圆，娥眉弯两角。

（位于下石庄水口，祖墓前面的荷塘）

古寨秋风

古寨碧岩峣，秋高望无极；
霜叶满枝红，风声听未息。

（位于下石庄铜锣口，传元末吴成世在这里扎营）

下石庄村的赵氏起源于商朝的季胜，于南宋嘉熙二年（1238）由昭信将军赵允夫这一分支迁入龙川一带。赵允夫曾担任过太守，之后任职都务先锋，死后被追封为昭信将军，是为龙川赵氏家族打下基础的第一世祖，排行太一。

在赵允夫之后，本族亦是武将辈出。例如赵维寅，诰封武德骑尉，首取商号"赵同春"，创家业成龙川望族。又如赵钦安，号标生，自幼聪慧，曾在国民军事委员会任少将参谋等职。赵钦安热心公益，曾卖地筹资以助乡邻修筑龙溪堤防洪，此善举得到传颂，其子赵超构为新闻界名流。

下石庄石门台大屋后面，现赵建勤的老屋原是赵氏始祖迁居地。据赵氏家谱载，赵氏21世始祖应国（又名正国），1786年前后（乾隆年间）迁居此地繁衍生息，至今（包括）迁居外地人数达1300多人。20世纪60年代下石庄赵沛招（赵建勤父亲）旧屋翻新时（即始迁祖宅基），宅基地挖了一米多时，挖出了大量大小不等的完整彩釉古陶瓷药罐及大量陶瓷片，相传这里就是陶然制药的地方。也有说陶然配制的药物在百丈漈某山崖上炼丹，今百丈漈景区内建有陶然纪念亭，百丈漈一漈边仍有碑记之。

另外，受"龙川一世祖"昭信将军赵允夫的影响，赵氏后人练拳习武历史悠久，习以为常，成为村里人农耕劳作之后锻炼身体的爱好活动，一直流传至今。

清同治年间（1862—1875）出现了一位武贡元——赵鸿锵，武功非凡，远近闻名。凡有朝廷官员下访办差，皆需赵鸿锵亲自迎接才能入村。下石庄赵氏宗祠前面至今还立有一对石旗杆夹，名曰：贡生赵鸿锵。所以下石庄赵氏以此为荣，代代相传，一直延续到20世纪六七十年代，习武风气仍然兴盛。拳师赵伍龙、赵聪捐等人还经常受聘外出授徒传艺。

时下石庄常设三处拳坛：一是林赵南—林宝银—林正齐—林学考—林多元；二是赵廷玖—赵伍龙—赵士足—郑国助—赵聪娟；三是赵廷根—赵长旺—赵士昌—赵东宽等。均设在几家古民居堂屋，有刀枪棍棒，练功石锁、石头铰之类，练武的目的是强身健体、防范自卫。

练武一般在秋收后至芒种前的农闲季节，在午后或夜里，在各自的拳坛对练，持刀拿枪、舞棍打棒，噼噼啪啪，热情高涨。以南拳为主，包括五步、七步、莲步、八卦掌、九龙鞭、三节棍等，盘拳、对打、单练、切磋武艺，无所不有。

传说拳师林赵南在当地功夫出众,有跃跃欲试之能事。林赵南,现村民林则培房太公,遗留故居现由林则培居住,子孙后代尊称为"赵南公"。他自幼爱好习武,好打抱不平。每日清晨在下石庄那条约4米宽的门前溪跨越自如,身姿非常轻盈。当时"赵南公"因武艺高强而名震四方,传说平时只要他随手拿一板凳或木棒,便能使几十人无法近身。在原来的青田县、龙泉县、平阳县等方圆百里之内无敌手。因赵南公的一身好武艺,百里之内谁家有难都找他打抱不平,四里八乡的青年慕名而来求艺。阿南师傅严格规定:习武者当虚心习武,精益求精,遵循武德,不能以武恃强,持艺凌人。习武应以强身健体、防身自卫为目的,决不允许犯人、伤人,若有损声誉者逐出师门。石钟拳坛师徒始终遵守规定,严格要求自己,声誉经久不衰,享誉至今。

"武"字辈还有前辈赵松镇——华东炮兵部队功勋英雄,一位传奇式的解放军大尉,出生于1924年9月,1949年5月省立处州师范毕业后,即参加中国人民解放军,次年,加入中国共产党。

赵松镇在部队30年,历任排长、师侦查科参谋、团侦察参谋股长、副参谋长等职,参加过抗美援朝、保卫波灵桥、保卫钱塘江大桥、解放舟山、炮击金门、援越抗美、保护第一颗原子弹总装基地、唐山抗震救灾等,立功受奖达30多次,还受过越南国防部颁发的嘉奖。1978年转业,任中学校长、书记。1985年离休,从事地方公益事业。2015年2月逝世。

祖辈不仅崇仰习武,同时也用族规激励子孙后代握笔学文。赵氏族规规定:凡是中举取得功名者,各房族宗祠允许立旗杆夹一对,或挂对匾一副,以作后人典范。该规定一直延续至今,现在的下石庄对本村获得本科及以上学历的学子还会给予一定的奖学金鼓励。

下石庄村历来农耕气息浓郁,经调查及不完全统计,村内有水碓四门,榨油坊两处、棉织坊、印被染布、酿酒、做粉干面、打银打铜、织布成衣、篾匠木工等,各行各业,人才齐全。

村内古树名木众多,古建筑鳞次栉比。下石庄,是一个有着淳朴民风、优美环境、深厚文化底蕴的历史文化村庄。

(文:赵小红)

诸暨十四都村

藏绿周氏独爱莲

从诸暨市区出发，沿着双金公路，翻过避水岭就到了浙江省的历史文化村——五泄镇十四都村。十四都村是几年前由狮象、前庄贩、塘头和藏绿四个自然村合并而成的，其中的藏绿自然村，在历史上被人们誉为"状元村"，耕读传家，俊贤辈出。

据《国朝三修诸暨县志》和《藏绿周氏宗谱》记载，仅清道光年间，该村就有进士4人，翰林4人，举人25人，贡生8人，太学生128人，另有一品官员、监察御史、吏部侍郎、内阁中书、太守及知州、知府等70余人。到了近现代，有中将1人，少将5人，国民政府部长1人，工程院士1人，《辞海》编委1人。

这些记忆被历代藏绿村人视为荣耀，留存在建筑上。祠堂左设抱义学，右置抱义仓，在"旗杆门里"特置旗杆石，这是周氏祖宗为了表彰考取举人、进士及以上功名的族人而建，立在宗祠门口，官阶越显赫，旗杆石越高，旗杆也越粗大。仅清一代，已经有旗杆石18个，其中高墩2个。藏绿周氏家族的耕读传家源远流长，可追溯到藏绿周氏的始祖、宋代大理学家周敦颐。因周敦颐（1017—1073）的理学思想和处世理念与儒家学说一脉相承，后人把他推崇到与孔孟相当的位置。

藏绿周氏的族训是"诗书世泽、忠孝诒谋"。据记载，公元1520年，五泄周氏始祖周青山带着家眷从余姚避难来到藏绿村，开始了筚路蓝缕的创业生涯。直到周氏第四代时，族人们才以百年之积累，开始大兴土木建造房屋、祠堂。其中，建成后的祠堂通面阔47.9米，通进深47.55米，占地2300平方米。祠堂共分三进，由门厅、中厅、后厅组成。周氏祖辈一边辛勤劳作，一边传承儒学"修身、齐家、治国、平天下"的理想，在恢宏的建筑中开始了耕读育人、为国储才的梦想。

在这个族训里，既包含了世界观——忠孝，又指出了培养这个世界观的方法——诗书，即以研读、理解、实践诗书典籍的途径，来陶冶情操，锤炼风骨，达到忠孝双全的目标。

周氏先贤为使他们的子孙牢记族训，永远沿着这条为人处世的大道走下去，就把它镌刻在周氏宗祠（萃亲堂）大门两旁的石匾上。时至今日，每当族人走进祠堂，抬头就能看见这两块石匾，就会感到自己肩负着祖宗对自己寄予的殷切期望。

为实践族训，藏绿周氏又制订了十则家训，其中家训之七为"端蒙养"。内容是"美质堪培，知后生之可畏；懿范在望，见先进之当从。古人所为，易子而教，择师以训也"。

恪守族训，践行家规，藏绿周氏族人为自己的子孙全力办学施教。清时，藏绿的大台门里就办起了多处供子孙读书的私塾，其中有"上书房""中书房""耳三房""双桂轩""滴露斋""凤翔堂""麻车学堂"等。周氏子弟上学，每学期可领到五斗谷，参加各级考试成绩优秀的，还可得到其他奖励。为支持义学，还特意开设了义仓，作为济贫助困之用。

滴露斋，位于藏绿山庄之右。主人周春溶，曾出任四川南溪县知县，年轻时候的他曾在这里晨起读书。

坐落在村中的翰林第，主人周炳鉴，翰林院士，他是个勤奋读书的人，当年他的藏书处——南雨山房至今保存完好。

孪生进士第，这是周绍达、周绍适孪生兄弟的旧第。这对兄弟学业优异，分别于同治二年（1863）、十年（1871）高中进士。父亲周青萼（1801—1863），字承辉，号棣园，原籍诸暨十四都（今五泄镇）藏绿。1826年，夫妻俩终于盼来了儿子，而且是一对双胞胎，他们就是周绍达、周绍适兄弟。不久，吴氏中年病逝，使原本并不富裕的周家雪上加霜，迫于生计，周青萼带着儿女们到离家50里外的珠家坞做长工。东家俞海鳌早年善于经营，后家道日隆，乐善好施，在乡里很有威望。他见周青萼为人和气，勤劳朴实，很是喜欢，经过几年的考察，他最终决定招周青萼为婿，把唯一的女儿嫁给这位娶过妻且带着孩子的长工。俞氏继母把周绍达、周绍适兄弟视如己出，关爱有加，还聘请当地著名的塾师，教授兄弟俩读书识字。几年后，周氏兄弟果然不负众望，先后考中举人，继而又中进士，一时间传为美谈。

民国期间，藏绿这个只有千余人口的村子，已建有敦本第一、第二、第三小学，郁文、民新、琴山、西阳小学和凤翔学堂等多所学校。这种重文重教之风在"耕读传家"为传统的诸暨来说，应该称得上首屈一指。其中凤翔学堂的建造，更看出藏绿周氏的先贤，为培养子孙成才不惜血本，劳苦功高。

据说当时藏绿的周钟雅绅士（清太学生，当地人叫他苗定大爷或彬夫老先生）的儿子在麻车学堂读书，一次，为课桌座位，与同桌同学争执。那同学不但不让，反而振振有词：你要爽快，自己去造一个学堂好了！儿子放学后把这个事情告诉了父亲。周雅钟听了，感到为培养子孙后代，必须有一个好的环境，就决定独资建造凤翔学堂。有一个故事还流传至今：学堂紧挨另村人的一只茅坑，它的主人漫天要价，为搬掉它，周钟雅答应他"在粪缸底铺满白银"的苛刻条件。

建成后，凤翔学堂整座校舍颇为宏壮，精雕细琢，令人叹为观止。如柱上的牛腿，全部用一人多高，宽四尺、厚尺余的独块樟木板串雕而成；门楼上的鸡笼顶（也叫吊篮）别具一格，诸暨西施殿重建时，特地到这里来打样仿制，浙江电影制片厂还在这里取景拍摄了《啊，鸡冠山》的电影。当时周钟雅绅士因办学有功，民国七年（1918）大总统徐世昌曾为他题了"敬教劝学"的匾额，并授予一等金色"嘉祥章"以示嘉勉。因时代的发展和变迁，这座凤翔学堂在新中国成立后相继成了藏绿乡完全小学、五泄乡完全小学、五泄公社社校、藏狮联小、五泄农中、五泄镇中心学校的校舍，直到1992年五泄镇校建造教育大楼把它拆除。藏绿周氏族人十分痛惜，这也成为他们心中永远抹不去的心痛。

新中国成立后，藏绿周氏族人继承先贤重文重教的优良传统，尊师重教，蔚然成风。周氏族人因原来文化基础好，许多人敢于与"家有三斗粮，不做孩子王"的封建意识宣战，选择了教师职业，敬教劝学，为教书育人作出贡献。仅周耿城先生一家，两代就有5人同时是教师，曾被诸暨教育局授予"教育世家"殊誉。在当地，因姓周的老师太多，无法分辨，就只好按名字来叫老师，如周文途老师叫文老师，周树云老师叫树老师等。五泄镇中心学校在易地重建时，藏绿周氏族人慷慨解囊，鼎力相助。退休干部周柳君女士，把自己平时积攒下来的20万元全部捐给五泄镇校供学校新建图书馆、阅览室之用。为此，五泄镇政府授予她"捐资助学，造福桑梓"的证书和"功德之家"的匾额，并入选绍兴市农村精神文明建设"五个一百工程"的百名农村身边好人。

藏绿周氏族人的耕读家风，已经结下了累累硕果，正如光绪《诸暨县志》所载："藏绿坞，周氏族人居焉，科甲蝉联，为邑望族"。

（文：龚正苗、顾春芳）

绍兴上虞通明村

文心通明照珍斋

绍兴上虞区丰惠镇通明古村,钱为大姓。钱氏通明始祖钱德晋,字子俊,为吴越王钱镠第25世孙。明朝后期徙居通明村。通明村是上虞四十里河的终点,上连萧绍古运河,下接姚江,直达宁波,是商贾云集的交通枢纽。明朝诗人杨珂曾在《通明坝》一诗中写道:"四明山尽到通明,春水随潮浪不生。隐隐雷声惊乍起,却疑身向禹门行。"通明村地处县治东郊,田畴平展,水网纵横,良田肥沃。钱氏家族在此优越的地理环境中繁衍生息,家业逐渐壮大,很快成为虞东地区的名门望族。

笔者从钱氏宗谱中发现:首卷祖训内容,皆述忠孝、恤民、社稷、睦亲之事:"现居高官厚禄,宜作忠臣孝子,做一出人头地事,可寿山河,可光俎豆,则虽死犹生……子孙不忠、不孝、不仁、不义,便是坏我家风,须当鼓而攻。"其后续家谱中则出现:"不入学者不准入族。女子入学,免学费"的文化条款。笔者据其年代考证,此条款应出自钱珍斋之手。

钱珍斋,德晋之孙。他重建文昌阁,同时筹建钱氏大宅院。造朝西屋、朝南屋、太屋、田屋、老当等多处住宅,还开挖了埭河,建造了多个花园,有假山、戏台、小憩、书房间,还有驯马的草地。钱氏由钱珍斋发迹。他为确保家业,必须使子孙后代明理,明理必须读书。故将"不入学者不准入族。女子入学,免学费"载入家谱,以戒子孙,并延聘塾师,开办书院。

"不入学者不准入族"的族规,曾得到清重臣林则徐的赞赏,引出一段佳话。

钱骐,通明人,清嘉庆十六年(1811)中进士,林则徐好友。授翰林院编修,道光年间九江知府,湖北荆宜施道。回故里后,以著述为乐,辑有《史钞》300卷,《诗钞》30卷。据上虞文史工作者陈绵武在《虞史漫拾》一书中记载,林则徐通明晤钱骐:

林则徐革职后复出，道光帝谕旨："赏给四品卿衔，驰驿前赴浙江省。"其任务是叫他去镇海协办海防。他于1841年6月9日由百官沿四十里河到上虞（今丰惠镇），下午达通明坝，老友钱骙早在观塘坎率乡绅父老肃立恭候。当晚宿在钱家大院务本堂（田屋），促膝长谈至深夜。当谈及"不入学者不准入族"的族规时，林则徐拍案叫绝，感慨不已。随即乘兴挥毫，留下了"墨庄"两个大字。后钱氏制匾悬于"老当"中堂。这"墨庄"两字，激励着一代又一代的钱氏族人，遵守祖训，学文明理。

在通明，至今还流传着钱氏二房钱鸿章之子被革出族的故事。钱鸿章祖上家庭殷实，可他既不学文，也不从农，常去县城鬼混，染上吸"乌烟"（鸦片）的恶习，且嗜赌如命。不几年，家产荡光，生活朝不保夕，还将儿子送去堕民村施家看牛，终触犯众怒。一天，开祠堂门，焚香插烛，按其"不入学者不准入族"的族规将其子革出族，在宗谱上除名，并罚钱鸿章在祠堂放炮仗一封。这一故事，代代相传，妇孺皆知。

钱俊人（1875—1944），字澄。先祖时家道中落，其幼年，父母仙逝，家境贫寒，生活难以维系。祖母恐其孙不入学而革出族，咬紧牙关，卖掉祖宅，将7岁孙儿送入私塾。少年的钱俊人聪慧过人，受塾师钟爱。在其祖母含辛茹苦的抚育下，钱俊人终于长大成人。

钱俊人历任奉天（今辽宁省）吉林二省政府参议、哈尔滨特区行政长官公署参议，他与张作霖、张学良父子交往甚笃，与抗日名将朱庆澜尤为相契。1931年"九一八"事变后，南下息隐北京。他与朱庆澜、屈文六、范高平（范寿康父）等一起，悉心办理各省赈灾事务，他曾任国民政府赈济委员会委员，山东赈务会办、沪杭甬、浙赣两路难民救济专员等职，有"七省赈济"之誉。晚年告老还乡，在上虞做了许多惠及百姓的好事。

民国二十三年（1934），钱俊人毅然出巨资建造"上源闸"，大大地减少了梁湖、丰惠一带的旱涝灾情。捐资创建"永锡堂"（俗称会馆），免费施舍白皮棺材，解决贫苦人的安葬事宜。钱俊人在通明周边修桥、挖河、铺路、造凉亭的善举也不胜枚举。据《中国传统文化故事》一书记载："每到春上，青黄不接之际，他毅然打开粮仓，把家里的粮食一袋一袋地分给他们，接济周边穷苦的人，年年如此。"钱俊人的心中，早已埋下了祖训"人济其穷"的种子。

笔者在资料整理中发现，有许多钱氏子孙履职在祖国各地：钱艮

（1915—）毕业于日本东京工业大学电机科，先后任台湾电业公司、日月潭发电厂管理处长、台湾电工程服务社董事长。钱士诞（乳名梦熊，号徵祥）曾任浙江省高级人民法院审判委员会委员、民事审判庭庭长。钱钟岳（1916—1998）笔名天逸，春晖中学名师、书法家，书法作品多次参加省市书画展，有多幅作品被送往日本展出，并散见于报刊。如此等等，不一而足。但钱氏子孙对上虞教育的贡献，更值得一提。

新中国成立初，经过土地改革的上虞广大农村，一片欣欣向荣的景象，村村办学校。此时，文化基础较好的通明，先后走出了60多位教师，单就钱姓教师就有30余位，其中钱宗善于1990年元月，获绍兴市人民政府颁发的"教育世家"荣誉称号。钱氏家族的读书风气也影响了整个通明村，其他陈、施、王诸姓，也涌现出了许多读书人。一个千余人口的小村，有教师110余人（含退休教师），还有各行各业的众多文化人，实在难能可贵。归根溯源，是先祖"不入学者不准入族"所结出的丰硕成果，更值得点赞的是，钱氏先祖开创了女子入学的先河。

世事变迁，沧海桑田，钱氏大宅院昔日的辉煌已湮灭在历史的烟尘里，老屋缝隙中洒落的故事，却是我们永久的记忆。台门上书写的"职思其居""仰长者风"的教导，激励着通明儿女，在新的征程上，迎着晨曦，创造出更大的辉煌。

（文：金慎言）

新昌方泉村

优秀乡贤若方泉

方泉村，辖属小将镇，距新昌县城约30公里，2004年由方口、陈家坞、田西三个自然村合并为方泉行政村，其中方口村由20世祖吴仕谌、吴仕饵于明成化（1466—1487）时开基，村中吴姓为主。

方泉村如其名，靠临水边，有清坛江溪水潺潺流过，溪水源自罗坑山，清如甘泉，故得名方泉。村落依水而成，布局合理，居住舒畅。环境自古因水而具灵性，各类文明多发祥于江河之边，方泉村得水之滋润，自建村伊始，产业富硕，乡贤人才辈出。

村中人文古迹建筑众多，其中以县文物保护点，以体现乡贤文化的吴公祠最为有名，是新昌县民国时期较有代表性的建筑之一。该祠于清雍正七年，由族中耄宿倡导建设，云楣丹牖，名满剡中。后迭经兴废，于民国初年（1912）由吴星灿（曾任遂安县知事）重建。后历经近百年风雨剥蚀，损毁严重，濒临倾圮，方泉村两委于2005年8月再次筹资修缮，复其原貌原则，工程耗资335200元，于年底完工。

现在的乡贤吴公祠坐北朝南，占地面积550平方米，传统建筑格局，西洋风格装饰。由前廊、戏台，左右看楼、正厅组成，呈四合院落式。正厅"思则堂"，五开间，三明二暗，通面宽17.50米，通进深7.50米。天花板敷顶，装饰五个白色圆圈式图案，中装吊灯钩。厅前隔天井为戏台，戏台单檐歇山顶，内顶八卦藻井；戏台基部为石制方形台柱，其中前檐柱为重约2吨的圆铁柱，实为罕见。两侧看楼，与正厅左右尽间相衔接，楼上栏杆外装饰五朵白色大型牡丹花图案，图案下有三条缠枝纹饰带；底层栏杆车制圆木排列而成，呈西洋建筑风格。

乡贤吴公祠门前有对联，内容如下："为民族做敢死的先锋，向敌人作反攻之英雄"，"彻底认识民族复兴的意义，坚决抱定抗战必胜之信念。"应为抗战开始时先进乡贤精神的反映。乡贤祠与歇息长廊间尚存部分鹅卵石地面，据当地一些上了年纪的老人讲，地面雨时还能显现出龙凤图案，颇为奇趣。

有乡贤，才会有乡贤吴公祠，其中最为有名的便是方泉村民口中相传的"邦辉老爷"了，也就是吴星灿（1865—1925），邦辉是他的字，号爕斋，方泉乡方口村人。他早年随竺绍康、王金发等从事反清斗争，1907年张伯歧被囚解回嵊，在清风岭被革命党人拦截，吴协助其转移家乡隐蔽。1912年，吴星灿就任遂安县（原治所大致在今浙江省淳安县西千岛湖五狮岛南，原称为"狮城"，1958年该县撤销，并入淳安县。1959年县城大部没入新安江水库）知事，为该县的第二任知事。到任后，见平民生活困苦，辛苦劳作还食不果腹，富户豪绅多吸鸦片，生活奢靡，于是吴星灿便下令禁烟。但由于得罪了既得利益者，禁烟运动得到了旧势力的反抗，无奈之下，吴星灿向省府请求调兵弹劾，省府不予支持，反而将其调往海宁县任知事，吴星灿不任而归。

回乡后，民国初年的那次乡贤祠重建便是在他主持下进行的。除了建乡贤祠，其他一些建设也相继进行，对村道进行整修，在河中碇钉步，造栅栏台门，筑围墙，购买枪支，组织民团，方便了村民出行和保卫了大家的安全。除此之外，还起草订立村规民约，禁止随意采伐竹木，禁止参与赌博，收到良好效果。吴星灿在乡期间多有建树，威望甚高。为了能使村规民约有效执行，其率先对违反规定的地痞流氓进行整治处罚，至今人们对此还津津乐道；更为方泉村今日良好的植被生态、清洁的村庄、淳朴的民风打下了基础。

近现代，一个个从方泉村走出去的人都在传承和延续着这种乡贤文化。

吴锡均，1914年生，浙江新昌县方泉村人。毕业于西安军需学校。曾任国民党第十三军办事处书记官，抗战胜利后，任上海市接收局专员，中央军需学校二等正军需科长，1946年任嘉兴南湖中美训练班主任。1948年赴台，提升为中将军衔，1974年卒于台湾。

吴锡文，1916年生，浙江新昌县方泉村人。江西庐山中央陆军军官学校特训班毕业。抗战胜利后，任国民党浙江保安处调查室主任，授上校军衔。1949年赴台，1995年卒于台湾。

吴庭枢，1932年出生，浙江新昌县方泉村人。新中国成立前随父（锡均）赴台，公费毕业于台湾大学，继而留学美国。获建筑工程系、现代物理系两博士学位，曾任哈佛大学教授。

吴观澜，1938年生，浙江新昌县方泉村人。煤炭工业部西安干部学校财务会计专业毕业，曾任一六〇勘探队会计、一三二队会计科主任、副队长（副县级）、浙江煤田地质局财务科长、财务处长，1994年授予注册高级会计师技术职称。

吴一梅，1964年生，浙江新昌县方泉村人。成都科技大学毕业。杭州大学化学系硕士研究生，高级工程师技术职称。

据统计，方泉村现有吴氏人口中，有博士2人，高级技术职称5人，中将1人，大校1人，正团级1人，副局级4人。

今天，漫步于乡贤吴公祠，嵌于墙上的书写着"乡贤吴良定、陈爱莲夫妇出资修缮"的大理石碑格外显眼，乡贤在外创业建树，同时更不忘饮水思源，回报乡里，一代代的乡贤延续着这种精神，我想这便是优秀乡贤文化的良好传承吧。

（文：新昌农办）

嵊州坎一村

崇学尚义的坎流学堂

  嵊州市坎一村，原名坎流村，地处太白山麓，剡西重镇长乐之西约2.5公里处。因地势较高，原名高坎头，1921年更名为坎流。东与太平接壤，南与沃基毗邻，成鼎足之势；小昆江北来，自西向南环村东流经太平。村西北向山峦叠翠，溪山秀丽，流水潺潺，土地肥沃，良田坡地百顷。香榧、茶叶名声远扬。村民主姓为邢，据记载均为先祖邢公清风之后裔，在此繁衍生息600余年。

  自建村聚居以来，邢氏先祖一直都十分注重对后代的教育培养，以耕读传家为祖训。宋元时期，小小一个村里就有两所私塾，而且历来就有富裕人家资助贫困子弟上学的优良传统。清代以前，坎流村先后有数十位学而优则仕之人，可谓家学渊源。明嘉靖二十五年（1546），邢氏第32世孙邢舜祥考中举人。舜祥之子德健，字体乾，明隆庆二年（1568），由廪生岁贡入太学，明万历间（1573—1620）任蕲州同知，有惠政。明隆庆万历年间（1567—1620），邢德健劝族众建大宗祠，取名"叙伦堂"，祀大福公。明万历年间，知县刘昌祚题匾"剡西第一族"以示对邢氏表彰。这个祠堂就是后来坎流学堂的前身。

  到了清朝末期，坎流村依然是太平一带读书风气最浓的一个村子，村里培养出去当官经商的人很多，其中较有名的是曾任嵊县议会议员、太平镇镇长的邢契陶以及宣统元年（1909）考入保定直隶高等学校的邢契莘，次年考取清华第一期官费生留学美国，学成后在国民政府多个部门担任局长、司长，最后定居台湾。坎流祠堂后来成为坎流学堂，就是邢契陶之举。

  邢契陶（1872—1949），名鞠町，号瘦园，清宣统二年（1910）贡生。他热心家乡教育事业，高瞻远瞩，于光绪三十一年（1905）倡议将坎流村两所私塾合并，以坎流祠堂作为校舍，创办坎流学堂。虽然村里一直有着子女以读书为荣的意识，但村民多为农民，经济条件较差，而改建学堂又需要不小的一笔资金，为此他决定向村民进行募捐。当时村里正有人倡议在村内建一座小庙，已经有人上门去化缘，村民响应者甚多。邢契陶得知这一情况之后，连夜召集本村有影响力的村民一起商议。商议当夜，邢契陶带头捐出几十块大洋。在他的带动下，当夜参加商议的村民每个人都做出承诺，有的捐钱，有的捐助木材，并答应分头去劝说村民一起参与。经过几个月的努力，坎流学堂终于改建成功。

改建之初，原本在私塾上学的孩子们都能顺利地进学堂去念书，但是，邢契陶发现村子里还有部分家庭因为条件太差孩子上不起学。看到这种情况，他一方面上门去这些家庭做父母的思想工作，希望他们克服困难为孩子的前程着想努力送他们进学堂；另一方面又拿出自己的部分积蓄资助这些孩子们进学堂读书，圆了贫苦家庭孩子的上学梦。村民对他感恩戴德，而村里尚学的风气也就更加浓厚了。

为了让更多的家庭能够供得起孩子上学，邢契陶提出了两套政策来鼓励读书，一是书田政策；二是书生归祖祭祀。书田政策就是根据学历高低分配不同大小的良田予以耕作。据说当时读完小学的能分到3分田，初小为6分田，而读完大学者能分到1亩2分之多。作为坎流村重视学习教育的一个见证，书田政策代代相传，一直沿用至土改政策之前。而所谓的归祖祭祀实际上是对读书人身份地位的一种肯定。古时坎流村逢年过节有祭祖习俗，村里有地位的人才能进祠堂祖庙上桌吃饭，但邢契陶提出凡是村里学堂毕业的人也都可以进祠堂吃饭。邢契陶当时施行的这两大政策大大提高了读书人在村里的地位，进一步调动了村民培养子女读书的积极性，也为一些原本上不起学的孩子打开了他们的求学之门。现如今，村里的老人们还对此津津乐道，记忆犹新。

坎流学堂设一年级至六年级，为一所完全小学，乃当时嵊西的最高学府之一，后改名为坎流二等小学堂。1926年，坎流小学办学20周年，成绩显著，远近闻名，来坎流小学求学者纷至沓来。然坎小的校舍、课桌与经费等均已不足。为了更有利于办学、培养人才，于是学校管理者和坎流、太平、沃基等村的绅士商议，决定以锦水义塾旧址为校舍开办锦水小学，并将坎流小学高小部归并于锦水小学。坎流小学遂成为初级小学。

坎流学堂作为一所在嵊西久负盛名的学校，不仅培养了一代代的坎流村乃至周边太平、沃基等的学子，而且也出现了像邢传新等一批受到乡里称颂的好教师。

邢传新（1897—1939）又名传薪，字勖民，是当时著名的教育人士。幼年就读于坎流学堂，后入省立五中（绍兴），毕业于北京高等工业学校。性格豪爽乐观，好游泳，喜口技，尤以"狗叫"闻名，人称"狗叫先生"。当时时势动乱，百姓流离失所，很多学生都无法上学读书。邢传新为救济失学青年，培养救国人才，于1938年初返乡办学，以坎流学堂等三个祠堂（乡屋）当校舍，倾其多年积蓄充当办学经费，延聘县内名师12名，招收本地失学和外地流亡青年80多人，创办了嵊县坎流高初中四科补习学校。以教授国文、数学、英语、体育为主，辅以理化、史地等科目。他自任校长，兼教数学，注重爱国教育，全面关心学生的身心健康发展。对品学兼优的贫困生减免学杂费，并提供膳宿。经半年多的努力，办学初见成效。高初中学生分别经绍兴、嵊县会考，成绩个个合格。同年秋，该校经省教育厅核准定名为"嵊县坎流中学生补习学校"，学生增至121名。

1939年6月28日会考前夕，嵊西大雨滂沱，洪水泛滥，公路交通中断，邢传新多次电告当局，要求延期或派员携卷监考，均未获批。29日晨，邢传新雇用两只竹筏，亲率学生冒雨赴县城应试，当驶近倪家渡村时，因水流湍急，一只竹筏撞上桥桩，28名学生落水，他跃入水中奋力抢救，凭借熟习水性，大部分学生被救上岸，而自己则不幸遇难，年仅42岁，百姓无不悲恸。8月25日，嵊县政府在县城为其召开了追悼大会以悼念表彰。他热爱祖国、热爱教育、公而忘私、舍己救人的崇高精神永昭后世。

抗战时期，坎流学堂一方面继续培养村里学子，另一方面还成为我党的一个地下联络点，是绍属特委和嵊县县委的一个联络机关。从学堂到地下革命联络点，也从一个侧面反映了坎流村民崇学尚义的民风与精神追求。

一百多年来，坎流学堂见证了几代人的风雪历练，也培养了许多的栋梁之材。有的上阵杀敌，有的以笔为刀，有的虽默默无闻却回报自己的家乡。现在虽已不再办学，但关于它的一切，都被这个地方所承载所传扬着，它影响的不仅仅是一代人，而是整个邢氏家族乃至整个剡溪河畔。

（文：史可心）

嵊州北街村

两尊活菩萨

三界镇北街村位于嵊州市北30公里,东面是水波浩渺的剡溪,西面是绵延不断的丘陵缓坡。沿着剡溪西岸,有一条长达里许的古街,古街的南面有望剡亭,古街北端有始宁城隍庙。民国期间,城隍庙里有两尊不同寻常的神像:一尊是明朝嵊县知县吴三畏,另一尊是清末民初大善人金禄甫。这两尊菩萨都塑于主人生前,人未死就成神,实属罕见,人称"活菩萨"。

吴三畏

吴三畏,字日寅,福建省莆田塘头村人,生卒年不详。明嘉靖二十二年(1543)中举人,嘉靖三十一年(1552)以临海教谕调升嵊县县令,在嵊县当了九年县令,为嵊县百姓做了很多好事。

当时,东南沿海倭寇猖獗,日本海盗经常窜犯嵊县境内,尤其是三界一带,靠近上虞,离海不远,倭害深重,百姓提心吊胆过日子。吴三畏上任后,采取了一系列抗倭措施,修筑城墙,组建民团,训练乡丁,积极防御倭寇来犯。

明嘉靖三十四年(1555),倭寇攻占了黄岩、天台,嵊县成了抗倭前线,形势严峻。县令吴三畏动员地方士绅说:"倭奴作乱,嵊邑无城可守,这就等于放弃百姓,我等岂能坐受无城之困?!"于是便率领吏役,查勘故城墙遗址,见城址上建有民房,即令房主限时拆迁,将拆迁人工、材料折价偿还。当时有人感到财力不足,筑城劳民,倭寇来犯,缓不济急。吴三畏解释道:"筑城劳民,不筑城则无民,一旦倭寇临城,将何以抵御。"他一方面请上司勘察在旧址上构筑新城的城基,估算工料;另一方面,组织民众筑城,确定以丁口(壮年)为计工单位,每50余丁筑城1丈。分派停当,即于9月动工,新城循着故址兴建,临溪跨山,逐日增高。吴三畏废寝忘食,不分昼夜地赴工地督查。

城墙刚建到一半，倭寇突然从天台蹿入城南黄泥桥，并于当夜派探子到五里浦一带窥视嵊城。吴三畏号召全县军民，同仇敌忾，誓死抗倭。改民工为民兵，以锄铲为武器，每人一手执器械，一手执油竹火把，吴三畏率领军民站在修筑一半的城墙上。当夜，嵊城火光冲天，喊声震地，倭寇见嵊城有备，只好绕道从嵊东浦口方向遁去。军民见此情景，深知筑城的重要，更加同心合力，日夜轮流筑城，终于在当年年底全部完工。城墙全长1300余丈，高2丈，宽丈余。

次年，吴三畏又募银500两，构筑4座城门，并按地理位置命名：东门为"拱明"，西门为"来白"，南门为"应台"，北门为"望越"。城门外还筑有"瓮城"，城门上有楼，楼上驻兵。全城设24个戒备哨所，城头设有4所防御敌人偷袭的"敌台"。城内还有便于骑马巡行的余城6尺，余城内又有马路6尺。城外余城与马路均相称，有的地段还挖有壕沟。

城墙完工后，倭寇又来了一次。吴三畏镇定自若，亲率军民荷枪握刀，日夜守卫。依仗牢固的城墙，倭寇最终未能得逞。

明嘉靖三十四年（1555）十月，倭寇自新昌入境，被吴三畏率兵追击，歼于清风岭。尔后，吴公又两次击退倭贼。在抗倭斗争中，吴三畏多次深入倭患较重的三界一带，巡视民情，领导抗倭。三界在倭患时，乡民为避倭灾，纷纷逃亡他乡，土地荒芜，民不聊生。吴公屡次亲临三界，招抚百姓返回家乡，重振家园。还拨出库银，赈济灾民。在吴公的安抚下，三界百姓很快恢复了生产，重新过上了太平日子。

三界百姓感其恩德，在北街村的始宁城隍庙里塑起了一尊吴公神像，顶礼膜拜，永世纪念这位功德无量的父母官。

金禄甫

民国初年，三界发生了一场特大火灾，烧毁了大半个集镇。百姓流离失所，无家可归。当时北洋政府忙于征战，兵连祸接，国库空虚，无力赈济。三界灾民叫苦连天，四出乞讨。繁华的三界码头一时间哀鸿遍野，饿殍累累，惨不忍睹。

崇仁富商金禄甫得知后，派儿子金宪章察看灾情。

金禄甫（1853—1923），嵊州市崇仁镇人，早年以补鞋为业。随着资金的日积月累，从补鞋业发展到丝茶业。先后在平水、汤浦、登岸等地开设泰昌、兴昌、鸿润昌等六个茶厂，又在嵊县、诸暨、绍兴、上虞等邻近县城开设茧站18处，使茧价大大提高，茧农人数因受益而日增，嵊茧名冠两浙。几年后，金禄甫的业务迅速扩至上海。金禄甫又在上海炒卖地皮，资产越来越大，不出几年，积资已达数十万元，一时财雄全县，名噪乡里。1903年，金禄甫经营丝茶的营业总额高达600万元，成为上海巨商。

第一次世界大战爆发之时，外贸受挫，金禄甫经营的丝茶事业步入了低谷期。他观风伺机，急流勇退，收缩了上海及外地各项业务，返归家乡，开始了他的第二事业——慈善业。

金禄甫在崇仁设立了"义庄"，给贫病无靠者资助医药，给穷无居所者赁房，给死不能葬者棺材。同时，他还接管了由父亲金昌运创办的"金氏养老堂"，此堂位于嵊州城区西后街，专门收养孤独老人。此外，他还置办了一所"因利局"，给贫困者无息或低息贷款。每至隆冬季节，他还会应时办起规模盛大的施粥厂，布施饥民，上书对联："同是肚肠，饱者不知饥者苦；一般面目，得时休笑失时人。"

就在此时，三界发生火灾，金禄甫慷慨解囊，出巨款建造了两排街面屋及一些民宅。他的儿子金宪章把房子低金租赁给三界百姓，还在三界设立粥厂，建造义冢。金禄甫还觉心里忐忑，亲临三界视察。见灾后百业凋敝，百姓生活无着，他就当场毁去房契，把所有房产捐给灾民。消息传出，百姓感激涕零，奔走相告。金禄甫的车轿启程离开三界那天，三界百姓头顶香盘，膝行礼拜，送别这位大恩大德的再生父母。于后，百姓在城隍庙塑起金公神像，终年香火不绝。

1926年，三界镇又接连发生火灾。此时金禄甫已作古，他的儿子金宪章秉承父德，得知灾情后，赶赴三界赈灾。三界百姓感恩金氏两代的恩情，纷纷去始宁城隍庙里向金禄甫神像烧香朝拜。

臧克家诗曰："有的人活着，他已经死了；有的人死了，他还活着。"俗言云："铁打的衙门流水的官。"能名垂青史的又有几个呢？虽然在任上可以把自己的名字刻在石上，印在书里。但，石要风化，书有蛀虫。只有把名字刻在人们的心上，才能真正永垂不朽。有首民歌唱得好："天地之间有杆秤，那秤砣就是老百姓……"

（文：施钰兴）

磐安梓誉村

桑梓誉重归名宗

磐安县双溪乡梓誉村，位于风景秀丽的东阳江上游，是一个环境优美且具有丰厚的儒家理学文化底蕴的山村，村落以蔡姓人为主体。早在千年前，就有各姓人在各个山岙口散居。蔡姓先祖蔡元定是宋代理学名家，其长子蔡渊师从朱熹，1196年因避祸携其子蔡浩入居后，繁衍后代，逐渐形成现在的村落，至今已有800多年的历史。

梓誉村，原名安仁里，为了让子孙后代不忘宋理学家朱熹赠墨宝"理学名宗"的崇高荣誉，便在古文"桑梓誉重"中选出"梓誉"两字定为村名。历史上梓誉村先后有过4位岁进士、11位庠生、18位太学生。新中国成立前，梓誉设有3个蒙馆，新中国成立之初梓誉有"十八书箱"（18位教书先生）之称，中小学校长、教师多人，新中国成立后曾办过乡校（完小）、初中、高中，培养了许多有用人才。至今梓誉村有230多位蔡氏人在县、乡各级政府机关、企事业单位、高校工作，这些都与梓誉村的历史文脉——"理学名宗"以及儒家理学文化息息相关。

蔡元定及其子蔡渊均为蔡氏九儒，潜心研究理学，著书立说。根据梓誉蔡氏宗谱记载，蔡元定与朱熹有着一段40余年亦师亦友的深厚情谊："西山公（即先祖蔡元定）生来颖异，八岁能诗文，十岁日记数千言；十四而孤，刻意读书，天文地理，度数乐律兵阵，无所不通。四十不受科举，诸臣举于朝，公坚以疾辞……二十四岁拜于朱熹门下。朱夫子见其知识渊博，论述精辟，凡技艺曲学，异端邪说，悉拔其根，辨其非，以至古书盘错肯綮，学者不能读之，不能以句，而西山先生却能'爬搜剖析，细入秋毫'，朱熹在闽常与西山先生对床而卧，相与讲习，通夕不寝。所以朱熹呼西山先生'老友也，不在弟子之列'。当朱熹遇有疑难时，常听西山先生见解，且多为首肯。"

蔡元定的儿子蔡渊（1156—1230），尊从父训，长从朱熹，在任婺州（金华）路教授时，经常聆听朱熹的教诲，研究理学，著书立说。朱熹见蔡氏一门潜心苦研理学，为倡导理学、著书立说做出了巨大贡献，就挥毫书"理学名宗"，赠于蔡渊。

蔡渊的儿子蔡诰自小就跟着父亲四处游学，耳濡目染。宋庆元元年（1196），朱熹被罢官，蔡元定受牵连，被充军道州，蔡渊带着儿子避于东阳南面80里处的许之顾岭（现在梓誉村西之山岭）。庆元三年（1198）蔡元定在道州因病去世，蔡渊送父亲回老家落叶归根，但因为家门之祸，不知现状如何，且儿子已有家室，便让蔡诰留在梓誉，以继续将家族发扬光大，朱熹的墨宝"理学名宗"便因此永久留在了梓誉。蔡氏宗祠落成后，将其制作成匾，悬挂在宗祠前厅正中上方。

梓誉蔡氏子孙遵从祖训，尊儒重文，以理学的勤劳、节俭、和谐、创业的道德伦理教育子孙，刻苦耕读，创家立业，并立下家规家训，让理学文化发扬光大。梓誉人历来重视办学，为鼓励村人勤奋读书，历代村规都有"养贤田"制度，刻苦读书取得一定功名的就可得一份养贤田以示奖励，同时得到村人的尊重。过去梓誉村家家户户门口都挂有一竹编"字纸篮"，把写过字的纸放在纸篮内，不准丢掉，绝不能脚踏，装满后拿到村口的文昌塔焚化，由此可见梓誉人幼小就受到尊儒重文的理学思想道德的教育。

"理学名宗"成了梓誉村的历史文脉和文化根基。如今，在梓誉村，还保留着许多历史文物古迹，这背后有许多关于梓誉人爱学习、善良为人的故事。

钟英堂是当时恩科进士蔡亨洪于清乾隆二十三年（1758）所建，平面布局呈三合院式，前面靠围墙是天井，左右各有厢房六间，中间为厅。厅是钟英堂的主体建筑，三开间，通面阔12.30米，通进深9.60米。整体梁架抬梁式与穿斗式相结合，明间抬梁式九檩前轩，后栏用四柱，次间边缝穿斗式九檩前后用五柱。直柱无卷杀，柱头用柱头科，梁柱交接处用丁头拱，前轩卷棚顶，使用罗锅椽。屋面椽上铺望砖，盖阴阳合瓦，檐口置瓦当滴水，柱础鼓形，天井用鹅卵石铺面。整座建筑雕刻精美，同时集结了石雕、木雕、砖雕，其中正厅的木雕是整座建筑的精华所在，镂空的群狮、群鹤、群鹿形态逼真，可以代表那个时期精湛的木雕艺术水平。同时，在拱门洞和地栿上使用精美的砖雕和石雕，时代特色明显，具有较高的艺术价值。

蔡亨洪自小喜欢读书，年幼的时候就开始学习儒家文化，有过目不忘的本领，稍年长一些，开始学习四书五经，练习写字画画，不管是山水画还是小品文都生动超逸，尤其擅长画松柏蔬果之类。

因为家境困难，十多岁的蔡亨洪不得不放弃学业，跟着父亲外出做生意，但他一直坚持看书、写诗作画。蔡亨洪尊儒重文，以先祖理学道德伦理量身，发家致富后，仍保持粗茶淡饭的简朴作风，但乐善好施，对待同族的乡民尤其宽厚。每逢寒冬时节，蔡亨洪都会拿出自家的粮食赠送给家中生活有困难的人；遇到乞讨的人，不仅送他们粮食，还送棉衣让他们抵御寒冷。除此之外，他还修桥铺路，劝人多做善事，待客以诚，待人以礼，因此文人墨客都喜欢到他家谈诗、论文、作画。

永思祠、节孝坊、翔和堂是同一轴在线的同一建筑群体，是蔡元定（西山）21世孙、清代乾隆朝进士蔡守辉为纪念母亲所建。节孝坊是三层式石砌牌坊，正中上方是竖式圣旨牌；翔和堂是前后两个四合院式建筑，其天篷的模式比较独特，别出心裁，中间雕了一只大凤凰在天空翱翔；永思祠是三开间单进，雕刻异常精致。蔡守辉父亲英年早逝，在母亲谆谆教导之下，蔡守辉自幼懂事勤奋，为继承父亲遗志，日日刻苦耕读，学识日益丰富，文采愈加精进，被当时的文人士大夫所看重。赐进士后，为了纪念母亲，蔡守辉便建了这些建筑群。如今，只有翔和堂被保存下来。

清朝诗人胡筠在游玩梓誉村后，曾留下了一首诗："万峰深处有平畴，始信桃源不外求。东转琴山迎我笑，西来襟水抱村流。诗书预兆人文盛，朴雅还信气味投。碑记万安书欲就，为君把盏说泉洲。"今天，当我们走进梓誉村，一如走入了古诗词中的隐逸之境，这里民风淳朴，村民仁德好客。蔡氏宗祠之内，悬挂着的"桑梓誉重"牌匾指引着世世代代的蔡氏后人为人处世之道，"理学名宗"传万代子孙道义，"桑梓誉重"育一方生灵仁德。

（文：磐安农办）

衢州柯城余东村

田园间的现代毕加索

艺术家罗丹曾说:"美到处都有。对于我们的眼睛,不是缺少美,而是缺少发现。"

柯城区沟溪乡余东村,距衢州市区16公里,这里的农民独具眼光:他们是"田园毕加索",尽情描绘着身边的村落集镇、山川溪流、春耕秋收,画里吐露出百业兴旺的生机勃勃、乡间生活的美满和谐。他们是"乡野风尚标",不仅拥有发现美的眼睛,更有能够创造美的巧手,鹅卵石垒就花坛,木栅栏围起花园,立体的"花画世界",让人沉醉。

人们发自内心地觉得,当物质逐渐丰足,当精神更加充实时,对美好生活的追求和对美丽家园的珍视,会更加强烈。

画与花,焕活了余东村,更点燃了乡民。

从画作到画册:一本色彩饱满的乡村笔记

65岁的郑根良,是余东村农民画具有开创性和代表性的画家之一。两米见长的画桌,各式长短的画笔,色彩交融的画板……郑根良把家里的一个房间布置成画室,一坐就是一天。

郑根良的第一幅画《森林卫士》,创作于田野之中。1972年,正在田畈干农活的郑根良,目睹了两架飞机在高空给病虫害严重的松树洒农药的过程。新奇的画面,激发了他用画笔记录的欲望。

"动人的事情,都是出现在平常的生活中。"橘子是郑根良的"灵感缪斯"。1982年,余东村农民开始大量种植柑橘,郑根良也不例外,余东村成为"橘乡"。从那时起,郑根良画出的橘子个个火红,饱满的果汁仿佛正把果皮撑开。

乡村发展中,农民把所看、所听画下来,把对生活的追求画出来。脚沾土地的农民,把锄头换成了画笔,身上沾染的土壤换成了水粉,村落集镇、田头谷场、鸡鸭鱼鹅、山川溪流、春耕秋收、乡亲邻里,都是他们创作的蓝本。

《夫妻治水》中，两名村保洁员在污水中伸出长竹竿，打捞生活垃圾；《猪棚换大棚》中，讲述村民拆掉猪棚、种植蔬菜，掀开生活新篇章；《溪里畅游》则表现了"五水共治"后，河水变清，人们在水中撒欢的欢快场景；而《文化礼堂》定格在农民丰富的文化生活瞬间……

求全求实、大胆用色的农民画，带着强烈的乡村色彩，赢得了人们的关注和肯定。在全国第二届农民画展上，郑位良《科普》获得了大赛银奖，毛老虎《春江水暖》获得铜奖，郑利民《农家节日》、郑根良《丰年》分获优秀奖。

如今，余东村每年都会有农民画展，展出近100幅作品，每年都会出一本画册。2015年4月，余东村在衢州市举行了"绿水青山就是金山银山"的农民画拍卖会，成功拍卖了84幅作品。

余东村村民多年来边务农边画画，画作累积起来，如同一本乡村笔记，记录着村庄的变迁。

从个人到群体：一股清新醉人的时尚乡风

在余东村，只要有农民画的免费培训，就能产生一呼百应的效果。晚饭过后，人们纷纷赶到村委大楼，跟着老一辈农民画家学画。

时间拉回到20世纪六七十年代，余东村农民画发展之初，这样的热度是不敢想象的。

沟溪乡文化站站长、余东村农民画协会会长郑利民说，那时农民白天拿锄头，晚上拿画笔，有一搭没一搭地画着。由于生活贫困，农活繁重，这样风雅的事情，常常遭到家里人反对，因此坚持下来的人并不多。

随着人们生活条件的改善，对文化生活的渴求也日益强烈。2003年4月，刚上任沟溪乡文化员不久的郑利民看到了余东村老一辈农民画家的执着，决定组织创建农民画协会，最初会员只有16人。

2004年冬天，第一期余东村农民画培训班开班。一间不到50平方米的活动室，一下涌进了50多人。村民面面相觑，没想到原来大家都憋了一股劲儿想学画画。农民创作的热情充分释放，之后，参与培训的人一期比一期多，上至耄耋老人，下至学前稚童，最多时有上百人。协会会员也逐渐发展到300多人。

29岁的周振燕是培训班的常客，她牢记着老一辈农民画家的话："创作比什么技法都重要。"于是，在她的画中，都是她经营的家庭农场里的景象：大棚里成熟欲坠的西红柿、扎着头巾劳作的妇女、农技指导员来田间。学画画，不仅是她在大棚之外最喜欢的事，也让她慢慢摆脱了急脾气，"打底稿、上色容不得一丝着急，这跟我给葡萄修枝需要耐心是一个道理"。

"画画能陶冶情操，乡风也好了。"村委会主任余良耀说，自越来越多的农民开始画画，村里搓麻将、赌博等不良风气渐渐消失了。农闲时节、节日期间，村里都会开展书画交流、比赛。"也就从这时起，只要村民家里结婚、做寿、上梁……每逢喜事，协会都会组织会员向村民赠字、赠画，帮助布置新房。"

在《2015年余东村文化礼堂活动计划表》中，我们看到，端午期间将开展以"端午礼仪"为主题的农民画创作；金秋十月，举行以"丰收"为主题的农民画创作；过年前，还将举行农民画学习启蒙活动……

如今，农民画创作协会的300多人，不仅一起切磋绘画创作，还组成了舞龙队、排舞队，乡村的文化生活更加充实精彩，文化礼堂日日有农民进进出出。丰富的活动让乡村热闹起来，让人心热络起来。

从墙画到现实：一份美好笃定的生活向往

沿着穿村而过的大俱源溪行走，身侧的农家院落白墙上，每隔几步，便是一幅色彩丰满热烈的农民画。

"原先这条溪水很脏，村民都是直接把垃圾倒进河里。"村民余云梅说，现在不会了，环境变好了，治水的画面就画在了墙上，好像时刻在提醒人们要保护环境，保护自己的家园。

鹅卵石垒就花坛，木栅栏围起花园。2015年，沟溪乡选择了蔷薇、树状月季、杜鹃花等栽种在农民的农房前后，又统一种植了玉兰、芙蓉、桂花等，加之村庄一侧罗漫山的绿化工程，"田成方、屋成行，房前屋后瓜果香"已经从画纸走进现实。

"上面是画，下面是花，花藤爬到画上去，就成了立体的'花画世界'。"沟溪乡党委书记吴有熠说，如今，谁还会舍得让画笔下那个美丽的乡村消失呢？

美丽乡村要让农民欣赏其美，更要让农民美居其中。花与画，扮靓了乡村，也点燃了乡民。

余良耀说:"原先村里常常见到保洁员在打扫卫生,现在进村基本见不到保洁员了。"垃圾就这样远离了河流,留下整洁的村庄。

旧的村规民约也有了新的延展:"禁止到任何沟溪渠塘里捕鱼、电鱼,共同维护村庄整洁,增强生态环保意识;严禁破坏村庄道路两旁的花卉、植物;任何人不得毁坏村庄内的农民画作品……"

村民逐渐摆脱了种柑橘的单一产业依赖,现代农业和文化产业发展迅速,已成为村民增收的主要渠道。村中800多亩土地,流转率达到70%以上,做大了蔬菜瓜果等农业的综合开发。通过余东村农民画的带动发展,开发出了装饰画、工艺小屏风、台面画、工艺挂件等工艺产品,远销日本、欧洲等国家,实现年产值100多万元,走出了一条文化发展与农家乐、旅游观光、农业生产相结合的路。

前不久,陈堂珠和儿子余晓勤开起了农家乐。墙外是农民墙画,墙内有瓜果飘香,周末来赏画、赏田园风光的客人,让她的"余家大院"分外热闹。

(文:柯城农办)

衢州柯城新东村

梅花坞的书院情缘

柯山书院位于衢州柯城区烂柯山之南的石室乡新东村，是宋代早期的著名书院之一，发展到南宋时，已经成为全国22座著名书院之一。北宋宣和年间（1119—1125），毛开、郑待问隐居不仕，在烂柯山梅花坞（今石室乡东村讲书堂背）筑室"梅岩"，研读经籍并讲学，名称"梅岩精舍"。南宋儒学大师朱熹曾来此讲学，留《怀古》诗咏梅岩精舍。宋淳祐四年（1244），时任衢州郡守的杨彦瞻奏请朝廷，改"梅岩精舍"为"柯山书院"。书院因在石桥山（烂柯山）之南面，故又有"桥南书院"之称。

毛开（1104?—1190?），字平仲，号樵隐居士，衢州西安县人，是端明殿大学士、礼部尚书毛友的儿子。他生于北宋，主要活动于南宋绍兴、乾道年间。绍兴二十五年（1155）八月，南剑州剑浦（今福建南平）人冯和叔（字季成）在官上元县令任中途经衢州，毛开陪同他游览了境内仙岩寺。衢江区樟潭金仙岩的摩崖石刻中，至今还保存着当时的题记。书法秀逸疏宕，肃然远俗。淳熙五年（1178），冯和叔出任四川涪州郡守，又留下了著名的观察长江水文的《涪州观石鱼记》题刻。

毛开为人傲世自尊，与时事多有抵触。曾经做过宣州宛陵、婺州东阳二州倅，都是一些副职的官位。毛开与郡人卢襄、冯熙载、赵令衿等名宦过从甚密，与南宋著名诗人尤袤、陆游、杨万里等皆有交谊。

宋乾道四年（1168），毛开将访得的世传三国时书法家皇象所书的《章草急就章》书帖赠送给尤袤，并为尤袤所著的《遂初堂书目》作序。毛开临终时，以书信别之，嘱咐尤袤为其撰写墓志。尤袤既为其撰写了墓志铭，又为其文集作了序。

宋淳熙六年（1179），陆游奉召待命于衢州皇华馆，曾专程拜访毛开。在毛开儿子毛适的陪同下，探访了"王质遇仙"的烂柯山，陆游有《访毛平仲问疾与其子适同游柯山观王质烂柯遗迹》等诗篇传世。

当时的毛开，以文词著称于世。工于小词，诗文清快，有《樵隐词》一卷传世。毛开去世后，南宋词人韩元吉（1118—1187）评价其"奥学穷千古，奇文擅两都。功名一杯酒，身世五车书。"朱熹（1130—1200）撰《题毛平仲墓志铭后》，高度评价之："毛公神仙骨，误落世网中……斯人不可见，斯文鬼人通。"

爱国诗人陆游与衢州似乎有着不解之缘。在他一生的宦游生涯中，曾经多次盘桓于衢州，并在此结交了许多朋友，留下了感人的诗篇。

郡人徐赓，字载叔，秀才出身。其父徐国润，为一乡善士。去世后，当朝的工部尚书谢谔为之撰《行状》，宰相洪迈为之撰《墓志铭》。徐赓早年从学于朱熹，出游30年，喜与诸公论议，辨质文章，故以学识卓然而闻于世。朱熹有《答徐载叔书》，论及陆游诗作，颇为推崇。

淳熙十六年（1189），徐赓寓居烂柯山，筑藏书楼于东庄（今石室乡东村）。他在杭州请好友陆游为其东庄题诗，陆游遂作《寄题徐秀才载叔东庄》。

庆元六年（1200），徐赓老母留氏仙逝。陆游闻讣后，撰写了《题留夫人墓志铭》。嘉定元年（1208），徐赓修建桥南书院，并将《桥南书堂图》寄给了陆游。此时，已经八十多岁高龄的陆游欣然写下了《桥南书院记》："吾友西安徐载叔，豪隽人也，博学善属文，所从皆知名士。"赞美书院"地僻而境胜，屋庳而人杰。清流美竹，秀木芳草……客之来者日众，行者交踪，乘者结辙，呵殿笼访陌者，虽公侯达官之门，不能过也。"

徐赓的另一位好友、诗人韩淲（1159—1224），也曾作诗《题桥南书院图卷》，赞赏桥南书院。

宋淳祐九年（1249），时任衢州郡守的游钧，是位非常重视文教的官员。他的祖父游仲鸿（1138—1215），淳熙二年（1175）进士，官礼路提点刑狱，而他的父亲游似（？—1252）则是声名显赫的当朝宰相。

游钧在衢州太守任上，将其家传的晁公武《郡斋读书志》20卷摹本，在衢州郡斋付梓。这是我国首部附有"提要"的私家藏书目录，对后世目录学的研究，影响深远。游钧还买田筑舍，扩建柯山书院，并邀请硕儒徐霖来柯山书院讲学。

徐霖（1214—1261），字景说，柯城区华墅径畈村人。少时即有志于圣贤之道，研精六经。其沉深寡默，天资英杰，雄拔而有远志。其文章、诗歌皆源于六经，而由韩愈、杜甫，雄伟高耸，澄深简丽。宋淳祐四年（1244），试礼部第一（会元）。仕于朝，官校书郎。因道不合，归隐著书立说，人称"径畈先生"。著有《太极图说》《葵园集》《春山文集》等。后任江西抚州、福建汀州知州，卒于任，衢州市博物馆至今仍珍藏着《徐霖墓志》碑刻。

徐霖在柯山书院讲学时，"研精六经之奥，探赜先儒心传之要"，所著《太极图说》影响很大，四方学子云集，鼎盛时曾有过"远近学子奔来求教者多达三千"的辉煌。他的好友赵汝腾，官至礼部尚书兼给事中，拜翰林学士，曾称徐霖堪与范仲淹、程颐、张载相比，甚至把徐霖与孔子相提并论，说"瞻彼径畈，今之泗水"。徐霖门弟子甚众，与文天祥齐名的爱国主义诗人谢枋得（字叠山）就是其中杰出的一位。徐霖曾评价自己这位弟子："惊鹤摩霄，不可笼系。"

南宋景定元年（1260），郡人徐叔昭率众士重振柯山书院于梅岩。

徐叔昭是抗金名将徐徽言的曾孙，名囊，字光君，号光素翁，出生于淳熙六年（1179）。据《徐氏宗谱》记载，庆元五年（1199），官堂（今衢江区全旺镇官塘村）老屋失火，徐叔昭家族徙居靖安乡十一都石室街衣锦里（今柯城石室），为石室始祖。淳祐元年（1241），徐叔昭授绍州教官，改书库国子博士、秘书正字、监察御史。后辞禄奉亲归里，景定四年（1263）卒。

徐霖之后继者有孔元龙，为孔氏南宗第50世孙。早年曾从著名理学家真德秀游学，任过江西余干主簿，以宣教郎致仕，后闭户著书立说。景定壬戌（1262），应衢州郡守谢奕中的邀请，出任柯山精舍山长，年逾九十，仍手不释卷。著有《诲忠策》《柯山讲义》《论语集注》等。古时讲学以所讲著为"讲义"，或录所问答成为"语录"，可见当时书院严正认真的精神，亦远甚于当时的学校。

元代，蒙古统治者也非常重视书院文化。元至元二十八年（1291），元世祖曾下诏："凡先儒过化之地，明贤经行之所，与好事之家出钱粟赡学者，并立为书院。"

柯山书院，在元初由山长徐天俊重建庙祠斋庑。继之者陈彦正，元代诗人柳贯有《送陈彦正山长奉亲赴柯山》诗。

元成祖元贞元年（1295），著名历史学家马端临出任衢州柯山书院山长。

马端临（1253—1340），字贵舆，号竹洲，江西乐平人。父亲马廷鸾，南宋咸淳年间任右丞相。马端临早年师从朱熹学派的曹泾，深受其影响。博览群书，20岁漕试第一，以荫补承事郎，家中藏书甚富。不久，父亲因反对奸臣当道，受到排挤而离职回乡，马端临亦随之回乡侍奉。

入元后，马端临以隐居不仕进行消极抵抗，但在元朝的压力下，他被迫出任慈湖书院和柯山书院山长。在衢州柯山书院执教时，成效卓著，门下颇多成名者。马端临还在柯山书院山长任上，完成了皇皇巨著《文献通考》384卷。该书记载上起三代、下终南宋宁宗嘉定五年（1212）的典章制度。唐天宝以前史实，以杜佑《通典》为基础作拾遗补缺；天宝以后至宋嘉定五年，加以续修。共分24门，其中经籍、帝系、封建、象纬、物异五门为作者自创。所载宋制尤详，多为《宋史》各志所未备。与杜佑《通典》、郑樵《通志》，并称中国史学"三通"。元大德元年（1297年），其独生子马志仁出生，他立即辞职返乡，以享天伦之乐。回乡后仍执掌学塾，教育族中子弟。

元延祐五年（1318），《文献通考》被朝廷派来的采风使臣王寿衍发现，进御朝廷以后，元英宗高度评价此书为"治国安民，济世之儒的有用之学"。从此，马端临之名与《文献通考》一起闻达于朝野上下。江浙行省于同年十二月"咨发（马端临）再任衢州柯山书院山长"。元至治二年（1322），马端临出任台州儒学教授，回乡不久病逝。

元代担任过柯山书院山长的尚有孔演、华焕文等。

孔演，是孔氏南宗孔端问的后裔。至元十九年（1282）秋，诏命衢州第六代衍圣公（孔子53世嫡长孙）孔洙赴京，令他载爵去曲阜奉祀。孔演是孔洙的族弟，曾陪同孔洙一起北上。

元至顺四年（1333），曾任江山县尹的俞希鲁在编纂《至顺镇江志》的卷十九中记载："华焕文，字尧章，丹徒人。衢州路柯山书院山长，今处州路龙泉县西宁乡巡检司巡检。"

元末明初，柯山书院毁于兵燹。

（文：刘国庆）

常山樊村

樊氏大宗祠之钩沉

招贤镇樊村位于县城东15.5公里，有325户1600多人，沿博龙溪两边呈带状聚居。据《博龙溪樊氏宗谱》记载，樊村原名"博龙溪村"，后因村内樊姓居多，旋以姓为村名，即樊家村，由于常山县境内有八个樊家，又于1983年改为樊村。

该村的樊氏大宗祠始建于清乾隆年间，距今已有270多年的历史。宗祠门前5米处立着一块高1.5米、宽0.8米的青石碑，碑正面书有"浙江省重点文物保护单位：樊氏大宗祠"，落款是"浙江省人民政府：1997年8月29日公布"。青石碑的反面刻有"樊氏大宗祠，建于清乾隆年间。保护范围以该建筑四周墙体为界，控制地带：以四周墙体为准，各向外延伸15米"。

樊氏大宗祠又叫"博龙祠"。这座祠占地650多平方米，共有大小落地柱子90根。作为主屋架木质结构的宗祠，经过270多个春秋，仍保存完好，这在浙西地区是不多见的。

宗祠墙体为开线砖浆砌建筑结构，内建筑以木头、石条、石柱为主。该祠分为前、中、后三进。前进为戏台和化妆室。宗祠最引人注目的是戏台的八卦井和一对木雕的狮子戏球。遗憾的是左侧一只母性造型的木雕狮子，于2004年被人偷盗，至今尚无线索，也未能补上。

中后进的人物雕刻栩栩如生，呼之欲出，无不体现祖先的聪明才智，只可惜这些人物面部在"文革"期间被毁坏了，至今都无法恢复原貌。原宗祠内供奉先祖画像，后来，这些先祖画像也毁于"文革"，至今也未能补上。

后进虽然结构简单，但这里可是当年樊氏老祖宗呼风唤雨、发号施令的地方。据《樊氏宗谱》记载，这里的正堂中间早年曾挂着一幅唐伯虎的《双虎图》原作，相传这幅《双虎图》逼真得曾将一位11岁的小男孩吓得生了一场病。后来在"文革"时被人拿走不知下落。在那浩劫的年代，一些善于打砸抢的人披着"破四旧"的外衣，到处砸毁具有保护价值的文物，许多寺庙、宗庙都厄运难逃。樊家人为了保住宗祠内柱子上雕刻精细的木雕，将部分柱子用烂泥糊上，外面贴上"毛主席万岁"等标语，才得以幸免于难。

"溪畔上姓百家，樊氏数其一枝花。"这是常山民间广泛流传并被载入樊氏族谱的名句。据1987年有关部门调查统计，常山樊氏不到千户人家，在全县299个姓氏中，按户数（或人口数）排位可能排在20位之后。那么，常山樊氏为何历来颇具盛名呢？

常山绣溪樊氏（明成化二十二年（1486））谱序载："吾观樊氏，系出轩辕。有熊氏本姬姓。周有仲山甫，佐宣王中兴，食采予樊，因而氏焉。"按照该谱序结合有关史料，我们得知，周朝时有名仲山甫的人，辅佐西周宣王（名姬静，在位于前827—前781年）有功，为冢宰，封樊地，裔孙在此谋生繁衍，后代即以地为姓，这就是樊姓的起源。此地便是今日之湖北省襄樊市樊城镇。至东周惠王（名姬阆，在位于前676—前651年）时，有叫仲皮的，嗣封樊侯，国都建于襄阳府樊城镇。今河南省南阳地区樊氏即由此地迁入，凡根系南阳者乃樊氏之正宗派系。

自东周历战国，经秦统一六国，到西汉均未见姓氏宗谱对樊氏史迹的记载。东汉自樊德始，樊氏支衍于吴越江浙间，为江浙旺族，系出寿张侯（德子重，重子简、宏，均封寿张侯）。至后唐，南阳郡王樊泽（樊德15世孙）后裔散居江浙，迁徙不常。历31世，至石埭（在安徽）县令潜公（江浙樊氏一世祖，任汉阳、石埭二县县令，徙居池州），生子二（樊世重、樊知古），后支分为三派。

长子樊世重任饶州司户参军，居鄱阳，后自鄱阳徙江西之进贤，为进贤派。

（龙图阁直学士）樊汉（樊知古长子）居真州。樊汉生二子，长翠、次辇。樊辇八世孙樊万（字万里，潜公11世孙），任江浙儒学提举，徙居缙云，为缙云派。

樊辇生樊盛（户部尚书），樊盛生二子，长清、次湍。樊清（江浙樊氏六世），字从源，行志一，宋元祐八年（1093），以著作郎特授中书舍人，寻拜翰林学士，升尚书右丞。宋崇宁二年（1103）致仕，居南阳。因金兵之乱，清、湍（河东节度使）兄弟自南阳扈从宋高宗南渡，寓居衢之常山叠石（今金川街道徐村村），为常山派。

所以说，学士樊清乃常山樊氏始祖，本出名门贵族。

清光绪《常山县志》卷59《寓贤》记载：樊清，字从源，其先南阳人。宋元祐八年（1093），以荐授中书舍人。寻拜翰林学士，升尚书右丞。屡抗疏以裨时政。后因金乱南渡，居叠石。子盘、孙游，俱登第，曾孙充驸马都尉。子孙分居辉埠、圭山下、绣溪、湖东（包括今徐村、樊溪等地）、博龙溪（今招贤镇樊村）、团村（今金川街道朱家坞村团村）、湖顶（今紫港街道大弄口村湖顶山）、湖澄（今何家乡樊家村以西）等派。

1987年《常山县地名志》卷二《乡镇村名·何家乡·樊家》记载，樊氏于南宋绍兴年间由临安府钱塘迁常山城北叠石，后由叠石分居于此。以姓为村名，系明成化年间南京刑部尚书樊莹故里。

由此可见，樊清于南宋绍兴年间迁居常山叠石，可能是冲着赵鼎、范冲的家人寓居叠石而来，他与赵鼎、范冲之间或者有亲戚关系，或者有其他千丝万缕的联系。他们几家同居叠石，使叠石这个地方名声远扬，"叠石胜景"反过来也为他们的家族增辉添彩。

樊氏大宗祠的孝文化教育，一直影响着樊氏子孙世世代代，据樊村一些耄耋老人说，该祠正门两边阴刻"出门为徒，入门尽孝"八个字，其意是，出门到外面要谦虚谨慎，虚心向人学习，扮演徒弟的角色，回到家里，首先要孝敬长辈，以孝为先。到目前为止，全村敬老、爱老、助老之风盛行，2011年10月下旬樊氏大宗祠被评为"首批衢州市孝文化教育基地"。

（文：常山农办）

岱山石马岙村

於氏秀才石马岙

  石马岙是舟山群岛历史上一个典型的"秀才村",位于舟山市岱山县高亭镇,村名因清康熙年间在本岙美女山山麓出土的宋代状元、官至兵部尚书兼吏部尚书袁甫墓前的文物石马而得名。村庄背靠省级名胜风景区摩星山,面向大海,三面青山环抱,山峦绵连。村落选址讲究"天人合一",布局严谨,与山水自然融合为一体。村周边有大小山头20多座,山峰叠嶂,奇松怪石,触目成趣。主山雄鹅峰气势不凡,如万马奔腾。左青龙,右白虎,双重怀抱。大溪水奔腾向前,过河清、海晏、涟漪诸桥,向西流注入海。石马岙风水独特,是一处藏龙卧虎之地,人才辈出之处。

於氏家族

  石马岙有人口3000多人,姓氏40来个,其中近40%是於姓。於氏出自萧山临浦白塔湾峡山头(现萧山义桥镇),清康熙二十三年(1684)第二次海禁展复(展界开海),康熙二十七年(1688)成立宁波府定海县,朝廷召民垦荒。康熙三十二年(1693),岱山於氏先祖於炳、於焯兄弟俩携妻带儿(焯子廷相、廷龙),来宁波定海县之岱山为农,定居石马岙,因治家有方,务农经商有道,克勤克俭数十年,至雍正年间即成岱山望族,《岱山镇志》有记载。

  《萧山於氏宗谱》岱山支谱共18册,第2册第48页中有於廷相传记记载:"公,讳廷相,字美公。父焯,家不中资,携公兄弟至宁波定海县之岱山为农。是时,公甫三岁,兄美生仅垂髫,比长父即世。公貌丰硕,有膂力,配赵孺人,克勤俭,力作数十年,食指大繁,乃与兄分居。常言:'子弟不可不读书,不能尽读书,至十七八岁,升沉已定,平庸者力谋生,始免无赖读书,虚名不可务也。'子七,士农工商贾各执一业,宅七,门庭阃奥无异制,买田十倾,督子孙力耕,居家质朴,布袍方舄,见者不问而知为於家子也……"於廷相开创了石马岙於氏家族耕读传家创业守业之策略。

《於氏宗谱》所记载的这种耕读文化传统，影响了一代代於氏后人。为使家族久盛不衰，他们就以"耕田读书"为立家之本，重视勤耕善读，读可荣身，耕可致富，成为石马岙於氏后裔子孙所孜孜追求与向往的生活理想，故石马岙耕读文化积淀极为深厚。

於氏义学堂

石马岙於氏崇文重教，以兴学为乐，以耕读为本，注重文化教育。於氏家族一直勉励后人发奋读书，涌现了许多出类拔萃的子弟。值得於氏骄傲的是：岱山开禁后，经休养生息，在清乾隆三十三年（1768），岱山学子第一次参加定海县秀才考试，有三人中榜，其中二人为：於潮宗，字海，於氏来岱的第三代人；於景先，字洙传，来岱第四代人，他们都是石马岙於氏族人，他俩"志切功名，傲骨不磨"，成为当时岱山第一批庠生（秀才）。

据《定海厅志》记载：在清道光年间，族公於铭勋联合族内15房（於式良、於式熙、於式尹、於九成、於式尧、於式鸠、於式尚、於式乾、於式训、於月亭、於式坤、於梦龄、於维琰、於文灏），出资捐田，分资生息，经过二三十年的日积月累，有了一定的资金，办起了於氏义学堂，民呼"文昌宫"，实行於氏义务教学。

同时，他们还创建了显承会。由于岱山子弟考秀才、举人要到宁波、杭州去考，岱山是海岛，须乘船去，清代交通船又不多，有也是木帆船，行驶靠风、潮，很难准确计算到达日期，往往有赶不上考期的，若提早几天去，吃住盘缠又不够用，故穷家子弟考不起。有了显承会，优秀的寒门学子也能参加考试，人才不会被埋没，石马岙於氏后裔读书入仕成了风气。

文昌宫规模宏敞，不亚于现在的庙堂，有中宫三楹，左右厢房各6间，共15间，象征十五房弟子，可设四五十人一班的六个班级，有容纳200多名学生求学的规模。文武二重教育，文科先生由本族贡生、秀才於丹伟、於丹粉、於凤虞等担任，武科由族内武秀才於式鹤、於丹瑜和本岙武林名人孔传芳等担任。清道光年间正值外国列强入侵，爆发了鸦片战争，又有海盗蜂起，故国人习武之风盛行，朝廷也设有武科考试，招纳人才，保家卫国，清道光二十六年（1846）於式鹤荣中武举人。

新楼屋秀才楼

"文昌宫朝南坐,梅山直落泥城河。老楼屋破漏叟,新楼屋秀才多……"这是石马岙在光绪年间的一首民谣,新楼屋即秀才楼。此楼坐落于石马岙长墩,七幢二层楼,左右各有厢房五间,占地面积1000多平方米,建于清同治年间,今有匾可考。由萧山来岱的第六代先祖,候选巡政厅於式宪公所建,该楼为双檐硬山顶九桁结构的建筑,建筑风格天然大气,原木块石,黛瓦青砖,淡妆素雅,精巧雕饰,古朴自然。

石马岙的23位秀才,有4位从这幢楼房里出来,故有"秀才楼"之称。堂屋里至今还贴着,一张盖着一张的四张秀才捷报单。报主是:秀才,於维梅、於丹粉(父子)、於丹毫、於丹莲(兄弟),当时秀才之多可见一斑。报单规格40厘米×60厘米,木刻印刷,名字、时间另填,内容:直式三排字,右起:"钦命浙江口口提督";中间为"贵府相公某某为定海县庠生",左边落款。这报单是珍贵的历史文物。

堂中的神龛之上,有一张挂于清同治四年(1865)的"馀庆堂"匾额。"馀庆"二字,意"积善人家,必有馀庆"。就是说,一个人做了很多利国利民、功在千秋的善事,虽然不一定能及时得到回报,但留下来的恩泽必然会惠及子孙;相反,一个人做了很多损人利己、祸国殃民的坏事,尽管本人没有受到应有的惩罚,但留下来的祸根必然会殃及子孙,由子孙来承担。

在清代的农村,能造起二层木质楼房实属不易,在岱山清代古建筑中属凤毛麟角,同时它也是石马岙秀才村的历史见证。

於氏英贤人物

在这所石马岙的於氏义学堂——文昌宫里,就读成才的有文有武,其中有父子六品官:父於嘉营武将校骑尉,封六品官赏戴蓝翎顶戴,子於式鹤榜名九皋,中道光丙午科右榜举人,丁未会试六品衔。父子二秀才:父於式尹子於维右、父於式高子於维申、父於式鹤子於维琳、父於式中子於维琰、父於维梅子於丹粉、父於式韶子於维聪。兄弟二秀才:於式大於式高、於式韶於式歌、於丹毫(民国众议员)於丹莲(民国省议员)。一家三代都是名贤,有数家不列。还有一门六代是英贤:於景淳太学生,子於嘉营六品武官,孙於式鹤武举人六品衔,曾孙於维琳秀才,玄孙於丹筒国学生，六代孙於凤城贡生。

在於氏义学堂求学成名的还有：於式良修职郎、於式宪候选巡政厅、於式乾候选县左堂、於式坤从九品（与式乾是兄弟）、於式熹从八品、於维则（民国省议员）、於丹元从九品（民国省议员）、於丹金从九品、於文灏附贡生、於式鸠宣讲生、於嘉会乡大宾。职员：於式训、於维荣、於式尧、於式旦。秀才：於式标、於式豪、於丹颜，及太学生、国学生。

从清乾隆三十三年（1768）定海县恢复科举考试至光绪三十一年（1905）科举中止的100多年时间里，石马岙於氏先后共出英贤人物有：武举1人、贡生3人、秀才22人、六品顶戴1人、从八品顶戴1人、从九品顶戴3人、官府任职9人、太学生10人、国学生28人，新中国成立后还有一位於彭辉成为中国人民解放军将军，共79人。

一个小小的石马岙文风盛行，办起如此大义之学堂，时间之早，规模之大，实行义务教育，又人才辈出，在当时社会是难能可贵的。人杰地灵的石马岙成为舟山群岛名副其实的"秀才村"，浙江省历史文化名村。

（文：於有财）

台州椒江横河陈村

"陈真人"与陈梦赉

横河陈村位于台州市椒江区下陈街道西北,村内有一条横河(横河陈浦)和一条直河(三才泾)交叉于此,村民多以陈姓,因名"横河陈"。在"民以食为天"的农业社会,所谓"温(岭)黄(岩)熟,台州足",横河陈历来为温黄平原南粮北输的漕运枢纽、商埠要地,因而市集繁华。该村的古街至今保存完好,现有131间明清时的古街道老建筑,占地总面积8450平方米,南北街、东西街呈"丁"字形,风貌依然。据族谱等有关资料记载,该村落自明代由陈文达迁居至此始建,距今已有六七百年的历史。

横河陈村河道纵横交错,往来货物可南至温岭、玉环一带,西达黄岩,北可经椒江转至临海、天台、仙居、三门。自清至民国,这里经济繁荣,村内横直两街总长约1000米,宽仅3米,商号林立,各行各业一应俱全,中医、典当、南北货、竹木柴炭、铜锡铁匠、蔬菜瓜果,应有尽有。每当集市,人们将狭小的街道挤得水泄不通。走在老街上,百来间古朴的建筑错落有致,屋顶雕花翘首探头,街道纵横,小巷辐辏,一些老字号招牌匾额依稀可辨,让人恍若隔世。该村近年来加强了对街道、炮楼等古建筑的保护与修缮,发掘古村落的文化底蕴并加以开发利用,已拥有文化礼堂、文化长廊、老街遗风、海滨书屋等场地并对外免费开放,俨然成为村民休憩和市民前来观览的"桃花源"。

不知是历史的巧合,还是别的什么原因,横河陈村曾经有过一古一今、一虚一实的两位"不凡人物",而且他俩都是勤奋好学和仁慈善良的从医者——一位是古代的,或只是"虚"的所谓"保界神医"陈古海"陈真人",另一位却的的确确是真实的当代"医史专家"陈梦赉先生。

传说中的陈真人,是一位在清代和民国期间,椒(江)、黄(岩)、太(温岭)一带影响很大的,而且至今还尚存"真容"并被人们供奉的地方性、区域性"神医"。

据说陈真人就是横下陈村人，但却从来都没有见诸具体的文字记载，当地几乎也从来都没有过可与之"对号入座"的宗族传承关系或者哪怕是家谱记载的蛛丝马迹，仅在20世纪80年代搜编的《中国民间文学集成·椒江卷》中收载有一个关于"陈真人"的传说。

话说在明朝嘉靖年间，倭寇大肆侵犯我国东南沿海，福建和两广一带的百姓也有逃难到浙江的。一天，一个中年人夹在难民中间，来到了台州海门以南十几里地的横河陈村。

传说这个中年人姓陈，名叫陈古海，父母俱亡，孤身一人，其祖上就是业医的，擅长外科。他医术高明，不管肿疮痈疽还是烂脚瘰毒，经他敷药医治，很快就好，所以人们都尊称他为"陈先生"。

陈先生年纪不大，但仁慈情怀，勤奋好学，加之生性淡泊，不置家产，就一直住在路廊屋里。他除了刻苦深修医经典籍外，一年到头就是接诊出诊，采药制剂，从无闲暇。有时给穷乡邻们看病，他干脆白送药剂，分文不取。偶尔有些钱结余了，即施于穷人。因此很受乡亲们爱戴。

不料有一年冬天，连下了七天七夜的大雪，把他住的路廊屋给压塌了，乡亲们闻讯赶来时，发现他已经和堆满房间的草药一起被压在了积雪下……

还传说，当年有个曾远道前来求过医的获救者，这次又带着他的一位同乡病人前来求医，他看到这一幕情景，伤心不已，只好从尚存的草药堆中抓了一把草药，为他带来的病人按原来陈先生以前给自己医疗的方法，依样画葫芦地捣烂外敷和煎汁洗擦，不料，那位病人居然很快就被治好了！这件事一传十、十传百，人们便都说是陈先生灵魂不死，还在为老百姓继续治病。为了纪念陈先生的功德，四邻八乡的百姓们便在下陈一个叫"两街头"的地方建起了一座庙宇，塑造先生的真容，尊为"真人"，以便祭拜，祈求祛病保佑乡民们健康平安。

到了清代，纪念陈真人的活动越来越广泛，在省台与州府县衙等各级官员的支持之下，以至闻达于朝廷。清廷也就封陈先生为"陈真人大仙"，以至台州的海门、黄岩、温岭等地都建有其祠庙，每年的正月二十四日为陈真人的寿辰，寿日当天，临（海）、黄（岩）、太（平）三县的善男信女都会纷纷赶来，七夜社戏，七天庆寿，十分的热闹。

或许是"陈真人"仁慈好学的文化因子得到了传递，到了现当代，横河陈村还真的出了一位可谓与"陈真人"一脉相承的自学成才的医学名人陈梦赉先生。

据《椒江市志·人物·传略》记载，陈梦赉（1906—1991），原名梦，字尘梦，斋号海滨书屋，晚号海滨病叟。

陈梦赉家境贫寒，父亲是做糕饼的，只能维持一家生计。高小毕业后他就再也没有条件升学了，只得辍学，当了小学教员。但他好学上进，夏夜两脚插在酒坛里以避蚊，冬夜则踡跼在被窝里避寒，以柏油灯芯照明，夜半五更，一灯如萤，刻苦自学。如是者四五年，终致学业大进。远近学校争来聘请，十年之间由初小教员，升为高小教员、主任、校长，不久又被杭州私立树范中学聘为文史教员。在杭州任教期间，因见家人乡亲殇病频仍，乃决定攻医。他开始自学中医，并先后参加了武进恽铁樵、上海秦伯未、盐山张锡纯等名家举办的中医函授学习。

民国二十四年（1935），他终于弃教从医，回乡边行医边研究文史和医史，双管齐下十余年。他的行医以治病救人为旨，不分贫富贵贱，一视同仁。诊费多寡，素不计较。对贫病交加者，常免收诊费。接诊出门，不分远近、昼夜与寒暑，有请必应，立唤即走。医史研究，他以"盖我国医学，古代常孕育于道士方家"，"西医东渐，亦多伴宗教传入"，则从广罗中外典籍入手。他向来节衣缩食，省下钱来多用于购书。土改之际，世家巨室多遭变故，藏书每论斤以售，他便倾囊收藏。至"文革"前夕，已积图书有10万余册，8000余部。又十年之功，积累颇丰，每有卓见。

1979年，他被聘任为浙江医科大学台州分校的医史教员，还先后出任浙江省医学学会医史分会的顾问，当选为椒江市政协委员。著有《中华医史丛考》《中国历代名医传》《浙江医学源流述略》《中国历代名医诗选》等，约200万字。同时他还是一位诗人，著有《落花诗稿》一书。1989年，他还被初创建的台州地区诗词学会和椒江市诗词学会聘为顾问。但人们却很少知道他都是靠着自学而成才的，并经历了许多的困苦磨难和坎坷遭遇。

原来，他曾因在民国时期短暂居家时被推选当过一二年的乡长，加之一直与诸多海内外文化名人有着交往，其"海滨书屋"的藏书又特别的丰富，内容涉及哲学、科学、艺术、宗教、气功等，几乎无所不有。真如中国中医研究院的沈仲圭先生曾致函所云："阁下读书之多，藏书之富，在现代中医界实属罕见。"仅因这些，便都成了他的"罪状"，他被划入反动学术权威之列，作为大批斗的对象，被拉去批斗游街，海滨书屋竟被抄查达七次之多，家藏图书烧的烧、撕的撕，留下的被运往黄岩县文化馆（图书室）充公，尚有50多大箱。

"十年动乱"结束后，著名文学家、戏剧大家曹禺先生闻讯，曾手书长调古风诗以赠："学问上看，生活下看，不求荣华，粗茶淡饭。挨斗归来，病人屋满，笑脸相对，按脉依然。适逢其会，夫复何言？胸襟宽广，海大无边。"对老人的人格和学问做了生动真实的概括和记述。

大科学家苏步青也曾作诗以赠，称其"身健未愁双鬓白，术高应得四方传"。

著名作家端木蕻良为老人祖孙俩题赠对联："椒水横河同注大千世界；芸香紫蒂共呈时代风流。"

还有萧劳、萧娴、钱君匋、费新我、胡絜青、赖少其、戴敦邦、顾廷龙、肖龙士、郭子绪等一大批文化名人，也都与他家有着诗书交往。

老人去世后，笔者曾为其故居撰联曰："著遗《医学源流》，仁心仁术独天成，赢来盛誉江河水；坐拥'海滨书屋'，医史医诗双璧合，赚得医坛湖海名。"

现在村里重新开辟开放的海滨书屋，即为原陈真人庙，离陈梦赉老家堂屋也仅20来米。海滨书屋处在丁字街口，一面面街，另一面临水，环境十分优美，适于人们观赏与休憩。

横河陈村"陈真人"的传说和当代医史专家陈梦赉先生的海滨书屋，正在与村里的古樟、古炮楼等历史古迹与众多的乡贤名士，如创立民族工业中华化学工业社的赵连城（1884—1952）与赵范（1919—1986）父子，19岁考入上海复旦大学、曾参加四明山抗战游击队、新中国成立后到国家林业部工作至离休而终生未娶、将所有个人积蓄都捐给了慈善事业的陈舜理（1929—1998），以及毕业于清华大学等名校、专修原子能技术、就职于中科院上海化工研究院、为重水与同位素研究以及导弹卫星飞船做出重大贡献而获得全国科学大会奖的陈仙送（1935生）等一起，成为这个被媒体称为"世外桃源"的古村落中的一朵朵艳丽的"碧桃花"，从而不断引来人们的观赏与参瞻。

（文：陈楚）

临海呈岐村

望重儒林呈岐村

呈岐村原名陈岐村，隶属临海市东塍镇，因陈氏族人居于岐山而得名；后陈氏举族迁徙异地，明正德年间（1506—1521），何氏五世祖兴岐公自临海城内迁居岐山，繁衍生息，渐成东乡何氏聚居地。因"陈"与"呈"同音，故改称"呈岐"。

村庄位于镇东琅坑岭头的马鞍凹处，风景优美，山泉清甜，台州府城出东乡通向三门、杜桥沿海的古道经过村中，石级逶迤，芳草萋萋。居民依山建宅，放眼望去，错落有致，绿树间灰墙黑瓦鳞次栉比，如诗如画棋布在山山岙岙。宗谱中记载有八景点缀在村围，村中的读书人给每个景点赋诗，把家乡描绘得像世外的桃花源。

呈岐村何氏崇尚"耕读传家"古训，劝学劝农成为家风；宗族中订下六条家规，成为族裔行为准则：①崇祀以敦孝思；②孝第以肃家风；③睦族以念同宗；④耕读以务本业；⑤赈济以活贫穷；⑥婚聚以选良家。所以该村民风淳朴，礼仪待人，忠孝行世，勤俭敬业。

查究何氏迁徙至此的原因，皆系始祖兴岐公效仿孔子"知者乐水，仁者乐山"的儒教文化，觉得城居不如乡居，乡居不如山居，厌恶了城居的浇尘卜居，见岐山山清水秀，云雾缭绕，别有天地，遂弃城里的繁华，乐山居之幽邃清贫。定居后教育子孙要做到负荷者勤劳于田野，读书者吟诵之声不绝于耳。因此耕读家风代代传承，稼耕能手名闻遐迩，科甲蝉联十余世。

十世祖何育华，自幼丧父，家境贫寒，未能入学读书，成人后以勤俭起家，礼客必丰，祭祀必诚，赈济穷人豪爽大方，对子读书管教甚严。长子仲赓，19岁即入邑庠，平时口不绝吟，手不释卷，闭户端坐只听咏读之声，终成乡儒后施教于人。

十二世祖何允斋，幼入学塾，禀赋颖异，弱冠气质清明，文章隽秀，本以簧序期之，迫于家贫，未能入省试，然饱学名扬乡里，人称允斋先生，延请教子者门庭若市。

十三世祖何文学，少潜心习读圣贤，主公道，知大义，然乡试屡试不第，遂弃科举，于清同治初年（1862）发起族裔建宗祠，行善举而成乡贤，事迹入宗谱传承后代。

十四世祖何世爵，幼读诗书，壮游泮水，称一乡之善士，合六邑之声名，胸怀经纶济世之才，虽英年早逝，亦成后世之楷模。

何际才，早岁通四书五经，稍长爱好研读名人传记、奏议；考求历代掌故，无不细研精读。特不喜科举，逢人强言正色，列举清政不纲、媚洋屈辱，判断国内将有剧变，始终没有参加应试。在家兴农劝农，把学来的知识用在科学施肥和改良土地上面，所以稼禾每获丰收，成为发展农业的带头人，很受乡亲敬重，以师事之。他逢人屡说："有人不务求有用之学，而徒埋头咕哔，博青紫，炫乡里，吾不屑也。"他毕生居家业农，孝母睦邻，益公扶贫，乡名大著。

何际才极重视培养人才，着力培养屈映光；后来屈映光位居山东省省长，请其出山襄助，被他谢辞，终生隐居山里。49岁时不幸罹病早逝，大总统徐世昌素闻其贤名，赐匾一方题："少徵潜曜。"遗下三个儿子，长子湘毕业于日本明治大学，次子钦毕业于北京华北大学，第三子滔肄业于北京工业大学。

屈映光亦在呈岐何氏劝学劝农的祖训教育下努力读书后而出名，毕业于杭州赤城公学，曾任浙江巡安使和都督、山东省长、北洋政府内务总长、国民政府赈济委员会副委员长等职。屈映光曾出家牒，示其母先适呈岐何氏，后为异姓承祧，随母易宗，兼任两宗之遗。屈映光在给《呈岐何氏宗谱》撰序中说："宗贤范仲淹先姓朱后姓范，随母易宗，或以姻娅相继，均见之史牒播之美谈，吾于何氏之血统亲属依然无间。"说明屈映光是其母遗腹随适到屈家的。民国时期，每逢清明，只要屈映光返乡，都会到呈岐大莱山脚的新坟前祭拜先父，其美谈一直流传至今，为何氏后裔津津乐道。

呈岐村内的凤鸣堂建于清代中期，经历代子裔修葺遗存至今，这座古院落见证了呈岐何氏劝学劝农的历程，后裔何其略家保存有清乾隆四十六年（1781）端月谷旦太学生何国盛立的大红木匾，上书"望重儒林"四个大金字，上署"严州府印"的方章，下署"赐进士出身朝议大夫知台州府事前署金衢严道加五级纪录十二次又上异加一级卫诣为"的落款，说明呈岐何氏在劝学祖训的执行中所得到的成绩已经蜚声于世。

传说呈岐村南面的山下有一条龙游谷（当地人称坑下官），谷中的仙人抱子山下有座千年古刹广城寺（当地人称下周坑寺）。唐郑广文被贬为台州司户参军后，其曾孙郑瑾曾在寺中读书，后寺中常办义学，各地学子慕名争相前来应学。寺前山峰上有一形似手摇铃的巨岩，人称摇铃岩，据说摇动时会发生嘭嘭之声，有民谣流传"摇铃岩摇一摇，下夏坑寺秀才潮加潮"。可见古代呈岐村的劝学之风何等昌盛。古寺边岩石上遗存一幅崖画，形态异样，至今无人能破译画中意义，包括屈映光几次观研均不得要领。

呈岐何氏传承了先祖的训导，民国至今大学毕业的子孙数以百计，分散在祖国各地为振兴中华展示其才学。1988年，村中台胞何金龙返乡省亲，给村中大学毕业的族亲每人奖励人民币300元，展示了劝学助学之风代代不息的良好村风。

（文：李尔昌）

临海汾西村

耘书楼里诵书声

　　汾西村是台州临海著名的历史文化村落之一。它坐落于杜桥镇西边，与椒江区章安街道杨司相邻。旧名大芬，因此地累代文人之盛，田赋之饶，山水盘曲献秀效灵，亦命名"汾川"。历经千年的文明洗礼和历史积淀，汾西村历代以耕读诗礼传家而著称。

　　汾西村地处余姚平原富庶之区中心，水陆交通便捷。各姓居民聚居于此，结社交友，兴学授徒，文化教育甲于一邑，遂成人文荟萃、雅士聚集之地，文化昌盛，名人辈出。特别是清以来，大汾一地文风尤其昌盛，留下了大量的文化遗产，虽在历代战争和社会动乱环境下，文献典籍历经兵燹劫难，散佚极多，但也留下了不少。

　　大汾聚居李姓，肇始于唐僖宗年间。据明万历元年（1573）应明德撰《李岱墓志铭》："先世陕西西安人。祖鼻讳素立，由唐明州（宁波）刺史，以夷人市舶事滨海，过台境，遂家台之大汾乡。朱阁门第，著于时。宗主以椒房之戚，特书'经畲'名堂。历元至今，食指繁衍，虽归滨海沃野，平原乔木，阴连二十余里，诚巨族也。"这是对李姓迁居到这里后，繁衍生息，带来古村落人气兴旺、世代簪缨、富甲一方的生动描述。村中珍藏的《汾川李氏族谱》，收录李氏徙居人口文字档案、地域乡土历史研究的小史，延续传诵李氏轶事和村落历史文化。

　　大汾悠久的耕读传统孕育了一批批进士、举人，致使历代文人辈出、科第不绝。据《临海县志》立传和分录的，就有几十人之多。此外，还有贡元、岁贡、守备、千总、布政司理问、殿中监丞、翰林院检讨、教谕、训导、主簿县令、民事长、盐大使等官宦人家，云集于大汾。

　　村落中文化积淀深厚，有着丰富多彩的历史信息以及意境深远的人文景观。最具特色是书院群落，这与李姓先祖倡导的"以农为本，耕则安居乐业；以读为进，学以教化优则仕"的耕读观念分不开的。著名的有"麟鹿草堂"等，大汾历代名士显宦皆发荣于此。老宅的厅堂内，张贴过的清代科举高中捷报，到现在还依稀可见。清嘉庆二年（1797）贡士李仲合同李季兰创建文昌阁，前建魁星楼，后立乡义学。道光九年（1829）李涉云、李安邦创建了"宾贤书院"。民国三十年（1941）中秋始建的富绅李彦兵"玉溪小筑"豪宅前，建有三层高楼的"耘书楼"，旁筑"友庐"建筑群。民国二十三年（1934），乡绅李召甫创办椒北私立中学。在这些不起眼的门墙里，走出过多少文人墨客，他们在阅尽了人世的千山万水后，躲在小村深处，筑一书楼作为终老的归依。

汾西李氏宅院，临河而居，坐北朝南，夹在两条窄窄的小巷之间。有座中西合璧式的"玉溪小筑"，精美的民国古建筑和经典的古生态环境，积淀着丰富的乡土文化特质，凝聚着祖先醉心自然、营造风水的衷情。宅院旁边建有三层高楼的藏书楼"耘书楼"，属于"三进九明堂"中的"一进"，宅院占地面积有1000平方米左右。中间为两层楼，两边为三层楼，分为厅堂、东西厢房，其中有卧室、客厅、更衣室等。门口立有"临海市人民政府市级文物保护单位"石碑。

藏书楼耘书楼及玉溪小筑，为原大汾藏书家李彦兵旧居。李彦兵（1908—1951），字砚兵，临海杜桥汾西村人。上海暨南大学毕业，曾留学日本明治大学。民国二十三年（1934）任福建南安县县长秘书，民国二十七年（1938）任临海县花桥区区长；民国三十二年（1943）任临海杜桥大汾乡乡长。李彦兵父亲早逝，由母亲抚养成人。幼时即资质聪颖，读书过目成诵，下笔千言立就，颇得同邑宿学老儒的看重与赏识。李家是大汾望族，李彦兵又为人豪放，嗜酒又好交友，家中常高朋满座，饮酒赋诗连日不断，平生慷慨好施，族中贫困之家他多有救济。

李彦兵一生嗜书如命，据他儿子李猷九说，他的祖上是有钱人家，父亲在日本留学时，眼界较开阔，因感当时中国的落后，都是教育等引起，所以在日本留学时，节衣缩食，将家中寄来的生活费之大部分都用于采购日籍文献寄回国内，放在书院，供学生及村民阅读。

从日本留学回来后，他利用每次外出的机会，都要去书肆访书，搜求古籍。因杜桥地属浙东南离苏杭不远，他又经常到苏杭一带搜访。有机会与一些著名的藏书家来往，见闻更广，收藏也更加丰富。

他的夫人申醉吟是黄岩的大家闺秀。申家乃黄邑大户，嫁到李家后，更是相夫教子，怡然自得。申氏十分贤惠，也精通文墨，又多精诗词，夫妻在劳作之余，曾在藏书楼耘书楼中相互展阅书籍，评书论画、诗词唱和。

玉溪小筑始建于民国三十年（1941）八月，距今已有70多年的历史。整座建筑中西合璧，有着江南民居常见的素净淡雅的色彩，错落有致的黛瓦粉墙，清闲雅逸的美感，历经百年春夏秋冬，白粉墙早已斑驳陆离，青色小瓦也早已黯然无光，失去了初始的朗和单纯。然而，这更使它显得古老而神秘，展示出浓郁的沧桑感和历史的厚重感。走进百年耘书楼，轻轻叩开扇扇神秘的门扉，它们无一不在诉说着往日的翰墨书香，就像一部活的历史巨著，吸引着人们去浏览，让人百读不厌。

现房主叫李猷九，李彦兵是他的父亲。改革开放后，李猷九办过厂、开过矿，凭借自己的艰辛积攒了些钱。他一直有一个梦想，那就是：买回自己的祖宅。新中国成立后，这座老宅院为原大汾乡政府驻地，到了2005年，乡政府搬去新址。因无人管理，老宅院已是破旧不堪，几乎是一片废墟。李猷九便开始分步购回这座宅院的主楼和耘书楼。李猷九说，买房光靠他的积蓄还远远不够，他就动员做生意的儿子，让儿子把准备在上海、杭州买房的钱投到修建祖宅上。

购回老宅后，李猷九为按民国年代原貌装修祖宅，费尽了心思。李猷九不知翻看了多少本有关民国建筑的书，向村里多少老人打听当初院落的建筑模样。那年10月，他特地请来多位懂古建筑修复的能工巧匠，四处考察，最后逐步细心设计修建，方使玉溪小筑及耘书楼的复原和修缮工作基本保持了原来的面貌。例如楼前庭院，保留了硬山重檐，门窗古雅，雕刻精细的建筑风貌。李猷九一只脚踝上至今保留着凹凸不平的手术痕迹。在装修"耘书楼"时，他从三楼跌了下来，一只脚踝粉碎性骨折，由于忙，未及时到大医院治疗，才造成了这块疤痕。

庭院深深深几许？站在院落的天井，目视一块块石板、一间间房屋，笔者想象，当年此处，该演绎了多少迷人浪漫的故事？而耘书楼经李猷九的努力也得到全面复原和修缮，此楼在玉溪小筑的西南面，与玉溪小筑相连，是李猷九的父亲李彦兵用来藏书和读书的地方。此楼构造与别的房子不一样。外墙层间和摆窗间用砖放出线道，在二层与三层间用砖角和蛎灰做出流苏头状；三楼墙面勾出石块形；在东边凸出的二楼窗上嵌着长方形石板，阳刻楷书"耘书楼"。底层一边是过道，另一边是小厨房通楼上，大概肚子饿了好烧点心。二楼是书房，三面开窗，室内明亮。壁橱边线也雕刻连环花纹。通常书橱都是单面、可移动的。可他的书橱构在西南墙角里，里边的书架是圆柱体，可以旋转。拉开窄长小门，找什么书，转一下，很方便！书架上还有主人生前题的墨迹："东西书史罗列其中，前贤往哲千载相逢，涵今茹古运用无穷，名言至理世界大同。"

祖宅总体装修完工后，李猷九要庆祝一下自己圆了的"祖屋梦"，在2009年农历正月初八的那一天，他把自己称为喜事的三件事情连在一起放在已恢复原貌的玉溪小筑举办。他说第一件喜事是他的女儿李谊的结婚典礼，第二件喜事是为了纪念他的父母诞辰100周年，第三件喜事当然是庆祝祖屋修缮一新。

经历了多年的风风雨雨，走进耘书楼这座充满历史韵味的老宅，了解它的前世今生，就像穿越一段幽静的历史，探寻一段鲜为人知的故事。仿佛看到当年辞官回乡的李彦兵，躲进耘书楼，与历代书画为伴。漫步耘书楼，宛若回到古老的从前，打上历史文化烙印的古建筑，隔世隔代的环境景象，生活中展现的岁月陈迹，使我们忘却喧嚣、忘却烦恼，并在品味自然与和谐的同时，驰骋无尽的思古之情，让人感叹岁月的轮回和生命的留痕。

（文：何方伟）

玉环东西村

东西陈酿醉书香

玉环东西村原名竹岗村,村面积仅 2.3 平方公里。位于玉环县楚门镇东北部,村庄背后三面环山,前临大河,西南面两条宽敞笔直的村道与外界联结。东西村不但山川秀丽,而且人杰地灵,历代名人辈出,具有深厚的文化底蕴,是玉环县历史文化名村。

东西村人杰地灵,名人辈出。据《玉环厅志》记载:文臣有宋进士、户部尚书戴明,明进士、吏部郎中陈参及子陈钝,明进士、大理寺卿、刑部主事陈璋等;武将有清澎湖总兵戴宪宗。既有东峾关庙等重大历史事件发生地,又有陈参墓、戴明故居等杰出历史人物纪念地,印证了"自古高官出竹岗"之说。难怪宋淳熙十五年(1188)春,理学大师朱熹也千里来此寻访,并为戴氏宗谱作序,有《竹冈戴氏宗谱原序》留存。戴明的故居也是近年修葺,四周是长长的青石围墙,门前是弯弯月牙儿湖,人称古月湖,戴明就是在此湖边与好友朱熹秉烛夜谈,抵足而眠,并在此地商讨国计民生、诸子百经。也许就在当晚,两人有了计量,要在东峾关庙开昆山书院,开教化之先风。

村民徐其云说:据史料记载,历朝以来,玉环中进士 7 人,我们这里就占了 4 人;中举 12 人,我们这个小山村就占了 7 个。所以自古以来呢,有一句话叫作"自古高官出竹岗"。

东西村山中遍布名人墓葬,有宋户部尚书戴明、明刑部侍郎陈璋、郎中戴铨和陈参墓等墓。由于自然和人为的损毁,今仅留存陈参墓及两对极为珍贵的石马、石羊。

明朝时期,耕读文化承宋元之势发展到精英文化的层面。陈氏一门陈钝(约 1387—1469)、陈璋(1470—1541)、陈亶(1491—1542)三进士,都是刚正不阿、不畏权贵、廉洁奉公、一心为民的清官。

陈氏一门三进士,以陈钝订立家规读书为首。陈钝,乐清县玉环乡竹岗(今玉环县楚门镇东西村)人,明正统元年(1436)中进士,"立朝数载，清德重望，表表在人耳目"（陈亹《使游录志》）。景泰三年（1452），陈钝吏部司勋郎中任上，朝廷赐一品服出使朝鲜、日本诸国。陈钝北渡鸭绿江，历无人之境，不畏旅途险恶。到朝鲜后，迎送所赠厚礼一概不取，说："吾奉上命之来是邦，所以宣上德，岂以币帛为哉？"（龙文《使游录序》）

陈钝致仕回竹岗后，晚年手订《南郭陈氏家训》，在五方面立下严格的家规，其中"守业"一条尤其突出。宋、元、明三朝时期的乐清，往往几代人农耕，才出一个凭科举考试进入仕途的读书人，世代以读书为业的士族仅有陈氏。陈钝手订的《南郭陈氏家训》，其所守之"业"，是读书之业而非稼穑之业，"吾家世业儒，今将二十世矣"，"读书之外，止务稼穑"，"工商百技既不可为"，"子孙当世守家训"，"有悖逆非为贻玷家声者"，"不许入祠，以俟悛改；仍旧习者，众以大义灭之，姑息者非孝也"，措辞相当严厉。随着人口繁衍，陈钝这五条严格的家训实际上发展成了族规。

陈氏传承其先祖福建陈襄家风，世世代代以读书为业，把精神期盼放到物质庇荫的前面，生生不息，追求家族群体人格的提升，这是移民文化影响玉环耕读文化的缩影。孙诒让在《温州经籍志》案语中记载："寿斋陈郎中钝，万历《温州府志·宦业传》、雍正《浙江通志》、道光《乐清县志·介节传》并有传。"

现其父陈参墓在东西村南向，呈扇形，块石砌围，泥封顶，墓后部稍有陷落，前部尚露于地面。墓前立碑一块，高1.5米，宽0.65米，字迹还清晰可见，阴刻"皇明赠奉政大夫吏部郎中竹轩公之墓"，下款为"万历辛卯（1591）孙赠刑部侍郎穆、颖州司训秉同建"。原墓范围较大，墓坦有三道，全部石板铺地。

墓坦上有石马、石羊各一对。石羊高0.75米、身长0.9米，接近于真羊的大小。这是一对绵羊，两个犄角像螺丝形下卷，前肢跪，后肢伏，十分美观，给人一种温顺的感觉。石马高1.3米、身长1.6米，下有长方形底座。四腿略呈方柱状，尾长面粗，背负锦鞍，雌雄可辨，机警地立着，形象生动，简直像真马一样。

这两对石雕，是明万历辛卯年之物，距今已有400多年。它各用一块整石雕成，整个造型朴拙有力，比例适当，刻工精美，细部雕刻线条粗犷，显示了古代工匠们精湛的雕刻技巧和独特的艺术风格，是古代劳动人民智慧的结晶。石雕虽然年深日久露置旷野400多年，但在当地群众的保护下，至今仍完整无缺，神态生动如昔，具有一定的历史、艺术、科学考证价值，是研究明代石雕艺术不可多得的实物资料。

除了这些石马、石羊完好外，在东岙关庙内还有一座始建于北宋淳熙年间的江南古戏台，其前身为玉环皆山书院。从远处看，整个戏台造型古朴，前檐至额枋间布满斗拱装饰木构件，内外额枋、斜撑、雀替、月梁等均雕有各种精巧人物、花鸟等图案，制作工艺考究；戏台天花板上绘有精美的龙凤图案，虽历经上百年的风风雨雨，整体保存良好，在建筑、浮雕、绘画上具有极高的艺术价值。

宋朝时候，本村戴氏名人戴明在此创办了玉环第一个书院——皆山书院，后来在皆山书院的旧址上又建造了戏台，戏台在清朝时期曾重修过。

别看现在的戏台场地不大，在抗日战争时期，它还是玉环的整个司法机构所在地。2005年的时候，著名导演谢晋也曾来到这个古戏台踩点，准备在这里拍摄影视作品。

在村里转了一圈，我们发现村内还有许许多多历史的古迹，不能一一道来，这幽深的历史如一壶陈酿，静待你揭盖嗅香。

(文：轩歌)

玉环上青塘村

丰山书院昭文采

在玉环县，默默无闻的村落很多，但随着时代的变迁、经济的发展，住在山上的人纷纷外迁或移民，留守的都是些上了年纪的村民，他们依然难舍父辈留下的土地。这些村落，有的已有几百年的历史，令人油然生出探访的念头。位于大麦屿街道的上青塘村，就是这样一个有着悠久历史的村落。

上青塘村四面环山，连绵不绝，地势险要，牛栏岗、书房岗、朝西岗和朝北岗从东南西北四个角度包裹着这个小村落，唯在西南方留了一个出口，这个口子是村庄出入的唯一门户，以前有"一夫当关，万夫莫开"的说法。当地还有一个口耳相传的故事，说本村有个好赌者，某天在下青塘赌博到深夜，晚上一个人黑灯瞎火地回村。到了村口，只听鸡鸣犬吠不止，那赌徒想进村，却始终无法入内，只好卧于村口睡觉，一直到天亮后才得以进入村里。本村人尚且如此，外村人和盗贼夜间至此，更是休想进入村内了。不过，现在村里人在村水库边修了另一条直通下青塘村的山路，就差一截路段没浇水泥，开通指日可待。关于上青塘地势险要的说法，也即将成为历史。村里的经济要发展，通往外界的路得畅通才行。

现在，这村口也已被村民们改头换面，立起了"上青塘农庄"的旗杆和欢迎招牌，迎接着每一位到上青塘休闲度假的人们。

据了解，这个村庄居住的都是黄氏家族的后代。黄氏家族的一些老人代代相传的关于上青塘的历史是这样的：上青塘的最早祖先来自温州平阳，他们起先在坎门的一个小村定居，后来有兄弟三人移居到三合潭，从事农业生产，家里还养着几头大水牛。有一天夜里，风雨大作，山洪暴发，冲毁牛栏，有头大水牛受惊而逃。祖先便顺着牛留下的泥印一路寻找，翻山越岭来到上青塘境内，发现受惊而逃的水牛卧于一个水窟边，现称"牛饮窟"。其后，黄氏家族的人观察后认为，上青塘适宜人居耕种，便举家搬迁至此，开始了农耕生活。

上青塘群山环抱，山岙中间地势平坦宽阔。黄氏家族的人便在这块土地上建造房子。山上树木繁茂，草木荫郁，樟树、柿树随处可见，风景十分优美，恍惚如世外桃源。

在古老的石头砌成的房子里面有两口古井，一口有数百年历史，还有一口可能有近千年历史，这口古井就是黄氏家族迁居到此后挖的，以前，全村人吃饭饮水都靠这井。说来也奇怪，这井不是很深，但一年四季却清泉不断，即使在再干旱的季节也从不干枯。这正应验了上青塘是块"风水宝地"之说。

村旁还有一条流水潺潺的溪坑，一排排高大的樟树随风摇曳，溪水顺流而下，在村口汇成一个青绿如碧的天然水潭。黄氏家族不断将这水潭进行深挖，直至在1960年，村里人终于把它建成一个大水库，上青塘水库也成了方圆几十里内最大的水库。该水库工程竣工后，对排除水库下游的下青塘、火叉口、连屿等村群众的防洪安全隐患、提高防洪及抗旱能力起到了十分重要的作用。

传说水库坝下的溪流边有块平坦的石块，可供一人睡眠，人称"仙人眠床"。仙人眠床与边上的"仙人洞"相通，原先可从仙人眠床直接爬到仙人洞里，但后来村人在建造水库时，仙人洞被炸毁。而今所谓的"仙人洞"和"仙人眠床"都已被茂盛的草木覆盖，早已找不到一点痕迹，成了一种传说。

据上青塘现在的居民介绍，黄氏家族的先辈们在从事农耕作业的同时，为使子孙后代有文化有前程，十分重视私塾教育，于清雍正三年（1725）在村子左面构筑一堂一厅两屋的书院，初名"平山书院"，后改名为"丰山书院"，是玉环港南最早创办的一座书院。

翻阅《黄氏宗谱》，上记载：黄氏家族的祖先兄弟三人携同他们的二房伯、长房侄，于清雍正三年从温州平阳蒲门迁至玉环，先居三合潭。后来有一次，黄氏先人赶牛途中发现了上青塘地界，心中欢喜，认定是块适合晴耕雨读的栖息之所，后遂举家迁徙到了这里，从此开枝散叶，繁衍生息，至今已延续了近三百年。当年，上青塘一带多为山地滩涂，黄氏兄弟三人都是白手起家，历尽艰辛，备尝险阻。他们筑塘开山，广求田亩，立基构屋，成家立业。

到了乾隆初年，黄家在当地已是人丁兴旺的大户，子孙众多。他们的先祖眼界深远，发愿要培养子孙们读书识字，谋得功名，光宗耀祖，就在自家宅屋的左侧山脚下另外建造了书堂一座，分厅堂、两间侧房和一座门楼。学堂分设文武两科，供家族内子孙、玉环本地以及周边的外地学子学文习武。书堂有正堂五间，堂正厅供奉文昌帝君、魁星夫子和孔子先师三尊圣像，是入学学子举行拜师典礼和玉环港南各界人士举行祭祀文昌与孔子的活动场所。当时的书堂虽无雕梁画栋，但也算朱垣一新，一度成为瓯东及玉环港南最早兴学立教之地，也是本县历史上最早唯一祭祀圣人孔子和举行文昌盛会的活动之处。时任玉环厅巡司马莲来到当地视察的时候，曾暂住此堂。他见黄氏曾祖兄弟三人素来并非出自书香门第，流落到玉环，刚开始时，创业非常艰难，人文风气尚未振兴，却独独能首建书塾，开创了玉环前所未有的鸿模，大赞这是非常有眼光的举措，不是一般人所能做到的，于是赠匾额"平山书院"。从那之后，书院声名远播，吸引了玉环港南及乐邑周边的学子纷纷慕名前来就读。

清乾隆二十年（1755），玉环开始准许科举开考。自那时起，书院屡有学子在科举中取得成绩，有的甚至走出乡村，有了各自的一番作为。至清嘉庆十年（1805），乐成施春庄夫子秉铎到了这里，惊呼在这样的乡野，竟然有这样一座书院！他环顾书院的周边环境，大赞："镇冈峦，拱溟海，望洋观止，气象万千，真学海逢源地也！"还指着堂前的匾额说："平山颇与'山似论文不喜平'一语固不无违碍，易平为丰，改之便，义亦驯雅。"于是当即选了个好日子，把平山书院的匾额摘下来改掉，并题诗说："平山今改作丰山，只在当头一出间。从此标名瓯海上，群贤济济锦衣还。"从这一题诗中可以看出，春庄夫子对书院的高度褒扬，对书院的未来寄托了无限期望。"平山书院"由此改为"丰山书院"，事迹在《玉环古志》及《玉环教育志》上均有记载。

根据记载，清嘉庆十一年（1806）后，书院就出现了兄弟学子同时金榜题名的情况，还有更多出自丰山书院的学子能荣耀地享受朝廷俸禄。可以想象，当时的丰山书院很可能为国家栽培输送了不少人才。

清嘉庆十七年（1812），书院果然没有辜负春庄夫子"群贤济济锦衣还"的期望，上青塘黄氏六世祖元达（字子睿，名宗灏）荣中文进士，官拜儒学正堂，在今天的黄氏祖墓、祖厅前还遗留的数对进士旗杆石，现已被县人民政府列为文物保护单位；元盛（字子丰，名宗海）荣中武举人，任温府守事，后迁住乐邑贾岙，建造的举人府今天犹在；随后考中授国学生、贡生、庠生的学子不计其数……那时，丰山书院由于功名辈出，在瓯东及环疆一带遐迩闻名。

由于历史原因，丰山书院遗迹早已拆建无存，很多历史资料也被摧残殆尽。村委会主任陈金宝说，书院的房屋从清朝走过民国、新中国成立前后，一直到十几年前，都在不断的修缮使用中。这里曾是上青塘的小学校舍，直到学校合并到福山小学，丰山书院才真正结束了它作为学校的历史使命。

2006年，上青塘村被县人民政府和县旅游局列为农家乐旅游山庄。为了铭记先人的丰功伟绩，世居上青塘的黄氏子孙在原丰山书院的旧址上将之重建，以供后人瞻仰。书院内，一株高大粗壮的桂花树正沐浴着暮春暖阳，挺拔青葱，黄氏后人黄德春告诉我，此树是县级保护文物，村里老人都说与书院同龄，堪称"百岁书童"。

如今的"丰山书院"由孔子纪念堂、文昌阁、魁星阁、书院组成。孔子纪念堂、文昌阁、魁星阁已于近些年陆续构建落成，书院正在筹建中，书院的历史资料也有待搜集。

（文：其峥）

天台街一村

蓝洲书院聆遗风

街头镇是天台西部的商贸重镇，古称窦湖镇，四周有浙山、三望岭、回龙山、姚干山，雷马溪纵贯中部，始丰溪环绕于南部。集镇所在地由街一、街二、街三、街四四个行政村组成。街头的名称始于清康熙十三年（1674），这一年，街头开始设市，为农历逢二逢七，这是天台最西边的一个集市。镇内有"曹氏三透""余家宅院"和"一品宅"等民居，并有一条完整的古街，为浙江省历史文化名镇。

街一为街头镇四个行政村之一，境内有余家宅院，古街的一部分和蓝洲书院旧址，在抗战时期蓝洲书院曾作为浙东行署府署。村内早多余姓，由于地处下街，俗称"下余"。

坐落于街一村的"蓝洲书院"是清朝天台县境内规模较大，并有一定影响力的书院。"蓝洲书院"的创建得益于一位商人的后代——曹光熙。

曹氏家族在街头镇是名门望族，第28世曹宗建家业丰厚，他乐善好施、闻名乡里，清乾隆三十年（1765），由浙嵋村迁入街头。他先后购置了街头街40多间店屋，经营茶叶、桐油、白油、土布、苎麻、黄豆等，由水陆两路运往各地。当时曹家在新昌、绍兴等地都设有曹家贸易货行。

由于经营有方，治家有道，曹宗建家道兴旺，并积累了一定的财富。于是，他想着在街头造一幢院子。清乾隆五十年（1785），在街头做了20年生意的曹宗建，与长子曹光熙、次子曹光弼一起在街头造了一幢新宅，此宅坐落于现街二村，这就是现在人们所称的曹氏三透民居。

在曹氏三透建成之后的第38个年头，曹光熙想到了家族中缺少一样东西，那就是良好的读书环境。他虽说从小也读过一些书，自己也是一位监生，但他希望曹氏的下一代能在一所正规的书院里读书。只是当时街头还没有一家书院，族人读书只能在私塾。于是，他想到了在街头建造一家书院。

清道光三年（1823），春节刚过，曹光熙便将这一想法告诉了弟弟曹光弼。其实，在曹光弼心中，也早有建书院的这个念头，兄弟俩一拍即合。接下来就准备筹建书院，建书院首先需要的是资金，只依靠兄弟俩人的力量，还无法满足。于是，他们召集街头的各位乡绅，提出了共同为家乡建造一家书院的建议，各位乡绅也都一致响应，认为这是一件功在当下、利在千秋的好事。

曹光熙首先捐白银5000两，弟弟曹光弼也捐白银3000多两。兄弟俩慷慨捐资，各方乡绅也都闻风继起，各有资助，集资银达到数万两。"曹氏三透"的中堂的墙上至今还贴着一张捷报，200年过去了，这张捷报的纸已有些泛黄，字也有些斑驳，但还能看到大概的信息，主要的文字也还能认出："贵府曹名光熙创捐义学，乐善好施，捐白银五千两……"

当时办学的动机很单纯，除了教育族人读书明理之外，或许就没有更多的想法了，因为旧时读书的确是一件高雅的事，是走上仕途的必经之路。捐资办学是大家共同的事，将银两捐了，也就完事了。但那时懂得尊重人，人家将银两捐了，官府就得将"捐款证书"敲锣打鼓地送到府上，事做得大方而风光。

书院的建造在曹光熙主持下进行，他亲自确定了书院的格局，建筑的风格也体现了他的思想。开阔的空间，曲幽的小道，种几株桂树，的确是读书的佳处。经过一年时间的建造，一家书院在街头建成了，书院取名"蓝洲书院"，建在村庄的南边，也就在现在的街一村。

据《天台县教育志》记载："计有院舍12间，内有月波楼、聚青楼各3间，西首尚有去生社。"二幢楼名也是曹光熙拟定的，"月波"和"聚青"都是读书人的情怀，读书本来就是风雅之事。之后，他亲自到乡里各位名儒府上，送去聘书，请他们到书院任教。他的真诚也打动了各位名儒，他们走上了蓝洲书院的讲台。有了书院和名儒，街头各族将学子送到书院，读书识字，接受儒学的教化。看到学生们在聚青楼端庄地坐着，听先生讲解四书五经，听着从月波楼中传来朗朗的读书声，在庭院内种植桂树的曹光熙笑逐颜开，等待着来年丹桂飘香那一刻的到来。

蓝洲书院对于街头各村所起的作用，都体现在了这方土地纯朴的民风上了。因为有了书院，才有了读书明理的村风，也因为有了书院，这方土地上的村民显得文质彬彬。蓝洲书院的出现，改变了西乡的乡风。

自有了蓝洲书院，街头各族的学子读书明理。在"曹氏三透"这幢民居中就先后走出了十位秀才。宣统元年（1909）正月，蓝洲书院改名为公立蓝洲两等小学堂，现为街头镇中心小学。

在抗日战争时期，因处于浙东山区，街头镇成为了当时民国浙江省浙东行署的所在地，浙东行署的府署就在街头镇的蓝洲书院。从1943年9月浙东行署成立至1945年12月抗战胜利后撤销的两年多时间里，蓝洲书院的月波楼和聚青楼成了当时浙东行署的办公场所。浙东行署管辖浙东18个县，在管辖区域内代行省政府的职权。行署主任先后由鲁忠修和杜伟担任。行署内设秘书处、政务处与警保处三处和军法、情报、会计与视察四室。

现在的街头镇还留有当年浙东行署的痕迹，但作为署府的蓝洲书院原建筑已拆得片瓦无存，在蓝洲书院旧址上建起的街头镇中心小学，仍旧传出孩子们朗朗的读书声，似乎还在传承着100年前先人恪守的"读书明理"的理念。

（文：金建荣）

天台欢西村

文昌阁上览馀滋

欢西村位于天台县欢岙的北面，距县城17公里，村状如一只凌空飞翔的燕子，俗称燕窝地，隶属坦头镇，距镇政府15公里，由大房、上齐、岩门三个行政村组成。村民以周、齐二姓居多。该村坐西朝东，背枕雪坑山、六葱湖山，雪坑山与塔湾的溪流汇合流入欢溪。欢岙，居天台县城之东北，初名东卯山，一水直贯，称欢溪。清代学者齐召南曾游历至此，即被这里的美景所吸引，于是留下了"新增天台十景"之一的"欢山烟雨"。村北有顾欢墓，有清代建造的单孔石拱桥2座、菩提庙1座。

大房，为周姓族人聚集之地。据《天台周氏宗谱》记载：宋乾道年间（1165—1173），周氏先祖第25世周忠厚，字士贵，自下周下宅堂迁此，因是长兄，故称"大房"。

大房村有一座文昌阁，建于清光绪九年（1883）。为什么会在这偏远的山村建一座文昌阁呢？其渊源要追溯到周氏族人的崇文重教传统。

宋太平兴国三年（978），东阳周氏17世之裔孙周荣八，从游华顶、石梁，游览山水，选择迁居欢岙。周氏族人秉承了耕读传家的族风，曾有"祖孙三大夫""父子五进士""兄弟两登科"的佳话。周氏族人中，不乏善工诗赋、博学五经的名仕。其实在周荣八之前，欢岙就有周氏族人居住，下周的"川堂"有"周府"之称。周氏先人与南北朝名士顾欢大人交往颇深。顾欢去世后，周氏先人将顾欢葬在欢岙的百丘，并嘱咐子孙后代将其尊为先祖，世代礼拜。每年清明节，欢岙的周氏族人集合起来，必须先到顾欢大人墓前祭拜，再到周氏先祖墓前祭拜。

顾欢，字景怡，一字玄平，南朝齐吴郡盐官人。他虽家贫却好学，著有《夷夏论》《尚书百问》等，其《夷夏论》引发了中国传统的道教与外来佛教之大碰撞，佛道论争促进了道教义理的改革和佛教的中国化，顾欢也成为当时举国皆知的名士。南朝宋孝建二年（455），顾欢入欢岙隐居，多次拒绝朝廷要他做官的延请。他创办了"顾欢读书堂"，开馆讲授儒家经传，使贫民的孩子也能接受启蒙教化，开天台教育之先河，当地的"欢山""欢溪""欢岙""顾儒岭"等均是为纪念顾欢而命名的。

大房建造文昌阁的首事者为周呈忠。在周呈忠与两个兄弟（后人称"三房"）之中，推周呈忠最有文化，他在村中建文昌阁的主要目的，是供奉文昌帝君。文昌帝君是民间和道教尊奉的掌管士人功名禄位之神。文昌本是星名，亦称文昌星，或文星，古时候认为他是主持文运、功名的星宿。随着科举制度的产生，文昌星就受到文人学子的顶礼膜拜。在村里建文昌阁，是想通过供奉文昌帝君，振兴周氏文风，敦促和勉励后人勤奋学习，获取功名，祈祷文昌帝君护佑周氏后人成为有涵养、有文化、有品德的栋梁之材。同时在文昌阁里办学堂，尊崇祖先"读书明理"的传统，培养后人，振兴崇文重教的族风。

大房的文昌阁，不是一般的乡村楼阁，在建筑形式和建筑构件、牛腿、木枋的雕刻上独具匠心，尽显用意，寄托了对后人的期望。它坐东南朝西北，为单一体建筑，面积176平方米，明间三层，抬梁歇山顶式，次间二层，硬山顶，进深6檩，有楼梯盘上，顶层高有盖板。三层顶的斗拱设计得很精巧，既美观又能支撑。上下三层，全部采用榫卯契合。从一层至三层，东南西北四根柱子，选择了不同的树木，东是梓树，也称是红豆杉；南是柏树；西是樟树；而北是柞树，阁柱为何选择用四种不同的树，村里人解释是取"多子多福"之意，梓树、柏树结子，而樟树、柞树属常绿乔木，多荫。一层的牛腿雕刻精美，有狮子嬉球、麒麟载子、喜鹊登枝、凤凰牡丹等，全都蕴含吉祥之意，屋内的木枋的浮雕为"仙鹤山水""麻姑献寿"，更是场面宏大，令人惊叹。三层的栋梁用材是柏树。四个角的斗拱呈散发状，称为"蝴蝶梁"，既可支力，又美观大方。村里人说，原先顶层的四个屋角都有飞檐挑角，"破四旧"时被毁了。

文昌阁东面的外墙下面用的是石砌，上面是青砖，开四扇小窗。西面是正门，面向村里，有祈盼周氏后人出才之意。据说，当年建这座文昌阁，村民并不是团结一心的，当时生活比较艰苦，因为是各家派工参加建设，有的人家不愿去上工。周呈忠就一家家去劝说，今天没来的他就接着叫，有的人家说了不好听的话，他也不生气，笑呵呵的，气量大。

周呈忠在文昌阁落成后不久就去世了，仅36岁，可谓英年早逝。有人说，"文昌阁"设计的顶阁不够挺拔，故头脑人短寿，显然是无稽之谈。由于时事纷乱，文昌阁上的文昌帝君，最终没有开光供奉，村里老人记起,曾在顶层一角见到一尊没有开光的文昌老爷,手里拿着一支笔。1917年,大房村的文昌阁办起了欢岙第一所乡村小学——耿安小学。

民国时,文昌阁又成为乡公所的办公场所。新中国成立后,它又成了供销社,外墙写有"发展经济,保障供给"字样。在那个物资匮乏的年代,物资显然要比文化更重要。文昌阁的北面是大房小学。20世纪70年代,学校还曾从小学教育扩大到初中教育。

大房村东边有周氏宗祠,民国三十一年(1942)建,开有三门,边门的门楣上有"春烁匪懈""继序不忘"字样。祠堂里的戏台中间留有三尺宽的过道。据说,族逢重大活动,中门大开,走中道。平时要演戏时,过道用台板接上。正堂三间,硬山顶式,两边是厢房。祠堂前立有举人旗杆石墩,与文昌阁遥相呼应。

如今的文昌阁成了闲置房,2010年被列入天台县不可移动文物名录。边上的小学也撤并到大余村,校舍也安顿了下来。尽管文昌阁没有供奉文昌帝君,可村里人还是守着它。每年清明还是先去顾欢墓前祭拜,他们秉承着祖先的崇文之风,延续着祖先留下来的文化昌盛之梦。

(文:孙明辉)

仙居大路村

百年沧桑话育人

大路村今隶属仙居县福应街道，村始建于南宋祥兴二年（1279），迄今730余年。

南宋末年，一徐姓人在路边筑房，附近人称为"大路徐氏人"，随着人口繁衍，渐渐演变为"大路徐村"，大路村是大路徐的简称。此地名一直沿用至今。

沿村北100米许，有前郑和水礁两自然村。据传，前郑本名前陈。是一位姓陈人始迁，后陈姓无嗣郑姓入居；而水礁头自然村，源于明末一位石姓人避难搭篷居水礁之前，故有此名。近年，两自然村与楼厦衔接，与大路村连为一体。

大路村位于永安溪下游北岸，彭溪下游西岸，距县城10公里，辖地5.5平方公里。村形原是方形，近年来建筑物陆续从东北与西北两角延伸，东西长度从原来的550米扩大到1600米。北面又大幅度扩展，与前郑、水礁头两自然村合为一体，成为多棱形村庄，形如飞鸟。

全村现有1003户、3021人，48个姓氏中，户主徐姓占总数的七成。

私塾时期的教育

清末民初，村民徐继赓、徐继治、徐继满等人分别举办私塾兼任教师，另有此村与断桥村在三学寺合办的经正书院。

私塾教育，办学者与教学者基本上同一人。科举时代，县试合格称童生，郡试合格称秀才。这些私墅教学者多为郡试落第的老童生，也有少数的监生（国学生）参与。这些人读书多年，文不能进，耕田又无力，权当授课为业，所谓"七讨饭，八教书"，私塾教师位仅居"臭老九"之前。

私塾所用教材主要是《太极》《学仕》《孟子》，配读《三字经》《千字文》《百忍歌》等。书院主要用《大学》《中庸》《论语》《诗经》《易经》等。

私塾和书院的总学制为十年。其间，一般要读完《太极》《学仕》《大学》《中庸》《上孟》《下孟》《诗经》《易经》《论语》《礼记》《春秋》等。

上私塾的学杂费，也就是孔子所说的"束脩"，每年5月麦收时节，学生向先生交纳一斗小麦（约7.5公斤），先生回赠学生一把题有字画的纸扇。有来有往，合乎礼仪。

私塾授课第一阶段是"开蒙"。待三四年以后，学生10岁时进入第二阶段"开讲"——讲解朱熹诠释的"四书""五经"。学生还要习字。

改良雏形："洋学堂"

民国二十五年（1936），村民徐继唐（学名尧卿）举办洋学堂，校址迁移到中街，教师徐志操（学名伯仁），政府有令改用新课本。第二年，政府和村合办，校址迁移到徐氏祠堂。

徐氏祠堂是当时村里唯一的公房，坐落在村东端，五间大厅，七间门房，占地面积250多平方米，石板天井480多平方米。此祠堂始建于清乾隆五十八年（1793），岁次癸丑，已有220年历史。由于毁坏严重，于2006年重修。

在办"洋学堂"期间，新旧课本混用，旧的沿用，旧"四书"日趋淘汰，新课本尚未定型，新课本改用白话文课本，如儿童尺牍、启蒙尺牍、共和国教科书等读本。《尺牍》，是一种用一定规格的木板经刻写文字后制成的书籍形式。这种"洋学堂"无学制。

据考证，"改良私塾"是根据家长的不同要求，一个书房，可分新、旧两个类型。旧的是按老一套学习，新的是商务印书馆出版的国语课本，并添设了珠算课。先生用复试教学法，先给一伙学生教旧的，再给另一伙学生讲新的。

直到如今，仍有许多台州人将学校称作"学堂"，可见词语沿用之顽强。

短期小学

民国二十七年（1938），开办短期小学，村祠堂一直为学校所用。1951年土地改革，被村公所所用。

短期小学，明确规定两年，考试合格，有文凭，承认初小学历。仅运行两年即废止。完全小学，以四年学制为初小，六年学制为高小。

从"短期小学"开始，全用白话文课本，升为正式小学时，初小有国语、常识、算术三本；高小时，将"常识"细化为历史、地理、自然、公民等，系王云五、周建人主编，商务印书馆出版发行，均有注音符号。

民国二十八年（1939），更名为大路徐小学。民国三十一年（1942），更名为大路乡中心小学。

抗日战争爆发后，城市的一批知识分子流转到农村，为养家糊口，担任乡村小学教师，是师资力量雄厚时期。

民国中期的学杂费，学生向先生交纳一斗大米值的学费。民国后期，学生轮流向先生敬送菜蔬（肉禽蛋蔬菜之类）。新中国成立后，一段时期学生免交学杂费。

从1950年到1996年

1950年，县政府直派教师，办大路徐小学。

1952年，教育经费由政府统筹统支。

1958年，乡政府牵头举办一所半工半读的学校——大路农业中学，生源来自全乡各村。第二年冬停办。

1969年，大路小学附设初中班，称"戴帽初中"，改名为"大路学校"。所谓"戴帽初中"，是因大量的小学毕业生面临初中学校少而无法满足升学需求，又不能让少女少男们持小学毕业证书而回家，政府就出台了一个办法，在小学设初中班，小学生全体荣升为初中生，老师则同步由小学教师跃进中学老师的队伍，带有"大跃进"式成分。

这一时期，国语改为语文，公民改为政治，内容也彻底改革，术课方面的内容和例题虽全改，定理上仍以科学为依据。对乡土教材，如农业生产技术和财务会计方面，也有适当利用。所用课本都是"试用本"。

其间，人民公社（乡）牵头，该村与下宅村出地皮，在三学寺创办五七高中一所。

新中国成立后，因师资不足，凡有高小文化程度，而又能在政治上无问题者，基本上被启用。之后，以边教边学和分期轮训，及半工半读的方式提高师资力量，类似者该村有9人。

在教师仍短缺的情况下，学校找代课教师，名为"民办教师"。

70—80年代，小学曾改过五年一贯制，初中曾改过两年制。此间，该村的民办教师占总教师 40% 左右。

1989 年至 1996 年每人学杂费如下：

1989 年，小学 80 元，初中 100 元；

1990 年，小学 90 元，初中 150 元；

1992 年，小学 110 元，初中 200 元；

1995 年，小学 130 元，初中 250 元；

1996 年，小学 250 元，初中 350 元。

后来，小学、初中全部实行免费义务教育。

业余教育

1. 民众夜校

创办于民国二十七年（1938），教师由全日制短期小学张益端兼任。学生 60 余名，分低级班和高级班。低级班学员大多为青年文盲；高级班学员多半是上过私塾的青壮年。

课本为《民众夜校读本》，也用过《民众尺牍》，未满三年停办。

2. 冬学与民校

创办于 1951 年冬。利用冬闲季晚上学文化，学员以贫苦农民居多。

教学成绩优异者，被政府有关部门收编为正式教师，职称为"民校校长"，月工资 115 公斤大米，高于全日制学校教师待遇。其职责是直接教好一个班，辅导全乡民校教师，教材为《农民识字课本》。

3. 速成识字班

1951 年，西南军区文化教员祁建华发明《速成识字法》。第二年，推广到农村，乡政府所在地都试办一所"速成识字班"，教师由区（比乡高一级）公所指派，工资由县政府直拨。

该村是大路乡政府驻地，由主教师徐润高负责举办和教学。学员来自全乡各村青壮年文盲或半文盲。

随后，识字班改称"民校"。每年冬春两季教学。教师误工费，前期由农业社支付，中期由生产大队支付。后期，除本村付酬外，由教育部门支补助费。

教学分三个阶段：

1. 熟读拼音字母

由于南方人语音复杂，许多方言难以拼写，浙江省工农教育处会同有关人士，按照方言特点，在 7 个声母配音字右上角加一些便于识认的符号，以"阴平"声并合。这套方法在浙北杭嘉湖地区通行，到了浙中台州地区推行受阻，到了浙南温州、浙西丽水地区更是行不通，从而停用了省方言拼音符号。

2. 突击生字

课本上的汉字，以词和句为主。下半本有少量短文。每个汉字旁边有拼音字母，只要能拼出音来，便是汉字的读音。当时，普遍认为拼音字母是"拐棍"，练习时，特地遮盖拼音背熟汉字。这对于注意力集中和记性好的人，才一个月左右，从原认三四百个常用字，到会识单字 1500 多个。

3. 单字卡片

多采用单字游戏卡片，如组词、组句、阅读短文以及写话等。

从历史文物遗迹来看，大路村历代人都重视文化建设，据《徐氏宗谱》载：明清两代，考取国子监的有 22 人，中举入泮的有 4 人。

村内文昌阁扩建于清光绪十六年（1891），重建于 1995 年，砖木结构，分二楼层，楼上为文昌阁，历来有文昌帝君和孔子等塑像，是村民到坛礼拜、望子成龙的精神祈祷场所，深受村民爱戴。底层有关公殿，是村民祈祷平安之场所。

（文：仙居农办）

仙居溪头村

千年望族翰林里

溪头村位于仙居县横溪镇东部的永安溪畔，因村落居于溪水上游而得名。村落距县城30公里。该村先祖沈氏大约自五代时起，即在溪头一带拓荒发祥。北宋中晚期，村落规模已建成。至南宋宝庆年间（1225—1227），村分南北两片，一条官道从中贯穿。村中现存翰林里、朱邸门楼和上台新屋台门里等民居，村中曾出过四位进士以及一批文臣武将、文人学士。溪头村为远近闻名的沈姓大村。

一村四进士

永安溪畔的溪头村，村前双峰挺秀，林壑幽美，清致秀丽；村中，苍松翠柳，掩映庐宅，环境十分幽雅；村四周，溪涧纵横、良田千顷，占尽地利。村民安居乐业，耕读传家。村里先后出了沈骥、沈崇文、沈锡、沈锷四位进士。如此发达的人文，在当时仙居罕有其匹，溪头村遂成为远近闻名的沈氏大村。

溪头，作为已有一千多年历史的古村落，拥有十分丰厚的历史文化遗产。村落内旧居古宅连绵成片，气势辉煌的佛刹道观毗邻而建，结构奇特。漫步溪头古村落，感受传统文化的神韵，令人心旷神怡。

翰林里，俗名新屋里，建于清嘉庆十年（1805），为三透式民宅，主体建筑分门楼、前厅、中厅、后厅、两厢、后花园等几部分，有一条明显的中轴线。门楼前有石旗杆一对，门楼嵌匾额一块，为先祖沈邑所赠，上书"翰林里"三字，书法端庄秀美，是沈氏望族家学渊源的生动写照。前厅上有石匾一块，镌有"翠挹南屏"四字，形象地概括了翰林里四周的秀丽景色。中厅门有滇南赵学士所赠的"紫阁驰声"匾额，后厅门上有廖明府所赠的匾额一块，上书"燕贻笃庆"四字，此类匾额文字简雅，内涵丰富，墨迹清晰，书体精美，反映了当时屋主较高的社会名望和文化涵养。

整座民宅，檐廊环绕，两厢合抱，檐角飞翘，墙展六翼，瓦栋翻弓，远看近观，都很有气势。檐下柱头、牛腿都有精美雕饰，或花卉，或人物，或鸟兽，内容丰富，形态各异，雕刻风格粗犷中不失细腻，艺术水平很高。前、中、后三厅及后花园分设四个天井，空间适度，宽敞洁净。天井地面上，镶嵌着从永安溪中精心挑选而来的瓜子石图案，内容有花卉、瑞兽等，做工十分精致，令人叹为观止。

古宅处处见

朱邸门楼是村中另一座民居，俗称"大门楼口"，始建于南宋时期，为溪头沈氏八世祖朝议大夫兼制置司参议沈存良故宅，左丞相吴坚之母及笄前养闺于此。现存建筑为清代修建。大门楼前竖有功名旗杆两对，门楼内的厅堂气势辉煌，当地人称为"五栋五堂"。天井多用细巧的鹅卵石镶嵌成各种吉祥平安的图案，其中有一幅"两龙戏珠"图，造型大气，镶工精致，形象美轮美奂。朱邸门楼尚存吴坚所赠的太湖石门槛垫一条，十分珍贵。

吴坚好学上进，于宋淳祐四年（1244）考中进士，后官至左丞相。他深感溪头祖地灵气，宋淳祐年间（1241—1252），向外祖家送来太湖石一块，镶嵌于大门楼口前槛外侧的地面上，以示纪念。其石长约五米，宽约一米，碧绿光滑，现仍完好无损。中天井尚有木结构戏台一座，建于民国时期，多年来一直是村民娱乐之地。民居内建戏台，在仙居也不多见。

上台新屋台门里民居为溪头附近一带村庄中民居之典范，民居又名"下透"和"火墙里"。该宅院坐北朝南，砖木结构，共三进，分前厅、中厅、后厅、两厢等几部分。宅院东还附设花房、马房。现尚存骑马石一块。三透里的檐桁雕刻艺术令人惊叹。"百鸟朝凤""白鹤亮翅""九狮翻节""老鼠觅食""鲤鱼跳龙门"等浮雕，形象逼真，生趣盎然，内涵丰富。特别是那根"百鱼桁"，上雕百条鲫鱼，造型奇特，形态各异，或扭身戏水，或张口吐珠，或闭目养神，或交头接耳，奇趣横生，令人拍案称绝。

耕读诫子孙

溪头村为新坊沈氏发祥地，"究之水源木本，则以始建溪头者为大宗"。岁月沧桑，溪头村沈氏宗祠历代屡有兴废，现存宗祠为清光绪年间族人沈锡大所建。

该宗祠坐北朝南,毗邻玉皇殿西侧。正厅三开间,明间上方有匾额曰:"节度分支"。屋内石柱高大粗壮,多铭刻以歌颂祖德、启迪后辈为内容的楹联,柱顶牛腿上的人物、马匹均为镂空式透雕,形态十分生动。祠堂明间内尚置一长方形石供桌,其正面石板上阳刻"有书能读,子孙不愚;有田能耕,仓廪不虚;俭约勤劬,食衣丰裕"等训词,先辈们企盼后辈健康成长的殷殷之情由此可见。祠堂天井铺镶石板,精密整齐,工艺非同一般。

溪头村自古佛、道两教十分兴盛。据考证,历代佛寺、道观有十多所,皆建于村四周山水佳秀之处,现大多已毁。保存较完整的尚有莲兴寺(玉皇殿),清咸丰年间(1851—1861)由族中富户沈锡大独资兴建。

另有莲兴寺,坐北朝南,寺门前,长生潭水波不兴,清风徐来,田田的荷叶下,鱼儿悠游自在,时有村民临风垂钓,构成一道如画的景致。寺门外,一座简易石桥横跨长生潭,直达村道。门前原有石狮一对,高1.6米,镂凿精致,姿态雄伟,现移置于惠民小学大门口两侧,仍然完好无损。殿宇上方有金字横额曰:"凌霄宝殿"。正殿内,玉皇大帝塑像端坐正中,左、右两侧的石柱上,双龙盘绕,威风凛凛,活灵活现,似作左右护驾,雕刻技艺十分高超。四员大将手持兵器侍卫两旁,虎虎有神,令人生畏。东厢供奉如来佛、三世佛、伽蓝菩萨、达摩祖师。整座殿宇气势巍峨宏伟,所用石柱粗壮雄伟,上面刻凿当地名儒书写的楹联多副。每间檐下都有柱头、牛腿,上面有人物、花木、鸟兽等高浮雕,皆镂空成立体,雕工精良,堪称上乘之作。

溪头村的历史遗迹尚有"解放堤""新坊堰"等,皆含丰富的人文意蕴,目前保存完好,是十分珍贵的文化遗存。

(文:仙居农办)

仙居埠头村

长子出生展花灯

  仙居县埠头镇埠头村，北依白冠山，南临永安溪；西面、西北面有苍岭古道、仙杭古道；东北有山枣岭古道；东南面与商业重镇皤滩交接。埠头村古代既是永安溪水运的终点，又是通往内地的陆路起点，旧时曾是一个商贸繁荣之所。

  据传说，埠头村祖居王姓。王氏祖先们曾利用便利的水路交通介入货物运输及销售行业，渐渐积累了资金，并开设了盐埠店、南货店。特别是在食盐的贸易上，他们雇佣挑夫，通过苍岭古道，将盐销往缙云、丽水、武义等地，并将当地的土特产收购运回仙居、临海等地销售。经过数辈的经营之后，使村子名声大振，村埠头船只停靠的数量与日俱增，商贸往来日益繁盛，于是便将村子定名为埠头村（又称"埠头王"）。

  埠头的商贸繁荣的同时，也促进了周边村落商业、手工业的发达。按当地传唱已久的童谣"埠头扣构盖，座坦草鞋店。后里绿豆面，西东山打铁店。东杜缸窑厂，周㘵买菜秧"，虽不失滑稽与揶揄，但所描绘的正是手工业生产十分兴盛的情景。

  明清时期，埠头村（分坑东与坑西）还在坑东建立了一条"一、四、七"的集市。当时，坑西以及白泉村、十都英村村民都要过来做市，可坑上只有一座独木桥，常有老人、小孩掉下去。于是，清光绪二十五年春的一天，村中的王氏族长商议在坑上建一座高6米、长10米的石拱桥，桥下可供运货长船和竹筏通过，桥上可供车马和行人过转。该桥于是年夏初动工，重阳竣工，后命名为"重阳会"。不过，埠头的商贸在民国后期，如同皤滩一样，随着永安溪水道的消退而逐渐走向衰败。

  埠头村与有着近万年人类文明活动痕迹的下汤遗址不到十里之遥，这里也是永安溪船帆所能到达的最上游，与千年古镇皤滩隔河相望，成为仙居母亲河——永安溪边的一对孪生姐妹，古时同属清风乡，是著名的商品集散地，商贾云集，文化土壤肥沃，文教之风深厚。如今留下的光滑而坚实的鹅卵石路面，一个个错落有致的江南四合院，还古色古香，诉说着昔日繁华；经久褪色的商铺，饱受风吹雨打；石雕的门楼，依稀散发着当年的鼎盛和辉煌。这样的古村——永安溪畔，石桥横跨，碧水东流，古道夕阳。这样的境地，自古就有耕读传家的儒家传统，而其中流传到近代的长子出生到朱相公殿展花灯的故事，就是埠头村颇为特色的儒家教育。

公元1156年，朱熹仕台郡时，听闻仙居皤滩方斫桐兴办桐江书院，就携子前往巡视讲学，并留子在方氏桐江书院读书，作《送子入桐江书院勉学诗》以励之。

埠头村距离该书院过溪不到五里，听说朱熹在此讲学，村里有识之士纷纷前往拜师读经，在当地掀起了一股儒学热潮。1182年7月，朱熹以浙东常平茶盐公事兼主管台州崇道观身份，又两次到仙居，为了民生推行"社仓之法"，即遇夏收年份"采买邻县之谷"储于谷仓，旱涝灾荒之年、逢民饥馑则"发粟平粜"。朱熹重文教思想和社仓之法实乃"惠政于民"的有效之举，后人为了纪念朱熹，纷纷建祠，取名曰"朱相公殿"。

于是，埠头村村民家中长子出生到朱相公殿展花灯的风俗就和朱熹有了联系。按照当地习俗，每逢家中长子出生时，在第二年的元宵节期间要送花灯到村南"朱相公殿"展出，以示香火相传，希望后代能传承儒家思想，做个有出息的人。

长子出生，在家中、族中当然是件大喜事，所以做花灯也是件大事，特别是有钱人家，早早准备，好好操办，没有一点懈怠敷衍或是走过场的思想。最早在当年十二月就开始行动了，先是在四合院的门堂当中竖起一根带根的毛竹，人家一看便知是主人家长子出生了，这毛竹就是制作花灯的材料之一，再请有名的花灯师傅到家制作，包吃包住。花灯的设计、用料和制作等环节都仔细斟酌，那些大的花灯近米把半宽、米把多高，口沿各色花朵千姿百态，荷花、牡丹争奇斗艳，四周各种图案应有尽有，人物、动物栩栩如生。制作工期从十来天到一两个月不等，有的从头年做到转年正月初。

花灯做好了，接着是展花灯。关于元宵挂灯，仙居有句"十三上灯、十八落灯"的说法。十三下午上灯了，鞭炮响起，敲锣打鼓，唢呐二胡伴奏，亲戚朋友一起抬着花灯往朱相公殿出发，左邻右舍啧啧赞叹，小孩欢呼跳跃，场面非常热闹。每年挂花灯时往往有人来预订位置，这当然是有钱人家做了最好的花灯，主人觉得自家花灯最华丽，所以早早放出声来，要把第一排中间的那个位置留着等他家那花灯来挂。当然，也有困难人家的，由于手头紧张做不起花灯，就做了一盏普通的灯笼，静悄悄地拿来挂在最里侧的两个角落处，可以说是重在参与，意思意思罢了。随着傍晚的临近，朱相公殿热闹非凡，花灯排排，鼓声喧天，喝声阵阵。当晚，主人家都要宴请族人等，当然是好酒好菜款待，讲究排场。

花灯挂上了，要有人看守，尤其是蜡烛燃着时，一旦花灯烧着了，就预示着家中这一年没有好兆头，这近乎是一种心理灾难。所以，为了避免这种事的发生，连续6夜家中必须有2人以上值守，确保蜡烛不能灭、不能倒，即确保花灯的绝对安全。一直到正月十八夜落灯时，又敲锣打鼓把花灯接回家。

这一习俗就只有埠头村特有，邻近的横溪和皤滩等地没有，一直延续到土改前后。

（文：仙居农办）

仙居东门村

凤凰涅槃文明楼

文明楼位于仙居县城福应街道东门村东门老街，旧时被称作县城风水的屏障，是仙居县城人文景观的标志性建筑之一，也是历代地方官员、社会名流、文人墨客登临游览之所。它和仙居的文化教育也有着不解之缘。

仙居历史上就有重视教育的传统。宋天圣三年（1025），仙居县令陈戡（康熙志作"戬"）开始修建圣庙（孔庙）；宋庆历八年（1048），31岁的陈襄调任仙居县令。陈襄在原先圣庙（亦称孔庙或文庙）旁"购地拓宽，首创县学"，"兴学宫、课诸生"，并作《劝学文》告谕乡里。自此之后，"弦颂相闻，人才蔚起"。

南宋朱熹巡视仙居，看到孔庙之所地势低洼，认为"地气尽垂于此"，"令邑人甃石而高大之，作危楼于上"，并命名为"登龙"，希望有更多的"田舍郎"能够考取功名，"暮登天子堂"，实现鲤鱼跳龙门的人生理想。"又立彩石二为龙首形，以障一邑风水"。这就是最早的文明楼，时在南宋嘉熙四年（1240），据说，自此仙居"科第倍炽"。

到了元朝，"登龙楼"饱经风雨，一度倒塌，官员陈天吉、蔡国宾重新修建，廉访副使高泊元，把"登龙楼"改名为"文明楼"，隶属于学宫（孔庙）。至此，该楼成为学子游歌之地。

此后，文明楼一直被看作是仙居文脉的象征，和仙居的文化教育事业关系密切。但在经受了100多年岁月风烟的洗礼和社会的风云激荡后，文明楼失去了初时的风韵。

元至正二十三年（1363），时任浙江行枢密府照磨的陈天吉面对着经历过方国珍抗元动荡后唯独得以保全的孔庙和文明楼感叹不已："殆天将启文运而教基之勿坠耶！"于是，"慨然以兴起斯文为己任"，重新修建文明楼，并命张熙作《重修文明楼记》。

又100多年过去了，"所以栖风气而树观瞻，士之盛衰所由系者"的文明楼又在岁月的风烟中渐渐老去。"弊檐败瓦，荡无孑遗，独其址岿然如故，露草烟芜，交蔽其上"，而"士风稍衰，科第久旷"，亦令人"喟然兴叹"。

明成化三年（1467）冬，知府阮勤命知县彭鼎"庀材重建，备极工丽"。由四明杨守陈作《重修文明楼记》。杨守陈在该记中大声疾呼："昔楼之废也，士之不振可诿曰风气宣泄之故，楼今复矣，士可不自励也欤？"

明嘉靖二十九年（1550），祖籍江西的双罗先生，被派到仙居从事教育工作，听到文明楼维系文运的事情，就亲自到现场去看，认为"不可无楼也"，于是召集文人志士，商议修楼。为了不打扰民众，大家基本上以捐款为主进行集资，经过两个月的时间，文明楼得以重建。于是这里又成了文人汇集之地，大家登楼会文，远眺山辉涧光，看银河，说天文，心胸开阔，意气风发，出了一大批英雄人物，如吴苎、郭磊卿、陈庸、吴梅卿、郑恕、郑宪、王钰、卢迥、王一宁等君子之流，他们都忠孝节义，文章德业，日月生辉。这段时期仙居人才辈出，文化璀璨，称得上仙居历史上文化最辉煌的阶段。

因为"斯楼之系文运，应若呼谷，历历可征也"，"以乡贡进士，授谕仙居"的吉安庐陵曾可耕，"遂集士议，复不欲烦民，捐己俸，广木石"。来自万安、曾任司训当时已迁高安的萧鸣盛，时任邑宰、来自安福的谢德聪，时任贰尹、来自海丰的蔡君淦等，"闻而韪之，各致金赠"。"诸士捐廪米"，"相成诸杰应存卓等，益以济工，遂得续瓴葺材，并易其所宜易者，加以饰绘颜楣，焕然成制"。嘉靖三十一年（1552）秋，文明楼重修工程完成。刘舟楫在《重修文明楼记》中评价了"前诸君子，皆忠孝节义，文章德业炳如日月，昭我文明"，同时期望"后之继今者，其文明将未艾哉！"

明嘉靖年间，公元1556年的时候，仙居县令姚本崇想把原来仙居旧城墙的土墙全部更换成石墙，获得上面的批准。哪里知道城墙还没有建好，遇上倭寇突然来抢掠，城墙被攻破。当时倭寇从永嘉金溪登陆，攻陷了仙居县城，屯兵四十多天，烧杀奸淫，无恶不作，仙居损失惨重，县令姚本崇因此也被流放到边疆。之后，知府的佐官毛德京继续着手对城墙进行修整，把城墙往西拓展到5里，宽3丈，高4丈，全部用石头砌成。全县城范围共设五个门，门上面有楼。由于倭寇经常来犯，毛德京督察得很紧，结果遇上雨天，城墙根基的泥土塌陷，差不多一半的城墙都倒塌了，毛德京被罢官。按照《康熙仙居县志》记载：毛德京是因为建设城楼时，在城门上雕刻一些花鸟而有些劳民伤财的嫌疑，结果被御史钟一元弹劾才罢官。继任官员萧文清来了之后，用了三个多月时间，才把仙居城墙修好，把东门称为迎晖门，城楼叫作启明楼；南门称为来熏门，城楼叫作宣泽楼；西门称为庆丰门，城楼叫作惕庚楼；北门称为拱辰门，城楼叫作思茛楼；小南门称为省耕门，没有楼。

这一次大工程，耗费了仙居大量的人力和财力，共用去白银十万锭，造成仙居库银空虚，从此仙居县城的大致框架基本定型。

文明楼建成后，仙居出现了非常奇怪的现象，那就是这座小楼的命运和仙居的文运居然紧紧地关联在一起，楼立则文兴，楼败则文衰，数百年来，屡屡应验。

历史的车轮转到了清朝。作为仙居文脉象征的文明楼在这一朝代就得到了五次重修：乾隆四年（1739），为纪念朱熹，"诸生朱懋修建平屋其上"，文明楼上又建了一间平房，祭祀朱老夫子。乾隆二十六年（1761），知县祝元程又重修文明楼。嘉庆二十一年（1816），知县常永安重建层楼复阁，壮丽非凡，并且供奉魁星神像，每年正月十五元宵节，张灯结彩，鼓乐喧天，称得上是一场文人盛会。同治四年（1865），仙居人对这座关系文运的文明楼进行再次整修。最后一次重修可能就是同治九年（1870）的那次了，距今也有140多年。

在风云变幻的历史洪流中，文明楼曾经数度沧桑。民国时期，文明楼作为民众教育馆；20世纪中叶，文明楼又被作为电影公司的职工宿舍。1982年的一场大火，文明楼又一次成为废墟，所幸遗址尚存，"文明楼遗址"被列入县级文物保护单位。当时的县文化局由于财力有限，只是在文明楼遗址上重建了一座单层的仿古楼台，聊作凭吊怀古之用。此后，为了以文养文，县文物办把该仿古楼台出租用于开照相馆……2011年，由于周边民房起火，该仿古楼台再次被殃及。

如今重修的文明楼按照《光绪仙居县志》儒学图上的文明楼图纸仿古重建，复建后的文明楼为（清）双檐双层歇山顶式建筑，楼高9.5米，面阔11米，进深7.6米，建筑面积148平方米。目前，复建工作已基本完成，正进入内部布展阶段。

如同历史上文明楼的每一次重修都让生活在这片土地上的人们欢欣鼓舞一样，人们也对此次文明楼复建有了更多的期许，它犹如凤凰涅槃，意味着仙居人文发展即将开启新一轮的华美篇章。

（文：仙居农办）

云和北溪坑村

拾纸炉里有春秋

横山头村位于云和县石塘镇西北方向,辖老处、凌家、正坑尾、大丘田下、北溪坑、上堂屋、出水井、曾家、桑岭根、畚箕湾10个自然村。其中,在北溪坑的村口,曾经建有一种小屋式结构的建筑——"拾纸炉",它装修较为考究。凡有字迹的纸片,全村老少必须送炉中焚毁,大家必须遵从,无一例外。众所周知,古人对文字非常尊重,然而,在这个偏僻的山村之中,对文字竟有如此之尊,实为罕见。什么原因致使刘家人对文字产生如此的敬重呢?

该村位于瓯江北岸,与桑岭根村一山之隔。从村之水口悄然行入,眼前豁然开朗,一条小溪从村中西东向蜿蜒而下,在村口形成S形的回环,水口山脉呈犬齿状交错,村居依偎在两旁缓坡,南北相对而建,马头飞檐,粉墙黛瓦,鳞次栉比,颇有一番大风水格局。村间石阶阡陌纵横,炊烟袅袅;小桥流水,嫩草芳菲;不时传来鸡鸣犬吠,雀声莺语。白胡老者步态悠闲地行于小道,黄犬或前或后,令人羡慕不已。这里生机盎然,妙趣横生,若浔阳柴桑陶公幸临,必当有另一篇桃源佳作。

南面的大屋前,宽敞的大门气势赫然,可惜门楣之上的字迹已被破坏,仅依稀可见"彭城旧家"。走进大屋,巨大的天井透过了大片阳光,使老屋格外地亮堂,典型的两层五直、四周马楼结构,彰显主人当年的富有。天井右前角的一株现已百年的楠竹,依然绿映东窗,主人说是防火用的,难不成花卉可以防火?在老屋正堂的板壁之上,贴满了陈旧的"学报","钦命、提督、学政、考取""贵府相公刘秉琦高中乙未岁、取入第□名"等字迹依稀可见。这房子曾经失火,自从种上了楠竹,100多年来从未发生过火灾。有如此的文化之家,用五行相克的原理,找一个适当的风水方位种楠竹,当然不是难事。

在大屋的门口,横着几条又长又大的精制条石,村人介绍说,这是村中的贞节牌坊,"文革"时被炸毁的,原有十多米高,是本地最大的牌坊。

北面的山坡重复着南面的建筑，所不同的是，这里安葬着刘氏的开基先祖，典型的汀州范式坟碑已被自然增高的土层淹埋了半截，它非常自然地告诉来访者，刘氏已来此开创基业数百年。先祖于斯安然地俯视着子孙们数百年的晨起暮归、兴衰荣辱。翻开《刘氏宗谱》，历史的脚步仿佛就在眼前。

彭城郡刘氏，历来都被视为刘姓的正宗郡望，宋代以后更成为天下刘姓的统一郡望。彭城，古为郡名，属楚地，汉宣帝地节元年（前69）以楚国改置彭城郡，治所在彭城县。有《刘氏宗祠记》云："箬溪刘氏，系出陶唐，族号彭城，自鼎新公徙居福建汀州府上杭县龙下村开基。至自有公娶邓孺人，生二子，长科纯，次科进，昆仲同徙江西。纯公江西居住聚族，进公由江西而徙浙江处州云邑九都北溪坑。当公卜居此地，见夫泉甘而土肥，草木严茂，居民鲜少，因而辟荆棘，崇屋宇，置田园，聚世族。勤俭忠厚，积蓄饶裕，子孙繁昌。延师就学，文武登科者，指不胜数。人杰地灵，非进公之福荫哉！"

据其谱世系载："自有公，世居福建汀州府上杭县龙下地方，生二子科纯、科进。科纯公与弟仝迁江西赣州府瑞金县鸟头嘴居焉。科进公于康熙年间复由江西转迁于浙江处州府云和县九都北溪坑创业而居，是为北溪坑始祖。公生于康熙十一年壬子（1672）闰七月二十九日寅时，终于乾隆七年壬戌（1742）二月十二日巳时。生一子汉荣公，生于康熙三十九年庚辰（1700）十月初四日寅时。"光绪二十四年（1898）《刘氏新辑宗谱跋》云："今吾族于康熙年间，汉荣公由福建迁居云和，已近二百年……"由此推断，刘氏于康熙四十年（1701）前后迁来云和。

来到北溪坑之后，刘氏不但修文，而且于战事之中修身养性。清同治十年（1871）《翰邦刘先生茂阅历》云："伟彼美之一人，虽降生于十室，怀入梦兮长庚，戚下观兮太乙，岂是诚通天帝，炊藜杖以然，将毋字作神童，绾髻了抱膝。尔乃家临涧水，郡号彭城，祖父务农，服先畴之田亩。弟兄讲武，执射艺以成名。先生则束发受书，独向芸窗而奋志，弱冠即出头，钻纸共看，艺苑以辈声。于是，歌乐泮咏采芹，荣宗祖显。严君李文衡视学之年，举茂才而曰庠，日序罗部院观风之岁，补增广……乃翁耄倦家政，谁修，诸生请辞，户庭不出。无奈烽烟起粤，雾露横江，狼奔闽省，蚁聚括苍，即屯兵于丽邑，旋分寇于云乡。身（指刘翰邦）被掳于郡城，时抱斩哀之痛，体苦拘于幽室，日防锋刃之伤，唯恐无归。彼四子兮不见，既云可赎，即百金以何妨。脱离虎口，微损蝇头，葬亲以礼，保已无忧。时乐观夫山水，时登眺于屋桥，吾爱吾庐，屋绕扶疏之树，尔田尔宅，轩开场圃之楼。教子义方……"

清同治三年（1864）刊本《云和县志》载："咸丰八年（1858）二月，粤贼洪秀全党石达开自江右窜江山、常山，围衢州城。三月二十八日，突由遂昌、松阳，陷处州府，四月二十三日，陷云和，贼势猖獗。西窥龙、庆时，剽掠西乡。五月初六日，漈头、黄庄诸乡兵败贼于赤石，（贼）走还县城。咸丰十一年（1861）三月，粤贼党李世贤突寇衢州、龙游，余党突至云和，城遂陷。同治元年（1862）正月二十八日，余党复寇云和。三月十二日，都人江起鳒等御贼于大港头河边，军溃，起鳒战死，同死者，刘廷铭、刘和林、毛凤兴、黄武元、张荣舜，凡五人。十五日，贼攻将门岭。翌日，复却朱村，乡兵连战克之……"现在已无法判断刘翰邦在哪场战役中被掳，在竹子坪村的记载之中有云："王德聪，在咸丰十一年，粤匪扰处州。公攘臂直前，与乡人偕，一日，贼至朱村口，众与之敌，而公因遇难焉。"可能为同一场战役。

虽然是望族之裔，但小顺北溪坑村的刘氏，从康熙年间迁居云和，竟然百余年未入云和户籍。刘氏为国家之命运而战斗，同时，他们又为区区云和之户籍而奋斗了130年。《作屏刘先生行略》云："先生，字作屏，系元盛公之子也，家业素封，少负节气，颖悟不群。因上代迁居以来，未曾入籍（指云和户籍），始奋发读书，过目成诵，祠堂叹服。年弱冠，即游邑庠，旋补增生，遂隶云和籍焉。由是接踵而至，书香不绝，皆先生力也。而屡赴棘闱，竟不获售，数奇也。爰息意于上达，立志于修身，孝亲敬长，睦党和乡治家，学朱子之训……乡党称其孝，族戚沐其恩。迄今年逾花甲，精神凝固……"若清同治十年（1871）时，公为60岁，则其弱冠时，当在清道光十年（1830）前后。也就是说，刘氏为云和之户籍而等待了130年。

清时期，土、客户籍差异较大。许多外来客未编入本地户籍，不享受教育、诉讼等权利。即使编入本县册籍，但实行客民保甲法，比如客民入学实行另额取进等政策。争取云和户籍，对于汀州移民非常重要。刘氏因为学业有成，"游邑庠、旋补增生"，方入云和籍，可见，文字之事对刘家的重要性，建造"拾纸炉"，"炉焚字纸有烟痕"表达了刘氏对文字的极大尊重。

对文字的尊重，同样也在谢家得到印证。在谢家老屋的门前，横躺着两块巨大的条石，它就是贡生的桅杆夹石，另有两块深埋地下的桅杆底座，在青草之中独领当年的风骚。在条石的侧面，有"光绪二十二年岁次丙申"的字样，也同样感受了当年"枫陛荫浓"的荣耀。

同样，今日北溪坑村的年轻人都已外出，除时代的感召外，这也许是汀州人的天性所致。很多老屋在春日的风雨之中，又将增添一份沧桑与斑驳，但四周青青的翠竹挺拔秀丽，年年依旧，代代繁华。竹非凡物，它有节外无枝的操守，有刚柔相济的品德。竹枝傲骨，青翠幽香，高风亮节，依依君子德，无处不相宜。这正代表着北溪坑刘氏代代传承"炉焚字纸"的高尚品德。

（文：黄育盛）

景宁高演村

诗礼书香润高演

高演村位于浙江省景宁畲族自治县城西南22公里,属梧桐乡,距乡政府5.7公里。据《任氏宗谱》记载,高演村村史可推至唐宋间,有何、夏二姓在此居住,到明永乐十九年(1421)任姓迁入,从此生根发达。任氏家族以严格的家法推崇耕读两途,坚持"诗礼传家,书香继世",使之成为一个远近闻名的历史文化名村。

高演村海拔810米,四面环山,其中最高峰海拔1200余米,是一个南高北低的深山沼泽盆地。《任氏宗谱》有明确记载:"盖高者,谓山也;演者,则水长流之貌也。谚曰:'山高水亦高',其古人揽山水之胜也,而锡此名也乎",故民间还有"高远"之称。

高演任氏属乐安郡,从丽水仁溪迁至景宁沭溪,"凡传七世,至以良公,择里高演",以良公即高演村的开基始祖任纪。

任纪的父亲叫任昌,洪武二十四年(1391)任南京典史,娶妻王氏,育三子,于永乐四年(1406)衣锦还乡,回归景宁沭溪。王氏去世,再娶何氏计娘,于永乐十一年(1413)生任纪。任纪刚满三岁,父亲就去世了。当时各位兄长都已婚聘成家,只有任纪还年幼。没有办法,母亲何计娘只好带着九岁的任纪回到了高演娘家。

任纪虽然年纪尚小,但勤劳懂事,为舅家做些力所能及之事。当时,高演的上湖是一片沼泽地,水肥草嫩,是个放牛的好地方。任纪给舅家放牛,把牛赶到上湖,牛吃饱了,就在上湖的草丛里睡觉,天晚了也不肯回家,任纪觉得很奇怪。有一天,任纪想赶牛回家,可是怎么赶也赶不回去,正好有一位风水先生路过,任纪就向风水先生请教,风水先生告诉他,这是一块风水宝地,嘱其向舅家讨取此地。于是,任纪就向舅舅讨要"上湖"这块沼泽地,舅舅觉得这么一块沼泽地,只长杂草灌木,也派不上什么用场,就把它送给了任纪。于是,任纪按风水先生的指点,掘开回龙山排水,开田起屋,果然子孙兴旺发达。

得天独厚的自然环境，宛若世外桃源，使这里600年来未遭战乱兵祸，肥美的水土也为生活在这里的任氏子孙提供了丰厚的物质资源。"仓廪实而知礼节"。这是任氏家族"诗礼传家、书香继世"的重要物质保障。据说，即使在20世纪贫困的年代，这里的村民还能够自给自足。

任氏家族有严格的家法祠训，在制度上为"诗礼传家、书香继世"提供了保障。任氏家法明确规定"祖先原以诗礼传家，书香继世。凡为父兄者，宜延师造就弟子成才"。在每年春秋两季祠祀时，耕者要40岁以上才有资格参加，而读书人不论年长，只要是庠生都可以参加，且可分得一块4两的胙肉，而耕者要有子孙三代的老人才能享受。

据《任氏宗谱》记载："任氏当全盛时，硕儒名彦，济济英多，家传户诵，子弟咸秀而能文。每逢朔望，其父兄必召集子弟命题试验，评定甲乙，郡县应试，多得列名榜首。"同时，家法还规定："本族具系公众山场，并无己业。虽契内与案上名字不等，亦系办事之人出尖有名，其祖名字其子孙即不得执为己业。"这一规定使整个家族以"氏族集体公有制"的形式，为族中子弟延师读书和一些公祭活动提供了物资保障，推崇了诗礼书香的家风。

从任纪始祖开基，仅历时一甲，于成化二十年（1484）第四世孙任憘（湛）就荣登岁贡。及至道光十六年（1836），已是"英才辈出，见今隶名学宫者，贡入成均者，候登仕籍者，偻指计之，四十许人。盛矣哉，吾邑之冠冕也"。

在当地民间，至今还流传"十人九贡"的故事。话说在任家书风鼎盛时期，有十个人同年赴温州府参加科考，没想到这一考，九个人考取了贡生；就连帮忙挑行李的书童，也因平时的耳濡目染，临时参加考试，结果也名列其中。这次科考让高演村名声大振，许多人纷纷到高演村来探寻究竟，甚至还吸引了地方官员和附近郡县的名士前来探访。

村里的"遵鸿轩"就是泰顺县进士董眉伯在清嘉庆四年（1799）省试获第后来到高演，在高演游玩了十天之后，临行时所题。《任氏宗谱》里还有他当时留下的题记。清道光年间，候选知县、龙泉县教谕萧山任载送试龙泉，曾两次到高演拜访同宗，并为《任氏宗谱》作序。福建建阳吴裕中在景宁任知县时留下了《寓演峰序伦堂会诸绅士留宴作》，并在诗旁注明"时任族来会者，明经二，廪膳生九，附生三十余人"，其诗曰：

济济英才序一堂，欣看桃李总成行。
漫言耕凿人情古，尤见诗书世泽长。
俎豆适当轮奂美，簪裾如带藻芹香。
到来莫道催科俗，樽酒论文快举觞。

高演村有八景十九胜。自然景观有七胜，分别为豸顶、仙岫、雾岗、金字山、飞凤山、黄连坑、三连漈；人文景观有十二胜，分别为乩坛、古井、店亭、钟楼、石街坪、孝诚宫、庆云庵、环胜桥、回龙桥、清风桥、遵鸿轩、马仙行宫。旧时，县里的教谕，各地方名雅士经常在高演村咏山吟水，特别是"古木朝晖""雾岗夕照""金峰晴岚""凤山霁雪""豸顶闲眺""云庵幽憩""叠石呈奇""三桥环胜"八景常常成为文人学子作诗吟联的对象，一时间闻名遐迩，并留下了大量诗文。

据《任氏宗谱》记载，至清光绪末年，累计制贡、附贡、例贡、乡宾、廪生、增生、庠生、国学等168人，其中制贡22人、附贡2人、例贡2人、乡宾7人、廪生11人、庠生89人、国学35人。民国时，还有两位为革命捐躯的黄埔军校毕业生。据任氏后人口传，旧时有8位贡生赐进士，但目前留存的只有清乾隆五十七年（1792）赐进士任制珤的功名旗杆夹。可以想象，那一个时期，村子里功名旗杆林立、旌旗飘飘，这是一道何等亮丽而令人自豪的风景线啊。

高演的村落布局也很有文化底蕴。据《任氏宗谱》记载，七世祖时，按堪舆家的意见对村子的房屋建筑进行了全面的规划，整个村子的房屋基本保持"坐壬出癸水"格局。村巷干道排列有序，沟渠并行。房屋多为土木结构的"三植两进二层楼"。有趣的是，那些房屋布局既相对隔离又毗邻相通，便于旧时女眷不从村巷露面也能方便往来。走在灰瓦泥墙的巷道上，仿佛还能看到一两个女子羞答答地迈着细碎的步子从这家出来，匆匆地进入另一家的后门。

斗转星移，岁月沧桑。许多人文景观如今已不复存在，如庆云庵、马仙宫、钟楼等，而那气势恢宏的任氏宗祠也已消逝在岁月的深处，好在行宫、店亭、孝诚宫、遵鸿轩、风水三桥等古建筑依然留存，也好在任家世代不乏文人雅士，给后来留下了许多文字的记忆。

如今，最让人引以为豪的，当数风水三桥。风水三桥是坐落在村北水口的三座古廊桥，由内及外，依次为环胜桥、回龙桥、清风桥，其中环胜桥保存最为完整，现已列为国家级文保单位。据《任氏宗谱》记载，环胜桥建于清乾隆年间，全长 35 米，共三层，古时上层供文昌，中层供关公，下层两侧为通道、中间为书塾。书塾里还挂着那根刻有《无情诗》的教鞭："此根无情竹，打你书不熟。若为儿心痛，莫送此来读。"严厉的教法又一次给后人诠释了"诗礼传家、书香继世"的任氏家风。登上环胜桥，耳边仿佛传来学子们的朗朗书声；俯视回龙桥，依稀能见考生们挥毫著文章；远眺清风桥，犹有仕子吟诗作赋正风发。正所谓：

江山代有人才出，诗礼传家享万钟。
廊桥古楹沐新风，高演书香今更浓。

新中国恢复高考制度后，几乎历年都有学子考上高等院校，高演村为国家建设事业输送了大量的骨干人才。

(文：周树根)

松阳界首村

意存教养化界首

界首村位于瓯江上游的松阴溪上，地处丽水市松阳县境内西北端，与遂昌交界。古老的村庄依山傍水，背枕着苍翠欲滴的双龙两重岗，面迎着终年不息的松阴溪水。古村庄中间大两头小，宛如松阴溪上的一艘航船。虽说这里是松古盆地的起始，但放眼望去，除了松阴溪的开口外，满眼是群山绵延，众山环拱，因此又像是坐落在莲花瓣上的村庄。村中至今保留着清代早中期建筑的老街、宗祠、庙宇、牌坊、古民居、古店铺、古井等，西北鲤鱼山有商周文化遗址，村东北水井岭头有唐宋时瓷窑址，是一个地道的历史文化古村。

界首村民风纯朴，村民知书达理，崇德尚文，读书重教之风世代相传，成为丽水市知名的崇尚文化教育的古村。

界首，古时曾名佳溪，以刘姓、张姓人居住为主。据《佳溪刘氏宗谱》载，明清时，刘姓人祖先历代就留有"祀承田"（一种给子孙轮流收租的田产），以祀承田的部分收入用于奖励子女读书。收入多时，一笔就上几百担稻谷。过年、过清明节，族人有按人头分"丁肉"的习惯，除每人一份外，对考取秀才、廪生、贡生、举人等功名的，都另外递加增发丁肉，以示奖励。在《佳溪张氏宗谱》族规务本之训中规定："古之绵世择，莫如积善；振家声，还是读书。欲光前裕后者，必此二端也，故传家之道，必以耕读为本，秀者为仕，朴者为农，古之道也。"耕是本，读也是本，奖励读书，耕读成了界首村民传家之道，务本之训。由此可见界首祖先对耕读之重视。

在清朝时期，界首刘姓祖先就从祀承田等产收入中拨出经费办学堂。乾隆年间界首村就设有两家私塾，人称小书院，学的是《三字经》《千字文》、日用杂字及"四书""五经"。

据有关史料记载：清嘉庆年间，村人贡生刘邦诏病殁，其妻陶氏是年才24岁，留下二子，长子四龄，次子周岁。陶氏含辛茹苦，独抚二幼子，苦教二子成材，二子不负母心，一个成贡生，一个成太学士。陶氏守节35年而终。该村老街中段，现仍保留着一座建于清嘉庆二十五年（1820）钦褒陶氏守节的节孝牌坊，其工艺固然高超精湛，但陶氏丧夫后不辞辛劳教子成材的故事更令人肃然起敬。

清光绪年间，村人又创办了在当时独树一帜的"震东女子两等小学堂"，招收本村适龄子女及邻村子女，免费入学。震东女子两等学堂的创办，革除了一直以来女子不能入学的陈规陋习，它是松阳县最早的女子学校，也是处州（今丽水）最早的女子学校。这在当时引起很大的社会反响，有力抨击了"女子无才便是德"的男尊女卑的封建制度，具有划时代的意义。

说起震东女子两等小学堂，不得不提起村人刘德怀先生，没有他，也许就没有震东女子学堂。

刘德怀（1873—1930），又名厚体，字钟玉，禀性纯笃，幼年受家庭严教，少年求师学习，学做人之道，分君子、小人之界。清光绪三十年（1904），刘德怀自备学费东渡日本，求学于东京明治大学，成了松阳县第一位留学生。在日本期间，他参加了孙中山先生创办的同盟会。

回国后，刘德怀极力宣传新文化，倡导兴学，女子天足，女子享有同男子一样入学的权利。为普及青年男女教育，刘德怀先生与村里长老商议兴办学堂，劝捐银元，劝捐田租，得到长老和村人的大力支持和拥护。光绪三十二年（1906）二月初一，震东女子两等小学堂正式创办，规定缠足者不许入学，开创了处州女子教育的先河。

后来，刘德怀参与了王金发等筹划发动的浙东起义，参加了推翻清朝封建统治的革命斗争，成为松阳辛亥革命元老。1911年处州光复后，他出任处州军政分府民政局局长。民国五年（1916）任县视学，民国七年（1918）任县学务委员。为倡导松阳新学，他不遗余力，成为松阳县的名人。

开办伊始，学堂设在刘氏宗祠内，刘德怀先生还腾出自家住屋作为校舍。村中的刘氏宗祠和"一亩居"老屋成了当年"震东女子两等学堂"的早期校址。

学堂男女兼收，分高等班、初等班。初收学生，凡已文笔通顺，有学习基础者直接收高等班入学，凡年幼及初学者则收初等班就读，首收学生50余人。首任校长为饱学之士刘德元先生，并选聘了3位学有专长的人士为教员，创办人刘德怀也亲自参与授课。所授课目除传统国学外，还授英语、数理化等现代知识，以及美术、音乐、刺绣、缝纫等课目。

学堂开办后，不仅吸引了本村的适龄男女孩童就读，还吸引了狮子口、赤岸、半古月及遂昌金岸等邻村的孩童前来求学，学生人数加倍骤增，校舍很难容下。不得已，第二年暑假后，只得把女生从原来的男女同校中分离出来，另设一处，实行男女分开上学。

百年大计，教育为本。开办学堂，上为国家效力，下为地方造士，刘德怀之举，得到了当时松阳知县、处州知府的充分肯定，处州知府萧文昭还特题赠"意存教养"牌匾，给予鼓励嘉褒。该匾至今保存于松阳县博物馆内。

清光绪三十四年（1908），省视学范晋来校视察后，评价道："查此堂规严肃，形式整齐，凡缠足者不许入学。开学至今首尾甫及三载，不图佳溪（界首旧称），全村解缠足之幼女，移风易俗，煞费苦心……风气开通，实为处郡之冠。"

清宣统二年（1910），因土匪肇祸，地方不靖，为避其乱，学堂曾停闭半年。民国二年（1913），又另设震东初级小学，专收男生入学。

民国建立后，学校一端，垂为定制。刘德怀考虑，靠租借校舍办学并非长远之计，便在村中禹王庙旁择址兴建学校，置换了刘祠菜园，买下了毗连的傅姓房屋，筹工备料，建了两个教室和操场，种上了花草，又整修了禹王庙左厢，作为学校图书室和教员办公场所。民国三年（1914）二月，正式迁入焕然一新的新校舍。

民国十四年（1925），震东女子两等小学堂与震东初级小学两校合并，更名为区立震东小学。现外墙上还留有当年"松阳县第五区区立震东小学"校名的字迹。

震东女子两等学堂自开办至与震东初级小学两校合并时，先后办学20年，为村人及邻村人培养了大批的女性人才。这些毕业的学生不仅懂数理，且能咏诗赋文、绘画歌舞、针织刺绣，大多成为教学的骨干力量，为女子教育起了很大的推动作用。她们有的留校任教，有的成为县内外女子小学的教员，有的成为松阳成淑女子小学的校长，有的升入省立蚕桑学校、处州师范等学府继续深造……时松阳有这样一句流行语"要讨好老婆娶好媳妇，要先去界头（界首俗称）女子学堂找"，足见时人对震东女子学堂的评价之高。

正是由于界首村历代祖先的崇文重教，并得以代代传承，才使村中耕读文化浓厚，人才济济。几百户人口的小村庄界首，光刘姓人在明清两代就获有廪生、贡生共82人。曾任震东女子两等学堂校长的刘德元（兼任县毓秀小学教师）一家也人才辈出：刘德元，字含三，晚清贡生，饱读经史，博学多才，人称"活字典"，留有诗文集《赤溪存草》，现收藏于松阳图书馆；其子刘福宝，考入当时浙江省最高学府就读，毕业后留校任教，为浙南知名学者；其孙刘为纹，曾任解放军第三军医大学一级教授、博士生导师；其曾孙刘善诗为留美教授，常受邀在北京大学、清华大学授课。新中国成立后，特别是恢复高考制度后，据不完全统计，考取大中专院校就读的已有300余人，在全国各地任教授、研究员、高级工程师的也有30多人。这是界首人对重教读书、意存教养的最好注解。

（文：钱明龙）